브랜드, 아이덴티티, 이미지의 전략적 관리

MARKETING AESTHETICS
The Strategic Management of Brands, Identity, and Image

Copyright ⓒ 1997 by Bernd H. Schmitt and Alexander Simonson
All rlghts reserved.
This Korean edition was published by KIM & KIM BOOKS in 2007
with arrangement of The Pree Press(Scribner), Simon & Schuster, Inc., New York
through KCC(Korea Copyright Center Inc.), Seoul.

이 책의 한국어판 저작권은 (주)한국저작권센터(KCC)를 통한 에이전시를 통한
저작권사와의 독점계약으로 김앤김북스에 있습니다.
저작권법에 의하여 한국 내에서 보호를 받는 저작물이므로
무단 전재와 복제를 금합니다.

번 슈미트의 미학적 마케팅
브랜드, 아이덴티티, 이미지의 전략적 관리

초판 1쇄 발행 • 2007년 6월 25일

지은이 • 번 슈미트 · 알렉스 시몬슨
옮긴이 • 인피니트 그룹
펴낸이 • 김건수

펴낸곳 • 김앤김북스
출판등록 • 2001년 2월 9일(제12-302호)
서울시 중구 수하동 40-2번지 우석빌딩 903호
전화 (02) 773-5133 | 팩스 (02) 773-5134
E-mail : knk@knkbooks.com

ISBN 978-89-89566-29-8   03320

• 값은 뒤표지에 있습니다.
• 잘못된 책은 바꿔 드립니다.

MARKETING
AESTHETICS
BERND SCHMITT

브랜드, 아이덴티티, 이미지의 전략적 관리

번 슈미트의
미학적
마케팅

번 슈미트 · 알렉스 시몬슨 지음 | 인피니트 그룹 옮김

김앤김
북스

톰 피터스의 서문 9
저자 서문 12

PART 1 전략적 도구로서의 미학

01 미학 : 새로운 마케팅 패러다임

앱솔루트 보드카: 비틈의 미학 18
갭: 미학을 통한 소매업의 혁신 23
캐세이 퍼시픽 항공: 아시아의 심장 25
차별화 요소로서 미학의 활용 29
미학을 중시하는 첨단 기업 30
편익과 브랜딩 단계에서 경험 단계로 32
미학적 마케팅 37
미학은 조직에 유형의 가치를 제공한다 40
미학은 모든 이의 관심사여야 한다 43
미학 전략 44

02 미학을 통한 아이덴티티와 이미지 창조

루슨트 테크놀로지스: AT&T에서 분사된 회사의 새로운 아이덴티티 47
새로운 아이덴티티의 창출 53
아이덴티티 관리의 필요 요인 54
아이덴티티 관리는 브랜드 관리가 아니다 59
콘티넨탈 항공: 포괄적 아이덴티티 진단 62
아이덴티티 기획: 과거, 현재, 미래 64
이 책이 어떻게 도움을 주는가 70
기업 표현과 고객 인상의 개념틀 74

C·O·N·T·E·N·T·S

PART 2 미학을 통한 아이덴티티 관리

03 기업과 브랜드 표현
IBM의 기업과 브랜드 표현 79
표현 관리 85
기업과 브랜드의 외적 면모 87
상이한 유형의 아이덴티티 관리 94
아이덴티티 변화의 관리 98
기업과 브랜드 내적 자아의 표현 99
외적 면모와 내적 자아의 연결 102
적용 사례: 디지털 이퀴프먼트 103
표현 관리의 기획 도구 106
요약 112

04 스타일
스타벅스와 커피 열광 현상 113
'스타일'이란 무엇인가 119
시각: 모든 인식은 눈에서 시작된다 120
색 128
아이덴티티를 위한 색의 사용 129
고객에게 색은 무엇을 의미하는가 131
색 범주의 구조 132
서체 134
음향 137
촉감 139
적용 사례: S. D. 워런의 소재 미학 140
향기: 맛과 냄새 142
스타일의 창출: 공감각 144
적용 사례: 질레트 146
스타일 창조의 전략적 이슈 148
스타일의 수정 151
스타일의 차원 153
요약 162

05 테 마

페퍼리지 팜 쿠키: 특색 있는 컬렉션의 테마 165
표현적 테마들 171
미학을 통한 테마 창출의 3단계 177
1단계: 기업, 고객, 경쟁사의 분석 178
2단계: 풍부한 테마 내용의 발견 189
3단계: 미학을 통해 테마를 표현하는 방식 192
어떤 테마 표현을 사용해야 하는가 201
테마 선택의 전략적 이슈들 203
요약 215

06 전반적인 고객 인상

포 시즌즈 호텔: 절제된 우아함 217
전반적인 인상의 중요성 225
표현과 인상 간 차이의 최소화 226
전반적인 인상: 과정과 내용 227
과정: 고객은 전반적인 인상에 어떻게 도달하는가 229
내용: 전반적 인상의 차원 233
적용 사례: 디젤 241
요약 251

CONTENTS

PART 3 미학의 평가와 보호

07 미학 관리를 위한 평가와 연구 방법
기업과 브랜드 로고의 조사와 평가 255
미학적 관리에서 조사의 역할 260
미학적 관리에서 일화적 증거의 위험 261
조사에 대한 회의적인 견해들 263
아이덴티티 기획을 위한 조사 264
효과적인 조사를 위한 기본적인 방법 267
현상 평가 273
향후의 방향 설정 280
디자인의 개발 282
모니터링과 추적 관찰 284
요약 285

08 미학과 아이덴티티의 보호
타코 카바나 vs 투 페소스: 두 레스토랑의 아이덴티티 싸움 287
아이덴티티에 관한 법률적 이슈 291
합법적인 경쟁 장벽으로서의 아이덴티티 292
혼동으로부터의 브랜드 보호 293
이름의 힘: 변별성 또는 이차적 의미 299
혼동으로부터의 아이덴티티 보호 303
미학적 아이덴티티 보호를 위한 특별한 요건 305
이미지 보호 309
보호 과정의 관리 316
아이덴티티 침해에 대처하는 방법 321
요약 337

PART 4 포괄적인 아이덴티티 관리

09 글로벌 아이덴티티 관리
레고: 놀이의 보편적 개념 341
다마고치: 가상 애완동물 342
글로벌 아이덴티티 구축의 주요 관리적 문제 346
아이덴티티의 표준화와 현지화의 결정 348
기업 및 경쟁 요인 350
문화적 요인 352
산업과 제품 카테고리 요인 356
외국 이미지에 대한 태도 357
글로벌 아이덴티티 관리에서 스타일과 테마 362
적용 사례: 동아시아에서의 보쉬 368
적용 사례: 중국에서의 모토롤라 376
요약 377

10 소매 공간과 환경
고디바: 초콜릿 매장에서의 잊지 못할 경험 379
나이키: 스포츠화에서 미학적 전체주의로? 381
소매 매장과 환경 공간의 미학 385
소매업체와 제조업체를 위한 전략적 이슈들 386
현대의 소매점 아이덴티티 391
적용 사례: 앤 테일러 398
환경 공간 403
소매와 환경 미학의 관리 405
사이버 공간 408

11 인터넷에서의 기업과 브랜드 아이덴티티
폭스바겐 뉴비틀 웹사이트 411
넷스케이프와 야후! 418
마케팅 도구로서의 월드와이드웹 420
아이덴티티 요소로서의 월드와이드웹 422
웹의 독특한 성질 424
웹에서의 아이덴티티 창조 429
미래는 바로 지금: 이미지 변화와 가상적 아이덴티티 432

참고문헌 434

톰 피터스의 서문

나의 아내 수전 사전트는 섬유 예술가이다. 스웨덴에서 4년간 공부한 그녀는 다양 색상의 역동적인 느낌을 주는 9×17피트 사이즈의 벽걸이 융단(tapestry)을 제작했다. 1996년에는 나와 함께 수전 사전트 디자인(Susan Sargent Designs)을 설립해 깔개와 베개, 침구 등을 제작 판매하고 있다.

우리 제품의 시장은 광범위하며 놀라울 정도로 세분화되어 있다. 나는 처음부터 수전의 (우리가 '열광적 삶을 위한 열광적 제품들'이라고 부르는) '룩/비전(look/vision)'을 활용해 독특한 아이덴티티를 창조하기로 마음먹었다. 아주 조그마한 회사일지라도 우리는 독창적이고 눈에 띄기를 원했다.

간단히 말해서, 나는 지난 18개월 간 브랜딩과 아이덴티티에 열광적이 되었다. 우리는 잡지 광고, 언론 홍보물, 소비자 불만 카드, 침구 패키징, 전시회 부스 디자인(심지어 전시회 초대장에 이르기까지) 등의 외관과 느낌, 감각에 온 정성을 쏟았다. 나는 이 모든 것을 수전의 작품에 대한 열정적 믿음과 본능적 감각을 가지고 수행했다.

그리고 이 책을 읽게 되었고 매우 흥분했다. "이것이 바로 내가 하려고 했던 거야."라고 우리집 강아지에게 크게 소리지르고, 열심히 페이지를 넘겨 갔다. 이제 비로소 나는 알 것 같다.

최근 3년 동안 나는 내가 소위 '범용화(commoditization)'를 거부하라'라고 부르던 것에 대한 일종의 십자군적 자세를 가지고 있었다. 품질은 미국뿐만 아니라 전 세계적으로도 점점 더 나아지고 있다. 디자인 의식 역시 높아지고 있으며, 제품 개발 사이클은 극적으로 짧아지고 있다. 그 결과 우리는 역사상 가장 힘겨운 도전에 맞닥뜨리고 있다. 즉 사무용 가구 제조회사에서 금융 회사들, 6대 회계 법인에 이르기까지, 우리는 높은 품질의 비슷한 제품과 서비스에 둘러싸여 있는 것이다.

'정답'이란 존재하지 않는다. 온갖 상처와 고난의 경험을 갖고 있는 나는 그렇게 순진하지 않다. 그러나 『번 슈미트의 미학적 마케팅』은 획기적인 책이라고 밖에 평할 수 없다(물론 '획기적'이라는 단어는 너무 남용되어 왔고 평가절하되어 왔다). 하지만 이것은 정말로 '획기적인 책'이다.

저자들에 의하면 미학적 마케팅은 기업 또는 브랜드 아이덴티티에 기여하는 기업이나 브랜드 산출물에 대한 '감각적 경험의 마케팅'을 의미한다. 즉, 미학적 마케팅은 스타벅스, 앱솔루트(ABSOLUT), 페퍼리지 팜(Peperidge Farm), 나이키, UPS, LEGO, OXO, CAT 같은 브랜드 및 기업을 경험하는 것에 관한 것이다. 경험한다는 것은 보고, 느끼고, 맛보고, 냄새 맡고, 만져보고, 소리를 들어보는 것이다.

미학적 마케팅의 아이디어는 여러분이 이 책을 읽고 항상 가지고 다녀야 하는 충분한 이유 이상의 것이다. 이 책은 (1) '미학 전략'의 수립을 위한 명확한 개념 틀을 제공한다. (2) 재질, 서체, 색상, 소리 같은 감각적 자극에 대한 각각의 개발을 단계적으로 수행할 수 있게 한다. 그리고 무엇보다도 (3)스타벅스나 나이키 타운과 같은 대형 사례에서부터 국제 양모 사무국(International Wool Secretariat)의 성공적이고 강력한 로고 구축 같은 짧막한 이야기까지 수많은 사례들을 제시한다.

나는 브랜딩과 디자인에 관한 문헌의 충실한 독자 입장에서 수년간 읽어 온 브랜딩 서적 가운데 이 책이 가장 중요하고 독창적이라고 분명하게 말할 수 있다.

| 저자 서문 |

　기업과 브랜드 아이덴티티의 전략적 관리는 경영 관리, 전략적 마케팅, 브랜드 관리의 필수불가결한 부분이다. 매력적이고 영속적인 아이덴티티는 전략적 관리 및 아이덴티티 컨설턴트, 마케팅 및 브랜드 매니저, 제품 및 그래픽 디자이너, 광고 및 홍보 대행사, 건축 및 인테리어 디자인 회사, 기타 관리 및 크리에이티브 분야에 있는 사람들 간의 협력을 통해 창조된다. 이런 협력의 결과물은 기업과 브랜드를 적절하게 대표하고 감각적 경험을 통해 소비자를 매료시키는 시각적 및 다른 감각적 표식(marker)이나 상징 같은 기업과 브랜드 미학이다.

　불행하게도 지금까지 이런 영역은 마케팅 및 경영 관리 문헌들에서 상당히 무시되어 왔다. 이런 상황에서 이 책은 최초로 미학을 통한 기업과 브랜드 아이덴티티 관리에 관한 포괄적이고 전략적인 관점과 실행 방법을 제공한다. 그리고 소비재, 산업재, 기술 제품과 서비스, 소매 등을 포함하는 다양한 분야의 기업들을 위한 지침을 제공한다.

　이 책은 브랜딩에 관한 문헌의 자연스런 확장인 동시에 마케팅 분야에 완전히 새로운 관리적 접근, 즉 새로운 마케팅 패러다임을 제공함으로써 그것을 뛰어넘고 있다. 과거 마케팅은 고립된 속성과 편익에 초점을 맞춰 왔다. 이후 브랜드 포지셔닝에 대한 폭넓은 고려와 함께 '브랜딩 단계'가 도래했으나 상표명을 제외하고는 구체적인 작업을 위한 지침은 거의 제공되지 않았다. 이 책은 기업 혹은 전체로서의 브랜드가 제공하는 경험적 편익과 기업 및 브랜드 아이덴티티의 개발과 실행에 필수적인 미학 기획에 초점을 맞추고 있다. 우리는 '브랜드'를 넘어 '상품외장'(trade dress)과 같은 제품과 서비스의 마케팅과 연관된 '전반적인 미학'으로 나아간다.

이 책의 기원은 1989년 당시 마케팅과 상표법에 관심을 두었던 변호사 알렉스 시몬슨(Alex Simonson)이 콜럼비아 경영 대학원의 박사과정에 입학해 당시 조교수였던 번 슈미트(Bernd Schmitt)를 만났던 때로 거슬러 올라간다. 시몬슨은 슈미트 교수에게 마케팅 담당자들이 포장, 색상, 매장 환경에 대한 소비자들의 반응과 다른 미학 관련 반응 그리고 이런 요소들이 아이덴티티를 창조하는 방법에 관해 연구하고 있는지 물었다. 심리학자이기도 한 슈미트 박사는 짧고 무뚝뚝하게 "아니오."라고 대답했다. 사실 그렇다. 색상과 형태에 관한 많은 연구들은 심리학과 미술 문헌에는 존재하지만, 마케팅은 이런 연구에 거의 영향을 받지 않았다. 이 첫 대화는 두 사람이 마케팅에서 미학의 전략적 성격에 초점을 맞춰 체계적인 연구를 실행하는 계기가 되었다. 수 년 간의 연구와 수많은 논문을 발표한 이후, 그런 노력들이 미학적 마케팅에 관한 이 책으로 절정에 이르렀다.

두 저자는 이 책에 동등하게 공헌했으며, 이 책에서 저자의 이름은 알파벳 순서대로 싣도록 했다. 슈미트와 시몬슨은 아이덴티티와 관련해 서로 다른 배경을 가지고 있다. 슈미트는 심리학을 연구해 왔고, 글로벌 이미지 관리 분야의 컨설팅을 해왔다. 시몬슨은 마케팅과 법학을 연구해 왔으며, 주로 아이덴티티 보호에 관한 마케팅 조사와 전략 분야의 컨설팅을 해 왔다. 그러나 이 두 저자는 각 장의 주요 개념들에 관해 함께 연구하고 작업했으며, 각 장은 슈미트와 시몬슨 간의 공동 작업의 결과이다.

1부 전략적 도구로서의 미학

01 미학 : 새로운 마케팅 패러다임
Aesthetics : The New Marketing Paradigm

　미학. 우리는 매일 눈 뜨는 순간부터 저녁까지 보고 듣고 맛보고 냄새 맡고 느끼는 모든 것들에 영향을 받는다. 또 우리가 가진 개인적 취향은 살 곳을 선택하고 집안을 꾸미며, 옷과 가전제품을 고르고 일상 용품을 구매할 때, 그 결정에 영향을 미친다.

　그러나 수많은 관리자와 마케팅 담당자들은 무엇이 고객들에게 가치 있는 것인지, 무엇이 진정 고객을 만족시키고 흥분시키는지 잊고 있는 것 같다. 기업들은 '비즈니스 프로세스 리엔지니어링', '비용 절감', '핵심 역량', '전략 기획' 같은 개념에 지나치게 집착해 왔다. 비즈니스 프로세스 자체가 고객에게 가치를 제공하지는 않는다. 핵심 역량도 마찬가지이다. 브랜드도 그 자체로 고객에게 가치를 제공하지 않는다. 가치는 오로지 욕구를 충족시킴으로써 주어진다. 대부분의 고객들이 충족되어야 할 그들의 기본적인 욕구를 가지고 있는 세상에서, 가치는 고객의 경험적 욕구, 즉 미학적 욕구를 충족시킴으로

써 쉽게 제공될 수 있다.[1]

미학은 소수의 사람들만이 이해할 수 있는 것이 아니다. 고객의 삶에서 미학의 활력은 기업들이 다양한 감각적인 경험을 통해 고객들에게 호소할 수 있는 기회를 제공한다. 이를 통해 고객은 만족을 얻고 기업은 충성도를 얻게 됨으로써 고객과 기업 모두 혜택을 얻을 수 있다. 이런 기회는 미학적 제품과 관련 있는 패션, 화장품, 엔터테인먼트 같은 산업이나 상류층을 위한 고가의 럭셔리 제품에 국한되는 것은 아니다. 모든 기업은 그것이 어떤 산업에 있든, 혹은 어떤 고객을 대상으로 하든, 영리 기업이든 비영리 기업이든, 정부 기업이든 개별 기업이든, 소비재 기업이든 산업재 기업이든 혹은 서비스 기업이든 간에 미학의 활용을 통해 혜택을 얻을 수 있다.

앱솔루트 보드카 : 비틈의 미학[2]

1970년대 후반, 아무도 스웨덴에서 수입된 이 새로운 보드카가 10년 후 미국에서 가장 잘 팔리는 보드카가 되리라고 상상하지 못했다. 사실 거의 승산이 없어 보였다. 당시 이 보드카는 수입 보드카의 80%를 점유하던 러시아의 스톨리치나야(Stolichnaya)와 경쟁해야 할 상황이었다. 앱솔루트의 브랜드명은 다른 제품과 구별되는 특징이 부족했고, 전통 있는 최고급 보드카와는 연관성이 없는 나라에서 수입된 것이었다. 또한 구식의 병은 마치 연금술사의 실험실에서 튀어나온 것처럼 보였다. 당시 마케팅 관점에서 상품성을 검토한 결과는 당연히 시장 출시에 부정적이었다.

그러나 10년 후 앱솔루트는 미국 시장에서 연간 5,000병에서 250

만 병으로 판매가 급증했다. 1980년대 후반 스웨덴산 이 후발 주자는 러시아의 스톨리치나야를 추월해 가장 잘 팔리는 수입 브랜드가 되었고, 전 수입 보드카 가운데 60%의 점유율을 기록했다. 보드카 브랜드 전체에서는 3위에 해당하며, 미국의 스미노프(Smirnoff)와 포포프(Popov) 다음 가는 순위였다.

앱솔루트는 어떻게 이런 성과를 달성한 것인가? 품질, 효율적 유통, 혹은 가격 리더십을 포함한 당시의 어떤 상식적인 마케팅 설명으로도 앱솔루트의 마케팅 성과를 설명할 수 없다. 그러나 실제로 발생했던 상황은 기적도 불가사의한 일도 아니다. 앱솔루트는 성공적인 브랜드들이 갖는 전통적인 요소들이 더 이상 경쟁 제품 이상으로 제품을 끌어올리는 데 충분하지 않다는 것을 알고 있었다. 앱솔루트는 자신의 미학적 요소들을 시장에 노출시킴으로써 누구나 부러워할 시장 포지션을 점유할 수 있었다. 앱솔루트의 성공은 '영리하고, 눈에 띄고, 멋지고, 정교하고, 가끔은 바보 같고, 그러나 항상 스타일리시하게(smart, showy, sassy, sophisticated, sometimes silly, though always stylish)'라는 이름의 통합 아이덴티티 캠페인이 앱솔루트의 약점을 강점으로 바꾸면서 가능했다.

앱솔루트가 추구한 미학 전략에서 평범한 브랜드명과 특이한 병 모양은 예술적인 상상력이 가득한 이 캠페인의 중심에 있다. 앱솔루트의 아이덴티티는 세련되고 최첨단이면서도 유쾌하고 불손하다. 제품은 패셔너블하고 예술 같은 장면이 연상되면서도 과장이나 가장은 배제된다. 상점이나 바 진열장에 놓인 길고 넓은 목을 가진 이 미니멀하고 명쾌한 형태의 병에 대문자로 새겨진 ABSOLUT VODKA가 눈길을 잡아끈다. 은색과 푸른색의 앱솔루트 포장 디자인은 유선형의 단순하면서도 세련된 독특한 제품 이미지를 한층 강화한다. 앱솔루트

그림 1.1 앱솔루트 보드카 광고

커런트(Absolut Kurant), 앱솔루트 페퍼(Absolut Peppar) 등과 같은 새로운 제품 라인들은 병에 쓴 ABSOLUT 이름의 단순함은 그대로 유지하면서 글자색을 바꾸는 것 같은 약간의 외형적인 변화, 최소한의 시그너처만 있는 투명한 병, 그리고 창의적이고 세련된 고급 문화와 제품을 연계시키는 트렌디한 광고 캠페인을 통해 자연스럽게 시장에 선보였다. 전형적인 앱솔루트 광고는 특징적인 모양의 앱솔루트 병을 'Absolut'로 시작되는 두 단어 위에 놓는 것이다. 이런 광고에서 중요한 것은 예상할 수 없거나 지속적으로 변화하는 배경에 소비자에게 이미 친숙한 병을 위치시키는 것이다. 모든 광고에서 시종일관 미니멀한 스타일의 병과 레터링은 예상치 못한 방식으로 다루어진다. 즉 그것은 안정적인 시각 요소를 둘러싸고 강조하는 일종의 비틈(twist)이다. '앱솔루트 퍼펙션(Absolut Perfection)'에서는 수정 같이 맑은 앱솔루트 병이 그 뒤의 후광과 함께 보석처럼 표현된다.(그림 1.1) '앱솔루트 오리지널(Absolut Original)'에서는 금이 간 돌로 만든 병이 등장하는데, 마치 선사시대 유적지에서 막 발굴한 것 같은 분위기를 보여준다. '앱솔루트 L.A.'에서는 앱솔루트 병 모양을 한 수영장을 공중에서 바라본 모습을 보여준다.

간단히 말해, 앱솔루트의 이 멋진 이미지는 일관되고 단순한 세련됨과 계획되고 통제된 비전통적 실행을 혼합하는 정교한 전략을 통해 창조되는 것이다. 광고의 시각적 모습뿐만 아니라 광고 매체를 이용하는 방법에도 앱솔루트의 아이덴티티가 담겨 있다. 앱솔루트의 연휴 시즌 캠페인은 항상 무언가 특별하고 예측 불가능한 것을 제안하곤 한다. 앱솔루트의 연휴 시즌 광고 가운데 하나는 조그맣게 크리스마스 캐럴이 흘러나오고, 또 다른 광고에서는 크리스마스 인사가 여러 나라 말로 마이크로칩에서 흘러나온다. '앱솔루트 원더랜드(Absolut Wonderland)' 광고는 투명한 플라스틱 포장 속에 들어가 있고, 그 안에는 조그만 눈송이들이 기름과 물의 혼합물 속을 떠다닌다. '앱솔루트 웜스(Absolut Warmth)'라는 연휴 시즌 광고에는 앱솔루트와 DKNY(도나 카란의 캐주얼 의류 라인)가 함께 새겨진 검은색 울 장갑이 들어 있다.

앱솔루트는 인쇄 매체에만 광고를 해 왔다. 그러나 몇몇 친숙한 인쇄 매체 외에도, 대부분의 매체 담당자들이 들어보지도 고려해보지도 않았을 법한 유행을 주도하는 잡지들, 즉 『Bomb』, 『Details』, 『Paper』 등에 광고를 게재함으로써 다른 일류 브랜드와 차별화할 수 있었다. 앱솔루트 광고 캠페인은 또한 독특한 판촉 전술을 다양하게 활용하는데, 이것은 고급 문화의 일부분으로서 브랜드의 미학적 이미지를 강화한다.

예술가 앤디 워홀(Andy Warhol)과 키이스 해링(Keith Haring)이 이 광고 캠페인에 참여했으며, 이들은 앱솔루트 병에 그들 특유의 시각적 스타일로 예술적 비전을 창조했다. 당대의 패션 디자이너들이 앱솔루트의 광고용 의상을 디자인했고, 톱 모델들이 그 의상을 입고 광고에 등장했다. 또한 그 이미지는 브랜드명과 다양한 비주류 문화 이벤트를 연계시킴으로써 널리 홍보되었는데, 이 이벤트들에는 신 고전 작품의 '앱솔루트 콘체르토(Absolut Concerto)' 시리즈, 『에스콰이어』 앱솔루트 스토리 공모, 뉴욕 시의 미국 민속예술 박물관 전시 등이 있다.

앱솔루트는 또한 아이덴티티 강화 전략들을 사용한다. 이는 인쇄 매체를 넘어 실제 상황 속으로 앱솔루트의 미학적인 이미지를 가져가는 것이다. 이런 조치는 인쇄 광고 캠페인의 미학적 요소, 즉 예상치 못한 상황에 놓인 친숙한 앱솔루트 병과 브랜드명, 헤드라인 문구에 활력을 불어넣는다. 뉴욕 맨해튼과 샌프란시스코의 거리를 걷다 보면, 앱솔루트의 판촉용 트럭이 아크릴 얼음으로 만든 받침대 위에 거대한 앱솔루트 병을 올려놓고 다니는 것을 볼 수 있다. 광고판들은 광고 컨셉에 맞는 자연 배경 가까이에 설치된다. 이 가운데 가장 인상적인 광고물은 물이 기름보다 귀하다는 댈러스에 있다. 광고판이 폭포수에 의해 둘로 쪼개져 있고 '위기에 처한 앱솔루트(Absolut on the rocks)'라는 문구가 보인다.

앱솔루트 캠페인은 미학 전략을 통해 주류 마케팅에 혁명을 가져왔다. 매력적인 시각적 이미지의 창조와 예술 세계와의 연계에 성공하면서, 광고나 홍보물, 앱솔루트 병 같은 앱솔루트의 광고 캠페인 아이템들은 모두가 소장가들의 수집품이 되었다. 이 가운데 몇몇은 '한정판'으로 제작되었는데, 이는 명백히 예술 세계와의 연관성을 부각시키려는 것이었다. 1996년 출간된 리처드 루이스(Richard Lewis)의 『앱솔루트 북(Absolut Book)』은 앱솔루트 광고 초기부터 현재까지의 캠페인들을 수록하고 있다. 앱솔루트 광고 캠페인은 스톨리치나야를 포함한 경쟁자들에 의해 공공연하게 모방되었다. 모방 광고가 줄을 이었으며, 심지어 술과 관련 없는 제품들에까지 사용되었다.

그러나 캠페인이 시작된 지 15년이 지난 지금도 이 광고 캠페인은 신선하게 다가온다.

갭 : 미학을 통한 소매업의 혁신[3]

1969년 설립된 소매 의류 매장 갭은 오랫동안 리바이스 진을 판매하면서 소문자로 된 'gap' 로고로 아이덴티티를 대표하는 일관된 전략을 구사했다. 이 전략은 쇼핑몰 형태 판매가 성장세에 있던 1970년대와 1980년대에는 성공적이었다. 당시는 아이덴티티, 즉 브랜드를 창조하는 것 자체가 목표가 되던 때였다.

그러나 시간이 흐르면서 스타일에는 변화가 일어났으나 갭은 그 변화를 따라가지 못했다. 결국 갭은 1970년대 구식 소매업의 아이콘처럼 여겨지게 되었다. 미학적 요소에 크게 비중을 둔 갭의 방향 전환은 주목할 만하다. 갭은 1983년 섬세하고 곧고 긴 검은 선의 대문자 로고 'GAP'으로 전격 교체했다. 로고뿐만 아니라 완전히 새로운 외관과 느낌을 창조했다. 새롭게 창조된 아이덴티티는 매우 강력한 것이어서, 기존 갭 로고와 비교할 때 전혀 다른 회사의 로고처럼 보이게 한다. 1991년까지 '리바이스를 판매하는 장소'라는 아이덴티티에서 완전히 벗어나 새로운 아이덴티티를 구축했고, 리바이스 제품 라인 판매를 전면 중단했다. 결국 갭은 스스로의 독특하고 자신감 넘치는 아이덴티티를 구축하는 데 성공했다.

갭 브랜드의 구축은 갭의 성공 사례들 가운데 하나일 뿐이다. 갭은 1983년 바나나리퍼블릭(Banana Republic)을 인수해 재출시했다. 1980년대 후반 정글을 테마로 하는 매장 아이디어가 진부해지고 수

그림 1.2 갭 로고

익성이 떨어지게 되자 1990년 바나나리퍼블릭의 미학을 새롭게 변화시켰다. 이 브랜드는 현재 성공적인 캐주얼 의류 업체로 자리매김했고, 나아가 1995년에는 모든 퍼스널 케어 제품을 취급하는 토탈 패션 브랜드로 아이덴티티를 변화시켰다. 1994년에는 '올드 네이비 클로딩(Old Navy Clothing)' 매장을 열었는데, 창고 스타일의 미학적 요소와 거칠고 미완성된 느낌을 이용해 독특한 아이덴티티를 만들어냈다. 그것은 저렴하면서도 우수한 품질, 질긴 옷감, 그리고 아웃도어 느낌과 메시지를 전달했다. 갭은 이로써 계층화된 시장 세분화를 통해 세 개의 타깃 시장을 겨냥한 독자적이고 차별화된 아이덴티티를 창조하게 되었다. 즉 최상층 세그먼트에는 바나나리퍼블릭이 있고, 최하층에는 올드 네이비, 중간 혹은 중상층에는 갭 브랜드가 있는 것이다.

혁신적인 회사인 갭을 모방하거나 그에 상응하는 수준으로 따라가는 것은 쉽지 않은 일이다. 갭은 모든 매장의 제품 라인을 매년 수시로 바꾸며 항상 미학적으로 일정 수준 이상을 유지한다. 한 시즌에 보기 좋았다고 해서 다음 시즌까지 유지된다는 법은 없다. 갭 매장들은 특히 시의성과 연관된 아이덴티티를 가지고 있다. 갭의 미학은 다음의 확고한 메시지를 전달하면서 유연함을 보인다. "갭은 고객이 그때 그때 시기 적절하고 캐주얼한 모습을 창조할 수 있도록 돕는다. 변화는 빠르고 보상은 확실하다."

갭의 성과는 놀라울 정도이다. 1995년 225개의 신규 매장을 연 이래로 지속적으로 성장하고 있다. 1996년 3월까지 세계적으로 1,701개의 매장을 운영하고 있으며, 이 가운데 907개가 갭 브랜드 매장이고 444개는 갭 키즈(Gap Kids), 211개는 바나나리퍼블릭, 139개는 올드 네이비 클로딩 매장이다. 수익은 지난 10년간 연평균 28%에 이르렀다. 디자인팀은 갭 브랜드에서만 80명까지 확대되었다.

 1995년 갭 브랜드는 미래를 내다보고 '스테인레스 스틸(stainless-steel)' 룩으로 외관의 변화를 시도한다. 그리고 바나나리퍼블릭에서 시도되었던 바와 같이 이미지에 초점을 맞추어 아이덴티티를 형성하며, 대대적인 퍼스널 케어 제품을 선보였다. 이때 사용된 포장은 독특한 스테인레스 스틸과 무광 유리 같은 느낌을 주며 사람들을 매혹시켰다. 이런 미학적 요소와 스타일을 계속 적용하면서 1996년 12월 크리스마스 캠페인 슬로건으로 'every color-only GAP'을 내걸었다. 바나나리퍼블릭은 'Give color-Give style-Give edge'라는 슬로건을 사용했다. 두 브랜드 모두 시기 적절했고, 형태와 스타일의 미학을 훌륭히 적용했다. 갭은 최근 인터넷에서 디지털 시티(Digital City)와 손잡고 향수 제품을 판매하기 시작했다. 갭이 표명하는 바는 명확하다. 더 이상 시대에 뒤떨어지는 일은 없을 것이다.

◦ ◦ ◦
캐세이 퍼시픽 항공 : 아시아의 심장[4]

 캐세이 퍼시픽 항공(Cathay Pacific Airways)은 두 명의 사업가, 미국인 로이 패럴(Roy Farrel)과 호주인 시드니 드 캔조우(Sydney de Kantzow)가 항공사 등록에 1달러를 투자하면서 1946년 홍콩에서 설립되었다. 1948년 홍콩의 주요 무역 상사 가운데 하나인 버터필드 앤 스와이어(Butterfield and Swire)가 캐세이 퍼시픽을 매입해 운영을 확장했다. 오늘날 캐세이 퍼시픽은 세계적이고 선도적인 항공사이면서 수익성 높은 항공사 가운데 하나가 되었다. 지난 20년 동안 캐세이 퍼시픽의 기업 아이덴티티는 거의 변화를 겪지 않았다. 그러나 1994년 새로운 로고와 제복을 선보이며, 항공기 내부와 티켓 창구, 라운지에 이르기까지 전체 디자인을 새롭게 바꾸기 시작했다. 디자인 회사인 랜도 어소시에이츠(Landor Associates)에 의해 주도된 이 새로운 미학적 접근은 3년에 걸친 시장 조사와 디자인 작업의 결과였고, 캐세이 퍼시픽 항공은 이 작업에 약 295만 달러의 비용을 투자했다.

기존 로고와 제복이 소비자들에게 잘 알려져 있고 캐세이 퍼시픽을 강하게 연상시키지만, 소비자 조사 결과에서 이 항공사의 기업 포지셔닝 즉 홍콩을 기반으로 하는 아시아 최고의 국제 항공사라는 점을 잘 표현하지 못하는 것으로 드러났다. 이 복잡한 미학적 인상을 창조하는 작업은 외관과 스타일을 아시아의 핵심 가치와 문화적 특징이라는 주제와 대표 요소들과 혼합하는 작업을 거쳐 이루어졌다.

캐세이 퍼시픽의 미학은 뚜렷이 현대적이면서도 아시아적인 것으로 '고객들의 취향 변화를 반영'하도록 계획되었다. 1980년대 초반 이미 캐세이 퍼시픽 항공의 승객 대부분은 더 이상 아시아에 거주하거나 방문하는 백인들이 아니었다. 오늘날 승객 75%가 아시아인이고 점점 더 많은 승객들이 대만, 말레이지아, 태국, 한국, 싱가포르, 일본에서 탑승하고 있다. 또한 중국은 캐세이 퍼시픽에게 가장 빠르게 성장하는 시장이 되었다. 중국 승객들은 미래 캐세이 퍼시픽 항공의 가장 중요한 목표 시장이 될 것이 분명하다.

캐세이 퍼시픽의 새로운 로고는 '붓날개(Brushwing)'로 불리는 흰색 붓터치로 되어 있다. 이는 중국 서예를 연상시키면서 동시에 비상하려는 새의 날개를 떠올리게 한다. 힘찬 새의 형상은 항공 기술을

그림 1.3 캐세이 퍼시픽 항공기(보잉 747)

나타내고, 캐세이 퍼시픽의 개인적이고 아시아적 스타일의 서비스를 암시하는 우아한 붓터치는 아시아적 아이덴티티를 나타낸다. 새로운 로고는 이렇게 캐세이 퍼시픽의 두 가지 핵심 강점인 기술의 우수성과 뛰어난 고객 서비스를 동시에 표현한다. 캐세이 퍼시픽의 시그너처 컬러인 녹색은 새로운 아이덴티티 시스템에서도 계속 유지되지만, 보다 세련되고 독특한 음영을 주어 더욱 스타일리시하고 부드럽게 변화되었다. 이런 외양은 캐세이 퍼시픽의 현대적이고 친절한 이미지, 항공사의 국제적 위상, 그리고 그것의 아시아적 정체성을 강화한다.

객실과 라운지의 색 체계는 부드럽고 편안하면서 현대적이고 아시아적인 분위기를 창조하도록 디자인되었다. 물, 꽃, 나무, 돌, 점토 등 자연적인 요소와 더욱 가깝게 테마가 정해졌다.

이 새로운 아이덴티티는 '캐세이 퍼시픽, 아시아의 심장(Cathay Pacific, The Heart of Asia)'이라고 이름 붙여진 스타일리시한 글로벌 광고 캠페인의 지원을 받았다.(그림 1.4) 이 캠페인은 세계적인 광고 대행사인 맥캔 에릭슨(McCann-Erickson Worldwide)에 의해 제작되었는데, TV 광고에서는 다양한 아시아의 고수들이 북을 치며 캐세이

그림 1.4 캐세이 퍼시픽 광고

퍼시픽의 새로운 모습과 색을 알리고 축하한다. 저명한 일본 작곡가 류이치 사카모토(Ryuichi Sakamoto)가 만든 음악을 배경으로 하나의 점이 캐세이 퍼시픽을 홍콩과 연결하고, 다시 특수 효과에 의해 붓터치 로고로 변화되며 마무리된다. 인쇄 광고에서는 단순한 녹색 배경과 대비되는 지구, 심장, 미소, 대나무 잎(유연성이라는 아시아적 가치를 상징)과 같은 강력한 메타포어들이 기업 로고의 붓날개와 유사한 붓터치로 표현된다.

차별화 요소로서 미학의 활용

앱솔루트 보드카, 갭, 그리고 캐세이 퍼시픽 항공은 그들의 제품이 고객들에게 다양한 혜택을 주는 회사들이다. 앱솔루트는 보드카 소비자들 대상의 블라인드 테스트에서 높은 평가를 받은 보드카이고, 갭은 각기 다른 이름을 가진 다양한 제품 라인에서 질 좋은 캐주얼 의류를 공급한다. 캐세이 퍼시픽은 수준 높은 운영과 건전한 재정 관리, 사려 깊은 서비스로 잘 알려져 있다.

그러나 상품과 서비스의 질, 뛰어난 장인 정신과 기술, 혹은 우수한 운영과 재정 관리만으로는 오늘날과 같은 경쟁 시장에서 회사와 상품의 성공을 제대로 설명할 수 없다. 핵심 경쟁력, 상품이나 서비스의 질, 그리고 고객 가치에만 초점을 맞추어서는 고객들이 거부할 수 없는 매력을 창조하는 기업 능력을 충분히 설명할 수 없다. 이 기업들은 고객을 상대로 기업이나 브랜드의 다면적인 개성을 표현하는 긍정적인 인상을 창조하는 데 미학적 요소를 사용한다. 이로써 강력한 차별점을 찾아낸다.

미학을 중시하는 첨단 기업

앱솔루트, 갭, 그리고 캐세이 퍼시픽뿐만이 아니라 다른 많은 현명한 기업들이 미학적 접근을 통해 경쟁 우위를 얻고 있다. (4장에서 다룰) 스타벅스는 1987년 시애틀의 지역 커피 전문점으로 첫발을 내딛었다. 10년 후 스타벅스는 미국 전역에 수백 개의 커피 전문점을 운영하며 4억 5천만 달러의 매출을 올리고 있다. 스타벅스는 아이스크림과 책, CD로까지 제품 라인의 확장이 가능하며 항공사나 슈퍼마켓 체인까지 자신의 제품을 유통시킬 수 있다. 그리고 이미 다른 나라에 진출해 있다. 이 회사의 가장 중요한 성공 요인은 일관되고 체계적으로 미학적 스타일을 설계했고, 이를 회사의 모든 영역에 적용했다는 점이다.

나이키(Nike)에 대해 생각해보자. (10장에서 다룰) 나이키는 리복(Reebok)과 아디다스(Adidas), 그리고 기타 다수의 스포츠화 제조업체를 따돌리고 있다. 가장 최근의 나이키의 움직임은 나이키 타운(Nike Town)이라고 불리는 소매 공간의 구축이다. 미국 전역에 생겨난 이 첨단 플래그십 스토어는 단순 매장이 아니라 경험을 제공하는 공간이다. 나이키 타운은 운동화와 의류부터 문 손잡이와 난간에 이르는 모든 전시물과 설비에 나이키 로고를 부착하고 브랜드와 고객의 정서적 접촉을 보다 깊이 유도하고 미학적 접근 방식을 통해 회사를 선전한다.

스타벅스나 나이키 같은 회사에서 가장 인상적인 점은 성숙 시장(mature market)에서의 이들의 움직임이다. 두 회사 모두 경쟁사들이 전통적인 마케팅을 계속하는 동안, 미학적 경험을 통한 차별화로 성공을 거두었다.

AT&T의 장비 부문 자회사인 루슨트 테크놀로지스나 IBM 같은 기술 중심적 회사도 이제 단순히 하드웨어와 소프트웨어만을 판매하는 회사가 아니다. (2장에서 다룰) 루슨트는 독특한 모습과 목소리를 통해 혁신적이고 창조적인 기업으로 스스로를 포지션했다. (3장에서 다룰) IBM 또한 오래되고 관료적인 '빅 블루(Big Blue)' 이미지를 벗어나 새로운 미디어 환경에서 가장 앞서가는 최첨단 이미지로 탈바꿈했다. MS의 설립자 빌 게이츠도 고객 경험에 호소하는 것이 강력한 도구가 될 수 있다는 사실을 깨달았다. 1995년 인터넷 수용 결정을 내린 MS는 첨단 프로그램 뷰어와 연예 프로그래밍을 제공하는 웹 기반의 마이크로소프트 네트워크(Microsoft Network)와 MS-NBC 케이블 프로그램을 출범시켰는데, 모두 독특한 미학적 포지셔닝 요소를 담고 있다.

최종적으로 미학적 접근은 산업재를 공급하는 기업체에게도 적절한 방법이라고 볼 수 있다. 다른 기업체들과 마찬가지로 산업재를 공급하는 기업체들도 제품뿐만 아니라 포장, 브로슈어, 배달 트럭, 유통, 광고 등을 통해 고객들에게 자신의 이미지를 창조해나갈 수 있다. 최고의 기업과 성공적이지 못한 기업들 간의 차이점은 매우 분명하다. 단지 기계 설비나 업무의 조직성 여부 등에서만 나타나는 것이 아니라, 공장 각 층의 전체적인 모습이라든가 조명, 근로자의 제복, 혹은 음향 환경에 이르기까지 공장의 미학적 측면에서도 살펴볼 수 있는 것이다.

전통적인 회사들은 제품을 판다. 흔한 말로 '스테이크'를 파는 것이다. 그러나 우수한 마케팅 담당자들과 특히 오늘날의 시장 중심적이고 고객 위주의 기업들은 상품의 지각된 편익에 주목한다. 즉 '스테이크의 지글거림을' 판다. 1980년대 초반 소비자 조사 분야에서 이런 접근의 대안으로 '경험적' 내지 '탐미주의적' 접근이 논의되기 시작했다.[5] 오늘날의 첨단 기업과 미래의 변화 무쌍한 기업들은 경험을 제공한다. 즉, '스테이크를 소비하는 경험'을 파는 것이다. 훌륭한 레스토랑이라면 고객들에게 질 좋은 스테이크를 제공하는 것만이 아니라, 손에 쥐는 느낌이 좋은 잘 만들어진 스테이크 나이프라든가 원목 장식, 은은한 조명 같은 총체적 감각 경험을 제공해야 한다는 것을 잘 알고 있다.

편익과 브랜딩 단계에서 경험 단계로

경험에 중점을 두는 접근은 마케팅의 속성/편익과 브랜딩의 두 단계로부터 진화한 것이다. 많은 기업들은 여전히 이 두 접근에 의존해 제품을 판매한다. 어떤 제품에서는 아직도 이 두 가지 접근이 효과가 있지만, 거의 대부분의 제품에서는 시대에 뒤떨어져 잘 맞지 않는다.

속성/편익 단계

어떤 마케팅 교과서를 보더라도 제품 속성이 고객에게 제공하는 편익에 중점을 두라고 나올 것이다. 또 충치 예방이나 플라그 제거 치약, 안전이나 안락함을 추구하는 자동차, 적시 배달이나 신용 기간이 보장되는 산업재나 서비스처럼 고객은 자신들의 욕구를 상품이나 서비스로부터 얻으려는 편익으로 표현한다고 말한다. 코틀러(Kotler)는 그의 마케팅 고전 『마케팅 관리(Marketing Management)』에서[6], 구매자가 제품에서 찾는 편익에 따라 구매자를 분류하는 방법인 편익 세분화를 '강력한 세분화 양식'으로 본다. 어번(Urban)과 스타(Star)

군대에서 오페라까지: 미학적 마케팅의 전략적 활용

군대부터 오페라단에 이르기까지 모든 종류의 조직들이 미학적 마케팅의 위력을 깨닫고 있다. 이스라엘 육군은 최근 부대에 '미학적 코드' 하나를 설정해 실행했다. 이 부대의 재디자인 작업을 지휘한 요람 로조프(Yoram Rozov)는 "미학은 단지 장식과 서비스뿐만 아니라 문화와 질을 다루는 심오한 컨셉이다."라고 말했다. 그동안 지속적으로 미학에 의존해 왔던 박물관, 극장, 오페라단 등 전통적인 예술 조직들은 점점 더 전략적으로 미학을 활용해 조직을 마케팅하고 있다. 뉴욕의 메트로폴리탄 오페라단은 이미 1980년대 후반부터 변화하기 시작했다. 전직 광고사 임원이었던 신임 CEO 브루스 크로포드(Bruce Crawford)의 지휘 아래, 장 폴 포넬(Jean-Paul Ponelle), 프랑코 제피렐리(Franco Zeffirelli), 오토 쉥크(Otto Schenck) 같은 스타 감독들이 전통적인 이탈리아, 프랑스, 독일 오페라를 일종의 장엄한 볼거리로 만들었다. 그것은 전통적인 오페라 형식보다는 브로드웨이에 더 가까운 형식이었다. 예를 들면 '라보엠'의 파리 라땡 구(區) 장면을 좁은 무대 위에 백여 명의 사람을 등장시켜 표현했고, 아이다의 '개선' 장면에서는 실제로 말을 등장시켰고, 투란도트 무대는 화려하고 현란한 연출이 돋보였다. 메트로폴리탄 오페라단이 '예술을 팔아먹었다'라고 표현하기도 했던 비평가들은 거의 모든 공연에서 주인공들보다 무대 장식이 더 많은 박수갈채를 받는 것을 보고 당황하고 언짢은 감정을 숨길 수 없었다. 그러나 이 새로운 접근은 박스 오피스에서는 완전한 성과를 거두었다. 티켓 가격은 꾸준한 증가세를 보였지만(이후 매년 전년 대비 증가세를 보였다), 1995년~1996년 시즌 메트로폴리탄 오페라의 평균 좌석 점유율은 그 해 가장 성적이 좋은 국제 항공사의 좌석 점유율 93%보다 높았다.

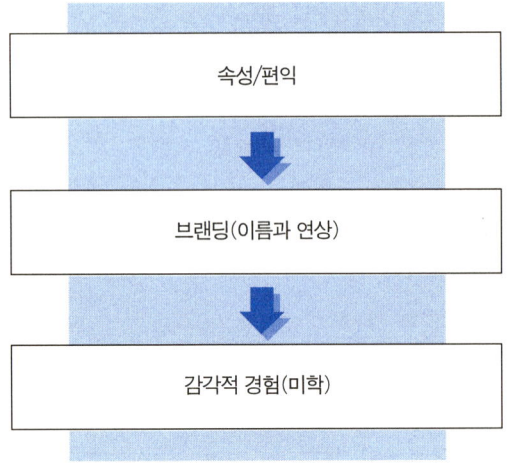

표 1.1 마케팅 접근의 초점

는 『고급 마케팅 전략(Advanced Marketing Strategy)』에서[7] '독특한 편익 제안(unique benefit proposition)'을 공식화하는 것의 중요성을 강조한다. 이들은 "시장 내 핵심 타깃에게 중요한 차원에서 특별한 경쟁 우위를 개발하면 높은 점유율과 마진을 누릴 수 있다. 고객에게는 효용을, 기업에게는 수익을 제공하는 방향으로 제품을 차별화해야 한다."라고 주장했다. 따라서 마케팅 담당자들의 임무는 제품의 속성을 찾아내어 제품이 고객 기대에 부응하도록 하고, 그들에게 문제 해결책을 제공하는 것이 된다.

그러나 오늘날 고객 대부분은 특별한 개성 없이 단순히 제품의 편익이나 '문제/답'의 형식으로 구매를 강요하는 광고들에게서 그다지 깊은 인상을 받지 못한다. 도블린 그룹(Doblin Group)의 전략 전문가인 래리 킬리(Larry Keeley)는 "마케팅 트렌드가 제품의 속성에서 라이프스타일과 가치 시스템으로 옮겨가고 있다."[8]라고 말했다. 오늘날 소비자는 특정 제품이 자신의 라이프스타일에 맞는지 또는 제품이 가치 있는 경험을 제공하는지를 보고 선택을 내린다는 것이다. 같은 맥락에서, 기업 고객들도 혁신적인 기업과 비즈니스를 함께하고 싶어하며 우수한 품질과 총체적인 해결책을 요구한다.

브랜딩 단계

브랜드는 이미지를 제공하고 품질을 보증한다. 또한 브랜드는 총체적 해결 방안을 제공한다. 브랜딩 작업은 속성이나 실용적인 편익 같은 구체적인 제품의 요소를 넘어 전체로서의 제품을 제시한다. 『브랜드 자산(Brand Equity)』과 『강력한 브랜드 구축(Building Strong Brands)』의 저자 데이비드 아커(David Aaker)에 따르면 브랜드는 브랜드명과 제품의 효용적 속성에 가감되는 연상을 통해 장기적으로 가치를 제공한다.[9]

브랜딩과 브랜드 관리의 개념은 1930년대로 거슬러 올라간다. 당시 P&G 같은 소비재 회사에서 그 개념을 고안해냈다. 그리고 개념의 발전과 후퇴가 거듭되었다. 1980년대 후반에서 1990년대 초반까지 '브랜드 자산', '브랜드 확장', '브랜드 이미지', '공동 브랜딩(co-branding)', '컨셉 브랜딩', '브랜드 인식', '브랜드 인지', '브랜드 연상' 같은 개념에 지나치게 관심이 집중되기도 했다.[10]

당시에는 이런 개념들이 중요했던 것이 사실이다. 이런 개념들은 소비자의 구매 결정 기준이 분석 모델에서 가정하는 비용/편익 상쇄 모형만으로 설명할 수 없다는 것을 일깨워주었다. 이 개념들은 마케팅 담당자들이 광고, 커뮤니케이션 등의 브랜드 구축에 투자하게 만들었고, 가격 인하는 단지 가장 마지막 수단으로만 사용하도록 가르쳐주었다. 또한 단기의 회계 연도 목표를 달성하는 데에 익숙했던 브랜드 담당자들에게 브랜드의 장기적 가치에 주목하도록 만들었다.

또한 브랜딩의 옹호자들은 상징이 지닌 중요성을 강조했다. 브랜드 전략가 데이비드 아커가 썼듯이 "강력한 상징은 아이덴티티에 응집력과 구조를 제공해 아이덴티티를 인식하고 기억하기 쉽도록 해준다. 상징의 존재는 브랜드 개발의 주요 요소로 작용하며, 상징의 부재는 실질적으로 엄청난 장애가 될 수 있다. 상징을 아이덴티티의 한 부분으로 격상시키는 것은 그 잠재적인 힘을 반영하는 것이다."[11]

그러나 마케팅의 브랜딩 단계에서 상징이 어떻게 전략적으로 창조되는지, 그리고 어떻게 브랜드가 스스로의 역할을 할 수 있는지, 어떻게 브랜드가 포지셔닝을 내포할 수 있는지, 어떻게 실질적인 가치를 제공하는지, 어떻게 브랜드를 항상 관리해야 할 필요가 있는지에는 그다지 많은 주의를 기울이지 않았다. 대부분의 브랜드 관련 문헌은 브랜드명과 연상, 그리고 광범위한 전략적 마케팅 이슈들에 초점이 맞추어져 있을 뿐이다. 브랜드 아이덴티티를 형성하기 위해 수렴될 수 있는 다양한 감각 요소들에는 주의를 기울이지 않는다.

보다 중요한 점은 브랜딩은 아이덴티티와 이미지를 관리하는 보다 큰 전체 그림에서 하나의 작은 요소에 지나지 않는다는 것이다. 브랜드 작업은 종종 브랜드 자체에만 초점을 맞추고, 기업이나 다중 브랜드 아이덴티티라는 큰 이슈는 충분히 고려하지 않는다.

마지막으로 브랜딩 자체는 마케팅 기획의 중요한 부분이 되었지만, 복잡한 커뮤니케이션의 세계에서 소비자를 움직이는 힘을 결여하고 있다. 멀티미디어, 인터넷, 가상 현실과 같은 새로운 매체와 기술은 문장, 그림, 동영상, 음악, 감촉, 냄새와 같은 감각들을 통해 고객에게 무한한 감각 경험을 제공한다. 쌍방향 멀티미디어를 통한 커뮤니케이션의 흐름 속에서 제품 속성과 편익, 브랜드명과 브랜드 연상은 더 이상 고객들의 주의를 끄는 데 충분하지 못하다. 소비자를 끌어들이는 기업은 기업과 상품, 혹은 서비스의 포지셔닝과 연결된 소비자가 기억할 만한 감각적 경험을 제공한다. 이런 이유로 브랜딩 단계만으로는 충분한 활력을 갖지 못하며, 감각 경험을 통한 마케팅, 즉 미학적 마케팅의 단계로 중심이 이동하고 있는 것이다.

미학적 마케팅

우리는 '미학적 마케팅'이라는 용어를 기업과 브랜드 아이덴티티에 기여하는 기업이나 브랜드 산출물에 대한 감각적 경험의 마케팅을 표현하기 위해 만들었다. 오늘날의 환경은 다매체, 다채널, 다감각, 그리고 디지털로 설명할 수 있다. 커뮤니케이션, 교통, 그리고 상품과 서비스는 글로벌화되고 있다. 전 세계적으로 그 어느 때보다 많은 사람들이 도시에서 살고, 소비자 라이프스타일과 기호 — 특히 젊은층에서 — 는 강력하고 단기적이며, 계속 변화한다. 이런 환경은 미학적 마케팅에 이상적인 조건을 제공한다.

미학적 마케팅의 기원

미학(aesthetics)이라는 단어는 18세기 독일 철학자 알렉산더 바움가르텐(Alexander Baumgarten)이 그리스어 'aisthetikos(인식적인, 특히 감각에 의한)'에서 도입했다. 바움가르텐에 따르면 이 단어는 '진실을 목표로 하는 논리에 비해 감각적 지식의 과학'을 목표로 하는 철학의 한 갈래를 가리킨다. 바움가르텐은 특히 물리적 특질이 개인의 경험에 미치는 영향에 관심을 가졌다. 후에 또 다른 독일 철학자인 헤겔은 미학이라는 용어 사용을 예술에 한정했다. 이 책에서는 바움가르텐의 보다 광의의 미학이라는 용어를 사용하기로 한다.

미학적 만족이 어떻게 주어지는가에 대한 문제는 여전히 철학 영역의 논쟁 주제이다. 분석적 미학의 주류인 기능적 시각에 따르면 미학적 관점을 채택한다는 것은 대상이 지니는 미학적 가치에 흥미를 가진다는 것을 의미한다.[12] 그러나 철학자들은 어떻게 미학적 가치가 제공되는가에 관한 다양한 시각에 대해 결론을 내리지 않고 있다. 몇몇 철학자들은 형태적 통일성, 잘 형성된 게슈탈트(Gestalt, 경험의 통일적 전체), 혹은 다른 매력적인 자질과 같이 사람들에게 호소하는 구조적 특성을 소유함으로써 대상이 미학적 가치를 제공한다고 주장해 왔다. 또 다른 철학자들은 다른 즐거운 것들을 연상시키는 상징으로 기능함으로써 미학적 만족을 제공한다고 주장해 왔다.

심리학자들은 지각이 직접 전달될 수 있는지, 아니면 사람의 인지를 반드시 거쳐서 전달되는지와 같은 문제로 고민한다. 게슈탈트 심리학과 예술 심리학의 초기 작업과 함께 시각적 주입, 절대적 기억, 자동적 처리에 관한 최근 조사에 따르면, 색과 형태는 의식적인 처리 과정 없이 직접 영향을 미칠 수 있다고 주장된다.[13] 소비자 정보 처리에 관한 다른 연구에서는 추론에 초점을 두어 소비자들은 시각이나 기타 감각적 자극에 노출되었을 때 끌리게 된다고 주장한다.[14]

미학적 마케팅이라는 용어는 기업이나 브랜드 미학의 구조적, 지시적 질(質)을 의미한다. 소비자들이 지각하는 일부는 인지적인 매개를 거치기도 하지만 직접적이다. 기업과 브랜드 미학의 영역에서 철학자들과 심리학자들의 의견이 모두 활발하게 논의되고 있다. 만족은 기업/브랜드 미학의 고유의 질과 구조적 특성, 또는 기업/브랜드의 미학을 통해 전달되는 의미로 제공될 수 있다.

미학적 마케팅: 형태, 주변적 메시지 그리고 상징적 표현

미학적 마케팅은 세 가지 서로 다른 영역에서 연유한다. 즉, (1) 제품 디자인, (2) 커뮤니케이션 조사, (3) 공간 디자인이다. 각 영역은 이분법에 의해 특정지워진다.

제품 및 그래픽 디자인에서는 기능과 형태 간에 구분이 이루어진다. 이 이분법은 바우하우스 디자인 운동(Bauhaus design movement)에서 유래한 것이다. '기능'은 제품이나 서비스의 효용적 편익이나 속성을 가리키고, '형태'는 제품이나 서비스의 포장에 해당한다.

설득에 관한 커뮤니케이션 조사에서는 두 종류의 메시지, 즉 중심적 메시지와 주변적 메시지가 구분된다. 중심적 메시지는 주요 설득적 이슈나 논쟁이다. 주변적 메시지는 주요 메시지 신호로 의도되지 않은 모든 다른 접점에 있는 요소들로, 보통 말하는 자의 매력, 메시지가 전달되는 공간의 색이나 메시지 전달 시 흐르는 음악 등 메시지를 포장하는 것을 의미한다.

공간 디자인에서는 구조와 상징적 표현(symbolism)의 구분이 있다. '구조'는 사람이 실용적 수준에서 환경과 상호작용하는 방식의 문제들, 즉 층수, 엘리베이터, 교통 등 건축가의 일상적 질문에 해당하는 것들과 관련 있다. 반면 '상징적 표현'은 공간의 비기능적이고 경험적인 측면을 나타낸다.

미학적 마케팅은 이런 서로 다른 영역을 모두 넘나들며, 여기에 관계된 수많은 전문가들에 의해 디자인된다. 미학적 마케팅은 위의 이분법의 한 축에 초점을 맞춘다. 표 1.2에서 볼 수 있듯이 미학은 형태와 주변적 메시지, 상징적 표현의 축에 해당하며 기능, 중심적 메시지, 구조에는 해당되지 않는다.

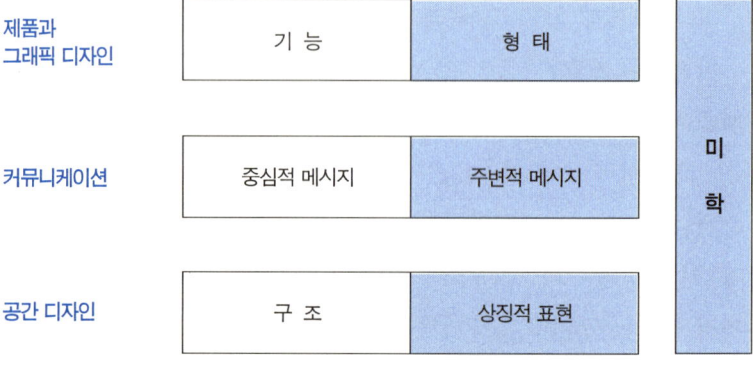

표 1.2 **미학의 영역**

미학은 조직에 유형의 가치를 제공한다

우리는 왜 미학을 이렇게 중요하게 다루는 것인가? 미학은 다수의 강력하고 구체적이며 유형적인 혜택을 조직에 제공하기 때문이다.

미학은 충성도를 창출한다

미학은 소비자의 경험 세계에서 주요한 '만족 요인' 가운데 하나이다. 제품이나 서비스가 전형적인 속성에서 차별화되지 않은 채 지각될 때, 경험과 같은 무형적인 요소들이 판매에서 주요 강점으로 작용한다. 이미 보았듯이 앱솔루트는 특성의 측면에서 거의 차별화되지 않는 제품에 소비자들에게 놀라운 대비를 제공하는 데 성공했다. 랄프 로렌(Ralph Lauren)은 '촛불 은색(Candlelight Silver)', '버펄로 크릭(Buffalo Creek)', '작업복 파랑(Workshirt Blue)' 등 제품을 차별화시킬 수 있는 이름을 가진 색 제품을 선보인다.

미학은 프리미엄 가격을 가능케 한다

나이키는 어떻게 운동화에 150달러 이상의 가격을 매기고, 스타벅스는 어떻게 커피 한 잔에 3달러의 가격을 책정할 수 있을까? 기업의 관리자들, 경영 대학원의 교수들, 마케터들의 대답은 같다. 이 기업들이 강력하고 존중받는 브랜드를 갖고 있기 때문이라는 것이다. 즉, 브랜드 자산을 소유하고 있다는 것이다. 하지만 어떤 브랜드 요소가 경쟁사들보다 높은 가격을 책정할 수 있도록 만드는 것인가? 이 브랜드들을 둘러싸고 있는 독특한 미학, 즉 나이키의 기능적 미학과 스타벅스의 경험 미학에 그 답이 있다. 기업이나 제품이 고객이 보고, 듣고, 접촉하고, 느낄 수 있는 특별한 경험을 제공한다면 가치를 더하는 것이고 그 가치만큼 가격을 올릴 수 있는 것이다. 결과적으로 미학적으로 매력적인 아이덴티티는 프리미엄 가격을 가능케 한다.

미학은 정보의 혼란을 해결한다

우리를 둘러싼 환경은 점점 더 많은 메시지들로 혼란스러워지고 있다. 소비자들은 매일 수많은 TV 프로그램을 보게 되고 제품 로고와 광고 메시지에 묻혀 지내며, 전자 매체를 통해 수만 가지 자극에 노출되고 있다. 그러나 매력적인 미학이 이런 혼란을 해결할 수 있다. 이 요소들은 모든 매체를 최대로 활용한다. 그것은 기업을 구별 짓고 기업과 관련된 특징적인 상징적 표현을 갖고 있다. 반복되는 형태를 통해 소비자의 마음에 이런 시각적 자극의 기억량이 증가한다. 그 결과 제품들은 구매 시점에서 더욱 쉽게 인식되고 선택된다. 강력한 아이덴티티는 동일한 노출에서 더 높은 커뮤니케이션 효과를 달성하거나 더 적은 수의 노출로 동일한 수준의 효과를 달성함으로써 비용을 절감시킨다. 즉, 덜 쓰고도 더 많은 것을 얻게 되는 것이다.

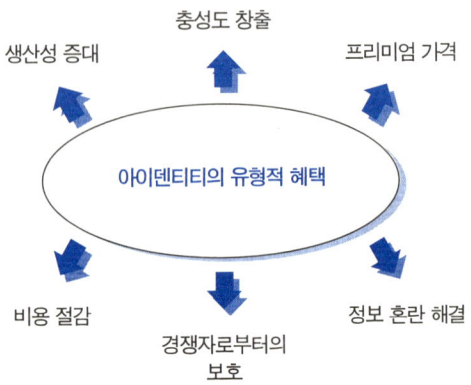

표 1.3 미학의 유형적 혜택

미학은 경쟁자의 공격을 방어한다

브랜드명과 로고는 모방될 수 없으며, 모방 등의 위법 행위에는 법적, 기술적 조치를 취할 수 있다. 미학적 요소가 강력할수록, 또 아이덴티티 요소의 노출 빈도가 높을수록 실질적인 관점에서 보호받기 용이하다. 경쟁자가 성공적인 기업이나 브랜드의 모든 감각적, 미학적 요소를 모방한다는 것은 거의 있을 수 없는 일이다. 브랜드명이나 로고뿐만 아니라, 브랜드가 타 브랜드와 분명히 구별되는 상품외장(trade dress)까지도 법적으로 보호를 받는다.

미학은 비용을 절감시키고 생산성을 높인다

한 기업의 미학적 가이드라인이 확립되어 있으면 기업 안밖의 관계자들은 새로운 레이아웃이나 메시지를 개발하는 데 드는 시간을 줄일 수 있다. 이미 구축되어 있는 시각적 시스템이 구조와 가이드를 모두 제공하기 때문이다. 더욱이 광고, 라벨, 판촉 자료들은 일관된 요소를 가지게 되어 향후 새로운 캠페인에서도 다시 디자인할 필요가 없어진다. 마지막으로 매력적인 미학은 강력한 내부 마케팅 도구가 될 수 있다. 새로운 해외 시장에 진출할 때 관건이 되는 최고로 창의적인 현지 직원을 채용할 수 있기 때문이다. 미학은 기업의 직원들을 고무시키고 업무 환경을 아름답게 만든다.

미학은 모든 이의 관심사여야 한다

새로운 제품 개발 및 기획, 브랜드 관리, 카테고리 관리, 서비스 관리, 광고 및 판촉, 포장, 쌍방향 커뮤니케이션, 홍보 등 거의 모든 마케팅 활동들이 이러한 미학과 관계가 있다. 그러나 거의 모든 조직에서 미학은 업무 기술서 상에 나타나지도 않고, 대부분의 경영 대학원의 교육 과정에 포함되지도 않는다.

관리자들은 항상 그들의 기업, 제품이나 서비스에 대해 이야기거리를 가진다. 이런 이야기거리는 미학적 경험을 제공하는 다감각적 커뮤니케이션에 포함시킴으로써 관리될 수 있다.

이런 커뮤니케이션은 다양한 아이덴티티 요소 전체를 대상으로 하는 미학 전략으로 관리된다. 이 요소에는 로고, 서체, 포장, 조명, 건물, 장치, 제복, 문구, 명함, 판촉물, 광고, POP 디스플레이, 이벤트 포스터, 제품 설계, 향기, 배경 음악, 장식, 질감, 그리고 커뮤니케이션을 창조하고 일으키는 많은 다양한 매체를 포함한다.

이런 아이덴티티 요소들은 만족을 제공할 잠재력을 지니지만, 항상 성공적인 것은 아니다. 기업이나 브랜드의 요소가 미학적 만족을 제공할 수 있느냐의 여부는 얼마나 철저히 관리하는가에 크게 좌우된다. 앞으로 살펴보겠지만 이런 관리 유형에서는 미학 전략의 요소들과 함께 어떻게 이 요소들이 전반적인 고객 인상을 창조하는가를 명확히 이해하는 것이 필요하다.

미학 전략

이 책은 기업과 브랜드 아이덴티티를 창조하고 마케팅하기 위한 미학 전략의 활용에 관한 것이다. 미학 전략은 기업의 다양한 구성원들에게 감각 경험과 미학적 만족을 제공하는 아이덴티티 요소의 전략적 기획과 실행을 포함한다. 여기서 말하는 기업의 구성원에는 외부 고객(공급자, 도매업자, 유통 채널, 최종 소비자)과 기업의 종업원, 투자자, 일반 대중이 포함된다.

미학 전략은 기업 전략이나 마케팅 전략과는 다르다. 기업 전략에서는 핵심 사업 역량, 기업 구조, 그리고 앞으로 어떤 방향으로 나아갈지에 대한 결정(예를 들어, 인수합병을 통해 성장할지 아니면 새로운 시장을 개척할지 등)을 내린다. 마케팅 전략에서는 세분 시장, 목표 고객, 주요 경쟁자들과 관련된 결정을 내린다. 미학 전략에서는 기업 전략과 마케팅 전략을 토대로 시각적(혹은 다른 감각적) 수단을 통해 기업 사명, 전략 목표, 그리고 기업 문화를 표현한다. 이러한 미학 전략은 기업과 브랜드를 위한 아이덴티티를 창조한다.

디자인과 미학에 대해 - 톰 피터스

경영의 거장 가운데 한 사람인 톰 피터스(Tom Peters)는 그 누구보다도 디자인과 미학적 이슈에 관심을 갖는다. 톰 피터스의 『해방 경영(Liberation Management)』은 한 장 전체를 디자인 이슈에 할애하고 있다. '피터스의 경험'이라는 그의 비디오를 본 사람이라면 저자가 이 주제에 얼마나 많은 열정을 가지고 있는지 알 수 있다. 『디자인 매니지먼트 저널』에 실린 기사에서, 이 경험 많은 아이덴티티 컨설턴트는 '디자인이란~'이라는 제목이 붙은 일련의 리스트를 제시했다. 여기에 피터스 리스트의 142개 항목 가운데 일부를 옮겨놓았다.

1. 사용하기 편리한 페덱스(Fedex) 항공 운송장
2. 기업 조직도 상에서 최고 디자이너의 공식적인 위치
3. 최고 경영자가 일상적 주간 업무 가운데 최고 디자이너를 호출하는 횟수나 주간에 최고 경영자가 최고 디자이너 사무실에 들르는 횟수
4. 교육 과정에서 사용하는 바인더
5. 농장이나 최고급 패션 드레스 매장에서 똑같이 발견되는 것
6. 기술 및 연구, 교육 부서에 이르기까지 조직을 아우르는 일상 어휘의 일부분
7. 와인병의 코르크 마개에 양조장 로고가 인쇄될 때 기울이는 주의
8. 총체적인 일관성(조직이 수행하는 모든 것에 내포된 디자인 센스)
9. 비즈니스 명함
10. 기업의 사명 선언문에 디자인이 직·간접적으로 언급되는지의 여부
11. 일관성(친숙하게 보이고 좋은 것)
12. 비일관성(놀라게 하고 과거와 단절시키는 것)
13. 제품에 관해 가장 기억나는 것
14. 효과적인 후레시 푸르트(fresh-fruit) 라벨링에 들어가는 멋진 공학기술
15. 훌륭한 브로슈어
16. 훌륭한 트랙터 좌석
17. (상품이나 서비스와의) 관계에 관한 것

18. 일이 작동하는 방식에 관해 이미 습득된 지식을 포기하는 능력
19. 단순히 좋아하고 싫어하는 것이 아닌, 사랑과 증오에 관한 것(조사에 의하면, 소비자의 장기적 애착은 제품이나 서비스에 대한 정서적 반응과 밀접한 연관이 있다. 단지 '좋아하는 것'은 장기적 관계의 접착제가 아니다).
20. 모든 것

※ 출처: 톰 피터스 '디자인이란~' Design Management Journal, Winter 1995, pp.29-33

02 미학을 통한 아이덴티티와 이미지 창조
Creating Identity and Image Through Aesthetics

루슨트 테크놀로지스 : AT&T에서 분사된 회사의 새로운 아이덴티티[1]

1995년 AT&T가 세 개의 회사로 분리되었을 때, AT&T의 장비 부문 자회사를 위한 새로운 이미지와 아이덴티티를 창조하는 것이 중요한 과제로 떠올랐다. 이 새로운 회사의 출발점은 다른 회사들과는 달랐다. 이 회사는 이미 200억 달러가 넘는 매출 규모와 오랜 기술 혁신의 역사를 가지고 있었다. 과거 AT&T의 연구 기관이자 새로운 회사의 핵심인 벨 연구소는 7명의 노벨상 수상자를 배출했고, 다이얼 톤(dial tone)이나 보이스 메일과 같은 필수적인 일상 기술들을 발명해 왔다. 이 회사의 과제는 AT&T의 긍정적인 특성을 충분히 활용하면서, 동시에 경쟁이 치열한 통신 장비 시장에서 혁신적인 주요 업체로서의 새로운 아이덴티티를 구축하는 것이었다.

회사명과 시각적 아이덴티티의 선택. 디자인 회사 랜도 어소시에이츠(Landor Associates)는 3개월의 조사 기간을 거쳐 새로운 회사명과 시각적 아이덴티티를 개발했다. 고위 관리자, 사업 본부장, 그리고 마케팅 담당자들과의 심층 인터뷰를 통해 아이덴티티와 이미지 개발을 시작했다. 곧 그들은 이 회사의 경영진이 단순하고 일반적인 안보다는 뚜렷하고 명쾌한 새로운 회사 아이덴티티를 구축해줄 것을 원한다는 사실을 파악했다.

기술 지향적 기업들에서 일반적으로 쓰이는 기술 용어들을 피하고 좀 더 독특하고 사용자 친화적인 이름을 개발하기로 결정되었다. '넷(net)', '시스(sys)', '테크(tech)', '텔(tel)'이라는 단어를 회사명이나 제품명, 서비스명에 사용하는 회사가 1995년 당시 이미 수천 개(통신과 첨단 기술 회사만 살펴보더라도 수백 개)에 이르렀다. 이런 유형의 단어 조합을 가진 회사명을 만들 경우, 이 새로운 회사는 진부한 이미지를 지니게 되고 경쟁사들과 차별화되지 않을 것은 명백한 사실이었다.

현재와 미래의 경쟁사 로고를 분석한 결과도 이런 결론에 도달했다. 노텔(Nortel), 지멘스(Siemens), IBM, 마이크로소프트, NEC, 소니, 텍사스 인스트루먼트(Texas Instruments), 모토롤라, GE 같은 다양한 비즈니스와 서비스 분야의 주요 경쟁사들은 모두 청색, 회색, 검정색의 로고를 채택하고 있었다. 경쟁사들 가운데 부각되기 위해서는 통신이나 장비, 첨단 산업에서 흔히 쓰이는 컬러와는 다른 독특한 기업 컬러를 사용해야 한다는 결정이 내려졌다.

마지막으로 회사와 관련된 바람직한 연상과 이미지, 바람직하지 못한 연상과 이미지들이 규명되었다. 표 2.1는 경영진이 AT&T로부터 그대로 가져가고 싶은 연상과 버리고 싶은 연상, 그리고 가장 중

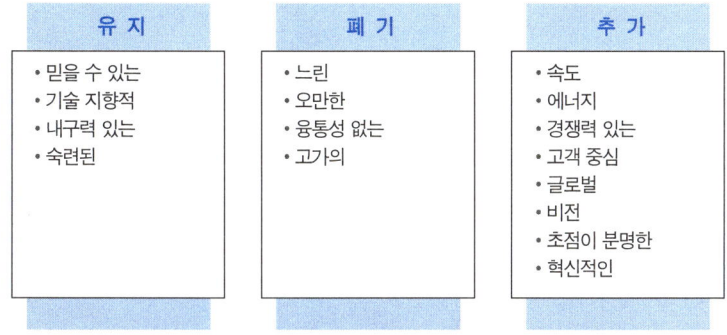

표 2.1 루슨트의 바람직한 이미지 요소

요한 것으로 추가하고 싶은 새로운 이미지를 보여준다.

랜도는 이런 정보를 바탕으로 총 700개의 이름을 개발해내고 평가했다. 그리고 12개 이름을 걸러낸 후, 로고 개발안과 함께 최종적으로 세 개의 이름으로 압축했다. 세 개의 이름에 따라 어울리는 로고가 각각 달랐다. 랜도는 다음 단계로 이 이름들을 미국, 아르헨티나, 브라질, 멕시코, 영국, 독일, 프랑스, 일본과 싱가포르에서 시험했다. 이 이름들은 13개 언어(영어, 불어, 독일어, 덴마크어, 아랍어, 광둥어, 태국어, 이탈리아어, 스페인어, 스웨덴어, 일본어, 북경어, 힌두어)권에서 문화적, 언어적으로 적합한지 확인됐다.

회사명과 시각적 아이덴티티의 론칭. 랜도가 최종적으로 개발한 새로운 회사명은 루슨트 테크놀로지스였으며, 새로운 시각적 아이덴티티는 손으로 그린 듯한 붉은 원 형태였다.(그림 2.1) 이 새로운 회사명과 로고는 1996년 2월 공식 발표되었다. 직원들은 새로운 회사명과 로고에 대한 설명과 함께 사용법을 소개하는 소책자를 전달받

그림 2.1 **루슨트 로고가 그려진 트럭**

앉다. "루슨트라는 단어는 '환하게 빛나는', '굉장히 투명한' 이라는 의미이다. 이것은 명확한 사고, 밝음과 에너지를 암시한다. 회사의 굵고 새로운 심벌인 '혁신의 원(Innovation Ring)'은 움직임과 완전함을 암시한다. 이는 지식의 상징이며, 그것의 손으로 그린 듯한 느낌은 직원들의 창의성을 반영한다." 이 소책자에서는 '혁신', '단순성', '직관성', '빛', '명확성', '창의성', 그리고 '움직임' 등의 단어들이 무엇보다 강조되고 있다.

이 아이덴티티는 미래에 있어 변화의 여지를 두고 있다. 회사명의 핵심 부분은 '루슨트'로, 고객들은 이미 '테크놀로지스'라는 뒷부분 없이 그냥 '루슨트'라고 부르고 있다. 따라서 '테크놀로지스'라는 부분은 시간이 지나면 서서히 사라질 수도 있다. AT&T의 연구개발 부서였던 '벨 연구소'가 회사에 속해 있음을 알리는 'Bell Labs Innovations' 라는 문구도 '테크놀로지스'처럼 '루슨트' 하위로 종속되며, 역시 시간이 지나면 사라질 수 있는 부분이다. 새로운 시각적 아이덴티티 또한 유연성이 고려되었다. '혁신의 원'의 범위와 크기가 바뀔 수도 있고 색상도 붉은 바탕에 흰색 원으로 반대로 사용될 수 있다. 또 흰색이나 검은 바탕에는 회색이 사용될 수도 있다.

광고 캠페인. 새로운 아이덴티티의 출범과 함께 맥캔 에릭슨(McCann-Erickson)은 5,000만 달러에 이르는 새로운 아이덴티티 광고 캠페인을 만들었다. 대기업과 중소기업 고객단, 산업 애널리스트, 임직원, 투자자, 고객들로 이루어진 포커스 그룹과 심층 인터뷰를 통해 이른바 '회의론자들(The Doubters)'이라 불리는 표적 그룹이 정의되었다. 맥캔 에릭슨의 샐 랜다조(Sal Randazzo) 부사장은 "이들 모두가 새로운 회사에 대한 일종의 회의적 시각을 공유한다는 것을 알게 되었다."라고 말한다. "당신은 누구인가? 당신 회사는 무엇을 할 수 있는가? 당신 회사는 '최신'인가? 당신 회사의 시장 잠재력은 무엇인가? 당신의 회사는 무엇을 이루었는가? 내가 당신 회사에서 일하고 싶어할까?" 광고 목표는 이런 시각을 가진 회의론자들을 신봉자로 바꾸는 것이었다.

맥캔 애릭슨은 새로운 아이덴티티를 인쇄 광고 캠페인의 초점이 되도록 하고, 시각적 아이덴티티의 기저에 흐르는 컨셉을 TV 광고에서 소구 포인트로 잡았다. 광고 캠페인의 첫 단계는 인지도를 형성하고 예전에 전화와 칩을 판매하던 벨 연구소가 이제는 루슨트 테크놀로지스의 일부라는 사실을 고객들에게 알리는 것이었다. 이를 위해 인쇄 광고는 루슨트 테크놀로지스의 명함 한 장을 보여주면서 그 안의 요소들을 설명하는 방식을 취했다.(그림 2.2) TV 광고에서는 "예전에 AT&T의 한 사업부였으나 125년이 지난 이제는 '프리랜서'로 일할 것이다."라는 해설자의 목소리를 넣었다. 새로운 슬로건은 '우

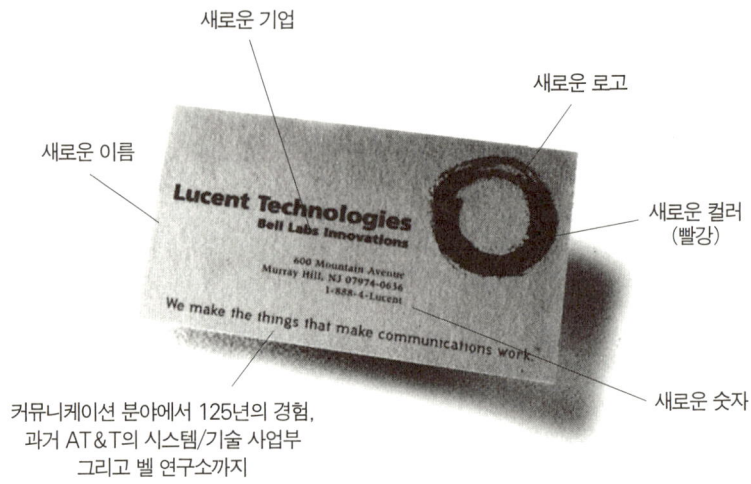

그림 2.2 루슨트 광고

리는 커뮤니케이션이 이루어지게 만드는 것을 만듭니다(We make the things that make communications work).'였고, 인쇄와 TV 광고 모두에 등장하기 시작했다. 광고 캠페인은 매우 혁신적이고 특징적이면서도 거만한 느낌은 전혀 주지 않았다. 캠페인은 새로운 회사가 경쟁사들에게서 흔하게 보이던 미래의 첨단 이미지를 넘어서도록 하는 데 성공했다.

웹사이트. 웹사이트는 이름과 로고, 광고까지 모두 잘 활용한다. 광고 캠페인과 마찬가지로 웹사이트에 접속하는 사람들은 웹사이트의 구성 요소들을 설명하는 사용자 친화적인 표지들(marker)과 함께 광고에 등장했던 루슨트의 명함을 가장 먼저 보게 된다. 표지들은 '우리 회사를 탐색해 보세요', '우리에게 연락하세요', '우리가 하는 일', '루슨트에서 일하기(취업 정보)', '아이디어, 아이디어, 아이디어', '뉴스와 정보' 등 아주 명쾌한 언어로 구성되어 있다. 각 표지들에는 빛이 나는 둥근 원이 달려 있다. 사용자가 명함을 클릭하면 명함이 돌아가며 뒷면이 보이는데, 여기에는 손으로 쓴 글씨체로 '우리 회사의 주식 시세를 보세요' 같은 문장이 나타난다.

캠페인의 결과. AT&T에서 분사한 뒤 1년 만에 루슨트는 처음 목표를 달성했다. 혁신적인 아이덴티티와 이미지 캠페인을 통해 회사는 강력하면서 혁신적이고 유연하면서 친화적이고 접근 가능한 회사 이미지를 구축한 것이다. 루슨트는 처음 6개월 동안 주요 고객군의 하나인 금융계에서 91%의 인지도를 달성했다. 루슨트의 주가는 85%나 상승했고, 70억 달러의 새로운 계약을 체결할 수 있었다.

새로운 아이덴티티의 창출

루슨트는 미학적 접근을 통해 새로운 아이덴티티를 창조한 좋은 예이다. 루슨트 테크놀로지스가 새로운 아이덴티티 프로그램을 추진하게 된 원인은 AT&T 기업 구조의 극적인 변화, 즉 AT&T가 세 개의 회사로 분할된 것이다. 이런 상황에서 분사 시점에 이미 포춘 100대 기업의 규모를 가진, AT&T의 새로운 장비 부문 회사의 아이덴티티를 창조해야 하는 특별한 과제가 생겨났다.

1980년대 중반의 인수합병 붐이 1990년대 중반 다시 일어났다. 합병이든 인수든 혹은 분사든, 기업이나 브랜드의 재구성은 아이덴티티의 창조와 수정을 위한 거대한 기회를 제공한다. 기업의 리스트럭처링은 아이덴티티의 탄생과 소멸, 아이덴티티의 통일과 관련된 핵심 아이덴티티 문제들을 제기한다.

　뉴욕 소재의 매뉴팩처러스 하노버 은행(Manufacturers Hanover Bank)을 예로 들어보자. 이 은행은 1990년대 초반 케미컬 은행(Chemical Bank)에 합병되었다. 어떤 이름이 어떤 색, 스타일, 테마와 함께 유지될 것인가를 두고 결정을 내려야 했다. 서로 다른 목표 시장 때문에 이 과정은 훨씬 더 어려워질 수도 있었다. 각기 다른 아이덴티티는 결국 개별 브랜드로 존재해야 하는가? 이 상황에서 아이덴티티 전문 회사인 드 솔라(De Sola) 그룹은 혼합 아이덴티티(동등한 두 개체의 합병) 방법을 선택했다. 그럼에도 케미컬 은행의 아이덴티티가 선호되자, 결국 케미컬이라는 이름을 갖게 되었다. 몇 년 후 이 새로운 은행은 체이스 맨해튼 은행(Chase Manhattan Bank)에 합병되었다. 케미컬 은행의 고객들이 이미 한 번의 아이덴티티 변화를 겪었다는 사실을 생각해볼 때 선택은 더욱 어려웠다. 이번에는 결국 반대로 케미컬 은행이라는 아이덴티티가 사라지고 체이스라는 아이덴티티로 결정되었다. 이런 종류의 결정은 보다 조심스럽게 내려질 필요가 있다.

　새로운 기업이나 브랜드 아이덴티티를 만들어내거나 기존 것을 변경하는 원인이 항상 조직 구조상의 것만은 아니다. 이 외에도 아이덴티티 관리를 유발하는 다양한 원인들이 존재한다.

아이덴티티 관리의 필요 요인

요인 1. 낮은 충성도 또는 시장 점유율 하락. 낮은 충성도나 고객 이탈을 경험하는 기업이나 브랜드는 자신의 아이덴티티가 고객에게

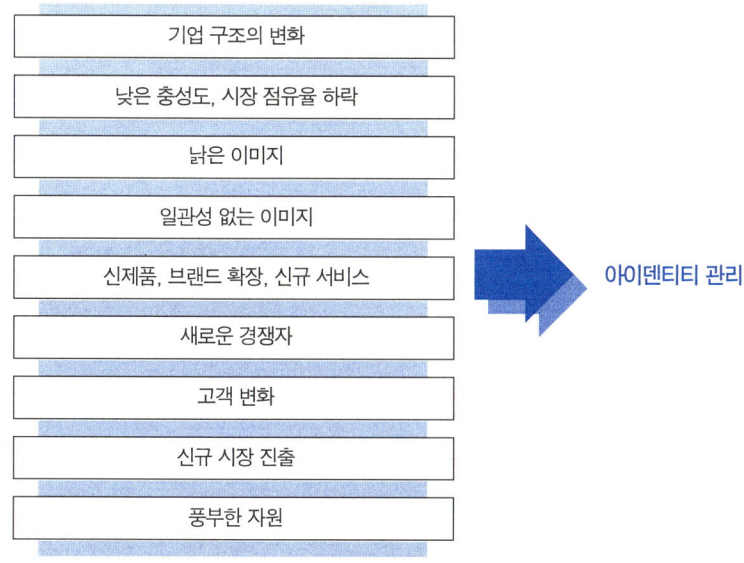

표 2.2 아이덴티티 관리의 필요 요인

어떤 의미이며, 아이덴티티가 어떻게 고객 충성도를 향상시킬 수 있는지를 생각해보아야 한다. 가치 있는 기업과 브랜드 아이덴티티는 미학적 접근을 통해 구축된다. 아이덴티티 없이는 고객 유인도, 프리미엄 가격도, 충성도의 증가도 있을 수 없다. 단지 가격 경쟁이라는 자기 파괴의 방법만이 남을 뿐이다. 마이클 포터(Michael Porter)의 말처럼 기업 아이덴티티의 강력한 인식은 회사의 실적에 집착하는 것만큼이나 중요한 것이다.[2]

요인 2. 시대에 뒤떨어진 이미지. 적극적 아이덴티티 관리는 '아이덴티티 위기'를 예방할 수 있다. 아이덴티티는 오래되고 진부한 것으로 보일 수 있으며, 시간이 흐르면서 시대에 뒤떨어진 것처럼 보일

그림 2.3 슬론즈 매장 전경

수도 있다. 여러 미학들은 각기 특정 시대를 강하게 연상시키게 된다. 따라서 기업이나 브랜드 아이덴티티가 특정 시대의 아이덴티티에 묻혀버리는 일이 종종 있다. 많은 기업과 브랜드는 혁신적으로 보이기 위해 시간을 초월하는 장점을 제공하는 고전적 디자인을 거부한다. 이런 선택의 어두운 측면은 그때 그때의 환경에 맞춰 아이덴티티를 관리해주지 않으면 의도와 다르게 기업이나 브랜드 이미지가 낡은 이미지로 바뀔 수도 있다는 점이다.

요인 3. 일관성 없는 이미지. 몇몇 기업들은 유사한 목표 시장에서 이미지나 아이덴티티의 일관성을 유지하는 데 무관심하다. 뉴욕 시의 슈퍼마켓 슬론즈(Sloan's)를 예로 들어보자. 이 슈퍼마켓은 거의 모든 매장이 서로 다른 외관을 하고 있으나, 실은 동일한 목표 시장을 대상으로 한다. 이는 결국 전체적으로 일관되지 못하고 혼잡스러운 인상을 주게 된다. 그림 2.3을 보면 열 블록 떨어진 거리에 있는 다른 두 개의 슬론즈 매장이 있다. 두 매장의 외관과 로고, 심지어 상호까지 Sloan's와 Sloans로 서로 다르다. 위쪽 사진을 잘 살펴보면 한 매장에 서로 다른 세 개의 서체가 사용되는 것도 볼 수 있다.

요인 4. 신제품, 브랜드 확장, 신규 서비스. 신제품 개발이나 제품 라인의 변형이나 확장, 새로운 서비스 판매는 아이덴티티 창출의 결정이 필요하다. 또한 공동 브랜딩을 하게 될 경우, 공동 브랜딩의 대상 상품이나 서비스 아이덴티티 간의 관계에 충분한 주의가 필요하다. 때때로 브랜드 확장이 기존의 아이덴티티 상에서 이루어질 때 결정은 쉬울 수 있다. 그러나 대부분의 상황은 그리 쉽지 않으며, 특히 소비재 이외의 분야에서는 더욱 그러하다.

요인 5. 경쟁 구도의 변화. 어떤 시장에 경쟁자가 진입한다는 것은 해당 분야에 새로운 아이덴티티의 출현을 의미한다. 기업은 계속 자신의 아이덴티티가 경쟁사의 아이덴티티와 어떻게 비교되고 상호작용하는지 살펴볼 필요가 있다. 보다 넓게는 기업은 다른 카테고리의 제품, 서비스 회사들과의 '미학적 경쟁'도 모니터할 필요가 있다. 고객들은 일상의 다양한 환경에서 미학을 경험하기 때문에, 이런 경험을 제품 카테고리에 따라 구분짓지 않는다. 따라서 한 기업의 아이덴티티에 대한 고객의 인상은 서로 다른 카테고리의 아이덴티티에 대한 인상에 근거하는 것이다. 호텔 인테리어의 변화가 항공사 인테리어의 지각에 영향을 미칠 수 있는 것이다. 그러므로 어떤 영역에서든 일단 변화가 발생하면 당신의 기업이나 브랜드 아이덴티티에 대한 고객의 인상에 영향을 미칠 수 있다고 보아야 한다.

요인 6. 고객 특성의 변화. 고객의 태도와 행동 패턴은 시간이 지나면서 변화할 수 있으며, 따라서 아이덴티티에도 변화가 요구될 수 있다. 특히 젊은층, 노년층, 저소득층, 부유층 등 특정한 인구통계학적 세분 시장에 소구하는 기업이나 브랜드의 경우에는 더욱 그러하다. 특정 카테고리를 계속 유지할 수는 있겠지만, 그 카테고리에 속한 고객 특성은 항상 변하는 것이다. 예를 들어 십대를 위한 아이덴티티는 끊임없이 변하는 십대들의 태도와 행동 경향에 맞추어 지속적으로 변화해야 한다.

요인 7. 신규 시장으로의 진입. 새로운 시장에 진입하거나 다른 종류의 시장으로 진출하는 기업들은 새로운 아이덴티티를 창출할 것인지, 기존 아이덴티티를 사용할 것인지를 결정해야 한다. 이때 그러한 확장이 잠재적 성공 가능성을 강화하고 기존 이미지에 가치를 더할 수 있도록 관리해야 한다.

요인 8. 풍부한 자원. 과거의 경기 침체기에 기업 아이덴티티 관리는 긴축의 결과로 어려움을 겪었다. 상당 기간 동안 아이덴티티 관리를 소홀히해 왔을 수 있으므로, 예전보다 풍부한 자원이 주어지는 현재에는 아이덴티티 관리에 보다 더 주력해야 한다. 더욱이 요즈음은 (시각적 아이덴티티 등) 아이덴티티 관리를 위한 컴퓨터 프로그램이 등장해 있으므로, 소규모 회사를 위한 아이덴티티 관리도 더 저렴한 비용에 해결할 수 있게 되었다.

아이덴티티 관리는 브랜드 관리가 아니다

상기 요인들이 내포하는 바와 같이 아이덴티티 관리는 브랜드 관리보다 훨씬 광범위한 개념이다. 브랜드 관리는 한 제품이 가지는 브랜드 마케팅에 전적으로 초점을 맞춘다. 브랜드 매니저들은 브랜드 가격 책정, 브랜드 판촉, 광고 등의 전술적인 의사 결정에 너무 많은 에너지를 투입하면서도 브랜드의 생존을 결정하는 장기적이고 전략적인 측면, 즉 브랜드 아이덴티티나 이미지에는 많은 노력을 기울이지 않는다. 이들은 브랜드 간 아이덴티티나 기업 아이덴티티를 구축하는 일에는 무관심하다.

지난 몇 년 간 많은 기업들은 특정 개별 브랜드에 초점을 맞추는 것에서 벗어나 카테고리 관리의 측면에서 접근해 왔다. 즉 제품이나 서비스의 전체 라인 수준에서 작업하면서, 카테고리 전체의 판매를 높이기 위해 소매업체들과 협력하는 방향으로 전환하게 된 것이다. 결과적으로 브랜드 인지도와 비례해 기업 인지도 상승으로 나타났다. 1997년 조사 기관 루이스 해리스 앤 어소시에이츠(Louis Harris & Associates)가 진행한 전화 조사에서 소비자들은 미국 최고 브랜드에 대한 질문을 받았다. 『비즈니스 위크』에 나타난 대로 사람들은 엄격히 말해 특정 브랜드명이라고 볼 수 없는 이름들(General Motors, P&G, Johnson and Johnson 등)을 회상한 것으로 나타났다. 이 조사는 "강력한 기업 아이덴티티가 브랜드에 도움이 된다는 사실을 확인시켜주었다"[3]고 결론짓고 있다.

아이덴티티는 이미지를 창조한다

아이덴티티는 기업과 브랜드 이미지를 창조한다. 물론 기업이나 브랜드 아이덴티티 외에 이미지에 기여하는 마케팅 활동들은 많다. 여기에는 스폰서십, 홍보(PR), 위기 관리, 기업 이미지 광고 등이 포함된다.[4] 이런 활동들은 어떤 브랜드와 그 브랜드의 평판, 기업과 그 기업이 투자자에 주는 가치에 대한 대중적 이미지에 영향을 주는 활동들이다. 이에 비해 아이덴티티 관리는 시각 및 기타 감각 요소들과 관련이 깊다. 미학적 접근은 고객이 기업과 브랜드에 가지는 인상을 형성하는 아주 강력하고 중요한 활동이다. 미학에 기반을 둔 강력한 아이덴티티는 고객을 획득하고 유지하려는 어떤 시도에서든 시작점이 되어야 한다.

누가 아이덴티티를 기획하는가

아이덴티티의 관리는 감각적 자극과 커뮤니케이션을 창조하기 위한 전략적 비전의 세심한 설계를 요구한다. 아이덴티티 관리를 위해서는 그래픽 디자이너, 산업 디자이너, 건축가, 인테리어 디자이너, 카피라이터, 아트 디렉터 등 크리에이티브 팀과 일하는 노하우 외에도 관리자로서 필요한 모든 기술이 동원된다.

일반적으로 아이덴티티 프로젝트는 어떤 규모가 되든 (1) 사내 디자인 담당자 (2) 그래픽 디자인 업체 (3) 전략적 아이덴티티 및 커뮤니케이션 컨설팅 회사 (4) 광고 대행사로 이루어진 네 그룹의 협조로 진행된다. 사내 디자인 그룹은 비교적 적은 비용으로 인쇄 광고물 디자인 등과 같은 일상적인 업무를 진행한다. 그래픽 디자인 회사는 여러 개별 업체들로 구성되며, 신생 기업의 포장 디자인, 메뉴 디자인, 소규모 기업의 로고 디자인, 매장의 기본적 사인물, 명함과 문구 디자인 등을 담당한다. 전략적 아이덴티티/커뮤니케이션 컨설팅 회사는 디자인과 디자이너의 결과물에 대한 경영 컨설팅을 하는 복합적인 역할을 담당한다. 그들은 종종 숙련되고 전문적인 지식과 경험을 갖춘 디자이너, 디자인 작업을 지원하는 조사 작업 등 보다 풍부한 자원으로 기업을 지원한다. 광고 대행사는 커뮤니케이션을 통해 아이덴티티를 관리한다. 마지막으로 전형적인 시각적 아이덴티티 관리 회사와 광고 회사들 외에도 건축 회사, 인테리어 디자이너, 산업 디자이너 등이 종종 일정한 역할을 담당한다.

소규모/대규모 아이덴티티 프로젝트

비즈니스에 종사하는 사람이라면 누구나 한 번은 미학적 이슈와 접하게 될 것이다. 브랜드 매니저라면 새로운 포장이 필요할 것이고, 광고 AE라면 새로운 광고 캠페인을 위해 크리에이티브 파트와 협력해야 할 것이며, 경영자는 어떻게 로고의 디자인 요소를 제안된 광고 캠페인에 적용할지 전략가와 상의해야 할 것이다. 사업가는 새로운 레스토랑을 위해 디자이너를 고용할 때가 있을 것이고, 편집자라면 작품 맥락에 근사하게 어울리도록 디자이너와 시각적 요소를 상의할 것이다. 최고 경영자는 글로벌 아이덴티티를 기획하고, 호텔 체인에서는 기존 호텔 설비의 미학적 측면을 계속 재평가해보아야 할 것이다. 항공사는 자신의 이미지를 활성화하고 학교라면 눈에 띄고 인상 깊은 판촉용 자료를 제작하고자 할 것이다. 이 외에도 예를 들 수 있는 것은 너무나 많다.

일반적으로 기업은 필요할 때마다 마케팅 매니저를 고용해 디자이너와 함께 일하게 한다. 심지어 전략적 디자인 회사와 일할 때조차 마케팅 매니저는 특정 과제를 위해 디자이너들을 고용하는 일이 다반사이다. 예를 들면 새로운 제품 라인의 출시를 위한 패키지 제작이나 시장에서 고전하는 브랜드의 시장 점유율을 높이기 위한 새로운 패키지 제작 등이다. 이런 상황은 주로 중간 관리자 수준에서 이루어지게 되는데 이런 수준의 소규모 결정이라 할지라도 결국 기업 전체의 아이덴티티에 적지 않은 영향을 줄 수 있기 때문에 철저한 주의가 필요하다. 즉, 많은 아이덴티티 프로젝트가 소규모로 일어나고 있으나, 보다 큰 전체 그림을 항상 생각하고 진행해야 한다는 의미이다. 전체 그림을 보지 않으면 기업 아이덴티티는 서로 뒤엉켜 혼란스러워지고 더 이상 기업의 본래 의도를 반영하지 못하게 될 것이다.

콘티넨탈 항공 : 포괄적 아이덴티티 진단[5]

최근의 대규모 아이덴티티 리노베이션 프로그램 가운데 하나는 콘티넨탈 항공(Continental Airlines)의 새로운 아이덴티티 도입이다. 아이덴티티 관리 전문회사 가운데 하나인 리핀코트 앤 마걸리즈(Lippincott & Margulies)에서 진행했다. 그 첫 단계는 1990년 2월에 시작되었는데 현재의 인식과 전략적 목표에 대한 경영층, 직원, 고객, 여행 대행사들과의 심도 있는 인터뷰가 진행되었다. 이 조사 단계의 결과로 '세계적 수준, 최고 품질의 항공사, 운영과 서비스에서의 안정성과 전문성을 가지며 매력적이고 역동적이며 고객에게 항상 반응하는 항공사'의 이미지를 투영하도록 하는 내용의 전략이 도출되었다. 조사 결과는 항공사의 적색, 주황색, 금색, 적색과 흑색의 로고와 다른 아이덴티티 요소들이 이상적 이미지를 표현하는 데 효과를 거두지 못하는 것으로 나타났다.

리핀코트 앤 마걸리즈는 기업 커뮤니케이션 자료, 표식, 광고, 기내 인테리어, 유니폼, 서비스 용품, 항공기 외관, 티켓 카운터, 항공권, 판촉용 자료 등 콘티넨탈 항공의 아이덴티티 요소를 전부 재디자인했고, 이 과정은 4년 이상 소요됐다.

새로운 포지셔닝을 표현하기 위해 기내 인테리어는 편안한 휴식의 느낌을 주는 동시에 전문적인 인상을 줄 수 있도록 청색과 회색의 중간색을 사용해 다양한 재질과 질감으로 디자인되었다. 로고 색은 청색, 백색, 금색으로 바뀌었으며, 로고 위의 뚜렷한 지구 모양으로 국제 항공사라는 아이디어를 담았다. 서비스 용품 디자인은 지구 형태를 기본으로 했다. 또한 리핀코트 앤 마걸리즈는 패션월드(Fashion World Corp.)의 디자이너들과 협력해 군청과 금색으로 편안하고 전문적인 느낌의 제복을 디자인했다. 날개 부분의 입체적 형태의 지구 형상과 항공사명 표기에 쓰인 새로운 서체와 함께 항공기 외관에 쓰인 색 체계는 청색과 금색을 백색 항공기 본체에 적용하는 것으로 결정됐다. 콘티넨탈 항공의 직원들에 대한 약속을 분명히 하기 위해 5000명 직원들이 새로운 아이덴티티의 론칭 행사에 초대되었다. 이 특별한 행사는 구름이 떠다니는 푸른 하늘을 배경으로 공항 격납고에서 이루어졌다.

아이덴티티 기획 : 과거, 현재, 미래

미국의 아이덴티티 기획

기업 아이덴티티(CI: Corporate Identity)는 산업 디자인에 그 기원을 둔다.[6] 1925년에서 1975년의 50년간은 미국인들에게는 물질적 풍요가 증가하는 시기였다. 1927년 대공황 직전, 광고업자와 제조업자들 사이에서는 점점 더 경쟁이 심해지는 시장에서 스타일을 창조하거나 제품 외양이나 표현을 변화시키는 것이 소비자 수요를 증진시킬 수 있다는 것을 두고 논쟁이 시작되었다. 이 흐름은 산업 디자이너라는 새로운 부류를 탄생시켰다. 이 새로운 아이디어의 목적은 소비자들이 그들의 제품을 더 효율적인 제품으로 대체하도록 하는 것이 아니라 매력적인 제품, 즉 다른 색, 형태, 재질로 만들어진 새로운 모델로 대체하도록 하는 것이었다.

미국 업계는 이 시기에 상품 제조에 스타일을 적용하기 위해 산업 디자이너를 고용하기 시작했다. 이 디자이너들 가운데 다수는 유럽 이민자들이었고, 이들은 아르누보와 아르데코(Ar Nouveau and Art Deco), 바우하우스(Bauhaus), 입체주의(Cubism), 러시아 구성주의, 독일 표현주의, 이탈리아 미래주의 등 당대의 디자인과 예술 운동에 정통해 있었다. 10년 후 1939년에서 1940년 사이, 뉴욕 세계 박람회에서 이 디자이너들은 교육적 전시와 최신 소비재를 선보이는 기업 전시를 진행했다. 이것은 당시 파격적인 시각적 전시로, 미국 산업의 대표적 제품들, 냉장고, 식기 세척기, 텔레비전, 컬러 카메라 등이 중앙 무대를 차지했다. 그리고 전시장을 찾은 사람들을 즐겁게 했고 그들로 하여금 아메리칸 드림을 믿게 만들었다.

1941년은 독일 태생이며 런던에서 교육받은 월터 랜도(Walter

Landor)가 랜도 어소시에이츠를 설립한 해였다. 랜도는 전통적 제품 디자인이 아니라 상업적 그래픽 디자인에 초점을 두었다. 바우하우스파 건축가의 아들인 랜도는 산업 디자이너로 출발해 그래픽 디자인으로 전환한 후, 오랜 기간 사용되는 성공한 로고들을 디자인함으로써 명성을 쌓았다. 이후 50년간 랜도의 고객에는 리바이 스트라우스(Levi Strauss), 밀러 맥주, 제너럴 일렉트릭, 맥도날드, 뱅크 오브 아메리카, 후지 필름, 루슨트 테크놀로지스와 함께 캐세이 퍼시픽 항공 같은 항공사들이 포함되었다. 랜도는 1964년 샌프란시스코에서 운행을 중단한 페리를 사서 20여 년 동안 선상에서 회사를 운영했다. 랜도는 다음과 같은 디자인 철학을 가졌다. "노력이 드러나지 않을 때, 좋은 디자인이다. 디자인된 것처럼 보여서는 안 된다. 그리고 좋은 디자인은 오랫동안 사용되는 디자인이다."[7]

1940년대와 50년대, 그리고 60년대에는 랜도와 더불어 고든 리핀코트(Gordon Lippincott)와 워커 마걸리즈(Walker Margulies)가 터커(Tucker), 워터맨(Waterman), 미드 존슨(Mead Johnson), 코카콜라, 제록스 등과의 작업을 성공적으로 수행하면서 포장 디자인과 브랜드 아이덴티티 분야의 선두주자가 되었다. 이 회사는 수많은 아이덴티티 컨설턴트와 디자이너를 양성해냈으며, 이들 가운데 다수가 후에 독립해 회사를 차렸다. 1970년대에는 비영리 단체인 디자인 매니지먼트 인스티튜트(Design Management Institute)가 보스턴에 설립되었다. 이 단체의 목적은 다양한 교육 활동을 통해 디자인의 중요성을 알리는 것이었다. 디자인 매니지먼트 인스티튜트는 제품 디자인 쪽에 활동의 초점을 맞추었고, 1980년대 중반에 설립된 두번째 비영리 단체인 기업 디자인 재단(Corporate Design Foundation)도 역시 그러했다.

1980년대에는 시겔 앤 게일(Siegel & Gale)과 같은 다른 회사들이 업계에서 자리를 굳혔다. 시겔 앤 게일은 처음엔 커뮤니케이션의 단순화에, 그 다음에는 '기업의 목소리(corporate voice)'에 초점을 맞추었다. 시겔 앤 게일의 최고 경영자인 앨런 시겔은 아이덴티티 관리 개념을 확장시켰고 기업 기획 및 전략과의 연계성을 강화했다.

> "목소리(voice)는 기업 아이덴티티, 로고, 슬로건, 연간 보고서, 또는 심지어 광고 캠페인 이상의 것이다. 목소리는 이 모든 것들의 원동력이기도 하다. 목소리는 개성이자 성격이다. 목소리는 기업 행동의 일관성을 이루고 유지시키는 것이다. 목소리는 지속 가능한 차별화 포인트이다. 이것이 목소리가 장기간 기업의 포지셔닝을 돕고 기업을 경쟁으로부터 보호하는 방법이다."[8]

1980년대 중반에 일어난 사건들은 산업계의 변화를 예고했다. 시겔 앤 게일은 광고계의 거물급 회사 사치 앤 사치(Saatchi & Saatchi)에 인수되었고, 이것은 두 개의 주요 커뮤니케이션 전달자의 결합을 상징했다. 1990년대 초반 불황기에 이루어진 이 첫 대형 합병은 다른 회사들이 인수합병을 추진하는 계기를 마련했다. 경기 침체기에 경영자들은 아이덴티티 계획을 사업의 주요 요소로 보지 않고 지출을 중단했다.[9] 아이덴티티는 '단순한 미학'으로 간주되었다. 그래서 디자이너들이 가장 큰 타격을 입게 되었고, 반면 광고 회사들은 아이덴티티 사업을 중요한 것으로 판단하고 비교적 낮은 비용에 인수가 가능한 이 시기에 아이덴티티 회사의 인수에 뛰어들었다. 인수합병이 꼬리에 꼬리를 물었다. 마쉬 앤 맥레넌(Marsh and McLennan)이 리핀코트 앤 마걸리즈를 인수했고, 1988년에는 AGP(Anspuch

Grossman Portugal)가 마케팅 서비스 회사인 WPP 그룹의 일부가 되었다. 1990년에는 영 앤 루비컴(Young and Rubicam)이 랜도 어소시에이츠를 인수했다. 일부 아이덴티티 회사들은 해외로 나가거나 사업을 확장한 반면 다른 회사들은 문을 닫았다. 여기서 흥미로운 점은 이런 과정을 통해 디자인, 아이덴티티, 미학이라는 요소가 통합 마케팅 커뮤니케이션의 일부로 간주되게 되었다는 것이다. 디자이너와 아이덴티티 컨설턴트가 그래픽 아트나 디자인뿐만 아니라 소비자 행동과 마케팅 전략에 관여하는 세계가 만들어진 것이다. 기업과 브랜드 아이덴티티가 기업의 방향과 브랜드 가치의 전략적 기획에 관계된 모든 사람의 관심거리가 된 것이다.

다른 나라의 아이덴티티 기획

지난 25년간 영국과 중유럽, 일본과 몇몇 동남 아시아 국가에서 미학을 통한 아이덴티티 관리에 대한 관심이 크게 일어났다.

유럽에서 이 분야에 가장 큰 관심을 나타냈던 곳은 영국이었다. 유럽의 가장 앞선 기업 아이덴티티 회사들은 모두 영국에 기반을 두고 있다. 그러나 기업 아이덴티티에 관한 중요 연구 자료들이 네덜란드, 프랑스, 독일에서도 나왔다. 네덜란드, 프랑스, 독일의 몇몇 저술가나 아이덴티티 회사들은 영국의 연구나 컨설팅 성과보다 더 광범위한 견해를 가지고 있다. 예를 들어, ABB, 네슬레, BMW, 독일 텔레콤 등을 고객으로 하는 스위스의 아이덴티티 회사인 진츠마이어 앤 럭스(Zintzmeyer & Lux)는 기업과 브랜드를 경제적 단위 이상으로 본다. 즉, 기업과 브랜드가 동시대의 가치, 인식, 정책, 문화에 영향을 미친다고 보는 것이다. 미국의 시겔 앤 게일처럼, 진츠마이어 앤 럭스는 사회적 책임을 포함해 기업 사명과 문화를 표현하는 아이덴

티 개발을 매우 중시한다.[10]

일본의 대표적인 아이덴티티 회사는 PAOS로, 설립자는 모투 나가니시(Motoo Nakanishi)이다. 그의 관심은 대규모 기업 아이덴티티 프로젝트이다. 1968년 도쿄의 와세다 대학에서 순수 미술로 학위를 받은 나가니시는 PAOS를 설립하고, 일본 스타일의 CI 컨설팅 분야의 개척자로서 명성을 얻었다. 나가니시는 마즈다, 마츠야 백화점, 브리지스톤, INAX, NTT, 리코(Ricoh), 스미토모 은행, 기린, 켄우드(Kenwood) 등 수많은 일본 기업의 프로젝트를 수행했다. 나가니시는 일본과 글로벌 기업들의 기업 아이덴티티와 커뮤니케이션 프로그램에 관한 많은 책을 저술했다.[11]

나가니시는 처음으로 아이덴티티 관리에서 미학이 가지는 독창적 역할을 지적했다. 그는 '기업 미학'을 '기업과 관련해 연상되는 모든 요소의 미학적 측면을 강화하는 품질 관리 프로그램'이라고 정의한다. PAOS의 컨설팅 과정을 보면, 디자인은 그래픽이나 기업 로고, 제품 디자인이나 포장에만 국한되지 않는다. 기업에서 외부로 나가는 어떤 형태의 결과물이든지 미학적 가치와 만족을 제공할 수 있는 잠재력을 가지고 있다. 따라서 기업과 제품을 경쟁사와 차별화할 수 있는 잠재력을 가지고 있는 것이다. 더 나아가 기업은 상품이나 수익을 창출하는 주체일뿐만 아니라, 고객, 직원, 투자자, 그리고 사회를 위한 '문화 창조자(culture-creator)'로 볼 수 있다. 나가니시는 다음과 같이 말한다.

"오늘날 뛰어난 기업은 양적 관리, 인간적 관리, 그리고 미학적 관리 간의 균형을 찾아야 한다. 달리 말해 기업은 수익만이 아니라 미학적·사회적 가치를 제공하는 경제 주체가 되어야 한다. 이러한 영역에서 조화를 이룰 수 있는 기업은 다가오는 세기에 주도권을 갖게 될 것이다."

마지막으로 동남아시아에서 그래픽 디자인과 아이덴티티 관리를 체계적으로 확립한 사람은 헨리 스타이너(Henry Steiner)이다. 스타이너는 1964년 홍콩에 스타이너 앤 코(Steiner & Co)를 설립하고, 현재는 싱가포르에서 상하이, 서울과 자카르타에 이르는 고객층을 확보하고 있다. 앨런 시겔(Alan Siegel)과 모투 나가니시처럼, 스타이너도 아이덴티티에 관한 넓고 전략적인 시각을 가지고 있다. "회사의 아이덴티티는 개성, 역사, 특별한 접근을 나타낸다. 나는 내가 하고 있는 일을 기업의 정의(corporate definition)라고 부른다."[12]

아이덴티티 관리를 통한 미래의 구축

전 세계적으로 아이덴티티 관리는 제품과 그래픽 디자인이라는 예전의 협소한 출발점에서 벗어나 이제 기업의 사명과 문화라는 보다 넓은 사회적 이슈와 마주하게 되었다. 아이덴티티는 점점 더 전략적으로 사용되고 있다. 아이덴티티 관리의 핵심은 기업(혹은 브랜드)의 '개성'을 매력적인 아이덴티티 요소들을 통해 표현하는 기업(혹은 브랜드) 미학을 창조하는 것이다. 이 표현들은 예견 가능하며 만족스러운 고객 경험을 끌어내고, 그 결과 안정적인 관계를 구축하게 된다. 아이덴티티 관리는 그 핵심에 미학을 두고, 그래픽 디자인부터 커뮤니케이션과 공간 디자인에 이르기까지 많은 내외적 기능과 부서, 사람들의 관심사가 되어야 한다. 따라서 미학을 통한 다양한 아이덴티티 요소들의 체계적이고 포괄적이며 전략적인 통합은 미래의 아이덴티티 관리에서 핵심이 된다.

이 책이 어떻게 도움을 주는가

이 책의 목적은 이러한 아이덴티티 관리의 광범위하고 전략적인 시각에 기초해 마케팅 목적을 바라보는 새로운 시각을 제시하는 것이다. 이 책은 디자인 책이 아니다. 이 책은 관리자와 컨설턴트들이 자신의 기업과 브랜드를 위한 미학 전략을 기획하고 수행할 수 있는 전략적 체계를 제시한다.

이 책에서 제공하는 기업 미학에 대한 체계적이고 포괄적이며 전략적인 접근은 시장에서 기업과 그 브랜드가 호소력을 높이고, 이를 통해 기업과 다양한 관계자들에게 가치를 제공할 수 있도록 명확한 가이드라인을 제공하는 것이다.

미학을 통해 아이덴티티에 접근하기 위한 체계의 필요성은 여러 차례 제기되었지만, 그런 체계는 여전히 구체적 형태를 갖추지 못하고 있다. 지금까지 마케터, 전략 컨설턴트, 학계의 연구자들은 기업 미학의 전략적 관리에 적합한 개념을 이끌어내는 것조차 실패해 왔다. 전략 관리 분야에서 개발된 개념들(포트폴리오 모델, 경쟁 모델, 기업 모델 등) 대부분은 기업 미학을 관리하는 데 적합하지 않다. 예술이나 디자인 개념, 기법은 종종 너무 난해해서 전략적 접근에 통합되기 어려운 성격을 가진다. 보다 어려운 점은 기업과 브랜드 아이덴티티의 미학적 측면들이 마케팅 측정이나 평가 시스템 항목으로 반영되지 못했다는 점이다. 디자인 회사들은 창조성은 측정될 수 없다고 생각하면서, 그들의 창의적 산물이 평가받는 것에 반대한다. 이런 이유로 많은 기업들이 미학 전략을 설계하고 실행하기 위한 지침을 찾는 것에 실패해 왔다.[13]

이 책의 목적

다음은 이 책의 네 가지 목적이다

목적 1. 미학과 아이덴티티 기획을 위한 기초적 분석을 제공한다. 매년 수많은 기업들이 로고를 변경하고, 판촉과 출판, 프리젠테이션에 이르기까지 미학적 변화를 시도한다. 이런 작업들의 엄청난 규모에도 불구하고, 미학과 디자인을 통해 아이덴티티를 변화시키고 향상시키는 작업과 관련 이슈들에 관한 저서들은 거의 없다. 이 책은 미학을 통한 아이덴티티 관리의 체계적이고 포괄적이며 전략적인 가이드로서 쓰여졌다.

미학적 관리는 기업과 브랜드의 시각적, 감각적 아이덴티티의 모든 측면에 대한 철저한 현상 분석으로부터 시작되어야 한다. 이 분석의 목적은 기업이 기업 자신과 브랜드가 그 미학적 결과물(기업 표현)에서 표출하고자 하는 아이덴티티, 그리고 소비자가 이 기업의 미학적 결과물(고객 인상)을 어떻게 인식하는가를 명확히 이해하기 위해서이다. 이 분석을 통해 디자이너, 관리자, 조사자들은 기업 표현과 고객 인상을 비교함으로써 둘 사이의 차이를 발견하고, 미학적으로 앞서가는 기업들을 벤치마킹하는 기회를 가질 수 있게 된다.

목적 2. 미학 관리를 위한 개념적 틀을 제공한다. 2장에서는 기업과 브랜드 미학을 관리하기 위한 틀을 제시할 것이다. 아이덴티티 프로젝트는 '기업 표현'에서 '고객 인상'에 이르는 과정에 해당하는 작업이다. 고객 인상은 어떻게 다양한 아이덴티티 요소들에서 이 표현들이 형성되는가에 좌우된다. 이런 표현들은 스타일과 주제라는 두 개의 주요 미학적 개념을 통해 나타난다.

3장은 기업 혹은 브랜드 표현의 관리에 관해 다룬다. 4장과 5장에서는 기업이 바라는 스타일, 테마를 표현하기 위한 미학 전략의 주요 요소들을 제시한다. 4장에서는 미학적 요소와 스타일의 기본적 컨셉을 소개하고, 미학의 개별 요소들이 어떻게 기업이 바라는 아이덴티티를 가장 잘 반영하는 전체적인 미학 스타일에 통합될 수 있는가를 보여줄 것이다. 5장에서 다룰 주제인 테마는 스타일에 의미를 더하는 것다. 테마는 기업이나 그 브랜드의 중심적 포지셔닝을 나타내며, 따라서 아이덴티티를 형성하는 가장 주요한 토대가 된다. 테마는 기업의 가치와 브랜드의 개성, 그리고 제시하고자 하는 다른 메시지들을 전달한다. 테마는 애플의 경쾌한 무지개색 같은 색상이나 금융 시장에서의 기업 입지를 표현하는 메릴 린치의 강력한 황소 심벌과 같은 기업 아이콘 등 스타일적 요소를 포함하는 다양한 방법으로 전달될 수 있다.

6장에서는 테마와 스타일이 어떻게 고객들의 마음에 전체적인 인상을 창조하는지 다룬다. 고객 인상은 전통적인가 현대적인가 하는 시간 차원, 지방인가 도시인가 등의 장소 차원 같은 기업이 불러일으키고자 하는 보다 넓은 개념을 전할 수 있다. 이 책은 이런 넓은 범위의 차원들을 소개하고, 기업과 브랜드 아이덴티티에 대한 전반적인 고객 인상이 의미하는 바를 설명한다.

7장과 8장에서는 아이덴티티 기획에 도움이 될 수 있는 조사와 법적 수단들을 다룬다. 조사는 관리자들에게 정보를 제공하고, 디자이너들에게 방향을 제시하며, 특히 고객의 반응을 이해하기 위해 디자인 작업의 모든 단계에서 수행되어야 한다. 법적 문제를 이해하는 것은 기업의 결과물과 '상품외장'을 적절히 보호하는 열쇠가 된다.

목적 3. 관리자들이 미학 전략적 사고에 친숙해지도록 한다. 이 책은 전통적인 소비재, 금융 서비스, 산업재, 글로벌 제품과 서비스, 소매업 등을 포함해 미학, 아이덴티티 관리, 디자인에서의 많은 적용 사례를 다룬다. 이 책은 제품, 포장, 광고, 웹사이트, 판촉 자료, 로고, 브랜드명, 점두 간판, 소매 공간 등 다각적인 상황을 다룬다. 또한 미국, 캐나다, 유럽, 동아시아의 여러 회사들의 사례를 다룬다. 이런 사례들은 폭넓은 미학과 아이덴티티 세계를 조명하며, 관리자들에게 모든 상황에 적용될 수 있는 원칙들을 알려준다.

이 책의 마지막 부분은 아이덴티티 관리에서 중요한 세 영역들에 관해 다룬다. 9장은 글로벌 아이덴티티 관리, 10장은 소매와 소매 공간의 관리, 11장은 인터넷에서의 아이덴티티 관리에 대해 다룬다.

목적 4. 관리자와 디자이너 간 커뮤니케이션을 향상시킨다. 이 책의 중요 목적 가운데 하나는 관리자, 컨설턴트, 디자이너 간의 상호 협력과 커뮤니케이션을 용이하게 하는 것이다. 관리자들은 디자이너들과 원활한 커뮤니케이션이 어렵다거나, 마케팅 목표를 달성하는 데 있어 팀워크가 부족하다든가, 디자이너들이 큰 전략적 관점을 가지게 하는 것이 어렵다거나, 또 무엇보다도 디자이너에게 필요한 창조적 자유를 침범하지 않을까 걱정된다고 불평하곤 한다. 디자이너의 입장은 또 다르다. 디자이너들은 비즈니스를 위한 디자인 작업에서 종종 방향이 주어지지 않는다고 느낀다. 그들은 도움이 될 만한 지침을 얻기를 바라지만, 그들에게 제공되는 것은 큰 도움이 되지 않는 대략적인 지침일 뿐이다.

디자이너들은 또한 관리자들이 디자인은 '예술'이라고 생각하는데, 이는 직관과 기술이 대단히 중요함을 의미하기도 하지만 오직 직관과 타고난 능력만이 중요하다는 의미가 되기도 한다고 불평한다. 종종 관리자들에게는 전략 팀의 일원으로서나 전략가로서의 디자이너에 대한 평가가 결여되어 있다.

이런 상황은 그리 놀랄 만한 것이 아니다. 마케팅 관리자나 전략가들은 경영 대학원이나 공학 대학, 법학 대학원에서 훈련을 받는다. 그들은 '분석적인' 경향을 띠게 되고, 디자인이나 예술 세계에 대한 지식을 갖고 있지 않다. 그들은 디자인 문제를 다루는 데 불편함을 느끼곤 한다. 이런 불편은 관리 유형과 창의적 유형 사이의 개성과 스타일 차이에 따라 더 가중되기도 한다. 최고 경영자들은 종종 전략의 미학적 측면을 무시하거나 회피하며, 전통적 마케팅 세분화, 포지셔닝, 기획 등 보다 더 친숙한 영역을 선호한다.[14]

대다수 관리자들은 디자이너들의 창의적 판단을 그대로 존중하는 경우가 많은데, 이는 그것이 현명한 방법이라서가 아니라 그들이 이 영역에 관한 지식을 갖추고 있지 않기 때문이다. 이는 관리자들에게 어리석게 들리지 않을까 걱정하면서 의견을 주장하게 하거나, 조용히 디자이너의 전문성을 따르게 하는 것 중 하나를 선택하도록 강요하는 상황이 된다. 그러나 오늘날 이런 상황은 더 이상 용납되기 어렵다. 마케터들에게는 갈수록 감각적 기획은 물론 디자인 전문가들과의 수준 높은 협력이 요구되고 있다.

기업 표현과 고객 인상의 개념틀

기업 표현(CE)과 고객 인상(CI)의 분석을 위한 우리의 개념틀은 대인 지각에 대한 심리학적 연구의 오랜 전통에 따라 만들어진 것이다.

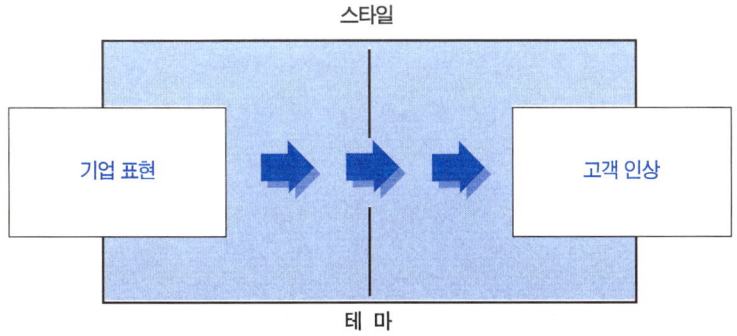

표 2.3 기업 표현(CE)과 고객 인상(CI)의 개념들

이 CE/CI 개념틀은 미학적 스타일과 테마를 통한 기업 표현과 고객 인상이라는 두 핵심 부분의 관리에 근거한다. '미학을 통한 아이덴티티 관리'라는 제목이 붙은 이 책의 2부 각 장은 기업과 브랜드 표현, 스타일, 테마, 전반적인 고객 인상이라는 네 가지 주제를 설명한다.

표현과 인상

'표현'과 '인상'이라는 용어는 오스트리아의 사회학자이자 사회심리학자인 구스타브 이크하이저(Gustave Ichheiser)가 사람의 지각이라는 맥락에서 처음 이 둘의 관계를 규정했다.[15] 이크하이저는 우리가 일상에서 어떻게 각 개인에 대해 판단 내리는가라는 질문에 흥미를 가졌다. 눈으로 바로 관찰할 수 있는 것은 다른 사람의 얼굴 표정, 외모, 행동, 친구 선택 등이다. 그러나 우리는 이런 외적 표현들이 외부 이면의 무엇인가, 즉 한 사람의 성격과 개성, 신념, 느낌, 의도로 이루어진 '내적인 자신'과 관련된다고 추측한다.

이런 이크하이저의 발상은 다른 심리학자에 의해 확장되었다. 에

곤 브룬스빅(Egon Brunswik)은 이크하이저의 발상을 잘 알려진 대인 지각 모델로 확장했고, 프리츠 하이더(Fritz Heider)는 그의 저서 『인간 관계의 심리학』에서 이를 더욱 발전시켰다.[16] 이 두 심리학자들은 어떻게 개개의 인상들이 인간 개성의 전체적 지각에 합쳐질 수 있는가라는 '통합 프로세스'에 가장 관심을 가졌다.

기업 표현과 고객 인상

이런 대인 지각 모델은 다양한 관계자들이 어떤 조직에 가지는 지각의 유용한 유추가 될 수 있다.(표 2.3) 고객은 기업이나 브랜드의 문화, 사명, 전략, 가치와 같은 '내적 자아(private self)'에 직접적으로 접근할 수 없고 기업이나 브랜드의 외적 면모, 즉 표현을 보게 된다. 이 외적 면모는 다양한 미학적 스타일과 테마와 함께 여러 아이덴티티 요소들을 통해 반영된다. 그것은 총체적으로 보여지지 않지만 다양한 지각이 기업과 브랜드에 대한 전반적인 고객 인상으로 통합된다. 2부에서는 고객 인상을 창출하기 위해 기업과 브랜드 표현을 관리하는 작업을 위한 이러한 개념틀을 자세히 살펴본다.

2부 미학을 통한 아이덴티티 관리

03 기업과 브랜드 표현
Corporate and Brand Expressions

IBM의 기업과 브랜드 표현[1]

1990년대 초중반 IBM은 주목할 만한 변모를 했다. 이 회사는 새롭고 신선하며, 일관되고 통일된 아이덴티티 요소들로 정적이고 오래된 공룡 기업 같은 이미지를 버릴 수 있었다. IBM은 이런 새로운 표현들을 통해 1950년대에서 1970년대까지 누려오다가 1980년대 들어 점차 상실했던, 디자인과 미학에서의 주도권을 되찾을 수 있었다. IBM은 1970년대 후반까지 주로 대형 컴퓨터와 관련 제품 및 서비스를 공급하는 회사였다. 이 사업에서는 이론의 여지 없이 업계의 리더로서 이상적인 시장 포지션을 구축하고 있었다. 이 초기 기간 동안 IBM은 기업 아이덴티티를 매우 잘 관리하는 것으로도 알려져 있었다. IBM 디자인이 출발한 1956년부터 1970년대 중반까지는 IBM의 회장이자 CEO인 톰 왓슨(Tom Watson), 커뮤니케이션 담당자인

딘 맥케이(Dean McKay), 제품 디자인 컨설턴트인 엘리엇 노이즈(Elliot Noyes), IBM의 유명한 로고를 디자인한 그래픽 디자인 컨설턴트 폴 랜드(Paul Rand), 전시와 영상 담당 컨설턴트 찰스 임즈(Charles Eames) 등 소수의 개인들이 디자인과 미학 부문의 관리를 책임지고 있었다. 이렇게 고도로 개인화된 관리 시스템은 IBM을 당대 기술 기업의 인상적인 모델로 만들었다.

그러나 1980년대 중반에 들어 IBM의 상황은 급격하게 변화했다. 이 시기에 대량으로 판매되는 개인용 컴퓨터가 도입되었고, IBM의 목표 시장은 정보 시스템 전문가에서 최종 소비자로 갑작스럽게 확대되어 버렸다. 그런데 대형 컴퓨터의 제왕이라는 IBM의 이미지는 회사의 새로운 마케팅 목표에 불리하게 작용했다. IBM은 이제 시대에 뒤진 보수적이고 변화 없는 회사라는 인상을 주었던 것이다. 그래서 IBM은 찰리 채플린을 등장시켜 보는 등 재미있는 광고로 이런 인상을 바꿔 보려 했지만 회사 전체의 이미지를 변모시키기에는 역부족이었다.

한 가지 문제는 최고 경영자 존 에이커즈(John Akers)가 포트폴리오 모델의 시기라고 볼 수 있는 그 시기에 회사를 일련의 전략적 사업 단위들로 운영해, 각 사업 본부가 자체 광고와 아이덴티티 활동을 책임지게 했다는 점이다. 총 40개 정도의 서로 다른 광고 대행사가 IBM을 위해 일했다. 게다가 점점 더 짧아지는 제품 수명주기와 비용 절감의 압력 때문에, 경쟁사인 애플(Apple)과는 반대로 제품 디자인에서도 인상적이지 않은 신제품들을 속속 출시하고 있던 상황이었다. 새로운 시설은 거의 생겨나지 않았고, 기존 건물과 사무실들은 가장 비용 효율적인 방식으로 재설계되었다. 그래픽 디자인에서 내부 자원은 점차 감소되었다. IBM의 그래픽 디자인 작업의 90%가 아웃소싱으로 진행되었는데, 이 외부 기관들은 그래픽 디자인에 많은 경험을 가지고 있지 않은 상태였다. 또한 IBM은 로고나 커뮤니케이션 문구들, 광고와 판촉 제작물들에 점점 더 무관심해졌고, 서로 조금씩 다른 수백 개의 로고와 슬로건이 떠도는 형편이었다.

『I.D.』잡지가 1993년 게재했듯이 회사가 기록적인 손실을 발표하기 4년 전인 1989년, IBM의 경영진들은 회사가 여전히 미국에서 가장 강력한 연구 개발 주체임에도 불구하고 이 경쟁적인 시장에서 더 이상 혁신적인 대상으로 비춰지지 않는다는 사실을 잘 알고 있었다. 1994년 매년 뉴욕에서 개최되는 주요 개인용 컴퓨터 전시회인 PC 엑스포를 취재하면서,『브랜드위크(Brandweek)』의 한 기자는 다음과 같이 말했다. "재미를 찾는가? IBM 부스에 가서 슬로건이 몇 개인지 한번 세어보라."

IBM의 현재

1993년 초반 루 거스트너(Lou Gerstner)가 IBM의 경영을 맡게 되었다. 그는 IBM의 브랜드 가치를 활용하고 커뮤니케이션과 아이덴티티 활동을 원활하게 하기 위한 작업에 착수했다. 1994년에는 오길비 앤 매더(Ogilvy and Mather)가 IBM의 단독 광고 대행사로 선정되었다. 1994년 10월 그 해 PC 엑스포가 끝나고 'IBM 브랜드 아이덴티티의 정신과 문자(Spirit and Letter of IBM Brand Identity)'라는 제목의 간행물 8,000부가 내부 직원용으로 배포되었다.

이 간행물은 IBM 기업 디자인 부서가 리핀코트 앤 마걸리즈(Lippincott & Margulies)와 함께 제작한 것이다. 1부인 '정신(The Spirit)'에는 IBM의 아이덴티티가 기반을 두어야 할 원칙들을 실었고, 2부인 '문자(The Letter)'에는 IBM 브랜드를 사용하는 것에 관한 구체적인 지시사항을 전달하고 있다. 여기에는 전통적인 로고에서 파생되어 그때까지 사용된 적이 있거나 사용되고 있던 22가지 변형 로고의 예를 제시하면서 이런 변형 로고의 사용을 금하고 있다. 이런 예에는 눈(eye)과 벌(bee) 한 마리, 그리고 'M'이라는 글자로 이루어진 그림도 포함되어 있었다. 모든 사업부는 반드시 이 간행물에 기재되어 있는 원칙을 준수해야 했다. 이 간행물의 도입 부문에는 다음과 같은 글이 실려 있다.

"소비자의 마음속에 명확하고 일관된 브랜드 아이덴티티를 구축하려면, 브랜드 속성과 그 속성이 표현되는 방식이 밀접하게 연결되어야 한다. 응집력 있고 구별되며 적절한 브랜드 아이덴티티를 제공하는 회사는 시장에서 선호도를 높이고 제품과 서비스에서 부가 가치를 창출하며, 가격 프리미엄을 누릴 수 있게 된다."

새로운 TV 광고는 '작은 지구를 위한 해결책들(Solutions for a small planet)'이라는 문구를 가지고 비교적 단순한 주제를 표현했다. 이 광고들은 IBM이 세계의 모든 고객들에게 해결책을 제공한다는 점을 강조했다. 이 중 가장 잘 알려진 광고는 영어 자막이 깔리는 가운데 두 명의 프랑스인 퇴직자가 파리 거리에 등장해 하드 드라이버 에러에 대해 컴퓨터 용어로 대화하는 것이다. 이 광고는 1995년의 슈퍼볼 중간 광고로 처음 방영되었고, 『애드위크(Adweek)』에서 그 달의 가장 우수한 광고로 선정됐다. 같은 캠페인의 다른 광고에는 프라하의 두 수녀가 자신의 인터넷 경험을 이야기하거나, 호주의 서퍼(surfer)들이 AS/400 모델에 관해 대화하거나, 이탈리아의 언덕에 수사들이 앉아서 사무실 간 메일에 대해 이야기하는 장면이 나온다. 이 광고들은 많은 광고들 가운데 눈에 띄고 주목을 끄는 것이었다. 이 광고들은 컴퓨터 산업 첨단에 위치하는 회사로서의 IBM의 이미지를 확립시켜주었다.

인쇄 광고도 일관성 있게 TV 광고의 '해결책' 테마를 활용했다. IBM은 독자가 주목하도록 만들고 싶은 중요한 단어(컨셉)는 글꼴을 크게 하고 IBM 기업 색인 청색으로 채색했다. 문단 첫 부분에는 윈도우의 액션 버튼과 유사한 탭 아이콘을 넣었다. 이 광고는 마치 웹페이지처럼 보였다. 이런 아이덴티티 요소를 통해 IBM은 최첨단의, 미디어를 자유자재로 활용하는 회사로 자리잡았다. IBM의 홈페이지는 1994년 10월 오픈되었고, 그 해 11월 『비즈니스 위크』는 광고 캠페인의 특정 테마를 활용한 이 웹페이지를 '비범하다(nonstandard)'고 평가했다.

제품 측면에서 살펴보면, 1994년에 씽크패드(ThinkPad) 노트북 시리즈가 도입되었는데 이 컴퓨터는 컴퓨터를 열면 키보드가 확장되는 독특하고 컴팩트한 디자인을 선보였다. 이 제품의 출시와 함께 독창적인 광고 캠페인이 진행되었는데, 제품을 '나비(The Butterfly)'로 칭하면서 주요 일간지의 페이지마다 작은 나비 그림들을 등장시켰다. 이런 재미있는 접근은 컴퓨터가 가진 특성을 보다 설득력 있게 묘사한다. 제품은 소비자들에게 높은 수준으로 인지되고 기억되었고, IBM의 보증 아래 독립적인 개별 브랜드 아이덴티티를 창조했다. 이 제품은 개발 비용에 비해 성과가 그다지 성공적이라고 볼 수는 없었으나, 이전까지 신제품 출시에서 실망적인 모습만을 보여주었던 IBM을 혁신적인 이미지로 구축하는 중대한 역할을 담당했다. 이 씽크패드 라인은 또한 극적으로 IBM의 이미지를 향상시켜주었다.

1996년 IBM은 새로운 데스크탑 컴퓨터인 앱티바 S(Aptiva S)를 출시했다. 이 컴퓨터는 전통적인 데스크탑 컴퓨터 부품의 재조합에 있어 혁신적인 접근을 한 것이 특징이다. 디스크드라이브나 CD-ROM 같은 미디어 액세스가 데스크탑 상의 팝업 유닛에 담겨 있고, PC 프로세서는 데스크 하부에 위치한다. 이런 기능 향상이 역동적인 검정 외형 디자인과 함께 IBM의 디자인 리더십이 재탄생하는 한 예가 되고 있다.

1996년 IBM은 아름다운 디자인의 경량 슬림 시리즈인 노트북 씽크패드 560을 선보였다. 이 제품은 사무실뿐만 아니라 집이나 야외에서도 노트북을 사용하려는 고객들을 목표로 출시된 것이었다. 1995년 10월, 『브랜드위크』는 이전의 혹평과는 반대로, 주요 전시회에 전시되어 IBM 광고에서와 동일한 메시지를 전달하는 IBM 제품의 '통합된 외양과 톤'에 찬사를 보냈다.

만약 이 책을 80년대에 썼다면, 애플을 매력적인 아이덴티티를 일관되게 표현하는 선두주자로, IBM을 아이덴티티 관리에는 거의 관심을 기울이지 않는 구식의 진부한 거대 기업으로 설명했을 것이다. 그러나 10년이 지난 뒤의 역할은 완전히 바뀌었다. 애플은 파워북(PowerBook) 시리즈 출시 이후 보다 기업적으로 보이기 위해 노력했지만 성공적이지 못했다. 반면 IBM은 점점 더 신뢰성 있고 독창적이며 재미있고 혁신적인 기업으로 인식되고 있다. 현재 IBM의 전반적 이미지는 컴퓨터 산업의 첨단에서 계속 성장하는 기업이다.

IBM은 정기적인 전화 조사를 통해 고객이 받는 인상을 추적하며, 포커스 그룹 인터뷰 및 기타 조사 기법을 디자인 작업의 일부로 사용한다. 특히 소비재 디자인에서는 더욱 집중적으로 활용하고 있다. 1995년과 1996년에 비즈니스 관련 매체에는 IBM을 지속 성장하는 회사로 평가하는 기사들이 여럿 등장했다. 1995년 7월에는 런던에 본사를 둔 인터브랜드 셰크터(Interbrand Schechter)가 IBM 브랜드가 코카콜라와 말보로의 뒤를 이어 세 번째로 가치가 높으며, 약 170억 달러 가치가 있다고 발표했다. 불과 1년 전에는 282번째에 올라 있었다. 이런 브랜드 가치는 브랜드 아이덴티티 관리의 직접적인 결과로 볼 수 있다.

표현 관리

IBM 같은 대기업은 회사와 그 브랜드를 알릴 수 있는 다양한 아이덴티티 요소를 보유한다. 이 모든 아이덴티티 요소들은 의도한 것이든 아니든 간에 다양한 고객 그룹(기업 고객 또는 최종 소비자)에게 다양한 미학적 경험을 제공할 가능성을 가진다. 따라서 한 기업의 시각적(혹은 기타 감각적) 산출물은 기업의 계획된 표현이 바람직한 고객 인상을 만들어내는 방식으로 관리되어야 한다.

기업 표현에 관한 한 관리자들은 다음의 질문들을 던져보아야 한다. 호텔이라면 호텔 전체의 관점에서 미학적 측면을 분석하고 관리할 것인가, 아니면 로비에 전시된 꽃들의 색 조화에 초점을 맞출 것인가? 자동차 제조업체라면 전반적인 차의 인테리어를 평가할 것인가, 아니면 직물의 감촉을 평가할 것인가? 진통제 광고라면 전반적으로 광고를 계획할 것인가, 아니면 화자의 어조를 어떤 식으로 할지 계획할 것인가?

더욱이 현재의 아이덴티티 시스템을 통해 어떻게 우리가 하나의 거대하고 집중화된 기업이 아니라, 다수의 독립 브랜드를 가진 다양화되고 분권화된 회사라는 것을 표현할 것인가? 우리의 기업 사명과 가치는 무엇이며, 우리는 그것을 시각적으로 어떻게 표현할 것인가?

표 3.1 표현 관리의 주요 이슈

우리는 얼마나 광범위하게 아이덴티티를 관리해야 하는가? 단지 새로운 로고와 그 표현 방식에 대한 시스템을 마련하는 것으로 충분한가, 아니면 광고, 포장, 서비스 직원의 제복에 이르기까지 일련의 요소들을 모두 관리해야 하는가? 아이덴티티 요소들을 통해 미학적 표현, 반복 요소들, 스타일, 테마에 있어 완전한 일관성을 고수해야 하는가, 아니면 약간의 다양성을 도입해야 하는가?

이러한 질문들이 보여주는 것처럼, 표현 관리의 주요 이슈는 다음과 같은 것들을 포함한다.

1. 아이덴티티 관리를 위한 적절한 분석 수준 결정
2. 기업 구조와 사업 본부, 그리고 브랜드 역할을 반영하는 방법으로 아이덴티티 요소의 선택 및 구조화
3. 다양한 아이덴티티 요소를 통한 기업의 내부적 특성(어떤 기업이며 무엇을 대표하는지)의 표현
4. 아이덴티티와 이미지가 관리되어야 하는 범위 결정

5. 아이덴티티 요소들 간 일관성과 다양성의 적절한 수준 선택

이 장은 이러한 '표현 관리'의 주요 이슈를 다루게 될 것이다. 그러나 그 이전에 회사와 브랜드의 외적 면모, 즉 회사와 브랜드의 아이덴티티 관리를 위해 대부분의 회사가 활용하는 아이덴티티 요소들을 먼저 다룬다. 또한 이 장의 마지막 부분에는 성공적인 표현 관리에 필요한 구조적이고 절차적인 과제를 제시한다.

기업과 브랜드의 외적 면모

기업과 그 브랜드의 외적 면모는 다양한 아이덴티티 요소들을 통해 드러나게 된다. 아이덴티티 요소에는 회사 인장, 주식 증서, 명함, 송장, 음성 메일의 인사말, 레터헤드, 보도 자료, 제복, 차량, 공장, 전시실, 판매 게시판, 인터넷 사이트, 인쇄 및 TV 광고, 배경 음악, 사무실 내의 향기, 거리 및 건물의 외부 사인, 판촉 보조물, 영업 매뉴얼, 사용 안내서, 제품, 포장, 구매 시점 디스플레이, 쿠폰, 비디오 등 다양하고 복합적인 요소들이 포함된다. 그러나 이런 요소들을 어떻게 구조화하고 범주화할 수 있는가?

표 3.2에서 볼 수 있듯이, 이런 아이덴티티 요소들은 다양한 수준에서 판단되고 분석될 수 있다. 이 책은 아이덴티티와 이미지 관리의 4P의 수준(수준 1)과 두 가지 수준의 기본 요소로, 적어도 세 개의 수준으로 분류할 것을 제안한다.

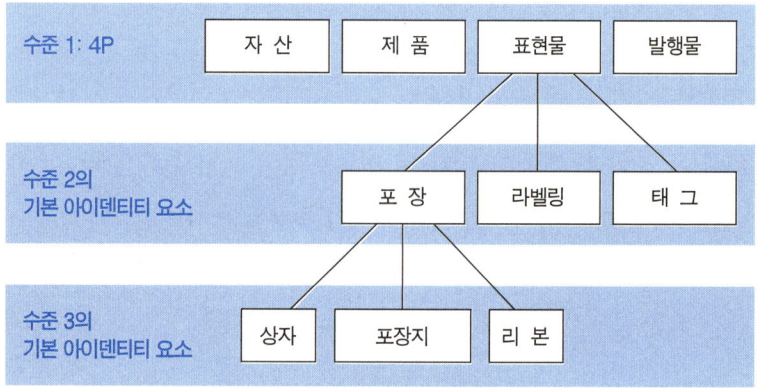

표 3.2 아이덴티티 요소의 계층 구조

4P

우리는 마케팅 믹스의 4P에 비교해 아이덴티티 요소의 4P 유형들을 구별해낼 수 있는데, 이는 자산(Properties), 제품(Products), 표현물(Presentation), 발행물(Publication)이다.

이 4P는 분석의 가장 상위 수준이며, 아이덴티티와 이미지 관리에서 중요한 네 개의 표현 요소로 구성된다. 이 4P는 각각의 미학을 관리하는 전문가들의 수준과 상응한다. 자산은 공간 디자인이 전문인 미학 전문가, 제품은 브랜드와 제품 관리자 및 엔지니어가, 표현물은 그래픽 디자인과 포장 회사가, 발행물은 광고 대행사와 PR 대행사, 기업 아이덴티티 전문 회사가 해당된다.

기본 아이덴티티 요소들

자산의 기본 요소는 건물, 사무실, 소매 공간, 회사 차량 등이다. 제품의 기본 요소는 제품이나 서비스의 특징이나 속성을 포함한다.

표현물은 포장, 라벨링, 태그 등과 같이 제품을 둘러싼 것이나 쇼핑백, 진열 세팅, 냅킨, 직원 복장 같은 서비스를 둘러싼 것들을 말한다. 발행물에는 광고, 판촉품, 명함, 문구 등이 포함된다.

때로 이런 기본 요소들이 각기 다른 수준으로 나뉠 수 있다는 사실을 염두에 두면 매우 유용하다. 즉, 이 기본 요소들은 하위 그룹으로 나뉠 수 있다. 예를 들어 (자산의 기본 요소인) 회사 건물은 입구, 엘리베이터, 회의실 등으로 더 나뉠 수 있다. 회의실은 내부 책상과 의자, 스크린, 벽면 장식 등으로 또 나뉠 수 있다. 마찬가지로 다른 요소들도 하위 그룹으로 나뉠 수 있다. 표 3.2에서 볼 수 있듯이 (표현물의 기본 요소인) 포장은 종이 상자, 포장지, 리본 등으로 나뉠 수 있다.

	의류 소매업체	고급 호텔	산업재 도매업체
자산	• 본사 • 사무실 • 매장	• 건물 • 정원 • 리무진	• 전시실 • 사무실 • 배송 트럭
제품	• 캐주얼웨어 제품 • 화장품 제품	• 객실 • 로비 • 매장 • 식당	• 산업재 • 산업 서비스
표현물	• 포장 • 태그 • 포장지 • 배경 음악	• 직원 복장 • 조명 • 향기	• 사인 • 로고 • 제품 진열
발행물	• 소비자 광고 • 카탈로그 • 브로슈어	• 소비자 광고 • 문구류 • 양식	• 전시회 광고 • 브로슈어 • 문구류 • 양식

표 3.3 **3개 조직의 아이덴티티 요소**

아이덴티티 요소들은 조직 유형에 따라 크게 달라진다. 표 3.3은 세 가지 유형의 회사에 따른 기본 요소들의 예를 제공한다.

기업과 브랜드의 차이

4P와 기본 아이덴티티 요소들 가운데 어떤 것은 브랜드 아이덴티티보다 기업 아이덴티티에서 더 중요하다. 예를 들어 자산은 브랜드보다 기업에 더 중요한 요소이다. 요소의 유형 또한 서로 다르다. 기업 발행물의 주요 아이덴티티 요소는 브로슈어, 명함, 연간 보고서, 기업 광고 등이다. 브랜드 발행물은 이미지 광고가 아마도 가장 중요한 P요소가 될 것이다. 또 브랜드에서 자산 가운데 중요한 것은 없는 반면, 제품 미학과 포장 형태로 된 표현물이 가장 중요할 것이다.

브랜드는 기업이나 기업의 다른 브랜드와 연결될 수 있다. 그래서 기업 아이덴티티 요소와 브랜드 아이덴티티 또한 상호 연결된다. 이 경우 기업은 이런 형태의 관리를 용이하게 할 수 있도록 관리 구조를 구축해야 할 것이다(예를 들면 전 제품에 대한 기업 아이덴티티 관리직을 신설한다든가, 부서 아이덴티티 팀을 구축하는 것이다).

자원의 배분: 확장 대 집중

기업 표현의 통로는 매우 많이 존재하므로, 종종 자원을 이런 모든 아이덴티티 요소에 투입하는 것은 현실적이거나 효율적이지 못할 때가 있다. 아메리칸 익스프레스는 광범위하고 다양한 요소를 통해 이른바 '확장 접근'이라고 부르는 미학적 접근을 활용한다. 이 확장 접근은 다양한 범위의 고객에게 도달할 확률을 극대화한다. 반면 '집중 접근'은 특정 아이덴티티 요소들만을 선택해 아이덴티티를 창조하며, 그 외의 다른 아이덴티티 요소들은 사용되지 않는다. 예를 들어

아메리칸 익스프레스와 백부장

아메리칸 익스프레스는 회사 아이덴티티를 여행자 수표와 유사한 외양과 느낌이라든가, 전화 교환원의 경쾌한 태도라든가, 메일을 통한 광고라든가, 여행 상담소에서의 고객 접촉 등 다수의 아이덴티티 요소들을 통해서 노출한다. 이런 기업 표현들은 각각 아메리칸 익스프레스의 현재, 그리고 미래의 고객들이 회사의 상품, 서비스, 그리고 전반적 이미지를 인식하는 방식에 영향을 미치면서 매일 수백만의 고객 인상을 창조한다. 이런 표현들은 동시에 실행되며, 아메리칸 익스프레스의 외적 면모를 고객의 인식 속에 표현한다.

그러나 오늘날 대부분의 고객들은 아메리칸 익스프레스를 신용카드로 인식한다. 신용카드는 이 회사의 가장 중요한 아이덴티티 요소이며, 이 회사의 외적 면모는 플라스틱 카드에 각인되어 있다. 카드는 개인, 정부, 기업용 등 다양하게 발행된다. 1994년 기준으로 3,630만 개의 아메리칸 익스프레스 카드가 전 세계적으로 사용되고 있고, 카드 사용 액수는 총 1,410억 달러에 이른다. 아멕스(아메리칸 익스프레스) 카드 사용자들은 언평균 4,000달러를 아멕스 카드로 사용하고, 이는 비자나 마스터 카드의 1,500달러와 확실하게 비교되는 액수이다. 디자인 회사인 안스파치 그로스맨 포르투갈(Anspach Grossman Portugal Inc.)은 아메리칸 익스프레스의 카드 아이덴티티를 다수 디자인했는데, 조사 결과 카드 디자인이 중요한 차별화 요소로서 기능하며 그 사용 빈도에 영향을 미친다는 것을 밝혀냈다.

모든 아메리칸 익스프레스 카드의 외적 표현은 몇 가지 공통 요소들을 가진다. 즉 특히 로마 시대 백인 대장 그림과 아멕스 로고 활자, 검정 양각으로 새겨진 사용자 이름, 사용 시기 부분이다. 배경 패턴에 약간의 변화를 주는 부분도 있는데, 예를 들어 개인용 카드는 에칭 기법으로 아멕스(AmEx) 패턴이 들어가 있고, 기업 카드에는 가로줄 무늬가 있다. 카드는 녹색, 금색, 백금색으로 만들어져 상위로 갈수록 더 고가의 분위기가 나도록 되어 있다.

> 투구를 쓰고 망토를 두른 로마 백부장의 친숙한 이미지는 고대 로마 시대 100명으로 이루어진 군 단위의 육군 수장을 묘사한 것이다. 이 심벌은 1950년 아메리칸 익스프레스 여행자 수표에 처음 도입되었다. 8년 후 이 백부장의 모습은 이 회사 신용카드 디자인에서 가장 특징적인 부분이 되었고, 힘, 리더십, 행동의 단호함을 표현한다.
>
> 카드 색상과 백부장 심벌은 아메리칸 익스프레스의 내적 자아의 핵심 특성을 아주 잘 표현한다. 그러나 과연 고객들도 그렇게 인식하고 있는가? 고객들은 백부장의 모습을 알아보는가? 백부장에 주목하는가? 고객은 카드의 색상에 따라 사용자의 등급 수준이 다르다는 것을 인식하고 이해하는가? 이런 질문들에도 명확하게 대답할 수 있어야 아이덴티티 관리가 충분히 이루어지고 있다고 말할 수 있을 것이다.
>
> ※ 출처: 1995년 12월 5일, 콜럼비아 경영대학원의 '기업 아이덴티티' 시간에 Barbara Breza, Jessica Brown, Gil Fuchsberg가 번 슈미트에게 제출한 보고서.

지방 소매점들은 대부분 소매점 매대나 조명, 쇼핑백, 지방 신문 광고 등의 몇몇 특정 요소에만 관심을 갖는다. 대기업조차도 가능한 모든 미학적 표현들을 효과적으로 사용하지 못하는 경우가 많다.

미학적 요소들

미학적 요소들은 아이덴티티 요소들에 구현되어 있다. 종이 상자를 예로 들자면, 우리는 이것을 색상, 사이즈, 형태, 재료, 서체 등의 측면에서 분석되어야 할 기본 요소로서 다른 것들과 분리할 수 있다.

기업과 브랜드 미학은 색, 형태, 재료와 같은 주요 속성과 상징을 통해 창조되며, 이 두 가지가 함께 스타일과 테마를 구성한다.(4장과 5장) 따라서 기업들은 미학적 속성과 그것의 특질(어떤 색상인가?, 어떤 형태인가?, 어떤 서체인가? 등) 그리고 그 특질들이 다른 아이덴티티 요소에서 반복적으로 사용되어야 할 것인가에 주의를 기울여야 한다. 다시 말하면 한 기업의 아이덴티티 분석은 4P의 가장 높은 수준에서부터 출발해서 기본 아이덴티티 요소들의 여러 단계를 거쳐, 결국 본래 가지고 있던 핵심 미학적 요소들을 나타내도록 해야 한다는 것이다.

미학적 일관성 대 미학적 다양성

일관성 대 다양성의 결정 문제는 서로 다른 기본 요소들에서 미학적 요소들이 어느 정도 동일해야 하고 달라야 하는가의 문제이다. 즉, 한 아이덴티티 요소의 미학적 요소들(색상, 형태, 전체적 스타일, 테마 등)이 다른 아이덴티티 요소에서도 되풀이되어야 하는가 아니면 서로 달라야 하는가이다. 일관성과 다양성 간의 선택은 고객이 회사와 그 제품, 서비스에서 받는 인상에 영향을 미친다. 다양성은 융통성 있는 인상을 주지만, 아이덴티티가 불명확하다는 인상을 줄 수 있다. 반면 일관성은 단일하고 잘 관리된 이미지의 인상을 형성하지만 너무 경직된 느낌을 줄 수 있다.

일관성은 목표 고객에게 효과적으로 도달할 수 있는 확률을 높인다. 고객은 판촉 자료, 광고, 포장 등 수백 가지의 시각적·언어적 아이덴티티 요소의 홍수에 매일 노출된다. 어느 회사에 있어서나 고객은 모든 회사나 브랜드 아이덴티티의 의도나 목적을 알아차리거나 주목할 수 없으므로, 선별적으로 주의를 기울이고 또 무시하기도 한다. 그러므로 고객은 제품 색상이나 모양, 로고, 광고 슬로건 등을 기억하지 못하는 것이다. 최악의 경우, 소비자가 이런 것들을 경쟁사의 것과 혼동하는 일도 일어난다. 일관적인 표현은 아이덴티티를 기억하게 할 가능성을 높여준다.

아메리칸 익스프레스의 백부장이 현재 신용카드에 있는 것과 동일하게 인쇄 광고나 TV 광고에 등장한다고 생각해보라. 더 나아가 힘과 안전, 보호의 내용을 갖는 슬로건과 함께 백부장의 모습이 TV에 역동적으로 등장한다고 생각해보자. 이 경우 백부장을 아메리칸 익스프레스와 연결된 힘의 상징으로 기억할 고객들이 많아질 것이다.

미학적 다양성은 서로 다른 세분 시장에 어필하도록 사용될 수 있다. 이때 회사는 각 목표 세분 시장의 주요 아이덴티티 요소를 규명해야 하며, 또한 그런 아이덴티티 요소들을 통해 지속적으로 그 세분 시장에 맞는 기업의 아이덴티티를 표현해야 한다. 예를 들어 한 기업이 최종 소비자와 기업 고객에게 서로 다른 인상을 주기로 결정할 경우 이를 표현하는 외관이나 발행물 등 기본적 아이덴티티 요소들이 서로 다른 이 두 대상에 맞게 사용되도록 관리해야 한다. 그러나 다중적인 표현 방식을 사용하는 경우에는 목표 고객이 이런 다중적인 시각적 표현에 동시에 노출되지 않도록 주의를 기울여야 한다.

상이한 유형의 아이덴티티 관리

아이덴티티 컨설턴트들은 아이덴티티를 표 3.4에서와 같이 세 개 유형으로 구분한다. 어떤 회사들은 모든 사업부와 브랜드에 동일한 이름과 로고, 사인 및 미학을 사용한다. 이 경우는 회사가 곧 브랜드인 단일 아이덴티티(Monolithic identity) 형태이다. 반면 기업 고객에게만 회사명과 회사 아이덴티티로서 알려져 있고 최종 소비자들에게는 그것의 브랜드들로 알려져 있다면, 이 회사는 개별 아이덴티티(Branded Identity)의 형태로 자신을 표현한다. 그리고 이 외의 형태

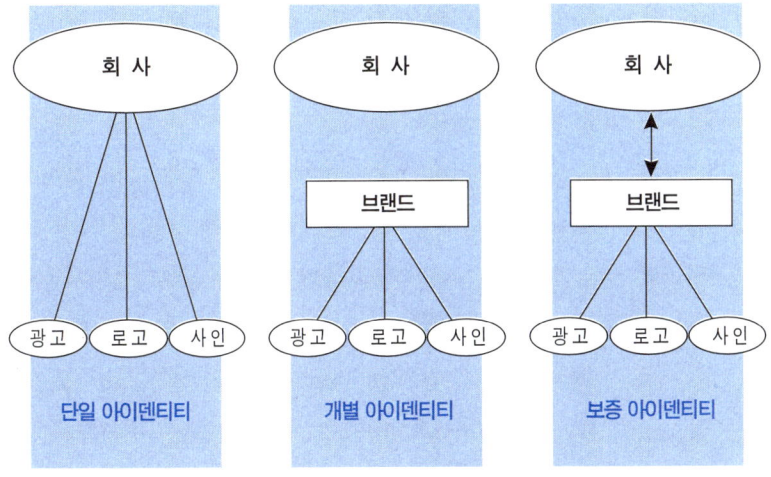

※ 출처: Wally Olins and Elinor Selame, "The Corporate Identity Audit," pamphlet

표 3.4 아이덴티티 유형

들은 이 두 양극단 사이에 위치한다. 예를 들어 회사는 다양한 하위 사업부와 브랜드들에의 보증 수준을 선택할 수 있는데, 이 경우 보증 아이덴티티(endorsed identity) 구조를 가지게 된다.[2]

단일 아이덴티티

단일 아이덴티티를 가진 기업은 종종 상호 밀접하게 관련된 사업부를 갖고 있다. 단일 아이덴티티는 산업재를 제공하는 대기업이나 기업 대상 서비스 회사에서 흔한 형태이다. 이 경우 회사는 새로운 사업부를 인수해 여기에 회사 아이덴티티를 붙여 단기간에 성과를 이룰 수 있다는 장점이 있다. 그러나 시간이 흐르면서 아이덴티티의 초점이 흐려지는 단점이 생길 수 있다. 즉 회사가 무엇을 의미하는지 불분명해지는 것이다. 또 아이덴티티가 특정 사업부에만 편중될 수 있다. 이럴 때 회사는 다른 아이덴티티 형태로 변경하기도 한다.

개별 아이덴티티

개별 아이덴티티(Branded Identity)를 가진 회사들은 소비재 업종에서 자주 발견된다. 이런 회사들은 시장에서 주목할 만한 브랜드 아이덴티티를 구축해 왔다. 그러나 모회사의 아이덴티티는 소비자들에게 거의 알려져 있지 않다. 왜냐하면 모회사의 아이덴티티는 시장에 드러나지 않기 때문이다. 아이덴티티 요소들은 매력적인 포장, 라벨, 판촉물, 광고 등의 형태로 주로 회사가 보유하는 브랜드 위주로 사용되고, 모회사를 위해서는 거의 사용되지 않는다. 이때 브랜드의 로고, 색 체계, 기타 미학적 요소들은 회사의 미학적 요소들과는 구분된다. 개별 아이덴티티는 P&G의 관리 시스템에서처럼 의도적으로 구축된 것일 수 있고, 이미 엄청난 브랜드 자산을 가진 주요 브랜드를 인수함으로써 생겨날 수도 있다. 또한 회사는 가지고 있는 브랜드 이미지가 회사와의 연결을 통해 얻는 것이 별로 없을 때나 회사와는 다른 목표 시장에 노출되어야 할 때, 독립 개별 브랜드 구축을 결정할 수도 있다. 밀러 맥주의 레드독(Red Dog)이나 에스티 로더(Estee Lauder)의 오리진(Origin), 클리니크(Clinique), 아라미스(Aramis), 맥(MAC) 브랜드가 여기에 해당한다.

보증 아이덴티티

보증 아이덴티티(Endorsed Identity)는 단일 아이덴티티와 개별 아이덴티티의 혼합 성격을 가진다. 종종 두 형태의 장점만을 취한 보증 아이덴티티를 통해 기업은 브랜드의 아이덴티티로부터 혜택을 얻고, 브랜드는 기업의 아이덴티티로부터 혜택을 얻는다.

제너럴 일렉트릭(General Electric)은 1980년대 아이덴티티 수정 작업을 거친 후, 자신을 다수의 GE-보증 아이덴티티들을 가진 회사로 새롭게 선보였다. GE는 비행기 엔진부터 TV 프로그래밍 서비스에 이르는 수천 개의 혁신적인 제품을 보유한 현대적 회사이다. 그러나 미국과 해외 고객을 대상으로 한 설문 조사에서 드러났듯이, 고객에게 GE는 낡은 구식 회사로 인식되고 있었고 전구와 가전 제품만을 연상시켰다. 고객 인식에서 회사 아이덴티티를 확장하기 위해 GE는 회사의 하위 사업체와 브랜드들을 모회사 GE와 연결시키기로 결정했다. 곧 아이덴티티 시스템이 만들어져 언어적·시각적으로 각 브랜드 및 사업부와 GE의 근접성 정도가 표현되었다.[3]

보증 아이덴티티는 패션 산업에서도 아주 흔한 형태이다. 아르마니(Armani) 라벨은 다음의 네 개 제품 라인과 언어적·시각적으로 연결되어 있다. 즉 조르지오 아르마니(Giorgio Armani), 엠포리오 아르마니(Emporio Armani), 백화점 브랜드인 마니(Mani), 아르마니 익스체인지(Armani Exchange)라고도 불리는 AX 바이 아르마니(AX by Armani)이다. 이 네 개 브랜드 사이에는 언어적·시각적 일관성(미니멀하고 캐주얼한 아르마니 스타일)이 존재하지만, 어느 정도의 변형도 있다. 조르지오 아르마니는 정장, 엠포리오 아르마니는 고급 캐주얼, 마니는 일상 업무용 정장, 아르마니 익스체인지는 캐주얼이다(갭 브랜드와 대적하는 포지션).

다른 디자이너들도 이러한 흐름을 따르고 있다. 예를 들면 도나 카란(Donna Karna)과 DKNY, 지아니 베르사체(Giani Versace)와 베르수스(Versus), 베르사체 진즈 쿠튀르(Versace Jeans Couture), 랄프 로렌(Ralph Lauren)의 폴로(Polo)와 폴로 스포츠(Polo Sports) 등 많은 경우가 여기에 해당한다.

아이덴티티 변화의 관리

2장에서 우리는 아이덴티티 변화 원인을 논의했다. 기업이나 브랜드 간의 관계에 영향을 미치는 구조적 관리 문제에서 볼 때 다음의 두 상황은 특히 중요하다. 하나는 인수, 합병, 분사와 같은 기업 구조의 변화이고, 또 하나는 글로벌 확장이다.

인수합병과 분사

인수합병과 분사의 경우에는 구조적 문제가 제기된다. 1996년 12월 보잉(Boeing)과 맥도널 더글러스(McDonnell-Douglas)의 합병 당시, 새롭게 탄생된 법인은 여러 가지 대안 가운데 하나를 선택할 수 있었다. 새로운 아이덴티티와 새로운 이름, 새로운 디자인을 만들 수 있었고 보잉이나 맥도널 더글러스라는 이름 가운데 하나를 사용할 수도 있었으며, 새로운 기업 우산 아래 브랜드들을 창출할 수도 있었다. 결국 보잉이라는 기업명으로 사업을 계속한다는 결정이 내려졌다. 이와 대조적으로 시바 가이기(Ciba Geigy)와 산도즈(Sandoz)가 1996년 초 합병했을 때, 이들은 노바티스(Novartis)라는 새로운 기업명을 채택했고 '세계에서 가장 앞서가는 생명과학 회사'라는 아이덴티티를 사용하기 시작했다.

분사에서 문제가 되는 것은 새로운 회사가 모회사와 거리를 둘 것인가(두게 된다면 얼마나 거리를 둘 것인가)가이다. 2장에서 다루었던 루슨트 테크놀로지스(Lucent Technologies)는 분사의 아주 흥미로운 예가 된다. 이 경우는 아이덴티티를 완전히 새로 구축하면서도, 한편으로는 모회사인 AT&T와의 연상을 통해 상당한 혜택을 보는 예이다. 1996년 3M에서 독립한 이메이션(Imation) 역시 '3M의 혁신에서 태어난'이라는 문구를 사용함으로써 모회사와의 연상을 활용한다. 그러면서도 루슨트와 마찬가지로 광고 캠페인에서는 3M과는 거리가 있는 혁신과 첨단의 이미지를 사용했다.

글로벌 확장

회사가 글로벌 확장을 결정하게 되는 경우에도 중요한 아이덴티티 문제들이 제기된다. 예를 들어 동아시아에서는 개별 아이덴티티보다는 단일 아이덴티티와 보증 아이덴티티를 주로 사용한다.[4] 신규 제품을 출시하거나 브랜드 확장을 할 때 신생 회사보다는 대기업이 더 신뢰를 받기 때문이다. 그러므로 개별 아이덴티티 형태를 갖는 회사는 동아시아 시장에 진입할 때 보증 아이덴티티의 형태로 바꾸어야 할 것이다. 이런 회사들에게 발생하는 중요한 관리 문제는 잘 알려진 개별 아이덴티티 이미지를 희생하지 않고 보증 아이덴티티 형태를 적용하기 위해 어떤 아이덴티티 요소들을 수정해야 하는가의 문제이다. 미국에서 개별 아이덴티티를 사용하는 P&G는 아시아에서는 보증 아이덴티티로 변경했다. 이때 광고는 각 브랜드 광고 마지막에 P&G 로고를 보여주고, 포장에서는 미국에서와는 달리 P&G를 보다 큰 글꼴로 보여준다.

기업과 브랜드 내적 자아의 표현

미학이 단지 기업의 구조를 표현하기 위해서만 사용되는 것은 아니다. 미학적 표현 관리에서 핵심 과제는 기업이 무엇을 하고, 어떤 가치와 사명을 가지고 있는지, 즉 그것의 내적 자아를 표현하는 것이

∷ 분열적 아이덴티티

1990년대 초반 뉴욕 지역의 주요 우유 회사인 투스칸(Tuscan)과 델우드(Dellwood)가 합병했을 때, 새로운 아이덴티티를 어떻게 만들어낼 것인가 하는 문제는 이 새로운 회사의 기업 표현에 문제를 가져올 수도 있었다. 선택할 수 있는 조건은 (a) 개별적 아이덴티티를 유지하거나, (b) 새로운 아이덴티티를 만들거나, (c) 한 아이덴티티를 다른 것에 흡수시키는 것이었다. 그러나 투스칸과 델우드는 새로운 접근법을 취했으며, 이는 특정 브랜드를 애호하는 고객을 잃지 않고도 회사 사이의 관계를 밝힐 수 있는 비용 효과

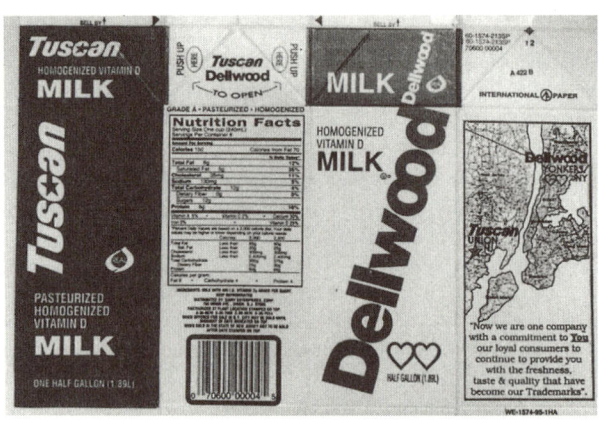

적인 방식이었다. 회사 관리자들은 이를 '분열적 브랜드 아이덴티티(Schizophrenic brand Identity)'라고 지칭했으며, 이것은 최초의 분열적 브랜드 아이덴티티였다. 두 회사 모두에게 우유곽은 핵심적인 아이덴티티 요소였는데, 새로운 포장에서 한쪽은 예전 투스칸 우유곽과 같았고 반대쪽은 델우드 우유곽과 같았다. 소매상들은 투스칸이나 델우드 쪽, 혹은 두 가지가 합쳐진 부분이 소비자를 향하도록 용기를 돌려놓을 수 있었기 때문에 우유는 포장에 상관없이 일원적 배달 체계로 배달될 수 있었다.

분열적 포장은 두 개의 아이덴티티를 통합하면서 이미 잘 알려진 개별적 외관을 유지해 소비자들이 인식하게 만드는 것에 관해 염려할 필요가 없었

다. 그러나 이러한 이중적 포장은 통합으로 가는 중간 단계일 뿐이었다. 최종 포장에서는 더 잘 인지되며 더 '강력한' 브랜드로 느껴지는 투스칸을 주된 브랜드명으로 사용했다. 델우드라는 이름은 그 바로 아래 더 작은 글자로 써서 그 관계를 암시하면서 투스칸을 핵심 아이덴티티로 부각시키도록 했다. 포장 디자인은 매우 혁신적인 것으로, 일반적인 그래픽과 미니멀한 스타일을 넘어서는 것이었다. 그것은 소 한 마리가 달을 뛰어넘는 일러스트레이션으로 자연적인 이미지를 불러일으킨다.

※ 출처: 투스칸 마케팅 관리자와의 전화 인터뷰, 1996년 봄(사이먼)

다. 단일 브랜드라면 그 과제는 브랜드의 성격을 표현하는 것이다.

기업 아이덴티티 전문가인 월리 올린즈(Wally Olins)에 따르면 기업은 다음의 네 가지 내적 요소들을 표현하게 된다. (1) 우리 기업은 어떤 기업인가, (2) 우리 기업은 무엇을 하는 기업인가, (3) 우리 기업은 어떠한 방식으로 일을 하는가, (4) 우리 기업은 어디로 나아가고자 하는가.[5] 올린즈의 이 범주는 경영 이론에서 칭하는 다음의 네 범주와 거의 일치한다. (1) 기업 개성과 기업 능력, (2) 제품과 시장, (3) 기업 업무 절차, (4) 사명과 비전. 시장과 사회라는 맥락에서 이런 네 개의 요소들은 한 기업의 핵심 포지셔닝을 형성한다. 미학 전략의 주요 과제는 이런 기업 포지셔닝을 미학적 포지셔닝의 형태로 표현하는 것이다(이 장의 마지막 부분에서 다룬다).

올린즈의 정의는 전체로서의 기업에 한정된다. 그것은 기업의 내적 자아의 여러 다른 면들을 기술하고 있다. 그러나 아이덴티티 관리는 기업뿐만 아니라 그 브랜드와도 관련되는 것으로 보아야 한다.

브랜드 역시 무엇인가를 나타내며, 특징과 속성을 지닌다. 그것은 만들어지는 것이며, 서비스의 경우에는 물론 계획되는 것이다. 브랜드, 목표 시장, 포지셔닝에 따르는 마케팅 전략들이 있다. 브랜드는 특정한 특질이 있고, 특정한 자취를 남긴다. 그것은 특정한 성격(character)을 갖고 있다. 브랜드의 내적 자아는 브랜드의 성격이다.[6]

외적 면모와 내적 자아의 연결

표현 관리의 목적은 기업이나 브랜드의 내적 자아를 선택된 아이덴티티 요소들을 통해 적절하게 표현하는 것이다. 그러나 내적 자아와 선정된 아이덴티티 요소는 잘 맞지 않는 경우가 많다. 기업의 내적 자아나 브랜드의 특성이, 회사나 브랜드의 외적 면모를 형성하는 다양한 아이덴티티 요소에서 잘 반영되지 않는 것이다. 이런 불일치를 '투영 격차(projection gaps)' 라고 부른다.

이런 투영 격차는 여러 가지 원인이 있다. 기업 관리자들이 적절하지 못한 아이덴티티 요소들을 선택해 회사나 브랜드를 표현했을 수 있고, 주요 아이덴티티 요소를 무시해 사용하지 않았을 수도 있다. 또는 투영 격차는 잘못된 표현 방식 때문일 수도 있다.

한 기업의 내적 자아를 외적 면모로 전환하는 과정은 아이덴티티 요소에 대한 미학적 기획이다. 다음에 나오는 디지털 이퀴프먼트(Digital Equipment Corporation)의 사례는 기업의 내적 자아에 대한 면밀한 조사가 어떻게 아이덴티티 전환의 출발점이 될 수 있는지를 보여준다.

적용 사례 : 디지털 이퀴프먼트[7]

미국 메사추세츠 주에 위치한 디지털 이퀴프먼트(Digital Equipment Corporation)는 개인용 컴퓨터에서 통합 네트워크에 이르기까지 거의 전 영역의 정보 처리 솔루션 제품을 제공한다. 이 회사는 100여 개 국가에 진출해 있으며 북미, 중미, 유럽, 아시아/태평양 지역에서 제품을 생산 판매하고 있다.

1957년 회사가 설립된 이후 기술 중심적이고 사업가적인 디지털 이퀴프먼트의 정신은 제품을 가장 우선에 두었고 브랜드는 그 다음으로 고려되었다. 따라서 마케팅 비용이 충분히 배정되지 않았고, 커뮤니케이션은 충분한 목표 청중에 도달하지 못했다. 매번 새로운 제품이 출시될 때마다, 판촉물은 거기에 어떤 내용을 넣을 것인지, 다른 제품의 판촉물과 동일한 메시지를 실을 것인지에 대한 고민 없이 계획되고 제작되었다. 1980년대 초반의 IBM처럼 디지털 이퀴프먼트는 중요한 몇몇 내부적이고 환경적인 변화를 시도했다. 이 회사는 큰 규모의 구조 조정으로 조직 규모를 줄였다. 조직을 몇 개의 사업부 조직으로 재조직해 각 사업부가 손익에 대한 책임을 지도록 개편했다. 사업을 분권화하면서 동시에 연결성과 고객에게 토털 솔루션을 제공하는 데 중점이 두어졌고, 회사는 전통적인 기술 중심 회사에서 시장 중심, 고객 중심의 회사로 옮겨가게 되었다.

1990년대 중반 디지털 이퀴프먼트는 글로벌 아이덴티티 프로그램에 착수해 세계적인 거대 브랜드를 구축했다. 로고 디자인은 런던의 샘슨 티렐(Samson Tyrrell)에게 맡기고, 기업과 영업용 자료들에 대한 인식 조사를 토털 리서치 오브 뉴저지(Total Research of New Jersey)에 맡기는 등 다수의 전문 회사에 관련 작업을 위탁했다. 뉴욕에 본사를 둔 전략 디자인 회사인 시겔 앤 게일(Siegel & Gale)은 디지털 이퀴프먼트의 특성을 정의했고, 보스턴에 본사를 둔 새머츠 블랙스톤(Sametz Blackstone Associates)은 모든 매체(판촉 자료, PR, 투자자 관리, 환경 그래픽 등)에 적용된 언어적·시각적 커뮤니케이션의 가이드라인을 개발했다.

조사에 따르면 디지털 이퀴프먼트 브랜드는 경쟁사와 달리 잘 알려져 있지도, 인식 속에 명확하게 정의되어 있지도 않았다. 몇몇 응답자들은 'DEC', '디지털', '디지털 이퀴프먼트'를 모두 다른 회사로 인식하고 있었다.

시겔 앤 게일은 디지털 이퀴프먼트의 내적 자아(또는 '목소리')를 정의하며, 이 회사의 문화를 대표하고 핵심 역량을 반영하며 바람직하지 않은 가치를 제외한 몇몇 특성들을 규명해냈다. 이 작업에 따라 디지털 이퀴프먼트의 아이덴티티가 표현해야 할 브랜드 특성은 '고객 중심의', '정직한', '협력적인', '믿을 만한', '실용적인', '직접적인', '혁신적인', '영리한', '적극적인', 그리고 '전문적인'으로 결정되었다.

새머츠 블랙스톤은 이 개성을 커뮤니케이션에 필요한 내부 가이드라인을 개발하는 출발점으로 삼았다. 이 내부 가이드라인은 인터넷상의 인트라넷의 '브랜드 커뮤니케이션 정보센터'라는 코너에 수록되어 모든 디지털 이퀴프먼트 직원들이 접속할 수 있도록 했다. 회사의 개성이 가이드라인에 적용되어 있다는 점은 커뮤니케이션 가이드라인을 살펴보면 명확하게 확인된다. 직원들은 '디지털 이퀴프먼트 브랜드 아이덴티티 가이드라인'이라는 이름의 책자에서 다음과 같은 질문을 접하게 된다. "당신이 시도하고 있는 커뮤니케이션은 시각적, 청각적으로 디지털 이퀴프먼트답다고 할 수 있습니까?" 또한 '정직하고 직접적인', '적극적이고 확고하며 혁신적이고 경쟁적인', '전문가적이고 세련된', '협력적이고 개방적인', '협동적인'이라는 체크 항목들이 이어진다.

이 가이드라인은 규칙이라기보다는 유연하게 사용될 수 있는 원칙들이다. 로저 새머츠(Roger Sametz)가 언급하듯이, "우리는 처방이 아닌 토대를 개발한 것입니다. 이 토대는 서로 다른 매체와 다른 기회들에서 적절하게 적용될 것이지만, 결과는 분명히 디지털 이퀴프먼트적인 것이 될 것입니다." 직원들에게는 또한 이 가이드라인이 적용된 판촉물의 예가 제공되었다. 예를 들어, 판촉물에서 보다 적극적인 언어를 사용하거나 혜택을 구체적으로 제시한다든가, 독자가 내용을 바로 이해할 수 있도록 흥미로운 방법을 사용한다든가, 그림보

```
┌─────────────────────────────────────┐
│   구조: 팀                          │
└─────────────────────────────────────┘

┌─────────────────────────────────────┐
│   절차: 조율                        │
└─────────────────────────────────────┘

┌─────────────────────────────────────┐
│   과 제                             │
│   • 내적 자아를 확인하라            │
│   • 미학적 포지셔닝 스테이트먼트를  │
│     도출하라                        │
│   • 아이덴티티 요소를 표현하라      │
└─────────────────────────────────────┘
```

표 3.5 표현 관리의 기획 도구

다는 사진을 선호한다든가, 제품의 표면 이미지를 단독으로 사용해 그 제품을 마치 '영웅'처럼 보이게 하는 등의 방법으로 디지털 이퀴프먼트의 특성을 표현하는 것이다.

표현 관리의 기획 도구

기업 표현의 관리는 특정한 기획 도구를 필요로 한다. 기획 과정은 팀원을 구성하는 것에서 시작된다. 미학 프로젝트를 관리하는 팀은 특정한 절차를 준수하면서 특정한 과제를 수행해야 한다.

구조: 미학-전략 팀

아이덴티티 관리는 아이덴티티 요소들의 미학 관련 결정들을 조율

하는 것이다. 즉, 아이덴티티 관리는 개별적인 미학 관련 실무자들이 다루지 않는 전략적 이슈들에 초점을 맞춘다. 그러므로 최고 경영층의 참여는 대규모 기업 아이덴티티 프로젝트의 성공에 필수적이다.

많은 미학 관련 실무자들, 건축가, 인테리어 디자이너, 광고 대행사, 홍보 회사, 웹 디자이너, 그래픽 디자이너, 아이덴티티 컨설턴트들이 기업 아이덴티티 요소에 관계된 결정에 참여한다. 팀을 제대로 구성하는 것이 핵심이다. 기업의 내적 자아를 대외적 표현에 반영하기 위해서는 관리자, 디자인 실무자들이 동일한 언어로 이야기해야 한다. 관리자들의 언어는 디자이너를 위해 해석되어야 하며, 그래야만 크리에이티브 팀이 전략을 완전히 이해할 수 있다. 이는 포지셔닝을 설명하는 형용사가 디자인 논의를 수반해야 함을 의미한다. 디자이너들은 전달해야 하는 메시지만을 이해하는 것이 아니라, 관리자들이 그 메시지와 함께 어떤 생각과 느낌을 전달하기를 원하는지까지 이해해야 한다.

팀 구성원들은 팀의 존재 목적을 명확하게 규정해야 한다. 예를 들어 벨 캐나다(Bell Canada)의 아이덴티티 기획 프로젝트에서는 아이덴티티 프로젝트의 목적과 그 역할 정의를 논의하는 데 상당한 시간이 소요되기도 했다.

"시작부터 우리의 전략은 관련된 모든 모호함을 없애고, 폭넓은 조사와 분석을 기반으로 기업 아이덴티티 개발 시스템을 만드는 것이었습니다. 몇 달 동안 관련 문제들을 정확히 진단하고 난 후, 우리는 새로운 로고만이 아니라 응집력과 일관성이 있는 브랜드 아이덴티티가 필요하다는 결론을 내렸습니다. 이것은 광범위한 명명 체계와 브랜딩 시스템에서부터 우리의 소매점 내부, 외부의 디자인 표준에 이르기까지 완전한 커뮤니케이션 전략의 개발을 수반하는 것입니다."[8]

절차: 부서 간 협력

기업이나 브랜드 아이덴티티 관리 프로젝트는 종종 오케스트라에 비유되곤 한다. 디자인 컨티뉴엄(Design Continuum)의 지안프랑코 자카이(Gianfranco Zaccai) 사장은 다음과 같이 말한다.

"고객과 일을 제대로 할 때 우리는 함께 연주하는 오케스트라와 같습니다. 우리는 그들이 강력한 바이올린 섹션을 갖고 있는지, 아니면 우리의 바이올린 연주자를 투입해야 하는지를 압니다. 함께 일해나가기 위해서는 우리와 고객이 각자의, 그리고 서로의 핵심 경쟁력을 이해해야 합니다. 이러한 정보 공유가 오랫동안 관계를 유지하게 해 주는 것입니다."

1994년 릴레함메르 동계 올림픽 대회에서 노르웨이는 성공적인 부서 간 협력의 예를 보여주었다. 국제 올림픽 위원회는 이 올림픽의 디자인 프로그램을 올림픽 대회 역사상 가장 앞서고 조직적인 것으로 평가했다.[9] 이 대회는 전 세계 10억 시청자에게 창조적이고 일관된 시각 표현을 보여주었다. 릴레함메르 대회의 미학은 대회 로고, 티켓, 내부 시설물, 빌딩, 경기장에서 구현되었다. 이 대회는 노르웨이 전체에 이미지 혁신을 가져왔다.

조직 위원회는 480명의 직원으로 운영되었고, 다양한 능력을 가진 200명의 인원이 추가로 고용되었다. 대회 기간 중 총 3만 명의 사람이 이 위원회에 참여했다. 올림픽 기간 중 구현된 모든 미학적 결과물의 주 책임 부서는 릴레함메르 올림픽 조직 위원회의 디자인 팀이었으며, 이 디자인 팀은 모든 디자인 작업의 창조자이자 제작자로서 업무를 수행했다. 마케팅과 정보 팀은 시각적 시스템의 수용과 사용의 활성화를 위해 긴밀히 협력했다. 올림픽 라이센스를 가진 기업의 디자이너 등으로 이루어진 외부 그룹도 도움을 제공했고, 외부 디자인 컨설턴트들은 일련의 시각적 요소들과 디자인 프로그램 원칙을 담은 브로슈어를 제작했다.

디자인 관리자들도 디자인을 촉진하는 역할을 맡았다. 조직 위원회의 디자인 팀은 관련 부서 간 통합을 강화하기 위해 40~45개의 프로젝트 조직들과 정기적으로 접촉했다. 목표는 프로젝트의 모든 활동에 디자인을 주입하는 것이었다. 이런 비전과 구조, 활동들이 미학을 통해 릴레함메르 올림픽의 특별함을 만들어냈다.

과제

내적 자아 또는 브랜드 개성의 규명. 이 장에서 살펴보았듯이 미학 전략 형성 과정은 기업의 내적 자아에 대한 고려에서 시작해야 하며, 브랜딩 프로젝트의 경우는 브랜드 개성에 대한 고려에서 시작해야 한다. 기업의 사명과 비전, 개성, 핵심 역량에 대한 이해 없이는 기업의 미학 전략은 실패하고 말 것이다. 또한 브랜드의 개성과 그 개성이 소비자의 마음 속에서 얼마나 확장될 수 있는지를 이해하지 못해도 브랜드의 미학 전략은 실패한다. 미학 전략 형성 과정의 이러한 부분은 포트폴리오 모델, 성장 경로 분석, 가치 분석, 기타 경영 모델을 이용한 기업의 강점과 약점에 대한 외적 분석과 함께 내적 분석을 요구한다. 또한 그것은 외적 및 내적인 기업 아이덴티티 진단을 요구한다.

굴착 설비와 디젤 엔진 제조업체인 캐터필러(Caterpillar)는 사업을 확장하는 과정에서 기업 아이덴티티의 위기를 맞았다. 이 회사는 자사의 핵심 속성과 개성이 사라지기 전에 이를 정의해야 한다는 사실을 깨달았다. 캐터필러의 기업 아이덴티티 프로그램 관리자인 보니 브릭스(Bonnie Briggs)는 다음과 같이 말한다. "팀은 우선 회사의 개성을 고려했다. 이 회사의 개성은 여러 개성의 혼합체적인 성격을 가지고 있었고, 어떤 개성은 계속 진화하고 있었으며, 어떤 개성은 전혀 변화하고 있지 않았다. 캐터필러의 진화하는 개성에 대한 논의와 정교화, 이에 대한 합의의 도출은 회사 개성에 나타나는 혼란을 제거하는 데 많은 도움이 되었다."

캐터필러의 기업 아이덴티티를 정의하는 문구는 다음과 같다. "캐터필러는 세계 각국의 건축가들이 자신의 아이디어를 구현할 수 있도록 돕는다. 우리 회사는 최고의 설비와 엔진을 생산하고 지원하는 우리의 능력에 자부심을 갖는다. 그러나 우리들이 긍지를 갖는 것은 우리들이 만들어내는 제품뿐만 아니라, 바로 우리가 이것을 가능하도록 만드는 것이다."[10]

미학적 포지셔닝 스테이트먼트의 도출. 이와 같은 사전 분석이 끝나면 다음 목표는 미학 관리에 사용될 수 있는 포지셔닝 스테이트먼트를 구체화하는 것이다. 대부분의 포지셔닝 스테이트먼트는 (기업의 것이든 브랜드의 것이든) 모호하고 구두적(verbal)이다. 그러나 미학적 포지셔닝 스테이트먼트는 단순하고 명쾌해서, 미학 관리의 방향을 제시하고 조정하는 역할을 할 수 있어야 한다.

이 책의 공동 저자인 슈미트는 홍콩의 한 고급 호텔의 프로젝트 컨설팅을 맡았는데, 이 호텔은 새로운 포지셔닝 스테이트먼트를 필요로 하고 있었다. 대부분의, 특히 아시아의 고급 호텔 체인은 감각 경험과 미학적 요소를 포지셔닝의 중요한 부분으로 사용하는 경향이 늘고 있다. 올바른 미학적 포지셔닝은 이런 호텔들이 고객에게 호감을 주는 이미지를 조성하고 객실의 사용률을 높이며, 객실의 프리미엄 가격을 유지할 수 있도록 만들어준다.

이 호텔은 홍콩에서 잘 알려진 명소였고, 경영진은 보다 점진적인 변화를 원했다. 목표 고객은 주로 비즈니스 여행객들인 것으로 판단되었다. 경영진과의 인터뷰에서 이 호텔이 비즈니스 센터나 피트니스 클럽 등 비즈니스와 관련된 여러 시설들을 갖추고 있으면서도, 비즈니스 여행객을 위한 호텔의 포지셔닝이 경쟁적 우위를 제공하지 못하는 것으로 드러났다. 이러한 결과에 따라 새로운 미학 전략이 수립되었는데, 호텔을 매우 단순하면서 확실하게 포지셔닝하는 것이었다. 업무 중인 여행객이 집과 같이 편안하게 느낄 수 있는 즐거운 경험과 현대적인 분위기를 제공하는 호텔로 만드는 것이었다.

곧 호텔의 외적 면모를 포지셔닝하는 일이 시행되었다. 로비를 재디자인해서 보다 따뜻하고 집과 같은 느낌이 들도록 하고, 제복도 전문적이면서도 편안하게 보이도록 했다. 객실은 책과 홈비디오 시리즈를 갖추었으며, 직원들은 고객을 일상적이면서도 효율적인 방식으로 대접하도록 교육받았다.

아이덴티티 요소들에 있어 미학적 포지셔닝의 적절한 표현. 하나의 공식적 표현(예를 들어 로고)만으로는 미학적 포지셔닝이나 중요한 변화를 나타낼 수 없다. 기업 표현은 다수의 일관된 아이덴티티 요소를 사용할 때 성공적이다. 그러므로 기업은 어떤 아이덴티티 요소가 그 기업의 포지셔닝을 표현하는 데 가장 적절하고, 어떻게 하면 자원을 가장 잘 배분할 수 있는지 결정해야 한다.

아이덴티티 변경은 그 순서를 정하는 것이 매우 중요하다. 항공사를 생각해보자. 무엇이 가장 먼저 변화되어야 하는가? 항공기 외부인가, 내부인가, 로비인가, 대기실인가, 직원들의 제복인가? 이때 훌륭한 전략은 접촉 빈도의 측면에서 가장 두드러진 효과가 있는 아이덴티티 요소를 먼저 변경하는 것이다. 기업의 새로운 아이덴티티는 주목을 받으며 도입되어야 한다. 이를 위해서는 특별 행사나 PR, 광고 매체를 통해 아이덴티티가 공표되어야 한다. 그리고 일관성의 일정한 임계치에 도달하기 위해 최소 두세 가지의 핵심 요소들이 동시에 변경되어야 한다. 일단 새로운 미학 전략이 시작되면 변경은 매우 신속해야 한다. 1990년대 중반의 유나이티드 항공(United Airlines)은 매우 일관되지 못한 모습을 보여주었다. 이전 로고와 새 로고가 함께 사용되었으며, 어떤 항공기는 새 아이덴티티로 개조되었으나 그렇지 못한 항공기들도 있었다. 또 어떤 공항 시설들은 새 아이덴티티로 단장되었으나 다른 시설은 그렇지 못한 시설들도 있었다.

요 약

기업 표현은 이미 살펴보았듯이 기업이나 브랜드의 외적 면모로 나타난다. 이런 표현들은 아이덴티티 요소의 일부이다. 고객에게 적절한 인상을 주기 위해서는 기업의 모든 표현들이 전략적으로 관리되어야 한다. 이런 과정은 아이덴티티의 핵심을 구성하는 스타일과 테마의 관리를 통해 이루어진다.

04 *Styles* 스타일

스타벅스와 커피 열광 현상[1]

단 몇 년만에 스타벅스라는 이름은 커피 전문점에서의 소비자의 여가 활용, 휴식이라는 새로운 트렌드의 리더로 등장했다. 스타벅스는 1971년 시애틀에서 창립되었는데, 처음에는 음료는 판매하지 않고 갈아놓은 원두만을 판매했다. 그러던 중 스타벅스 회장인 하워드 슐츠(Howard Schultz)가 1983년 밀라노를 방문했을 때, 그는 유럽 커피점의 개념을 미국에 도입하기로 마음먹었다. 길가에 있는 에스프레소 바에 수많은 이탈리아인들이 모여 시간을 보내는 것을 본 그는 그 아이디어를 미국에 적용할 수 있을 것이라고 생각했다.[2]

스타벅스는 1987년 시애틀의 소규모 커피 판매점에서 값비싼 고급 커피의 대명사로 전국적으로 알려지기 시작했다. 스타벅스의 성공 스토리는 극적이다. 1990년 100만 달러도 되지 않았던 이익이

1992년 410만 달러로, 1995년에는 2,610만 달러로 뛰었다. 매출은 1992년 9,300만 달러에서 1995년 46,500만 달러로 증가했다. 1996년 4분기에는 1,270만 달러의 이익을 기록했는데, 이것은 전년 대비 두 배 이상이었다. 1996년 11월 기준으로 스타벅스는 1,034개의 매장을 보유하고 있다. 재무 전문가들은 향후 5년간의 스타벅스의 평균 성장률을 연 36.8%로 예측하고 있다. 이것은 전 산업 분야의 기업들, 심지어 성장 속도가 빠른 반도체 산업보다도 높은 수치이다.

스타벅스는 어떻게 단독으로 1990년대 소비자의 사회화와 여가에 이렇듯 큰 변화를 가져올 수 있었을까? 마케팅 관리자들은 소비자 행동이나 진입 시점, 마케팅 믹스 요소의 전략적 선택의 관점에서 이 현상을 설명해보려 한다. 이들의 분석은 다음과 같다. 스타벅스는 이제까지 충족되지 못했던 소비자 욕구를 발견하고, 이를 충분히 활용했다. 또 스타벅스는 일종의 선구자 이점(pioneering advantage)을 가졌다. 스타벅스는 마케팅 믹스 요소들을 독특한 방식으로 결합하거나 '프라푸치노' 같은 독특한 아이덴티티를 창출하기 위해 브랜딩을 활용한다. 이런 모든 분석들은 사실일 것이다. 그러나 스타벅스의 매력을 설명하는 것은 무엇인가? 스타벅스에 있을 때의 느낌을 무엇으로 설명할 수 있는가? 커피를 마시는 사람들이 최고로 인정하는 스타벅스 출현의 중심에는 그것의 성공적 미학이 있다. 이것은 상당 부분 이 장의 주제이기도 한 '스타일'을 기초로 한다.

스타벅스와 스타일

커피숍이나 찻집은 수백 년 동안 우리 곁에 존재해 왔지만, 대량 판매 시장과는 큰 인연이 없는 듯했다. 이런 매장들은 늦은 밤의 은밀한 뒷거래나, 자만에 찬 좌파 프랑스 작가들이 끊임없이 커피를 마시며 벌이는 실존주의 논쟁을 연상시켰다. 다른 한편에는 가장 미국적인 형태의 커피숍이 있다. 이는 식당이나 패밀리레스토랑, 아침이나 점심 식사를 할 수 있는 간이 식당과 동의어로, 모두 스타일보다는 기능적인 측면을 강조하는 공통점을 갖고 있다.

그림 4.1 **스타벅스 로고**

　스타벅스가 지니는 차별성은 미국 전역에 걸쳐, 비교적 일관된 시각적 인상을 창조했다는 점이다. 1950년대에는 맥도날드와 같은 체인 레스토랑들이 등장하던 시기였고, 물론 이들도 확실히 독특하고 표준화된 스타일을 보여주었다. 그러나 스타벅스는 이들과는 다른 길을 걸었다. 스타벅스는 바디샵, H2O, 배스 앤 바디 웍스와 같은 체인 상점 장르에 속한다. 이 같은 상점들은 스타일을 이용해 미학을 창조해낸다. 고객들은 잘 어울리는 듯한 사물들의 집합을 보고 느끼고 경험할 때, 바로 미학적 감각에 끌리게 되는 것이다. 고객들이 미술을 중요시하든 않든 간에 고객들이 끌리는 것은 조화로움과 계획된 대비를 보여주는 미학적 아이덴티티에 있다. 가장 중요한 점은 이런 일관된 시각 시스템이 고객의 눈을 사로잡는다는 것이다.

자연적 및 현대적 미학 요소의 혼합

　스타벅스의 각 매장 디자인은 지역 특성에 맞게 조금씩 차이가 있을 수는 있으나, 보통 자연적 느낌과 인위적 느낌의 구성 요소들이 계획적으로 혼합되어 있다. 카운터와 사인(signage) 부분에 사용되는 밝은 나무 색조, 갈색 봉지, 긴 머리를 내려뜨리고 있는 여인이 등장하는 초록색 로고는 자연스럽고 환경을 의식한다는 느낌을 준다. 이런 자연적 요소들은 보다 세련되고 현대적인 느낌과 혼합되어 있다. 나무의 매끄러운 표면은 '자연스러운' 색조가 보다 정돈되고 편리하게 보이도록 한다. 광택 나는 진한 빛깔의 대리석 카운터 윗부분은 중후하면서도 하이테크적인 느낌을 전달한다. 유리 찬장과 가느다란 현대적 백색 트랙 조명, 그리고 순백색의 컵은 현대적인 느낌을 가져다준다. 로고에 들어간 인간 형상 또한 자연적이면서 현대적인 이중적 메시지를 전달한다. 이 여인은 인위적인 면이 없는 자연에서 태어난 모습이지만, 한편으로는 현대적으로 보이는 추상적 표현 양식으로 그려져 있으며, 흑백으로 표현되어 있고 중심부 주위는 색깔 띠가 둘러져 있다. 등, 벽, 탁자의 색은 녹색과 밝은 갈색, 진한 갈색으로 커피의 색과 유사성을 갖는다. 또한 특수 포장과 컵 디자인은 여가를 위한 생생하고 다채로운 색조를 만들어낸다.

미학적 요소와 스타일의 차용과 창작

스타벅스는 혁신적이고 새로운가? 스타벅스는 수많은 디자인상을 수상했다. 이 회사는 자사 스타일이 모방되자 저작권 침해로 경쟁사를 고소하기도 했다. 그러나 다시 한 번 살펴보면, 스타벅스의 스타일은 이미 오래 전부터 우리 곁에 있었다는 것을 알 수 있다. 사실 그 스타일의 근원은 이미 미국 기업들에게서 찾을 수 있었다. 스타벅스는 현대적이고 잘 디자인된 사무실 공간, 법률 회사, 기업의 이사회실, 도서관 등이 가지는 느낌과 예술적 디자인을 커피 전문점에서의 여가라는 세계로 변형시켜 놓은 것이다. 실제로 이들 간의 유사성은 매우 두드러진다. 부드럽고 윤이 나는 밝은 색조의 나무, 어두운 색의 대리석, 자연과 하이테크적인 질감과 색조의 혼합은 오랫동안 사무실 설계에서 주요 요소였던 것이다.

스타벅스의 미학은 여기에 그치지 않았다. 바로 감촉이 더해진 것이다. 스타벅스의 원두 커피 포장은 매끄럽고 곧은데, 촉감은 부드러우나 견고한 느낌을 준다. 소비자는 이 제품의 내용물을 벨벳처럼 부드럽고, 단단하면서도 쉽게 접히는 '표면(skin)'을 통해 느낄 수 있다.

그림 4.2 스타벅스에서 커피를 마시는 저자들

이는 단단한 제품을 거의 버터 같은 부드러움이 느껴지도록 만드는 것이다. 이 매트한 느낌의 포장 재질은 칩스 아호이(Chips Ahoy)와 같은 단단한 쿠키 제조회사들이 선호하는 종류이다. 놀랍게도 이 포장 재질은 개 사료 포장에도 사용되어 왔다. 그러나 스타벅스의 커피 구매자들은 개 사료에 대한 강한 연상을 가지고 있지는 않다. 촉감뿐이지, 외양은 전혀 유사하지 않기 때문이다.

스타벅스 커피의 포장은 커피 종류마다 각기 다른 시각 디자인으로 장식된다. 각각의 커피는 고유한 색의 소인과 아이콘, 색채 조합, 그래픽을 가지고 있어, 포장으로 어떤 커피인지를 나타내준다. 이런 디자인들은 기본적인 스타일의 일관성에서 계획적인 다양성과 차이를 이끌어낸다. 마치 포스터 예술처럼 미니멀한 기초에 약간의 장식을 가미하는 것과 같다. 웅장한 스타일의 1996년 연간 보고서는 에스프레소 가루에서 만들어진 커피색 질감의 종이로 만들어졌다. 이 보고서는 다채로운 사진과 삽화를 보여주며, "자세히 들여다보세요. 페이지에서 실제로 커피 가루를 볼 수 있습니다."라고 말한다.

스타벅스는 또한 시기에 맞게 여러 가지 변형을 주어 외양을 활기차게 유지한다. 예를 들어 1996년에는 '창립 25주년 기념'이라는 테마를 도입했다. 종이컵은 1970년대의 '사이키델릭'과 같은 무늬를 사용했고, 그에 어울리게 '70년대적인' 형광색으로 표현되었다. 커피 바에 달려 있는 표지들도 마찬가지로 주의를 끄는 색과 무늬를 사용했고, 1970년대 슬로건을 커피에 관한 것으로 바꿔 사용했다. 예를 들어 '커피 원두에게 기회를 주라'와 같은 것이다.

스타벅스의 스타일이 고객을 끌어들이는 이유는 계획되고 낯익은 시각적 요소를 깔끔하고 조직적이며 체계적으로 사용하면서도, 다양한 요소들을 변화시켜 시각적인 자극을 주기 때문이다. 스타벅스 스타일은 추상적이고 세련되면서도 확실히 다른 제품과 구분할 수 있다. 이 스타일은 새로운 것이 아니라 여러 가지 예술적 표현들로부터 차용한 것이다. 그러나 결과는 놀랄 만한 것이었다. 미학적 변화, 아이덴티티의 변모, 그리고 전반적인 기업 아이덴티티 프로젝트가 성공하기 위해서 반드시 새로워져야 할 필요는 없다. 필요한 것은 전반적인 비전이며, 이 비전은 이해를 통해 강화될 수 있다. 이 장에서는 스타일이라는 개념을 소개하고 스타일의 요소, 광범위한 스타일의 차원에 대해 논의하고, 마지막으로 성공적인 스타일을 만들어내는 방법을 설명한다.

'스타일'이란 무엇인가

우리들이 스타일을 언급할 때는 뚜렷이 구별되는 특질이나 형태, 표현의 방법을 의미하는 것이다. 예술 사학자인 마이어 샤피로(Meyer Shapiro)에 따르면 스타일은 "개인이나 집단의 예술에서 지속적인 형태, 그리고 때로 지속적인 요소와 표현"이다.[3]

스타일의 개념은 미술사와 문학에서부터 패션과 디자인에 이르기까지, 다양한 분야에서 사용된다. 엘자 클렌시(Elsa Klensch)가 진행하는 CNN의 '스타일'이라는 프로그램은 패션, 보석, 인테리어, 가구, 건축, 푸드 스타일링 등 수많은 '스타일' 영역의 경향을 다룬다.

스타일의 기능

스타일은 기업에서 몇 가지 중요한 기능을 담당한다. 브랜드 인지도를 창출하며, 지적·정서적 연상을 일으킨다. 제품과 서비스를 차별화하며, 소비자가 연관된 제품과 서비스를 범주화할 수 있도록 한다. 또 제품 라인 하위에 다양한 제품을 범주화하도록 돕기도 하며, 마케팅 믹스와 목표 시장을 미세하게 조정하기도 한다. 또한 사회적으로도 스타일은 우리 주변을 아름답게 하고 즐겁고 여유로운 공간을 창조하며, 스트레스를 줄여주고 사회적으로 친화력을 높여준다. 미학적 아이덴티티 관리의 가장 중요한 임무 가운데 하나는 기업과 브랜드를 특정한 스타일과 연관시키는 것이다.

스타일의 요소

스타일은 주요 요소들로 이루어져 있고, 이 요소들의 차원에서 분석될 수 있다. 색, 형태, 선, 무늬가 시각적 스타일의 주요 요소들이다. 음량, 음의 고저, 박자는 청각적 스타일의 요소들이라고 할 수 있다. 구매와 소비는 다감각적 경험이다. 예를 들어 소매 공간에서는 소리와 향 같은 기본적인 요소들이 관리되어야 한다. 배경 음악과 소리, 향과 맛, 재료와 재질 등의 감각적 요소들은 고객들의 주변에 항상 존재하며, 백화점, 식료품점, 혹은 부티크를 찾는 고객들에게 영향을 끼친다. 그러나 미학적 마케팅의 대부분은 여전히 시각적 요소와 스타일을 중심으로 일어난다.

지금부터는 시각, 소리, 촉감, 맛과 냄새(그림 4.1)의 기본적인 감각 영역에 해당하는 일차적인 요소들을 제시하고자 한다. 그 후에는 이러한 요소들이 어떻게 결합되어 감각 영역 전반에서 스타일을 창조해내는지 살펴볼 것이다. 예를 들어 재질의 미학적 요소가 대부분 촉감과 관련 있는 것이 사실이나, 어떻게 시각적 스타일에도 영향을 주는지 등에 관한 내용이다.

시각 : 모든 인식은 눈에서 시작된다

미학적 마케팅 분야에서 가장 중요한 스타일 요소는 시각적 요소이다. "모든 인식은 눈에서 시작된다."는 아리스토텔레스의 말은 기업과 브랜드 아이덴티티에 아주 잘 들어맞는다. 심리학 연구는 인간이 그림에 아주 뛰어난 기억력을 보유하고 있음을 보여준다. 언어와 비교했을 때 그림은 매우 두드러지며, 오랫동안 회상될 수 있다.

어델리(Erdelyi)와 클라인바드(Kleinbard)의 시간 경과에 따른 시각적 기억에 관한 실험 결과를 살펴보자.[4] 이들은 사람들에게 일상적인 물건 60개를 그림과 단어로 제시했다. 그리고 피실험자들은 처음 이

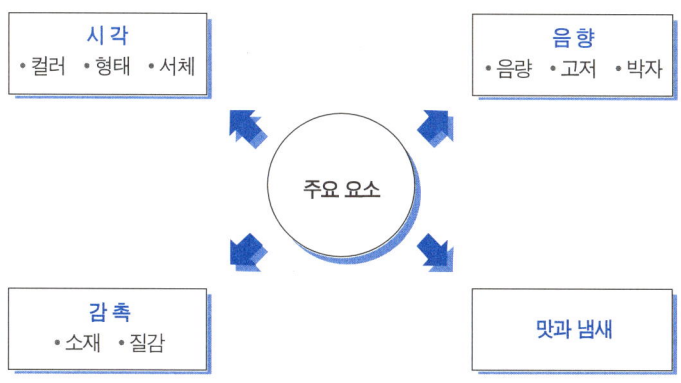

표 4.1 주요 요소

물건들을 본 다음 7일 동안 계속해서 단어나 그림을 회상하라고 요구받았다. 흥미롭게도 회상되는 단어들의 평균 숫자는 1시간이 지난 이후로는 일정했다. 피실험자들은 늘 같은 단어들을 회상하지 못했고, 이전에 회상했던 단어들도 시간이 흐르면 다시 생각해내지 못했다. 그러나 이 물건들을 그림으로 보았을 때 평균 회상은 4일까지 계속 증가했다.

　이 결과는 단어와 비교했을 때 그림의 식별력 정도가 높다는 사실을 말해준다. 즉, 그림은 항상 새로운 단서를 제공하는 복잡한 자극이다. 구분이 매우 용이해서 상대적으로 쉽게 회상될 수 있다.

　이 장에서 우리는 미학적 마케팅의 관점에서, 형태와 색이라는 주요한 시각적 요소들을 다루게 될 것이다. 또한 서체에 관해서도 논의하게 될 것이다. 서체는 브랜드명이나 포장, 구매 시점 디스플레이, 광고, 프로모션, 브로슈어, 카탈로그, 명함, 문구류(stationery) 등 수많은 아이덴티티 요소에서 나타나는 미학적 요소이기 때문이다.

형 태

제품과 포장의 형태는 매우 강력할 수 있다. 1장의 앱솔루트 보드카의 예에서처럼 병의 형태만으로도 극적인 마케팅 효과를 거둘 수 있다. 캘빈 클라인 향수 CK One은 '대중적인 멋(downmarket chic)'이라는 아이덴티티를 전달한다. 병의 뚜껑은 단순하게 돌려 따게 되어 있고, 그 형태는 향수보다는 값싼 술에 더 어울린다.(그림 4.3) 머피 오일 비누(Murphy's Oil Soap)는 제품의 플라스틱 병에 손잡이가 붙게 되자 별다른 광고나 홍보 활동 없이 매출이 치솟기 시작했다. 이 제품의 기존 포장은 구식이고 자질구레한 집안일을 연상시켰다. 그러나 손잡이가 붙자 사용하기 쉽고 편리하다는 인상을 주게 되었다. 구식의 자연스러운 아이덴티티가 갑자기 그 브랜드의 자산이 된 것이다. 이처럼 병도 트레이드마크나 아이콘이 될 수 있다. 즉, 병의 형태만으로 아이덴티티를 창조할 수 있는 것이다.

그림 4.3 CK ONE 향수병

병의 형태만으로 제품명을 쉽게 알 수 있는 예가 몇 가지 더 있는데, 이들 중에는 코카콜라, 샤넬 No. 5, 하인즈 케첩이 있다. 이런 연상은 병이라는 하나의 아이덴티티 요소에서 단지 하나의 미학적 요소, 즉 형태로부터 비롯되는 것이다. 아마 대부분의 소비자들은 이 병들의 형태 하나만으로 즉시 관련된 연상과 느낌을 가질 것이다. 사실 미학적 요소로서의 형태의 중요성은 기업의 의사 결정 요인으로

그림 4.4 트랜스아메리카 피라미드를 묘사한 트랜스아메리카 광고

서의 기능성을 능가하는 경우도 있다. 1950년대 '세계에서 가장 잘 알려진 병'으로 광고되었던 하인즈 케첩 병이 그 예가 될 수 있다. 하인즈 케첩 병은 비실용적임에도 병 형태의 가치를 충분히 활용한다.

말보로 브랜드의 성공 요인은 카우보이 테마뿐만 아니라 포장의 재디자인에 있었다. 1955년까지만 해도 말보로는 여성을 겨냥한 잘 알려지지 않은 틈새 브랜드였다. 그 후 이 브랜드는 가장 남성적인 상징으로 위상을 재정립했는데, 이런 위상 재정립을 위해 뚜껑이 있는 견고한 담배갑을 개발해 포장 형태를 변화시켰다.

또한 애플, 나이키 등 많은 로고에서 볼 수 있듯이, 형태는 특징적인 로고에서도 중요한 요소가 될 수 있다. 샌프란시스코의 트랜스아메리카 피라미드(Transamerica Pyramid)처럼 건물이나 제품의 독특한 형태는 즉각적인 인식이나 인지(awareness)를 달성할 수 있으며,

바로 마케팅 담당자의 꿈이 실현되는 길이다. 트랜스아메리카의 기업 아이덴티티는 이 회사의 본사 건물과 밀접하게 연관되어 있다. 이 본사 건물은 로고로, 웹사이트의 눈에 띄는 이미지로, 『타임(Time)』에서의 팝업 광고를 포함한 광고 캠페인에서도 사용되었다.

　형태는 시각적 심벌로서 글로벌 아이덴티티의 매우 중요한 원천이 되기도 한다. 형태는 명칭과는 다르게 상대적으로 쉽게 문화적 경계를 뛰어넘는다. 마케팅 담당자들은 특정 형태들이 어떤 인상들을 형성하는 이유를 이해할 필요가 있다. 형태는 그것이 본뜰 수 있는 특정 사물을 넘어 몇 가지 주요 차원으로 이루어지며, 이는 특정 연상을 불러일으킨다.

형태의 차원들

　무한한 다양함이 있어 보이지만, 관리자들이 미학 전략을 계획하면서 고려해야 할 형태의 네 가지 주요 차원들이 있다.(표 4.2) 이런 차원들을 조금만 변화시켜도 고객의 지각에는 상당한 효과를 미칠 수 있다.

　각(角). 삼각형, 사각형, 직사각형 등의 형태들은 각을 가지고 있지만, 원형에는 날카로운 모서리가 없다. 이 두 가지 범주의 형태 모두 풍부한 연상 작용을 동반한다. 각은 갈등, 역동성, 남성성을 연상시키며 원형은 조화, 부드러움, 여성성을 연상시킨다. 이런 구분과 비슷한 것은 직선 형태와 곡선 형태이다. 직선 형태는 남성적이고 날카로우며 연속이지 않은 것으로 인식되지만, 곡선 형태는 여성적이고 부드러우며 연속적인 것으로 인식된다.

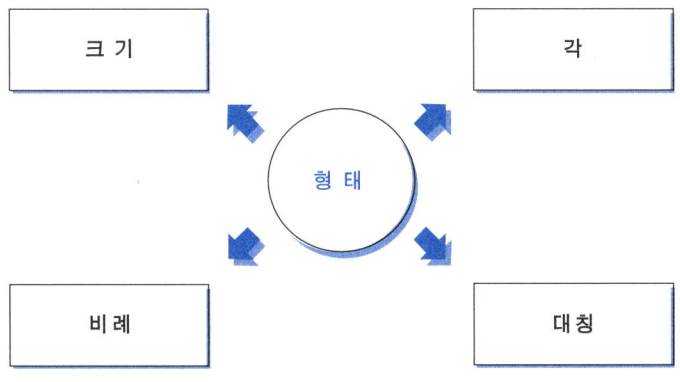

표 4.2 **형태의 차원**

대칭. 대칭은 구분선이나 구분면의 양쪽에 있는 형태 또는 배치가 균형을 이루고 있는 것을 말한다. 대칭은 균형을 만들고, 이는 어떤 물체의 시각적 호소력을 평가하는 방식에 있어 중요한 요소이다. 예를 들어 여러 심리학 연구에 의하면, 대칭은 사람의 얼굴에서 매력을 판단하는 방식에서 중요한 요소라고 한다. 그러나 대칭이 가지는 호소력에는 한계가 있다. 비대칭이라는 느낌이 가미되면 독특함과 개성이라는 요소가 첨가되어 얼굴이 보다 더 매력적으로 보일 수 있다. 신디 크로포드(그녀의 얼굴은 화장품 브랜드 레블론의 주된 아이덴티티 요소이기도 하다.)는 입가의 점을 없애지 않는데, 그 이유는 이 점이 그녀의 얼굴에 매력을 더하기 때문이다. 매우 대칭적인 그녀의 모습은 한 쪽에 있는 검은 점이 더해주는 비대칭으로 훨씬 매력적으로 보인다. 대칭은 질서를 제공하며 우리의 긴장을 덜어준다. 비대칭은 시각적 이미지를 단조로움에서 구해줄 수 있다. 대칭은 대부분의 경우 비대칭적인 암시와 함께 제공되어 균형감과 함께 약간의 흥분이나 움직임을 보이게 된다. 이것을 우리는 시계의 문자반에서도 볼 수 있다. 광고나 브로슈어, 카탈로그, 그 밖의 매체에서 등장하는 시계의 바늘은 10-2의 위치에 맞춰져 있으며(수직적으로 대칭), 초침은 대칭축을 약간 지난 35초에 위치해 작은 수준의 비대칭을 표현한다. 여러 가지 다양한 조합들로 부분적인 대칭을 만들어낼 수 있다. 예를 들어 바늘이 9-3을 가리키고 초침은 60초를 가리키는 것을 들 수 있다. 그러나 시침과 분침이 10-2를 가리키고 초침은 30을 가리킴으로써 완전한 (수직적) 대칭을 이룰 수 있다. 이때 각 바늘 사이의 거리는 모두 같다. 이와 반대로 시침, 분침이 8-4, 초침이 60을 가리킴으로써, 완전한 수직적 대칭이 또 하나 생길 수 있다. 이러한 대칭은 메르세데스 벤츠의 로고에 사용되는 것이다.

비례. 비례는 우리가 형태를 지각하는 방법에 영향을 미치는 또 다른 주요 변수이다. 길고 각진 모양과 (바로크 시대에 유행했던) 타원형은 시각의 장을 확장시키며, 따라서 특정 장면을 보다 많이 포착하는 듯 보이면서 강력한 미학을 창출해낸다. 반면 짧고 각진 모양은 보다 소심하고 미약해 보인다. 원형은 비례와 대칭이 곧잘 혼합된 형태를 보이는데, 이는 완전한 원의 경우 자연적으로 대칭을 이루기 때문이다. 그러므로 원형은 타원형에 비해 좀 덜 강력해 보이나 조화와 부드러움, 완전함을 반영하는 지각을 이끌어낸다.

크기. 개성은 종종 특정한 형태 속에서 드러난다. 이것은 크기에 중점을 두고 볼 때 명확하다. 길든 넓든 간에 큰 형태는 대개 강력하고 힘센 것으로 지각되는 반면, 작은 형태는 얄팍하든 짧든 간에 섬세하고 약한 것으로 보인다. 네덜란드 화가인 피에트 몬드리안(Piet Mondrian)은 이런 원리를 잘 이해하고 있었다. 그의 굵고 검은 선들은 커다란 청색, 적색, 황색 정사각형과 직사각형을 구분지으며, 이는 샤워 커튼, 비치 타월, 그리고 로레알 스튜디오(L'Oreal Studio)의 헤어 스타일링 제품 계열 등의 다양한 소비재 디자인에 영감을 주었다. 이런 제품 디자인들은 커다랗고 각진 형태로 힘, 에너지, 그리고 효율성을 투영한다.

형태를 구성하는 다른 차원들에 비해, 크기에 대한 평가는 문화적·지역적 기준에 따라 매우 다양하다. 서양에서는 작은 크기가 낮은 지위를 갖는 것으로, 동양에서는 큰 크기가 어색하고 보기 흉한 것으로 여겨진다. 지역에 따라 크기에 갖는 느낌이 다를 수 있다. 어떤 지역에서는 굵은 것은 정교하지 못하고 영리하지 못한 것으로 판단되고, 얇은 것은 경직되고 날카로운 것으로 여겨진다.

형태의 변별적 특성

미학 전략에서 형태의 힘은 강력하다. 이 힘은 형태의 변별성과 직접적으로 관련 있다. 그리고 이 변별성은 1) 형태와 기업(혹은 브랜드)의 포괄적 결합의 범위와 2) 형태의 고유한 특성과 관련 있다.

형태의 결합, 반복, 보호. 형태는 어떤 맥락에서 보여지느냐에 따라 다양한 의미를 가질 수 있다. 상표나 상징의 형태만으로는 특정 제품이나 회사를 명확하게 나타낼 수 없다. 따라서 목표는 상표나 로고를 제품에 맞게 디자인하는 것이 아니라, 적절한 형태를 제품과 짝짓는 것이다. 즉, 보잘것없는 형태 — 제품 간의 결합은 피하는 것이 기업과 브랜드 아이덴티티에 있어 형태를 분석하는 주된 목표다. 예를 들어, 국제 양모 사무국을 위해 프랑세스코 사로글리아(Francesco Saroglia)가 디자인한 울(wool) 트레이드마크를 생각해보라.

울 로고의 유연하고 부드럽지만 엉클어진 형태는 울의 일반적 특성을 표현한다. 서로 얽혀 있는 가락들은 실을 의미하고, 여성적인 느낌의 둥근 모양은 패션, 뜨개질 같은 여성적 테마와 울의 연관성을 나타낸다. 하지만 로고는 남성적 특성을 배제하지 않는데, 이는 에셔(M. C. Escher)의 과학적이고 광학적인 작품을 떠올리게 하는 로고의 '착시(optical illusion)' 효과에서 비롯된 것일 수 있다.

형태는 제품 및 회사와의 반복적인 결합을 통해 그것과의 연관성을 얻게 된다. 그리고 제품과 형태의 결합은 반복되면서 아이덴티티의 친숙한 일부가 된다. 결과적으로 형태는 다른 주요 미학 요소들과 마찬가지로 마케팅 커뮤니케이션을 통해 지속적으로 사용되고 강화되는 아이덴티티 요소이다. 실제로 비기능적이고 미학적으로 가치 있는 형태들은 등록 상표로서 법적 보호를 받는다. 코카콜라 병이나 샤넬 No.5의 사각 병, 페리에(Perrier) 생수의 곡선형 병들이 그 예이다. 상표명을 넘어 외관에 초점을 맞추는 방향으로 이동하는 것은 상표명은 물론 아이덴티티까지 법적으로 보호해야 한다는 개념에 부합하는 것이다. 관리자들은 제품과 형태를 짝짓고 이를 오랜 동안 반복해야 하며, 경쟁사의 도용으로부터 그 결합을 보호해야 한다.

색

색은 기업과 브랜드 아이덴티티에서 매우 중요한 요소이다. 로고는 대개 어떤 색깔로 나타나고 제품들에도 색깔이 있으며, 회사 제복 역시 조화로운 색을 가지는 원단으로 만들어진다. 건물 외부와 내부 벽에도 색이 있다. 광고에는 색채 조합 계획이 포함된다. 포장은 다양한 색으로 우리를 유혹한다. 헨리 포드가 자사의 '모델 T'는 "검정색이기만 한다면 어떤 색이든 좋다."라고 했던 시절은 이제 가버렸다. 사실상 모든 아이덴티티 요소에 있어 엄청난 종류의 색을 사용할 수 있다. 1960년대에 스타킹이 미국에서 처음으로 판매되었을 당시에는 여섯 가지 색깔이 전부였다. 그러나 1980년대 후반에 와서 크리스찬 디오르는 101가지 색의 스타킹을 판매했다.

화장품 회사인 MAC은 경쟁이 치열한 화장품 산업에 새로운 전략을 가지고 뛰어들었다. 전략은 광고를 없애고 포장을 단순화하되 제품 계열에 엄청난 종류의 색을 도입하는 것으로, 140가지 색의 립스틱이 그 예이다. 이 립스틱은 전통적인 분홍색이나 자주색에 고객들이 선호하는 세련된 브라운 톤을 포함시켰다. 이 색의 수만으로도 이미 엄청나게 많지만 다른 여러 가지 소재로 그 수가 더욱 늘어나고 있다. 1996년 1월 일본 섬유 회사인 가네보는 도쿄의 유명한 스파이럴 디자인 빌딩에서 전시회를 열어 3,600가지의 염색제를 선보였다. 아방가르드 패션 디자이너 컬렉션에서는 검정색이 주된 색이지만, 이는 다른 색이 없어서가 아니라 세심한 선택의 결과이다.

아이덴티티를 위한 색의 사용

기업과 브랜드 아이덴티티의 표현

기업들은 시각적 아이덴티티의 일부로서 한 가지 색 혹은 하나의 색채 배합을 아이덴티티의 중심 요소로 만들 수 있다. 어떤 색이 다양한 아이덴티티 요소 전반에 지속적으로 사용되고 있다면, 이 색은 그 기업의 고유한 '표식'의 일부가 되는 것이다. 코닥의 노랑, 티파니의 밝은 파랑, IBM의 짙은 청색, 메리 케이(Mary Kay)의 분홍색이 그 좋은 예이다. 코카콜라는 빨간색을 매우 효율적으로 사용한다. 이 회사는 이 색이 전 세계적으로 수많은 소재와 환경에서 적절하게 사용되도록 관리하며, 그 색의 사용을 법적으로 보호하고 있다.[5] 실제로 색상도 법적으로 보호가 가능하다.

색은 카테고리를 나타내므로 제복이나 다른 물리적 환경에서 전략적으로 선택된다. 몇몇 대기업에서는 색을 이용해 완벽한 아이덴티티를 구축하기도 한다. 예를 들어 미국의 100대 기업 가운데 하나이며 전 세계적으로 가장 규모가 큰 옥수수 정제회사인 CPC 인터내셔널(CPC International)의 자회사인 베스트푸드(Best Food)는 마졸라(Mazola) 옥수수 기름, 헬만(Hellmann's) 마요네즈, 베스트푸드(Best Food) 겨자, 뮤엘러(Mueller's) 에그 누들, 크노르(Knorr) 수프 믹스 등 주요 제품 모두에 노란색을 사용한다.

제품 라인 아이덴티티의 표현

색은 개별적인 제품 라인들을 하위 카테고리로 구분하는 데 사용될 수도 있다. 바이엘(Bayer) 브랜드인 아스피린은 관련 제품 라인을 같은 병과 포장 디자인에 담고, 다른 색을 사용해 차이를 표현하는 전략을 사용한다. 다양한 제품 라인과 관련해 바이엘 브랜드의 아이덴티티는 주로 색을 통해 창출된다.

연 상

어떤 색은 그것이 유발시키는 특정한 연상 때문에 선택될 수 있다. UPS의 배송 트럭과 제복, 그리고 다른 아이덴티티 소재들에 사용되는 갈색은 눈에 띄지 않으면서도 합리적이고 신뢰를 주는 이 회사의 아이덴티티를 나타낸다. 색은 종종 브랜드를 유사한 제품들 가운데서 두드러지도록 만든다. 특히 빨간색이 이런 면에서 많이 사용되곤 한다. 드워스(Dewar's)나 모빌(Mobil), 코카콜라, 캠벨도 빨간색을 사용한다. 미국에서 수프를 사려고 슈퍼마켓에 들어갈 때, 소비자들은 캠벨이나 프로그레소(Progresso)라는 이름을 찾을 필요가 없다. 그저 빨간색(캠벨)이나 파란색(프로그레소) 수프를 찾으면 된다. 이 두 회사는 서로 다른 색 아이덴티티를 가지기 때문에 뚜렷이 구별된다. 전통적으로 색을 사용하지 않는 제품에서도 색은 주의를 집중시키는 효과가 있다. 쿠퍼 인더스트리즈 플럼(Cooper Industries' Plumb)의 망치는 손잡이 부분에 밝은 오렌지 색을 사용해 공구통이나 소매점 선반에서 쉽게 찾을 수 있도록 해서 큰 성공을 거두었다.

기업들은 보다 효율적인 마케팅을 위해 새로운 색을 만들어내거나 특정 색에 새로운 이름을 붙여 사용하기도 한다. 예를 들어 캐논의 컬러 레이저 프린터 광고에서는 '미묘한 색상이 차이를 만든다'라는 주제를 위해 '안개색'과 '이끼색'이 새로 만들어졌다. 초록색 광고 카피는 이 '이끼색'을 다음과 같이 설명한다. '노랑과 초록색 사이에 올리브색이 있다. 올리브와 회색 사이에 탁한 황록색이 있다. 이 황록색과 회색 사이에는 슬레이트 녹색(slate green)이 있다. 이 녹색들 사이의 색을 찾아 들어가게 되면 '이끼색(moss)'을 발견하게 된다.'

고객에게 색은 무엇을 의미하는가

색의 조합

단지 인식이나 연상을 넘어 색은 경험을 창조하는 데 사용될 수 있다. 인간의 눈은 1만 가지 색상을 구분할 수 있다고 한다. 채도, 명도, 색상이라는 색의 세 가지 기본 요소들은 지각적 경험을 물리적 자산과 연결하는 데 사용될 수 있다. 채도는 색채적 순도, 또는 흰색이 섞여 일으키는 희석으로부터의 자유로운 정도를 의미한다. 명도는 명암도 혹은 에너지(음악에 있어서의 음량과 동일한 성격) 수준과 관련이 있다. 색상은 파장, 즉 우리가 구분할 수 있는 (예를 들어 진보라색과 청록색의 차이에서처럼) 색의 특정한 명암을 의미한다.

핑크색이 어떻게 사용되는지를 살펴보면 색이 지닌 이런 다양한 측면의 활용 가능성을 알 수 있다. 빨간색보다 채도가 낮은 핑크색은 아동용 제품에 주로 사용된다. 파스텔 톤의 핑크색은 유아 의류와 장난감에 사용되고 더욱 명도가 높은 네온 핑크는 조금 더 큰 아동들의 장난감에 쓰인다. 립스틱 매장에서 수많은 색상의 다양한 핑크색을 접하게 되면, 이 핑크색의 색상에서 나타나는 차이점을 분명하게 이해할 수 있다.

색 범주의 구조

색에 대한 정서적, 인지적, 행동적 반응

'다양한 색채의' 색. 색의 각 차원은 서로 다른 행동적 반응과 관련이 있다. 예를 들면 채도가 높은 색일수록 대상이 움직이고 있다는 느낌을 더 갖게 한다. 색의 명도가 높을수록 대상이 실제보다 더욱 가깝다는 느낌을 갖게 한다. 가시광선의 한쪽 끝에 위치하는 색상(빨강, 오렌지색, 노랑)은 보다 역동적이고 외향적인 느낌을 갖게 하는 반면, 가시광선의 반대쪽에 위치하는 색상(녹색, 청색, 보라색)은 보다 차분하고 내성적인 느낌을 갖게 한다. 예를 들어 빨강은 모험적이고 사교적이며, 활발하고 강력하며, 방어적인 느낌을 갖게 한다. 노랑은 활기차고 명랑하며, 흥미롭고, 사랑스럽고, 충동적인 느낌을 갖게 한다. 반면 녹색과 청색은 차분하고 평화롭고 수렴적인 느낌을 갖게 한다. 또한 빨강, 오렌지색, 노랑은 따뜻함을 느끼게 하는 색인 반면, 청색, 녹색, 보라색은 차가움을 느끼게 한다. 또 색상 차이는 다양한 거리감을 느끼게 한다. 즉 청색과 녹색은 빨강, 오렌지, 갈색에 비해 먼 거리감을 준다.

품격의 색: 검정과 흰색, 금색과 은색. 검정과 흰색은 채도와 명도의 양 극단을 나타낸다. 특히 흰색은 명도가 높을 때 쾌활하고 행복하며 활동적인 느낌을 주며, 때로는 순수하고 청순한 느낌을 준다. 검정은 어둡고 신비스러우며, 때로는 불순하고 사악한 느낌을 갖게 한다. 금색과 은색 같은 금속성 색은 빛나는 이미지를 지니며 금속으로서 금과 은의 특성을 띤다. 따라서 이 두 색은 무기물의 성질을 가지면서도 부와 귀금속의 연상을 통해 밝고 고급스러우며 우아한 느낌을 갖게 한다. 이는 금이나 대리석과 같은 물질을 모조하는 것이 어려운 이유이다. 모조품은 가치가 지니는 근본적인 이미지를 불러일으킬 수 있어야 하고, 그렇지 못할 때는 반감을 불러일으키거나 모조품이 갖는 '값싼' 느낌을 감출 수 없게 될 것이다.

색 조합에 대한 반응

여태까지는 특정한 색을 단독적으로 사용하는 것에 관해 설명했다. 아이러니하게도 여러 색의 조합을 통해 오히려 단일 색상을 사용해 창조하는 아이덴티티보다 더 간결한 아이덴티티를 창조할 수 있다. 애플 컴퓨터의 사용자 친화적인 재미있는 이미지는 단지 사과 모양의 로고로서만이 아니라 무지개색과 같은 색상 배열로 창조된 것이다. 특정 색들의 조합을 통해 특정 색 각각의 연상들을 넘어서는 통합된 게슈탈트를 창조한다.

 색의 조합은 종종 아주 특별한 이미지를 창조해낸다. 예를 들어, 피닉스 공항의 암갈색과 토양의 톤은 서로 조합되어 사막 같은 연상을 창조해낸다. 색 조합은 또한 국기와의 연상으로 종종 특별한 의미를 일으키기도 한다. 빨강, 흰색, 청색은 함께 사용되어 미국의 아이덴티티를 상징한다. 반면 빨강, 흰색, 녹색은 이탈리아의 아이덴티티를 상징해 종종 이탈리아산 식료품 포장에 사용된다.

서 체

 서체는 우리가 보는 어디에나 있다. 홍보 자료나 카드, 문구류, 광고(인쇄와 방송), 구매 시점 디스플레이, 가방, 포장에서도 보인다. 서체는 다른 미학적 요소들의 조합으로 이루어지는 미학적 요소이다. 즉 서체는 모양과 색(그리고 재질)으로 이루어지며, 이 두 요소는 독립적으로, 또 함께 고려될 필요가 있다. 서체는 무한히 다양한 형태로 변형이 가능하며, 무한한 수의 이미지를 전달할 수 있다. (다수의 디자인 책들은 다양한 서체들을 다루고 있다)

서체의 모양
 서체는 스타일의 독특한 한 면이라 할 수 있다. 직접적으로 단어나 글자에 그것이 대표하는 특성을 부여하기 때문이다. 물론 단어 자체

∷ 스타일을 통한 고급스러움의 창조

독일에 본사를 둔 몽블랑의 필기구 제품은 스타일을 통해 고객의 미학적 감각에 호소하는 아이덴티티를 구축했다. 이 회사는 필기구와 가죽으로 제작된 책상용 달력이나 수첩 등의 제품을 생산한다. 몽블랑 제품과 브로슈어 같은 아이덴티티 제작물에 사용된 주된 색상은 검정색이고, 모든 제품에는 흰색 별 모양이 들어간다. 이 흑백의 색 체계는 금색으로 강조된다. 금은 펜과 가죽 제품에 사용되어 고급스러운 이미지를 더해준다. '몽블랑 사용 가이드'에 쓰이는 두껍고 부드러운 종이에서부터 제품 상자의 벨벳 테두리에 이르기까지, 이 회사의 아이덴티티 관련 제작물에는 최고급 재료만이 사용된다. 몽블랑은 고객의 삶을 풍요롭게 하기 위해 총체적인 스타일을 제공한다는 것을 강조한다. "몽블랑의 모든 제품들은 서로 조화를 이루며, 완벽하게 보완합니다. 이런 정교한 조합은 가장 앞선 필기 환경을 창조하게 되죠. 바로 몽블랑의 세계입니다."

가 이미 의미를 담고 있기도 하다. 서체는 어떤 지각을 형성하기 위해 특정 형태를 지닐 수 있다. 세리프가 명확하게 있으면서 세로로 길고 가는 글자는 우아하게 보인다. 반면 둥글고 굵으며 세리프가 없는 글자는 친근하고 포근하기까지 하다.

『뉴요커(New Yorker)』 잡지의 '메트로폴리탄' 아르데코 스타일의 서체는 문학적인 뉴욕에서 연상되는 특성, 즉 세련됨, 위트, 스타일, 아방가르드와 완전히 들어맞는다. 그리고 손으로 쓴 듯한 서체는 회사의 인간 중심적이고 겸손한 아이덴티티를 전달한다. 크레인(Crane) 제지 회사의 로고에 사용된 것처럼 인쇄체가 아닌 필기체 형식은 환상적이며 무언가를 기념하는 느낌을 준다. 이런 서체는 특별한 순간이나 격식을 갖춘 서신에 쓰이는 종이라는 크레인의 아이덴티티에 어울리는 것이다. 대문자를 사용할 것인지 소문자를 사용할 것인지의 선택 역시 의미를 갖는다. 대문자는 권위와 능동성을 반영하며, 소문자는 대담하고 절제된 인상을 준다.

특정한 단어나 문구에 사용되는 서체의 모습에서 나오는 느낌과 인식은 종종 다른 유사한 서체의 사용과 관계된다. 워싱턴 D.C.와 이웃한 조지타운에 위치한 베네통 점포에서는 연방 정부 건물이나 공공 기관과 같은 곳에서나 접할 법한 굵은 금색 대문자 서체를 사용한다. 워싱턴 사람들에게는 이런 이미지가 친숙하기 때문이다. 그리고 그런 베네통 사인물은 힘, 강함. 조화, 신뢰, 도덕적 가치, 국제적 리더십과 같은 연방 정부에서 연상되는 특성들을 불러일으킨다.

서체의 지각과 기억

하얏트(Hyatt)라는 이름을 생각해보자. 다음 페이지를 미리 보지 말고 로고에 나타나 있는 대로 그 글자를 정확하게 적어보라. 그림 4.5에 나온 이 하얏트 로고는 랜도 어소시에이츠가 디자인한 것이다. 그림에서 볼 수 있듯이, 글자 'A'는 특이한 가로줄을 사용하고 있다. 전형적인 A의 가로줄 대신 사용된 이런 특이한 가로줄은 이 회사의 현대적 이미지에 기여하는 작은 요소들 가운데 하나이다.

이 로고를 회상해내려는 시도에서 드러나듯이 이런 종류의 변형은 의식적으로 지각되거나 기억되지 않을 수도 있다. 랜도가 디자인한 다른 로고들의 경우도 마찬가지이다(새턴이나 JAL의 로고).

때때로 아이덴티티 요소들은 고객들에게 잘못 읽힐 수도 있고, 의도했던 목표 고객에게 영향을 주지 못하거나, 충분치 않은 영향만을 줄 수도 있다. 또 회사에 대한 고객의 지각 수준이 감소할 수도 있다. 마즈다(Mazda)의 로고는 본래 'M'자의 세련된 변형이었지만, 일본 이외의 지역에서 대부분의 소비자들은 이를 'L'로 인식하고 있었다.

음향

음향과 음악은 두 가지 면에서 회사와 브랜드 아이덴티티에 중요하다. 즉 소매점과 기타 공간에서는 음향과 음악을 배경으로 아이덴티티가 향상된다는 점과, 광고나 다른 커뮤니케이션에서는 아이덴티티를 창출하는 요소가 될 수 있다는 점이다.

하버드의 노튼 강연회에서 번스타인(Leonard Bernstein)이 말한 바와 같이 음향은 하모니에 기반을 둔다. 음향이 고도로 구조화되면 우리는 이를 음악이라고 한다. MIT의 컴퓨터 과학자인 마빈 민스키(Marvin Minsky)가 "우리들은 왜 특정한 곡조를 좋아하는가?"라고 질문했을 때, 번스타인은 "곡조들이 특정한 구조적인 면을 가지고 있기 때문이다."라고 대답했다. 그런 구조적 특징 가운데 하나가 멜로디이다. 멜로디는 단일한 가락들의 연속이 음악을 이루는 것이다. 멜로디는 커뮤니케이션 메시지에 자주 사용되는 노래 가락의 기반이며, 가장 두드러지고 쉽게 인지되며 잘 기억되는 음악적 특징이다.

음향 아이덴티티의 구축

철학자인 데이비드 버로우즈(David Burrows)에 따르면 "배경 음향은 세상에 미세한 움직임의 질감(texture)을 부여한다."[6] 배경 음향은 사람들이 긴장을 풀도록 만들거나 서두르게 만들 수도 있으며, 행복하게도 슬프게도 만들 수 있다. 소매 공간이나 레스토랑 디자이너들은 이런 미세한 움직임의 질감을 창조하는 데 전문가들이다.

많은 서비스들은 음향 집약적이다. 호텔, 레스토랑, 슈퍼마켓, 백화점, 미용실, 항공사, 그리고 의사나 변호사, 회계사 같은 전문 서비스 제공자들은 고객을 끌기 위해 청각적인 자극을 많이 사용한다. 음

그림 4.5 **하얏트 로고**

향은 전화 통화, 판매장, 대기실, 그리고 그밖에 고객이 방문하는 모든 곳의 서비스에 두루 퍼져 있다. 광고를 위한 목소리는 조심스럽게 선택해 재인가능성(recognizability)과 호의적 연상, 느낌, 평가를 낳을 수 있도록 해야 한다.[7]

음향은 또한 광고에서 아이덴티티를 형성할 수 있다. '캠벨 가든 베지터블 앤 파스타(Campbell's Garden Vegetables and Pasta)'라는 브랜드 TV 광고에서는 재료의 신선함을 나타내기 위해 신선한 야채가 '딱' 부러지는 소리를 넣었다.

음향은 정서와 행동에서 강력한 원인이 되므로, 배경 음향과 음악으로 기업이나 브랜드 아이덴티티를 향상시킬 수 있다. 시각적 미학은 생생하고 자극적이지만 상당한 비용 없이는 변경하기 힘들다. 반면 소리는 바꾸기 쉽고 또한 그 자체가 본질적으로 다양하며 항상 변화한다. 음악에는 고저와 속도, 강약이 있기 때문이다.

음향이 지닌 고유의 다양성과 변화의 용이함은 낮은 비용으로 유통성 있게 아이덴티티를 강화하고 창조할 수 있게 한다. 음향의 효과는 시각적 요소와 마찬가지로 고객이 받는 인상에 달려 있다. 병원에서는 소란스러움이 매출에 타격을 줄 수 있지만, 식당에서는 오히려 젊은 느낌과 아이덴티티를 성취하는 데 바람직하며 필요하다.

∷ 음악을 통한 아이덴티티 강화

유나이티드 항공(United Airlines)은 조지 거시원의 '랩소디 인 블루(Rhapsody in Blue)'를 아이덴티티 구축을 위한 음악으로 몇 년간 사용했다. '랩소디 인 블루'는 유나이티드 항공의 광고에 삽입되었고 예약 및 문의 전화의 배경 음악이나 이륙 전 기내 음악으로도 사용되었다. 현대적이고 역동적인 거시원의 음악은 미국 정통의 음악이었다. 더욱이 우디 앨런(Woody Allen) 영화 『맨해튼(Manhattan)』에 쓰임으로써 거대 도시 뉴욕과의 연결성이 더욱 커졌다. 이 음악의 곡조는 이상적인 미학적 도구로 기능한다. 즉 미국을 기반으로 하는 국제적 항공사라는 유나이티드 항공의 포지셔닝을 표현하는 것이다.

촉 감

소재는 제품에 일정한 '느낌'을 가미할 수 있다. 휴대 전화 판매 회사인 에릭슨(Ericsson)은 "(전화를) 잡으면 놓지 못할 것입니다. 마치 몸의 일부처럼 느껴질 것입니다"라고 선전한다. 인쇄물 커뮤니케이션과 사무실 외부와 내부, 회사 제복 등에 사용되는 소재는 아이덴티티의 중요한 원천이 된다. 그리고 문구류나 명함에서 유광택 종이 대 무광택 종이, 체크인 카운터에서 대리석 대 플라스틱, 제복에서 모직 대 폴리에스테르 사이의 선택은 극단적인 차이를 제공한다.

적용 사례 : S. D. 워런의 소재 미학

소재의 힘을 이해하는 회사 가운데 하나로 스코트 제지(Scott Paper Company)의 자회사인 S. D. 워런(Warren)을 들 수 있다. S. D. 워런은 특히 오프셋 인쇄용의 다양한 종이를 생산하는 업계의 강자이다. 오프셋 인쇄용 종이는 내구성과 매끄러움, 인쇄 용이성, 선명도, 불투명도 측면에서 평가를 받게 된다. 내구성과 매끄러움, 인쇄 용이성은 실용적 기준이고, 선명도와 불투명도는 실용적이면서도 동시에 미학적인 기준이 된다. 선명도는 대조를 높이고 색상을 강조하며, 불투명도는 한 면에 인쇄된 글자나 그림이 종이 뒷면으로 보이는 것을 방지한다.

워런은 자사가 생산하는 종이의 미학적 가치를 증명하면서 회사의 아이덴티티를 전달하기 위해, 자사 브로슈어를 동시에 판촉 자료와 자사 생산 종이 견본으로 활용한다. 이 여러 종류로 제작된 브로슈어는 자사가 생산하는 다양한 종류의 인상적인 종이 위에 마음을 빼앗길 만한 멋진 사진과 그림들을 담고 있다. 예를 들어 이 가운데 하나인 'Lustro Gloss'는 카네기홀에서 촬영된 눈에 띄는 흑백과 컬러 사진이 함께 실려 있다. 브로슈어의 각 페이지는 밝은 적색의 콘서트홀 좌석, 몇몇 악기의 미세한 부분을 보여주면서 각각 'Lustro Dull', 'Lustro Dull Cream'과 같은 각기 다른 종류의 종이를 홍보한다. 'Pointe Clear Matte'라는 브로슈어는 권투 장면을 사용해서 종이를 홍보한다. 또 다른 브로슈어는 다양한 정원의 컨셉(일반 정원, 일본 정원, 영국 정원, 옥상 정원)을 설명하면서 빳빳하고 반짝이는 'Cameo Dull'로 부드럽고 균질한 질감을 소개한다. 이 브로슈어에서 일반 정원은 다음과 같이 묘사된다.

정원이란 무엇인가? 창가에 붙은 자그마한 화단이든 베르사유 궁전의 잘 정돈된 정원이든 간에 정원은 인간이 미학적인 이유로 자연을 관리하는 장소이다. 눈을 즐겁게 하고 마음을 안정시키는 정원은 지금 이 내용이 인쇄된 종이, Warren Cameo Dull처럼 누군가의 노력에 보상을 준다.

이 브로슈어들은 시각적 호소력을 가질 뿐만 아니라 촉감에 있어서도 즐거움을 준다. '발견의 정신(The Spirit of Discovery)'이라는 이름이 붙은, 거친 표면 소재를 위한 한 브로슈어는 시각, 촉각, 심지어 후각의 느낌을 주는 가죽 표면을 가지고 있다.

소재로부터의 연상

소재는 따뜻함, 힘, 자연스러움과 관련된 강한 연상을 수반한다. 제품에 어떤 목재를 사용할 것인가에서와 같은 선택으로 일련의 연상 작용이 생겨나기도 한다. 1996년 렉서스(Lexus) 광고에서는 "소나무는 너무 딱딱했습니다. 자작나무는 너무 가늘었습니다. 떡갈나무는 지나치게 특징이 없었습니다. 그래서 우리는 캘리포니아 호두나무를 사용하기로 결정했습니다. 렉서스의 수준에 맞는 인테리어용 나무를 찾기 위해 우리는 24종이나 검사했습니다."라고 자부한다.

대리석이나 유리, 금속과 같은 비유기적 소재들은 차갑고 단단한 것으로 지각되며, 나무나 가죽 같은 유기적 소재들은 따뜻하고 부드럽게 여겨진다. 거친 소재들은 전통적으로 야외 지향적인 것으로 인식된 반면, 매끄러운 소재들은 실내에 적합한 것으로 여겨졌다. 그러나 이런 디자인 경향은 변하고 있다. 예를 들어 바닥과 합판 천장의 모양을 보자면 이들은 예전에는 매끄러운 대리석이나 나무 재질을 모방해 만들어졌으나, 이제는 거친 대리석이나 그 밖의 거칠거나 무광의 재질을 닮는 경향이 있다. 거친 소재들이 실내에서 사용되기 시작했으며, 이는 질서와 대칭의 구속을 받지 않는 야외의 자유로운 느낌과 결합된 힘을 암시한다. 꽃이나 나무 등의 유기적인 소재는 안에 있든 밖에 있든 사람들이 긴장을 풀고 자연과 조화됨을 느낄 수 있도록 해준다. 그리고 느낌을 만들어내는 데에는 소재의 질감과 함께 형태와 색이 사용된다. 벽돌(또는 벽돌 무늬나 사진)은 단단하고 강한 것으로 지각되는 비유기적인 소재이면서도 붉은 색으로 인해 따뜻함을 전달하며 이는 벽난로, 실내 벽, 아늑한 테라스 등에 적합하다.

소재와 질감

특정 소재의 질감은 감각의 강력한 원천이 될 수 있다. 1997년 우편을 이용한 판촉 캠페인에서 남성용 제품 소매점인 브룩스 브라더스(Brooks Brothers)는 고객들이 소재를 직접 경험할 수 있도록 천으로 만든 샘플을 동봉했다.

향기 : 맛과 냄새

미각은 후각과 밀접하게 관련되어 있다. 특히 후각은 감각 중에서 가장 강력하다. 향기는 우리들의 환경 어디에나 존재하는 것이다. 가령 크랩트리 앤 에블린(Crabtree & Evelyn)이나 바디샵(The Body Shop)처럼 향료 제품들을 전문으로 하는 상점들은 소매점 공간뿐만 아니라 제품의 아이덴티티를 창출하기 위해 향기에 의존한다. 향기는 아이덴티티 창출자로서의 역할을 하는 이런 경우를 제외하고도 미묘함의 강점을 가지고 있다. 물론 이 미묘함 때문에 주목을 끌지 못하는 경우도 많다. 배경 음향이나 음악처럼 향은 아이덴티티 창출의 역할보다는 아이덴티티 강화에 더욱 큰 역할을 할 수 있다.

냄새는 몇 가지 구성요소로 이루어지고, 이 구성요소들은 복합적으로 수없이 다양한 감각을 창출한다. 냄새는 주로 다음의 일곱 가지 범주로 나누어질 수 있다. 1) 박하, 2) 꽃, 3) 에테르(ether), 4) 머스크(musk), 5) 수지(resin), 6) 썩은 냄새, 7) 콕 쏘는 냄새이다.[8]

향기 반응

조사에 따르면 여성들은 어떤 특정한 냄새에 남성들과는 다르게 반응한다. 또한 특정한 냄새는 항상 불쾌하게 느껴지는 반면, 또다른 냄새들은 항상 매력적으로 느껴지는 것이 명백한 사실이다. 아로마테라피(향 요법)는 특정 향기에 기초한 생리적이고 심리적인 효과를 보장한다. 신경학자들은 슬롯머신 앞에 사람들을 붙들어두기 위해 다양한 향기를 테스트한다. 앤드런 바이 조번(Andron by Jovan, 남성 호르몬인 '안드로겐'을 암시하는 이름)은 여성을 유혹할 수 있도록 페로몬이 첨가되었다고 선전된 남성용 향수였다.

향기의 힘

인간은 냄새를 구별하는 뛰어난 능력을 가지고 있다. 냄새에 대한 기억은 아마도 우리들의 기억 가운데 가장 강력할 것이다. 우리는 어떤 경험을 했을 당시 맡았던 냄새를 다시 맡으면 그 경험에 대한 구체적인 회상을 하게 된다.

향기에 대한 기억과 평가, 그리고 냄새에 대한 지각 학습은 대부분 거기에 붙여진 언어에 의해 이루어진다. 그러나 이터니티(Eternity)

향수의 향기가 반드시 '영원한' 것은 아니며, 옵세션(Obsession) 향수의 향기 또한 '강박관념적'인 것은 아니며, CK One 향수의 향기 역시 본질적으로 '유니섹스적'인 것도 아니다. 냄새의 차별성과 냄새에 대한 강한 기억, 그리고 독특한 연상을 만들어내는 능력 때문에, 냄새는 기업이나 브랜드 아이덴티티를 향상시키는 이상적인 도구가 된다. 즉, 냄새를 회사와 브랜드에 연결하고 이를 반복하는 작업이 연상을 만들어내는 한 방법이 된다.

냄새는 꼭 그 특성 자체의 관점에서 설명되는 것이 아니라, 냄새가 기억 속에서 불러일으키는 경험과 연상에 의해 설명된다. 향기는 '매캐하다', '과일향이다', '향긋하다', '꽃향기이다' 등으로 지각되며 '취한다', '기분 좋다', '즐겁다' 또는 이와 정반대의 말로 평가된다. 우리는 또한 향기를 계절과도 연결짓는다. 과일 혹은 꽃향기는 봄을, 소나무나 계피 향기는 겨울을 연상시킨다. 향기가 일으키는 강한 연상을 충분히 이해한다면 마케팅 관리자들은 아이덴티티를 창출 혹은 향상시킬 때 향기를 이용해 바라는 지각이나 느낌을 만들어낼 수 있을 것이다.

스타일의 창출 : 공감각

공감각이란?

하나의 감각이 다른 영역의 감각을 불러일으키는 현상을 공감각이라고 한다. 공감각(synesthesia)이라는 단어는 그리스어의 'syn(함께)과 'aisthanesthai(지각하다)'가 결합된 단어이다. 작곡가인 스크리어빈(Scriabin)과 림스키 코르사코프(Rimsky-Korsakov)는 E장조는 청색, A플랫은 자주색, D장조는 노란색 등 음악과 색을 연결시켰다. 작가 블라디미르 나보코프(Bladimir Nabokov)는 모음을 발음할 때 냄새와 촉감의 연상에 관해 이야기했다. 예를 들어 영어 알파벳의 긴 'a' 발음은 자연을 견뎌낸 목재의 느낌을 가졌고, 불어의 'a'는 매끈한 상아의 느낌을 연상시킨다. 공감각의 개념은 일본의 다도 의식에서부터 작곡가 바그너의 종합 예술(Gesamtkunstwerk)이나 현대 행위 예술에 이르기까지 수많은 예술의 형태에서 의식적으로 사용된다.

일본의 다도는 그림이 걸려 있고 정원이 내다보이는 균형 잡힌 방에서 주의 깊게 선택된 용기에 의식적인 방식으로 특별한 차를 대접하는 것이다. 차를 대접하는 주인이나 대접받는 손님 모두 일정한 의식에 따라 움직인다. 이처럼 다도는 모든 감각에 호소하며 제품 디자인, 도자기 디자인, 인테리어 디자인, 예술, 움직임의 개념을 모두 통합하고 있다.

이와 마찬가지로 바그너의 유명한 원(Ring) 오페라에 구현되어 있는 것처럼 그의 종합 예술도 연기, 교향악, 오페라 음악을 통합하고 있으며, 그는 이 독특한 예술 형태를 위해 독일 바이로이트에 특수한 극장까지 지었다. 현대의 행위 예술 또한 연기, 춤과 동작, 음악과 음향, 때로는 맛과 냄새까지 사용하며 여러 감각에 호소한다.

스타일의 총체적 성격

공감각은 색, 형태, 향, 소재와 같은 기본적인 요소들을 서로 통합해 기업이나 브랜드의 미학적인 스타일을 표현하는 '속성의 시스템(systems of attributes)'을 창조한다. 아이덴티티는 이제까지 우리가 논의해 온 일차적인 요소들로 구성되기는 하지만 그 결과가 되는 것은 총체적인(holistic) 지각이다. 지각의 총체적 성격은 게슈탈트 운동이라는 심리학 운동의 중심에 위치하고 있다. 게슈탈트 심리학자들은 전체, 즉 게슈탈트가 부분의 합보다 크다고 믿는다. 기업과 브랜드의 아이덴티티의 계획에서도 전체를 이루는 부분들에 세심한 주의를 기울여야 한다. 궁극적으로 중요한 것은 결국 이 게슈탈트이지만, 그것을 구성하는 차원이나 차원 간의 상호작용에 미세한 변화만으로도 게슈탈트에 엄청난 변화를 일으킬 수 있는 것이다.

적용 사례 : 질레트

성공적인 기업 미학이나 브랜드 미학은 단일 제품 디자인에서 공감각을 디자인 원칙으로 이용한다. 여러 일차적 속성들(현란하고 뚜렷한 색, 역동적이고 리드미컬한 음악, 대담한 형태와 서체 등)이 결합되어 하나의 총체적 지각, 즉 스타일을 만들어내는 것이다.

질레트의 면도기와 화장품(데오도란트, 면도 크림, 애프터쉐이브 로션) 시리즈는 성공적인 공감각의 한 예를 보여준다. 1989년 전 세계적으로 출시된 센서(Sensor) 면도기는 시각과 촉각 경험을 가능하게 했다. 이 경험은 아이덴티티 회사인 안스푸치 그로스맨 포트투갈(Anspuch Grossman Portugal)이 구축한 메가 브랜드 아이덴티티 시스템에 의해 더욱 강화되었다. 질레트는 가장 잘 팔리는 면도기인 센서 면도기를 충분히 활용해 디자인 회사인 데그립 고베 앤 어소시에이츠(Desgrippes Gobe & Associates)가 14가지로 구성된 남성 화장품 제품 라인을 개발하도록 하여 미국과 유럽에서 동시에 출시했다. 그 전까지 질레트는 남성용 화장품 분야에서 경쟁사에 뒤지고 있었다. 미국에서 질레트는 S.C.존슨(S.C. Johnson)의 에지(Edge) 브랜드에게 분무식 면도용 크림과 젤 분야에서 14%나 뒤지고 있었으며, 데오도란트 분야에서는 P&G에게 점유율이 9% 뒤져 있었다. 이 회사의 화장품 사업은 판매액의 20%를 차지하고 있었지만, 이익에서는 12.6% 밖에 내지 못하고 있었다.[9]

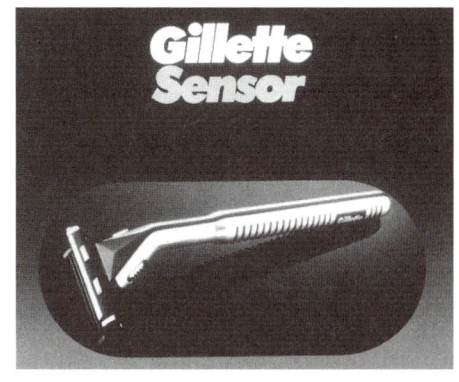

그림 4.6 **질레트 센서 레이저**

데그립 고베는 '센스(SENSE: Sensory Exploration and Need States Evaluation, 감각 탐구와 욕구 상태 평가)'라고 불리는 자신들의 독특한 조사 방법을 이용해 질레트의 제품 아이덴티티, 즉 남성적이고 전통적이지만, 기술적으로 진보한 이미지를 표현할 주요 디자인 요소(모양, 색, 소재 등)를 정의했다. 신제품에서는 질레트 본래의 가치를 면도 행위와 연결시켰다. 즉 면도를 남성들이 매일 사적인 공간에서 공적인 공간으로 변모하기 위한 일종의 통과의례로 보고, 이런 맥락에 맞게 색과 모양, 소재, 서체, 향기의 의미가 결정되었다. 데그립 고베와 질레트의 사내 디자인 팀이 합동으로 개발한 디자인은 은색과 검정색 컬러의 기존의 센서 자산을 손잡이 부분에 접목하면서도 중요한 혁신적인 디자인 몇 가지를 첨가했다. 제품과 포장, 그래픽 디자인 뒤에 숨어 있는 근본 원리를 질레트는 다음과 같이 설명한다.

> 청색은 면도의 청결함을 전달한다. 검정색은 보편성과 기운차고 남성적인 라이프스타일을 전달한다. 은색은 금속성의 빛과 산업적인 느낌으로 면도기 날과 센서 제품의 성능 측면을 반영한다.

4장 스타일 **147**

혁신적으로 얇고 투명한 용기는 투명한 신제품의 맑음을 보여준다. 제품 형태는 남성의 손에 맞도록 되어 있으며, 매끈한 원통형에 주름이 잡혀 있고 남성의 넓은 어깨를 연상시킨다. 질레트의 대담한 로고 서체는 이 회사가 지닌 남성적 유산과 리더로서의 위치를 한층 강화시킨다. 이끼와 우드 향을 베이스로 하는 시트러스 향이 지배적인 쿨 웨이브(Cool Wave) 제품은 기능적으로 질레트 시리즈를 통합하고 있다.[10]

스타일 창출의 두 가지 접근법

대부분의 회사에서와 마찬가지로 질레트에서도 스타일은 대개 디자이너들의 비전과 창의성, 직관으로 태어난다. 디자이너들은 두 가지 방식으로 작업한다. 주요 일차적 속성들을 정하고 나서 이들을 결합해 통합적 스타일을 창출하는 상향식 접근법, 이와 반대로 어떤 스타일을 선택하고 나서 이에 맞는 일차적 속성들을 선택해 스타일을 완성하는 하향식 접근법이다.

상향식 접근법은 브랜드 포지셔닝을 다시 하고자 할 때 적합하다. 이 경우 고객들이 친근함을 느끼고 이미 기업의 자산으로서 존재하는 특정한 주요 속성들을 새로운 스타일로 성공적으로 통합시키는 것이 관건이다. 하향식 접근법은 보다 전략적이고 체계적이며, 새로운 브랜드 아이덴티티가 구축되어야 할 때 적용되는 방법이다.

스타일 창조의 전략적 이슈

스타일 창조에서 핵심적인 전략적 이슈는 다음과 같다.

- 디자인 요소들을 병렬로 배치할 것인지의 문제
- 스타일을 변형하거나 포기할 시점

디자인 요소들의 병렬

선택된 디자인 해법에는 고유의 긴장이 존재할 수 있다. 디자이너는 더욱 흥미 있고 독특한 모습을 창조하기 위해 하나 이상의 아이덴티티 요소에 서로 다른 디자인 요소들을 의식적으로 병렬(juxtapose)할 수도 있다. 예를 들어 하나의 광고 속에는 다른 요소들과 스타일에 있어서 완전히 달라서 쉽게 눈에 띄는 시각적 요소가 있을 수 있다. 하나의 내부 공간에는 다른 가구들과는 전혀 다른 스타일의 가구를 배치할 수도 있다. 디자인에서의 이러한 병렬은 때때로 형태에서 발생하는 비대칭과 같이 호소력이 있을 수 있다. 예를 들어 갭(Gap)은 간판에는 흑백 로고를, 가방에는 청색과 흰색의 로고를 사용한다.

병렬의 흥미로운 형태가 절충주의이다. 절충적 접근은 다수의 요소들을 사용함으로써 동일한 기업 표현 안에 병렬을 제공한다. 몇몇 국제적 호텔에서도 이 절충적 접근을 사용한다. 각기 다른 시대와 양식의 가구와 디자인을 혼합시켜 배치함으로써 독특한 객실 스타일을 창조하는 것이다. 다양성과 일관성 가운데 무엇을 제공할 것인가의 결정은 디자인의 특정 측면을 강조할 것인가의 여부에 달려 있다. 예를 들어 잘 알려진 브랜드는 로고를 강조하기를 원할 수도 있다. 테두리를 가진 스내플(Snapple) 로고는 병이 가진 통일된 바탕 색과 대비되어 고객들의 눈을 사로잡는다.

제품 라인이 종종 병렬을 요구하기도 한다. 1980년대 중반부터의 장기 침체로부터 스위스 시계 산업을 구한 캐주얼 시계 브랜드 스와치(Swatch)는 이런 종류의 스타일 다양성의 좋은 예이다. 다른 시계 제조업체 대부분은 고유한 외양을 지키는 데 노력했고, 그 결과 시간이 흘러도 아주 작은 변화만을 보여준 반면 스와치의 컨셉은 패션과 일시적 유행의 아이디어를 중심으로 구축되었다.

스타일의 변형 혹은 포기

스타일은 시간이 흐르면서 시대에 뒤진 것으로 보일 수 있다. 많은 특정 스타일이 특정 시대를 연상시키기 때문이다. 1920년대, 50년대, 60년대, 70년대의 경향은 스타일도 구식이 될 수 있다는 것을 매우 생생하게 보여준다. 스타일의 과도한 사용, 특히 특이하거나 뚜렷한 스타일의 경우는 그 스타일이 유행했던 시대를 너무 강하게 떠올리게 할 수 있다. 또한 공간도 우리의 연상 속에 깊이 자리잡을 수 있다. 따라서 스타일을 변형하거나, 전반적인 인상이 바뀌게 될 때는 스타일을 포기하는 일도 필요하다. 이를 위해 우리의 환경과 트렌드를 지속적으로 관찰하는 일이 필수적이다. 던킨 도너츠(Dunkin' Donuts)는 90년대 말에 아이덴티티 변경을 발표했는데, 이 아이덴티티에서는 '시대에 뒤진' 분홍색 – 오렌지색 패턴을 '짙은 건포도'라고 부르는 어두운 연자주색으로 변경했다. 이 색은 지붕과 간판, 카운터 윗부분, 벽에 사용되었다. 또한 밝은 색 메뉴판과 배경 조명이 있는 간판이 더해져 현대적인 면이 강화되었다. 고객 조사에서도 기존의 던킨 도너츠 아이덴티티가 시대에 뒤떨어지는 것으로 인식되고 있음이 드러났다. 또 고객들은 이 브랜드가 다가가기 쉽고 재미있다고 느끼고 있었고, 고급스럽기보다는 좀 더 모던하게 되기를 바라는 것으로 나타났다.[11]

∷ 스타일 라이센싱

패션 디자이너들에게 의류 디자인뿐만 아니라 특정 향수를 디자인하는 것은 이제 반드시 거치는 절차가 되었다. 패션 제품의 향수로의 제품 확장 이후 디자이너들은 사실상 고객의 미학적 환경 전반으로 제품을 확장했다. 제품 계열을 고객의 물리적 환경 전반으로 확장하면서, 패션 디자이너들은 청바지로부터 양초에 이르기까지 다양한 제품을 통해 경험할 수 있는 미학을 창조하고 마케팅했다. Guess?, 랄프 로렌, 캘빈 클라인, 도나 카란과 같은 낯익은 패션 브랜드에는 모두 각 디자이너의 미학에 맞는 가정용품 계열이 존재한다. 이탈리아 디자이너인 미소니(Missoni)는 그 특유의 기하학적 무늬를 넣은 카페트(4500달러)를 생산하고, 랄프 로렌은 의류에서 선보인 차분한 색과 줄무늬, 격자 무늬를 반복하는 베갯잇과 시트(베갯잇 한 쌍에 40달러)를 생산한다. 그리고 캘빈 클라인은 의류에서처럼 단순하고 미니멀한 선을 사용한 물주전자(90달러)를 판다. 고급 남성복을 디자인하는 폴 스미스(Paul Smith)는 의류에서 보여준 '전통과 첨단이 만나는' 스타일의 룩을 그대로 반영하는 '복고풍'의 칫솔과 치약 세트를 내놓고 있다.

※ 출처: Carlos Mota, "House of Style," New York, October 14, 1996, p.60.

스타일의 수정

혁신적 변화

당신이 어느 날 업무차 회의에 참석한다고 생각해보라. 그 방은 짙은 색 정장을 입은 팀 구성원들로 가득하다. 그런데 당신의 눈은 카키색 바지와 캐주얼 스웨터를 입은 한 사람에게 쏠린다. 왜 그럴까? 그 이유는 단지 다른 사람들과 비교할 때 스웨터를 입은 사람이 다르게 옷을 입었기 때문이다.

며칠 후 당신은 또 다른 회의에 참석하게 된다. 똑같은 구성원들이 참석해 있고, 모두가 캐주얼한 옷을 입고 있다. 당신은 또 다시 그 사람에게 주의를 기울일 것인가? 물론 그렇지 않다. 이 예는 인간의 주의에 대한 기본적인 사실을 보여준다. 우리는 두드러지는 것, 독특한 것에 주목하는 것이다.

독특함의 주된 요인은 새로움이다. 우리들은 새로운 물건들, 즉 이전에는 보지 못했던 것들에 주목하는 경향이 있다. 게다가 우리는 요란하고 극단적이며, 때로는 눈에 거슬리는 것에 끌리기도 한다. 마지막으로 우리는 색다른 것에 주의를 쏟게 된다.

따라서 독특한 디자인은 점진적이라기보다는 혁신적인 경향이 있다. 광고인들은 이런 경향을 잘 알고 있다. 예를 들어 뉴욕 시민들은 크레이지 에디(Crazy Eddie) 광고를 기억하고 있을 것이다. 저가 전자제품 체인의 주인인 '에디'가 고객들에게 자기 상점의 '말도 안 되는 가격'을 소리치며 알리는 광고이다. 또 다른 예로 고급 브랜드 애호가들은 샤넬의 남성용 향수인 에고이스트(Egoiste)의 전 세계적 캠페인에서 같은 유형의 방법이 사용된 것을 기억할 것이다. 이 광고에서는 멋지게 이브닝 가운을 입은 많은 여성들이 호텔방 창문을 열었다가 쾅 닫으며 에고이스트 브랜드명을 외친다. 우리가 이런 광고를 좋아하지 않을 수는 있지만, 주목하게 되는 것만은 사실이다.

광고에서와 마찬가지로 아이덴티티나 이미지 관리에서도 같은 원리가 적용된다. 명함에서는 약간 더 큰 직사각형 모양이나 세로 방향의 글씨, 혹은 명함에 찍힌 사진 등이 주목을 받을 것이다. 코닥은 그 회사에 잘 어울리게 명함에 사진을 사용한다. 색상에 있어서도, 많은 기업들이 주로 사용하는 어두운 청색 가운데 메리 케이의 분홍색이나 티파니의 밝은 청색은 단연 돋보인다.

혁신적이거나 특이한 스타일이 대중들에게 확산되어 가는 방식은 혁신 제품의 수용 과정에 비유될 수 있다. 신기술과 마찬가지로 새로운 스타일은 대중에 의해 선호되기 전에 먼저 유행 선도자들에게 선호된다. 이 새로운 스타일은 아방가르드적인 아이덴티티를 만들어낸다. 유행을 선도하는 사람들은 선천적으로 다르게 보이는 것을 좋아한다. 이들은 다양성을 추구하며, 위험을 무릅쓰는 것을 마다하지 않는다. 이들은 소수이지만 여론 선도자로서 다른 사람들에게 영향을 미친다. 그리고 사람들은 대개 다른 이들의 의견을 참작해 자신의 의견을 형성하기 때문에 이 과정에서 유행을 선도하는 사람들이 큰 영향력을 발휘하게 된다. 또한 어떤 것이든 반복적으로 경험하게 되면 곧 친숙하게 되고 심지어 여러 시간에 걸친 단순 노출만으로도 그것을 좋아하게 된다. 1980년대 중반에 미니 밴 디자인이 처음 나왔을 때 당신은 그것을 보자마자 좋아했는가? 아마도 두 번 이상 보았을 때 좋아하게 되었을 것이다.

점진적 변화

다르다는 사실은 주의를 끌기도 하지만, 인간 본성의 또 다른 측면 때문에 위험이 따르기도 한다. 즉 눈에 띄거나 독특한 것은 좋거나 나쁘다는 극단적인 평가를 낳는다. 중간적 접근법은 우리들의 주의를 끌거나 감정을 고양시키지는 않지만, 이보다는 위험이 적다.

스타일의 차원

관리자들이 스타일의 주요 차원들에 근거해 디자인을 평가할 수 있다면, 스타일을 창조하고 수정하는 데 있어 관리자의 역할이 강화될 수 있다.

1900년대로 넘어오면서 가장 저명한 예술 비평가인 하인리히 뵐플린(Heinrich Wolfflin)은 두 개의 상반적인 미학적 스타일인 고전주의와 바로크 스타일의 차이를 정의했다. 뵐플린에 따르면 이 두 범주는 예술 작업뿐만 아니라 '예술과 표현을 목적으로 만들어진' 어떤 것이든 예술 형태가 가지는 구조 해석을 위한 기본적인 범주들이다. 고전주의와 바로크는 그 역사적 시기가 언제인가와 관계없이, 예술의 형태가 가질 수 있는 일반적이고 상반되는 두 가지 가치와 구조를 나타낸다.

고전주의와 바로크를 구분하는 다섯 쌍의 특성은 다음과 같다. 선형적인 것 대 평면적인 것, 폐쇄적 형태 대 개방적 형태, 깊이 있음 대 표면적임, 단순함 대 복잡함, 명확한 형태 대 모호한 형태이다. 이러한 초기의 미학적 범주화는 여전히 관리자들에게 유용할 수 있다. 상표명, 로고, 제복, 포장, 광고, 건물 등 무엇이 되었든 각 기업 요소들은 이 단순한 대립적 요인을 사용해 분석될 수 있다. 즉 고전적 스타일인가 바로크 스타일인가로 분석될 수 있는 것이다. 그 결과로 서로 다른 요소들이 상호 관련되게 되고, 요소들 간의 일관성이 달성될 수 있다.

스타일의 차원을 정의하기 위해 우리는 뵐플린의 포괄적 범주화를 넘어선다. 그렇게 함으로써 관리자들은 바람직한 스타일에 기여하지 않는 스타일의 구성요소들을 분리하고 조정할 수 있다. 여기서는 기업이나 브랜드 아이덴티티 관련 스타일을 평가하기 위해 다음 네 가지 지각적 차원을 살펴본다. (1) 복잡성(미니멀리즘 대 장식주의), (2) 표현(representation, 사실주의 대 추상주의), (3) 지각된 움직임(역동적임 대 정적임), (4) 강렬성(소리가 큼/강함 대 부드러움/약함).

스타일의 차원 1: 복잡성

당신의 기업이나 브랜드가 얼마나 화려하거나 복잡하게 보이기를 원하는가? 이 차원은 스타일을 단순함에서 복잡함으로, 미니멀리즘에서 장식주의로 가는 연속선상에 놓는다. 미니멀리즘은 구조와 형태의 단순성을 위해 노력하며 장식은 불필요하고 과도한 것으로 여긴다. 반면 장식주의는 복잡성과 다양한 모티프, 다중적 의미를 선호한다. 로라 애슐리(Laura Ashley) 스타일은 회사의 의류 계열이나 벽지 등의 실내 장식용품, 회사의 소매점 공간에서도 보여지듯이 장식주의 미학의 한 예이다. 로라 애슐리의 원단은 작은 꽃무늬와 줄무늬, 격자 무늬, 그리고 기타 여러 패턴으로 가득 장식되어 있다. 천으로 된 인테리어 용품들도 대개 주름 장식이 달려 있거나 커다란 주름이 잡혀 있다. 많은 경우에서 두 개 혹은 그 이상의 패턴이나 장식적 모티브가 함께 사용된다.

미니멀리즘을 향한 트렌드. 고대 서양의 목욕탕이나 수영장은 장식주의의 가장 멋진 예들이다. 이들은 로마식 목욕탕이나 터키식 목욕탕에서 영감을 받아 건축과 타일 장식, 전반적인 외관을 화려하게 장식했다. 반면 오늘날의 스포츠 센터는 미니멀리즘의 전당이라 할 만하다. 플래닛 리복(Planet Reebok) 캠페인의 일부로 로스앤젤레스, 어바인, 뉴욕에 세워진 리복의 새 스포츠 센터는 『뉴욕』지의 콜린 맥긴(Colin McGinn)에 따르면, "스포츠 센터가 어떠해야 하는지를 보여주는 곳이다. 그것은 단순함의 극치이다. 넓고 기능적이며 목적에 맞게 지어진 그곳은 스포츠 센터의 개념이 가장 멋지고 가장 미국적인 형태로 나타났다."[12] 미니멀리즘 경향은 다른 제품군에서도 발견된다. 자동차에서 세탁기, 스테레오, 전화에 이르기까지 20세기의

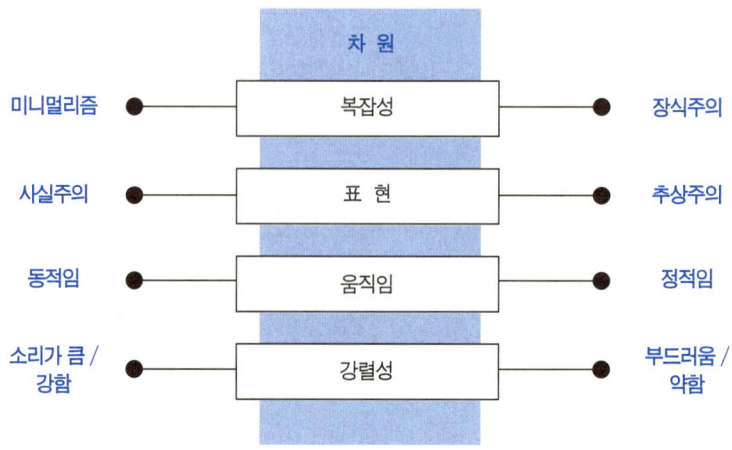

표 4.3 **스타일의 차원**

일반적인 경향은 장식주의 디자인에서의 이탈로 설명될 수 있다. 1900년대 초반부터 1960년대까지의 제품들을 1970년대부터 현재까지의 제품들과 비교해보면 곧 명확한 차이를 볼 수 있을 것이다. 70년대 이전 시대의 물건들은 거의 모두 틀을 가지고 있거나 틀 안에 들어 있다. (자동차나 주요 가전제품은 크롬 틀로 되어 있고, 스테레오나 다른 전자제품은 나무로 된 틀에 들어 있다. 다양한 가정용품들은 플라스틱 틀로 되어 있다.) 반면 70년대 이후의 제품들에서는 서서히 틀이 제거되거나 틀을 가리기 위해 눈에 띄지 않는 색이 사용된다.

미니멀리즘 트렌드에 대한 저항. 다른 스타일 차원과 마찬가지로 복잡성의 차원은 제복부터 상품과 포장, 건물 내부와 외부 디자인과 커뮤니케이션에 이르기까지 모든 기업 표현에 적용된다. 스타일은 마케팅 담당자들이 종종 간과하는 차별성의 전달 수단이다. 대부분의 미국 항공사들의 제복은 거의 미니멀하다. 단순하고 직업적인 디자인에 세로줄무늬와 기업에서 많이 쓰이는 짙은 청색으로 대표된다. 이런 원칙을 깬 항공사 가운데 하나가 사우스웨스트 항공이다. 이 항공사는 다른 주요 항공사들의 경직되고 전문적인 이미지에 도전하는 항공사로서 스스로를 포지셔닝했다. 예를 들면 직원들은 비행 전 안전 관련 내용을 설명하는 일상적인 일에서도 자신들의 개성과 유머 감각을 적극적으로 표현할 수 있었다. 이런 아이덴티티와 함께 장식주의적인 성격을 가진 사우스웨스트의 제복은 다채롭고 쾌활하며, 회사의 이미지를 반영한 복잡한 패턴의 무늬를 가진다.

미니멀리즘 대 장식주의: 건축의 예. 미니멀한 성격의 회사 건축물들은 시카고 학파/바우하우스 파에 그 뿌리를 둔다. 장식주의는 그 기원을 신 고딕과 아르누보에 둔다. 오늘날의 포스트모던 건축물과 인테리어 디자인은 스타일 병렬주의와 통합된 스타일의 부재로 특징지을 수 있다. 오늘날 다양한 색, 형태, 소재들은 때로는 미니멀하게, 때로는 장식주의적으로 사용된다.

스타일의 차원 2: 표현

미학적 요소에서 어느 정도까지 사실을 드러내고 싶은가? 예술에서 사실주의라는 용어는 사물과 인간들의 세계를 실물과 같이 묘사하는 것을 지칭하는 데 사용된다. 반면 추상주의는 색과 형태의 즉각적인 효과에 의존한다. 작품 자체나 그 일부분 가운데 어느 것도 실제 세계의 사물을 드러내거나 상징화하지 않는다. 모든 기업 요소들(로고, 제복, 상품, 포장, 건물의 내부와 외부, 커뮤니케이션 형태 등)은 실제 세계의 대상과 의식적으로 연상 작용을 만들어낸다면 사

미니멀리즘적 사실주의	장식주의적 사실주의
팝아트	인상주의
바그너	베르디와 푸치니
기능주의	아르누보
요지 야마모토	모스키노와 베르사체
캘리포니아와 이탈리아	중국과 타이

미니멀리즘적 추상주의	장식주의적 추상주의
구성주의	추상화(칸딘스키)
R. 스트라우스, 글래스	스트라빈스키, 쇤베르크
바우하우스	포스트모더니즘
아르마니와 몬타나	발렌티노
일본	프랑스

표 4.4 비주얼, 아트, 오페라, 건축, 패션, 주방 디자인에서 복잡성과 표현(위에서 아래로)

실주의적인 것으로 비춰질 것이며, 만약 그렇지 않다면 추상주의적인 것으로 볼 수 있다. 20세기에는 보다 추상적인 디자인을 선호했다. 인물상을 표현하는 그리스 기둥에서 볼 수 있는 상징은 오래된 대학의 미학에는 어울리겠지만 현대적인 기업 이미지와는 어울리지 않는다. 그러나 잠재적으로 강력한 이미지의 원천으로서의 사실주의를 도외시해서는 안 된다. 시그나(Cigna)는 추상적이고 일반적인 '푸른 상자(blue box)' 형태의 로고를 버리고 회사명 위로 나무가 그려진 로고를 새롭게 채택했다. 이 변화된 로고는 '보살핌(caring)'이라는 시그나의 기업 아이덴티티를 더 잘 표현하는 것이었다.

메시지와 스타일의 결합: 자연주의의 경우. 사실주의의 특수한 형태가 자연주의(naturalism)다. 자연주의는 자연의 특정 대상이 아니라 전체로서의 자연을 가리키는 스타일이다. 자연주의는 환경 의식이 있는 사람들을 고객으로 하는 제품과 마케팅에서 흔히 찾아볼 수 있다. 자연주의의 주된 색들은 자연과 유기적인 소재에서 찾아볼 수 있는 색상들로 구성된다. 자연주의적인 소매 공간에서는 대개 긴장을 푸는 소리나 음악을 사용함으로써 물이나 바람과 같은 자연의 연상을 불러일으킨다. 다듬어지지 않은 목재, 염색되지 않은 면, 거친 종이, 자연스럽고 재활용 가능한 소재들은 환경친화적인 '그린(green)' 스타일에서 필수적이다. 이런 요소들은 에스티 로더(Estee Lauder) 화장품의 '그린' 브랜드인 오리진(Origin) 브랜드의 제품 라인과 소매 공간에서 찾을 수 있다.

사실주의를 사용해 아이덴티티 창조하기. 추상은 기업 미학에서 지배적이며, 실제로 많은 회사들이 본사 로비에 추상화나 조각들을 배치하기도 한다. 또 어떤 회사들은 자사의 제품 라인이나 문화를 표현하는 데 건물의 내부와 외부 디자인을 활용하기도 한다. 플로리다에 있는 디즈니 사옥은 포스트모던 건축가인 마이클 그레이브(Michael Grave)가 디자인한 것으로, 기업 빌딩과 방문객을 위한 호텔에 이르기까지 이러한 경향이 뚜렷이 나타난다. 이 건축가의 디자인 도안을 보면 애니메이션 건물은 생쥐 모양이고, 입구는 미키마우스가 '판타지아'라는 영화에 쓰고 나온 모자의 3층 형태를 하고 있다. 이는 환상과 경험을 창조하고 대중에게 자사를 배우이자 연기자자로 드러내는 디즈니의 기업 사명에 부합되는 것이다.

스타일의 차원 3: 지각된 움직임

기업과 브랜드가 얼마나 역동적으로 보이기를 원하는가? 사람들은 나이키의 트레이드마크와 로고에 익숙하다. 스타일의 차원으로 분류하자면 나이키 로고는 위에서 말하는 추상적이면서 미니멀한 스타일이라 할 수 있다. 반면 나이키의 경쟁사인 리복의 로고는 원래 영국 국기와 함께 회사명을 블록체로 보여주었는데, 보다 사실주의이면서도 여전히 미니멀한 스타일을 반영한다. 그러나 이 두 로고가 가지는 호소력의 차이는 자명하다. 이것은 세 번째 차원, 즉 움직임의 차원으로 설명할 수 있다. 나이키 로고는 '역동적'으로 보인다. 이 로고의 세련된 곡선은 마치 불어오는 바람을 스냅사진으로 찍은 듯한 움직임을 나타내고 있다. 반면 리복의 로고는 정적으로 보였다. 그러나 사람들은 운동화 디자인에서 역동성을 원하기 때문에 리복도 나이키와 비슷한 날아가는 듯한 곡선 터치 두 가지를 로고에 첨가시켜 보다 역동적인 느낌을 만들어냈다. 90년대 초반 페덱스도 이름과 로고 디자인을 변경하면서 역동성을 추가했다. 새로운 로고는 'E'와 'x' 사이의 빈 공간에 눈에 잘 띄지 않는 화살표가 들어가 있다.

방송 아이덴티티의 형성. 지각된 움직임의 차원은 특별히 기업의 아이덴티티 요소가 움직임이나 동작으로 표현될 때 더욱 중요성을 가진다. 예를 들어 TV 광고 같은 영상물에서 로고들은 움직이는 이미지로 나타나며, 그 기업의 역동적인 성격을 표현하기도 한다. GE

의 로고가 그 예로, 로고 아랫부분에 있는 선이 TV 광고에서는 역동적인 레이저 빔으로 변해서 노출된다. 이와 유사하게 LG 그룹의 로고는 글자의 획들이 친밀한 얼굴 표정을 만들고, 다시 얼굴 표정에 변화를 주는 듯한 효과를 만들어낸다. 느리거나 빠르거나 혹은 정적이거나 역동적인 움직임의 표현과 그에 대한 지각은 신속함과 역동성을 요구하는 서비스 회사에게 더욱 중요하다. 특급운송회사인 DHL의 기업명은 오른쪽으로 약간 기울어져 있는 형태로, 신속함과 속도의 인상을 만들어낸다.

스타일의 차원 4: 강렬성

브랜드나 기업이 얼마나 강력한 모습으로 보이기를 원하는가? 기업이나 브랜드 아이덴티티에 적용되는 강력함의 정도는 어떤 아이덴티티의 인식이 강하고 적극적이며 목소리가 큰지, 혹은 약하고 눈에 띄지 않고 조용한지의 여부에 해당하는 것이다. P&G의 세제인 타이드(Tide)의 포장 디자인은 밝은 오렌지색과 화살 과녁 형태의 디자인을 사용해 요란하면서 강력한 아이덴티티를 만들어낸다. '세일을 하는 회사(bargain companies)'들의 접근법은 대개 과감하고 적극적이다. '사상 최대의 세일!'과 같은 문구나 다른 적극적인 판매 기법들이 인쇄물 광고에서 큰 글씨로 나타나거나 TV 광고에서 크게 외치는 형태로 나타난다. 그러나 고급 제품의 판매 기법은 이와 반대로 대개 부드럽고 잠잠하다.

아이덴티티와 이미지 관리 회사인 리핀코트 앤 마걸리즈(Lippincott & Margulies)는 닛산의 인피니티(Infiniti) 자동차의 조용하고 은근한 우아함이라는 아이덴티티를 성공적으로 구축해 주었다. 닛산이 1990년대 초반 미국 시장에 진입했을 때는 대부분 유럽산인 다른 고급 자동차 업체와의 경쟁에 승부를 걸어야 했다. 이 차는 일본 문화와 장인정신의 결과인 특별한 차라는 포지셔닝을 부여받아, 다른 닛산 자동차 제품들과는 별도로 마케팅되었다. "우리들은 이 접근이 성공하기 위해서는 독특한 스타일과 우아함, 세련됨이 자동차 이름과 전시실의 레이아웃이나 외관, 광고, 홍보 자료와 표지 등에 반영되어야 한다고 생각했다." 인피니티의 로고는 무한성(infinity)을 상징하며, 일본에서 가장 고귀하게 여겨지는 후지산을 연상시켰다. 두 페이지 광고에서는 물과 바위(차 자체가 아니라)를 오른편에 보여줌으로써 왼편에 있는 '고급스러움이란 무엇인가?'에 대한 물음에 선문답 식으로 답한다. 뿐만 아니라 세부적인 것까지도 특별한 주의를 기울였다. 계절별 카드를 아름답고 자연스러운 포장지에 싸서 구매자들에게 보냈다. 이 캠페인은 그 정제된 특성으로 인해 널리 알려졌으며 인피니티 브랜드를 특별한 고급 차로 확립시켰다.

요 약

스타일은 기업이나 브랜드 아이덴티티의 시각적(혹은 청각적, 후각적, 촉각적) 표현이다. 스타일은 전략적 디자인 컨설턴트들과 관리자들이 제공하는 자료를 기초로 디자이너가 창조하는 것이다. 이상적인 스타일은 기업과 브랜드의 내적 자아를 반영하는 것이다. 코카콜라 로고의 밝은 빨간색이나 광고에서 보이는 생기 넘치는 색들은 코카콜라 브랜드의 젊음을 표현한다. 스와치 시계의 다양한 모양과 디스플레이는 패션 지향성을 표현한다. 유나이티드 항공의 음악은 세계적 항공사라는 유나이티드의 포지셔닝을 표현한다. 그러나 스타일만으로는 아이덴티티를 충분히 표현할 수 없다. 내용이 없는 스타일은 단지 '예술을 위한 예술(l'art pour l'art)'일 뿐이다. 스타일이 보다 효과적이기 위해서는 기업이나 브랜드의 내적 자아를 보다 확실하고 직접적으로 표현하는 테마와 결합되어야 한다. 다음 장에서 관리자들이 아이덴티티 계획에 어떻게 테마를 사용할 수 있는지를 다룬다.

05 테 마
Themes

••• 페퍼리지 팜 쿠키 : 특색 있는 컬렉션의 테마[1]

37억 달러 규모의 미국 쿠키 시장은 대부분 나비스코(Nabisco)가 점유하고 있다. 나비스코의 슈퍼마켓 매출 점유율은 거의 50%에 이르며 스낵웰즈(SnackWells), 오레오(Oreo), 칩스 아호이(Chips Ahoy), 피그 뉴튼즈(Fig Newtons)와 같은 브랜드가 주요 역할을 담당하고 있다.

지금까지 페퍼리지 팜(Pepperidge Farm)은 10% 이상의 시장 점유율을 차지한 적이 없었다. 그러나 이 회사의 점유율은 꾸준한 증가세를 보여 왔다. 1986년에는 4%, 1989년에는 6%, 1996년에는 8%를 기록했다. 페퍼리지 팜 쿠키들은 나비스코와는 다른 라벨 방식을 사용한다. 나비스코는 나비스코 칩스 아호이, 나비스코 오레오 등과 같이 공동 브랜드 방식을 취하는 반면, 소비자들이 페퍼리지 팜을 널리 알려져 있는 모기업과 연결하기는 쉽지 않다(페퍼리지 팜은 초콜릿 브랜드인 고디바(Godiva)와 함께 캠벨 수프(Cambell Soup Company)가 소유하고 있다). 그러나 페퍼리지 팜은 독자적인 브랜드이면서도 스스로 '컬렉션'이라고 부르는 네 가지 제품 라인을 고객들에게 인지시키는 데 성공했다.

페퍼리지 팜의 '특색 있는(distinctive) 컬렉션'은 유럽이 가진 이미지에 기반을 둔다. 1994년 6,000만 달러의 판매액을 달성한 이 컬렉션은 '리도(Lido)', '제네바(Geneva)', '보르도(Bordeaux)', '밀라노(Milano)', '브뤼셀(Brussel)'이라는 상표를 가지고 있다. 이 컬렉션은 '오렌지 밀라노(Orange Milano)', '민트 밀라노(Mint Milano)', '밀크 초콜릿 밀라노(Milk Chocolate Milano)', '더블 초콜릿 밀라노(Double Chocolate Milano)'와 같은 제품 라인으로 확장되면서 한층 강화되었다. 제품 라인 확장은 언제나 컬렉션의 핵심 프랜차이즈를 보호하는 방향으로 이루어진다.

이 '특색 있는 컬렉션'의 테마는 쿠키 자체나 광고로도 창조되지만 무엇보다도 구매 시점의 인상과 포장이 가장 핵심적이다. 이 컬렉션의 포장은 쿠키 사진을 유럽 지도에 겹쳐서 배치한다.(그림 5.1) 마치 포장에 나온 지역에서 제작된 '홈메이드 쿠키'인 것처럼 각 쿠키들은 스타일이 서로 다르다. 또한 포장은 각 쿠키 라인의 특징을 표현하는 중심 문구와 이의 변형을 이야기하는 형식으로 이끌어가며 특색 있는 유럽의 테마를 이어간다. 한 예로 민트 브뤼셀(Mint Brussel)의 포장에 나온 글은 다음과 같다.

> 조약돌이 깔린 길을 걸어 가장 좋아하는 유럽식 제과점으로 향한다고 생각해보십시오. 오래된 방식의 과자 굽는 향기가 거리를 채

그림 5.1 페퍼리지 팜의 특색 있는 컬렉션(위) 미국 컬렉션(아래)

움니다. 페퍼리지 팜은 이런 경험을 특색 있는 민트 브뤼셀 쿠키에 담아 가정으로 가져다드립니다. 민트 브뤼셀은 풍부하고 진한 초콜릿과 페퍼민트가 바삭한 쿠키 사이에 들어가 있어 당신에게 맛있고 우아한 경험을 선사할 것입니다. 유럽의 전통과 미국의 독창성이 결합되어 여러분이 매일 즐길 수 있는 훌륭한 쿠키가 만들어집니다.

'옛날식(Old Fashioned)' 컬렉션은 전통, 안정, 집에서 만든 맛과 같은 테마를 활용한다. 이 컬렉션에는 쇼트브레드나 설탕쿠키, 생강과자, 헤이즐넛, 아이리시 오트밀, 오트밀 건포도, 당밀 크리스프, 브라우니 초콜릿 너트 등의 종류가 포함되어 있다. 포장에 들어간 이야기는 "할머니의 쿠키 단지 안에 들어 있던 쿠키를 기억하십니까?"라는 문구로 시작된다.

아주 좋은 재료로 예전부터 전해 내려온 조리법으로 만든 단순하면서도 신선한 쿠키. 씹으면 바삭거리는 쿠키. 페퍼리지 팜은 이런 쿠키를 기억하고 여러분에게 옛 방식의 쿠키를 가져다드립니다. 각각의 쿠키 모두가 옛날식의 맛과 질감이 가득한 몸에 좋은 쿠키입니다. 할머니의 쿠키 단지에서 바로 꺼낸 듯한 쿠키. 페퍼리지 팜은 잊지 않고 있습니다.

'단순한', '건강한', '신선한', '옛날식' 등의 단어는 테마를 선명하게 그려내고 있다. 쿠키의 맛과 질감은 할머니라는 이미지와 추억이라는 테마와 얽혀 있다. 쿠키 이름(Old Fashioned)이나 이야기체의 설명을 읽으면 '페퍼리지 팜은 잊지 않고 있습니다.' 라는 캠페인이 즉시 연상된다. 라벨을 읽을 때면 마치 TV 광고 속의 할아버지의 음성이 우리에게 말하는 것처럼 생각된다.

1980년대에 소프트 쿠키가 페퍼리지 팜의 점유율을 잠식했을 때, 페퍼리지 팜의 전 마케팅 담당 부사장은 "페퍼리지 팜이 고전하고 있다."고 밝혔다. "쿠키 전쟁이 시작되었고 선도 기업들이 격렬하게 싸우고 있다." 페퍼리지 팜은 뉴욕의 컨설팅 회사인 브레인 리저브(Brain Reserve Inc.)를 불러들였다. 이 회사는 '소프트' 열풍에 대한 페퍼리지 팜의 지나친 우려를 잠재우고 부티크(boutique) 쿠키 시장에 참여할 것을 제안했다.

1985년 제품 개발 관리자인 허버트 톨미크(Herbert Tolmich)는 마케팅 부서와 함께 이런 부티크 쿠키를 개발해냈다. 집에서 만든 것 같은 갓 구워낸 쿠키, 쿠키 코너 선반에 놓여 있는 두툼하고 울퉁불퉁한 쿠키가 바로 그것이다. 12가지 개발 모델 가운데 최종적으로 5가지가 선택되었다. 페퍼리지 팜은 이 부티크 쿠키의 개발로 다시 한 번 히트를 쳤다. 이 회사는 이번에는 '미국 컬렉션'이라는 새로운 테마로 또 다른 하드(hard) 쿠키 라인을 개발했다. 이전의 지역적 모티프를 살려 쿠키들은 미국 문화에서 휴양지로서의 아이덴티티를 지니거나 역사적으로 중요한 잘 알려진 지역의 이름이 붙었다. '소살리토(Sausalito)', '낸터켓(Nantucket)', '체사피크(Chesapeake)', '산타페(Santa Fe)', '타호(Tahoe)' 등이다. 이 제품 라인의 1994년 매출액은 5,000만 달러에 이르렀다. 이런 페퍼리지 팜 컬렉션 테마들의 성공은 1995년 『로스엔젤레스 타임스』와 『워싱턴 포스트 뉴스 서비스』의 롭 키프(Rob Kyff)가 '언어 인플레이션(word inflation)'에 관한 기사에 인용했을 때 크게 주목을 받았다.

점점 늘어나는 이러한 컬렉션에 '컬렉션(collection)'을 추가하라. 예를 들어, 페퍼리지 팜의 '낸터켓' 초콜릿 칩 쿠키의 포장을 보면 그것이 평범한 보통 쿠키가 아니라는 것을 알게 된다. 이 쿠키는 '체사피크', '타호', '소살리토'와 함께 페퍼리지 팜의 '미국 컬렉션' 가운데 하나이다. 이 컬렉션이 현대 미술관(아마도 세잔의 배 그림 옆에) 갤러리에 전시될지, 또 어느 날 TV를 켜면 페퍼리지 팜이 새로운 가을 컬렉션을 내놓는 것에 맞춰 쿠키 봉지를 입은 유명 패션모델들이 걸어나오는 것을 보게 될지 궁금하다. 그 가운데 몇몇은 터프한 모델(tough cookies)이라고 한다.

페퍼리지 팜의 철학은 1992년 회사의 관리 이사인 라이딘(Rydin)이 잘 설명하고 있다.

> 우리들은 제과 산업이 성숙된 산업이라고 생각하지 않는다. 우리는 제과 산업에서 시장을 성장시킬 수 있는 기회는 엄청나다고 생각한다. 그리고 우리는 적극적인 접근을 계속할 것이며, 소비자들에게 과자류의 장점을 전달하는 선도적인 입장에 있기를 원한다. 신제품은 이 분야의 생명이며, 신제품을 개발하지 않고는 절대로 성장할 수 없다.

페퍼리지 팜은 이런 철학과 일관되게 '소프트 컬렉션(Soft Baked Collection)'을 개발해냈다. 그리고 최근의 흐름에 부응해 소프트 컬렉션에 저지방 테마를 도입했다. 이 새로운 접근은 기존 테마를 사용하면서 다양한 변화를 주어 지속적인 소프트 쿠키에 대한 선호도를 유지함과 동시에 무지방, 저지방 제품 판매 붐에 동참하도록 했다.

'개별 포장'은 판매 규모는 작지만, 컬렉션 판매의 한 부분으로 지속적으로 유지되고 있다. 개별 포장은 주요 컬렉션들의 제품들을 포함한다. '특색 있는 밀라노(Distinctive Milanos)'는 4개 단위 개별 포장으로, 미국 컬렉션 '소살리토'와 '체사피크', '낸터켓' 쿠키는 2개 단위 개별 포장으로 판매한다. 또 옛날식 종합 컬렉션은 슈거, 초콜릿 칩, 생강과자 쿠키가 들어간 6개의 작은 봉지로 구성된다.

표현적 테마들

페퍼리지 팜이 쿠키 시장에서 보여준 것처럼 일관되고 잘 계획된 테마는 미학의 중요한 요소이다. 이번 장에서는 기업과 브랜드 아이덴티티 맥락에서 테마를 논의한다. 테마란 투사된 아이덴티티의 의미, 내용을 가리키는 것이다. 기업과 브랜드 테마는 디자이너, 광고 제작자, 건축가, 기타 아이덴티티 창조자들이 그 기업과 브랜드의 성격을 표현하기 위해 만들어내는 문화적 기호이자 심벌이다.

기업의 테마는 소비자들의 의식 속에 준거점 역할을 한다. 이런 준거점들은 소비자가 보다 넓은 맥락에서 기업을 인식하고 그것의 포지션을 구별할 수 있도록 한다. 테마는 1) 기업의 핵심 가치나 사명, 또는 브랜드 캐릭터의 원형적 표현으로 사용되는 경우, 2) 오랜 시간을 두고 반복되고 수정되는 경우, 3) 상호 연관된 아이디어들의 체계로 발전되는 경우에 가장 잘 부각될 수 있다.

원형적 이미지로서 테마의 사용

테마는 원형적인 내용을 담고 있다. 심리학자들은 원형(prototype)

을 '한 범주의 가설적이고 가장 전형적인 예'라고 정의한다. 원형은 그 핵심에 특징적인 요소와 성격을 가지고 있다. 동시에 현실의 이상화이며 현실 그 자체는 아니다.

제너럴 밀즈(General Mills)가 75년 이상 사용했던 베티 크로커(Betty Crocker)의 테마 이미지를 생각해보자. 베티 크로커는 미국 식료품 상점에서 가장 유명한 얼굴이자, '미국 백인 중산층, 즉 푸른 눈에 부드러운 피부를 가진 가정주부의 전형'이라고 일컬어진다. 베티 크로커는 뉴욕의 화가 네이서 맥메인(Neysa McMein)이 1936년에 그린 가상의 인물이다. 맥메인은 여러 여성의 모습을 결합시켜 '어머니 같은 이미지'를 만들었다. 최근 제너럴 밀즈는 1996년의 베티의 모습을 재창조하면서 이와 유사한 과정을 거쳤다. 75명의 여성이 선발되었고, 컴퓨터 시뮬레이션으로 새로운 베티 크로커의 원형이 만들어졌다. 제너럴 밀즈의 한 마케팅 관리자는 "베티 크로커는 항상 소비자들의 얼굴을 반영하고 있다."라고 하면서, "우리들은 컴퓨터 이미지들을 이용해 미국의 새로운 소비자들의 얼굴을 담아보았다."라고 말했다.[2] 1989년 도넬리 마케팅(Donnelly Marketing Inc.)이 실시한 소비자 조사에 따르면 베티 크로커는 25세~49세 집단과 50세~64세 집단에서 실제 인물인 월터 크롱카이트(Walter Cronkite)나 빌 코스비(Bill Cosb), 밥 호프(Bob Hope)를 제치고 가장 신뢰받는 제품 보증인으로 꼽혔다.

미국의 슈퍼마켓은 이러한 원형적 이미지들로 가득하다. 베티 크로커 외에도 제마이마 아줌마(Aunt Jamima), 벤 아저씨(Uncle Ben), 필스버리(Pilsbury)의 도우 보이(Dough Boy) 등이 있다.

때때로 이런 원형적 이미지들은 실제 인물에 기초한 것일 수도 있다. 시간이 흐르면서 이런 실제 인물들(예를 들면 회사의 창립자)은 특정한 유형의 인물(예를 들어 '독립적인 사업가' 등)과 동의어가 되고, 결국에는 개인보다는 하나의 원형으로 인식된다. 이와 같은 경우로는 메리 케이 화장품의 메리 케이(Mary Kay), 성공한 가정용 소품 회사의 릴리안 버논(Lillian Vernon), 버진(Virgin) 브랜드의 리처드 브랜슨(Richard Branson), 빌 게이츠, 도널드 트럼프 등이 떠오른다. 패션 산업에서는 샤넬의 아이덴티티(향수, 광고, 스타일 등)에 코코 샤넬(Coco Chanel)의 이미지가 생생하게 존재한다. 소프트웨어 산업에서는 노튼 안티바이러스(Norton AntiVirus)의 노튼 박사가 바이러스 소프트웨어가 컴퓨터에서 작동할 때마다 자신의 사진이 뜨도록 만들어 버린 후 이와 비슷한 길을 걷고 있다.

아이덴티티 회사 거스트만 마이어스(Gerstman+Meyers)가 벌인 조사에서는 토마스 립톤 경(토마스 립톤 티 회사의 설립자)의 모습이 상당한 가치를 가지고 있다는 사실이 밝혀졌다. 이 조사 결과를 바탕으로 새로운 립톤 티(Lipton Tea) 포장에는 토마스 경의 서명 이외에도 그의 모습이 더욱 강조되어 실린다.

전략적으로는 가상의 인물로 한 기업이나 제품을 나타내는 것이 실제 소비자나 유명인을 내세우는 테마적 표현보다 유리한 점이 많다. 원형은 포괄적인 상징이므로 보다 광범위한 호소력을 가질 수 있으며, 소비자들 사이에서도 실제 인물보다 더 친근감을 갖게 해준다. 게다가 이런 가상의 인물은 실제적인 삶을 살지 않는다. 다시 말해 실제 인물은 대중의 심판을 받을 가능성이 있지만, 가상 인물은 그러한 구속을 받지 않는다. 실제 인물을 내세우는 것의 위험을 가장 잘 보여주는 예로는 허츠 렌터카(Hertz's Rent-a-Car)가 O. J. 심슨을 사용한 광고를 들 수 있다. 이 회사는 심슨의 살인 사건으로 곤란한 상황에 처하게 되었다.

테마의 반복과 수정

테마가 소비자의 마음에 기억되기 위해서는 반복이 필요하다. 자주 반복되는 원형적 표현은 소비자의 기억에 빨리 새겨질 수 있다. '확산적 활성화' 이론은 심리학이나 소비자 행동 연구의 기억 이론 가운데 가장 대표적인 이론이다. 확산적 활성화 이론에서는 개념들을 사람의 마음속에 있는 연상 네트워크의 노드(node)와 같은 것이라고 설명한다. 여기서 경로에 의해 대표되는 연상들의 강도는 다양하다. 이 이론에 따르면 어떤 한 사람이 하나의 개념을 생각할 때, 이 생각은 네트워크에 있는 그 개념에 관한 노드를 활성화시키고 이 노드가 차례로 다른 노드를 활성화시키게 된다는 것이다. 이것이 반복되면 경로가 활성화되어 하나의 노드(예를 들면 브랜드명)가 네트워크의 다른 개념을 쉽게 연상시키게 된다. 특히 그것이 다수의 연상을 불러일으키는 테마를 반영하고 있다면 그 경향은 더할 것이다.

표 5.1은 앱솔루트 보드카의 연상 네트워크를 나타낸다. 앱솔루트 광고를 다수 시청한 사람들은 앱솔루트 브랜드를 이 브랜드의 제품 범주인 보드카, 세련된 병 모양, 특징적인 광고와 바로 연결한다.

제품 범주인 '보드카'는 차례로 레몬과(많은 경우, 보드카는 레몬이 함께 제공된다.) 순수하고 수정같이 투명한 술을 연상시키고, 다른 브랜드(예를 들어 러시아 이름을 가진 미국산 보드카 스미노프)들을 연상시킨다. 직접적(병의 형태) 혹은 간접적(보드카라는 제품 범주)으로 이런 소비자의 기억이 유발되면 연상들은 네트워크 전체로 확산되고 지속적으로 앱솔루트의 핵심 연상들을 강화시킨다.

테마의 효과를 극대화하기 위해서는 시간의 흐름에 따라 테마를 수정해주는 것이 매우 중요하다. 베티 크로커는 변화하는 패션이나 미국 사회에서 점차 발전하는 여성의 역할에 맞춰나가기 위해 여러

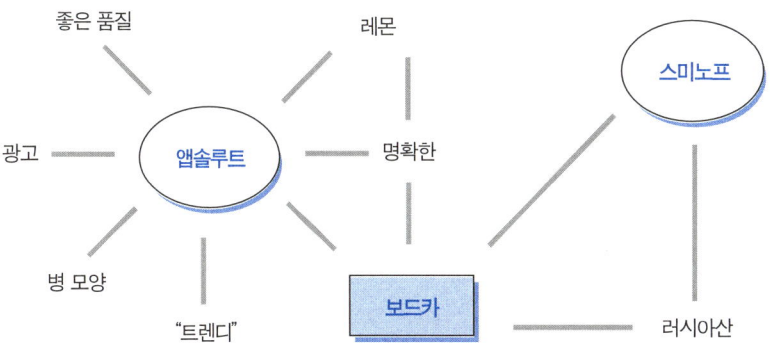

표 5.1 앱솔루트의 연상 네트워크

번의 변신 과정을 거쳤다. 1955년 그녀는 처음으로 미소를 지었다. 1965년에는 흰색 칼라가 진주 목걸이로 바뀌었다. 1972년에 그녀는 정장을 입은 직업 여성이 되었고, 1986년에는 타이를 맨 성공한 전문직 여성으로 변신했다. 코카콜라는 항상 테마 접근법을 이용해 코카콜라를 행복과 재미라는 개념과 연관지어 왔다. 그러나 코카콜라도 핵심 내용을 유지하면서 때때로 변화를 주었다. 1960년대와 1970년대 초반의 코카콜라 광고에서는 여러 나라의 히피들이 '나는 세상의 모든 이에게 코크를 사주고 싶다'라고 노래하는 모습을 보였는데, 그 노래는 보편적인 형제애를 상징하는 것이었다. 1990년대에는 더 이상 히피와 연결되는 흔적은 찾아보기 힘들어졌다. 그나마 '평화, 사랑, 그리고 기쁨(peace, love, and joy)'이라는 한 세대 전의 테마와 가장 가까운 것으로 '코크와 미소(Coke and a smile)'를 들 수 있을 뿐이다.

그림 5.2 테마의 수정: 1965년과 1996년의 베티 크로커

상호 연관된 아이디어 체계로서 테마

 이상적인 측면에서 볼 때, 테마는 상호 연관된 아이디어들의 조직적인 체계로 이루어져야 한다. 그래야만 연상 네트워크가 풍부해지고, 더 높은 회상률과 정교화를 이끌어낸다. 페퍼리지 팜 컬렉션들은 일련의 연상들을 창출했고, 이런 연상들은 나아가 일련의 제품군들을 형성했다. 캐세이 퍼시픽 역시 '아시아의 중심' 테마(1장 참조)에서, 노출하는 메시지(목적지, 금연 비행기, 연결 편, 판촉, 스폰서 등)와 상관없이 아시아 지역의 역동성을 표현하는 붓자국(brushstroke) 표현은 지속적으로 유지된다. 앱솔루트 역시 치밀하게 상호 연관된 아이디어 체계를 사용하고 있다. 먼저 '앱솔루트는 유행을 앞서가는 보드카'라는 큰 테마를 만들고, 이 테마를 중심으로 관련되는 하위 테마(sub theme), 즉 예를 들어 도시 테마, 계절 테마, 그 밖의 다른 테마들을 만들었다. 이런 하위 테마들은 보다 구체적인 범주로 세분되

며, 시기에 따라서 변화할 수도 있다. 예를 들어 크리스마스 테마는 그 계절의 분위기에 맞추어 크리스마스 캐럴을 연주하는 디스크로부터 도나 카란의 판촉용 장갑까지 여러 가지로 구체화될 수 있다. 범주화는 이런 하위 테마들로 더욱 정교해질 수 있다. 예를 들어 도시 테마 하위에는 미국 도시 캠페인과 유럽 도시 캠페인이 있는 것이다.

미학을 통한 테마 창출의 3단계

경영자들을 테마 창출에 관해 다음의 세 가지 전략적 질문을 던져야 한다.

1. 기업이나 브랜드의 어떤 특성이 표현되어야 하는가?
2. 테마의 원천은 어디인가?
3. 테마가 어떤 방식으로 제시되어야 하는가?

이런 질문들은 표 5.2에 나타난 바와 같이 위의 세 가지 전략적 질문들을 테마 관리의 3단계 틀로서 보여준다. 즉, 위에 제시된 세 가지 전략적 질문에 답하기 위해서는 다음의 세 가지 단계가 요구된다.

1. 회사, 고객, 경쟁사 등의 내부 및 외부 환경을 분석해 그 핵심 요소를 찾아내야 한다. 이런 분석은 테마 창출에서 회사가 가진 기회와 제약을 규명한다.
2. 한 문화 내의 다양한 영역에서 풍부한 테마의 원천을 찾아보아야 한다. 특정한 영역(종교, 정치, 역사, 패션 등)을 분석함으로써 관리자들은

보다 쉽게 적절한 테마 내용을 찾을 수 있다.
3. 회사명, 심벌, 슬로건/노래, 내러티브, 컨셉 혹은 이들의 조합 가운데 어느 부분에 기업의 테마가 구현되어야 하는지를 고려해야 한다.

다음 부분에서는 테마 창출의 세 가지 핵심 단계들을 각각 살펴보겠다. 그리고 마지막으로는 테마 선정에서의 전략적 문제들에 대해 이야기하기로 하겠다.

1단계 : 기업, 고객, 경쟁사의 분석

테마를 창출하는 데 있어서 가장 우선적으로 해야 할 것은 기업, 고객, 경쟁사의 세 가지 영역에 대한 철저한 분석을 실시하는 것이다. 이것은 가장 복잡한 과제이기도 하다.

기 업

테마를 선정할 때는 기업에 관한 심도 있는 조사를 진행해야 한다. 다음의 다섯 가지 측면들이 테마와 관련해 분석해야 할 영역이다.

- 기업의 사명, 비전, 사업 목표, 전략
- 기업의 핵심 역량(core capabilities)
- 기업의 전통
- 기업과 브랜드의 개성
- 기업의 가치 체계

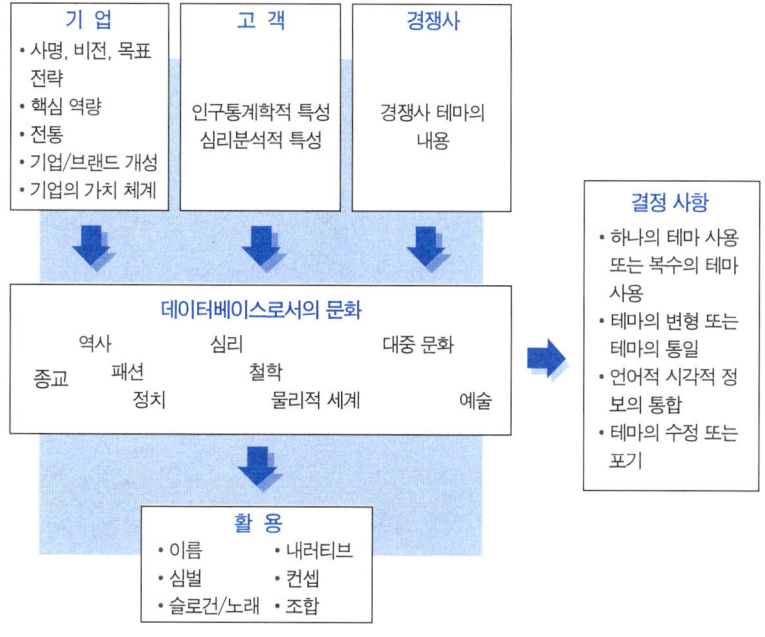

표 5.2 테마 관리의 3단계 개념틀

이 다섯 가지 측면은 기업의 아이덴티티를 표현하는 테마의 근원으로서 면밀히 고려되어야 한다. 기업의 사명을 제외한다면 이 다섯 가지 측면들은 브랜드 아이덴티티에도 적용될 수 있다.

기업의 사명, 비전, 사업 목표, 전략. 한 기업의 사명은 그 기업이 존재하는 핵심 목적을 설명하는 것이라고 볼 수 있다. 다시 말해, 사명은 그 기업이 고객에게 어떤 가치를 제공하며 왜 존재하는가를 설명한다. 반면에 비전은 미래지향적이다. 즉, 기업의 지향점은 어디이고 기업이 이루고자 하는 것은 무엇이며, 그 구체적인 계획은 무엇인가를 밝히는 것이다. 사명과 비전은 두 가지 모두 명확하고 적절해야 하며, 방향을 제시해야 한다. 사실 사명과 비전은 포괄적인 것이어서 하나의 테마로 나타내기는 상당히 어려운 일이다. 아마도 예외가 있다면 (시각과 음악의) 분명한 미학을 통해 사명이나 비전을 구체적으로 표현할 수 있는 기업 광고의 경우뿐일 것이다. 아처 다니엘스 미들랜드(Archer Daniels Midland)의 '전 세계에 슈퍼마켓을'과 GE의 '우리는 삶을 풍요롭게 합니다(We bring good things to life)'와 같은 캠페인은 사명과 비전을 담고 있는 좋은 예이다.

사명과 비전은 사업 목표와 전략으로 연결된다. 사업 목표와 전략은 보다 구체적이고 측정 가능하며, 대개 단기간 내에 성취 가능한 것들이다. 따라서 사업 목표와 전략은 기업 사명과 비전에 초점을 주며 기업의 테마를 명확하게 표현할 수 있게 한다. 예를 들어 포드 자동차(Ford Motor Company)는 세계에서 제일가는 자동차 기업이 되고자 하는 목표를 담은 '포드2000'을 발표했다. 이런 목표를 구체적으로 고객들과 종업원들에게 전달하기 위해 기업 광고에서는 목표 달성을 위한 전략적 개념들이 여러 다른 테마들로 표현되었다. '우리의 최우선 임무는 품질'이라는 기업 광고 캠페인은 서로 다른 목표들을 묘사한다. TV와 인쇄물 광고에서는 '우리의 최우선 임무는 품질'이라는 슬로건 옆에 포드의 근로자와 디자이너, 엔지니어들을 보여주면서 '책임감 있는 종업원 테마'를 묘사했다. 그 밖의 광고에서는 '하이테크 테마'를 사용해 포드 자동차를 디자인과 제조를 통합하는 첨단 기술 면에서 세계 제일의 자동차 기업으로 묘사했다.

기업의 핵심 역량. 핵심 역량은 모방이나 복제가 힘든 전략적 자산이다. 이 핵심 역량은 기업 문화, 평판, 자본 자산, 직원 생산성 및 사기, 정보 시스템, 경영진, 연구개발, 제조, 지적 자산, 마케팅, 판매 등에서 기업이 지니는 강점을 포함한다. 핵심 역량은 '고정적 자산(sticky asset)'으로 불리며 그 기업의 전통을 반영하나, 미래에 있을 기회를 제한할 가능성도 가진다. 예를 들어 애플 컴퓨터의 핵심 역량은 다음과 같다.

> 무엇보다 혁신을 들 수 있다. 애플은 제품 디자인, 제조, 광고에 이르기까지 항상 고도의 창조성을 발휘해 왔다. 제품 디자인에서는 마우스와 아이콘이 그 시발점이었고, 매킨토시의 외관이 지닌 느낌은 마이크로소프트 윈도우즈가 모방을 시도할 정도이다. 애플 제품의 편리한 작업 방식, 단순한 시작 기능은 개인용 컴퓨터 시장에서 커다란 성과를 가져다주었다. 1980년대 중반 애플은 광고상을 수상한 TV 광고를 통해 새로운 '맥(Mac)'을 선전했다.[3]

애플 컴퓨터에게 '사용자 친화성'의 테마는, 무지갯빛 로고와 친근한 사운드, 매킨토시 컴퓨터의 시동 화면에 떠오르는 미소 짓는 얼굴, 기술적이지 않고 손쉬운 아이콘 기반의 프로그램 작동에서 모두 나타난다. 또한 애플 로고는 성서적 테마를 미묘하게 암시하고 있는데, 사과의 베어 먹은 자국은 이브가 베어 먹은 선악과 열매를 연상시킨다. 그리고 애플의 독창적인 광고는 IBM을 맹목적으로 뒤따르며 기술 용어로 가득한 매뉴얼을 이리저리 뒤지고 있는 경직되고 비효율적인 기업들을 풍자적으로 놀려댔다. 이렇게 생동적인 테마가 미학적 측면에서 구현되었음에도, 소비자들의 기호는 무척 예측하기 어려운 것이었다. 한 산업 분석가의 설명에 따르면, 애플은 마이크로소프트의 압도적 지배로 흘러가게 되는 운영 시스템의 거대한 흐름을 제대로 간파하지 못했다. 1995년까지 애플의 핵심 역량은 경쟁사들에 의해서 모방되었고, 애플에게 주어진 미래의 기회는 상당히 한정적인 것으로 보였다. 아이러니하게도 이러한 현상은 또 다른 테마의 발생으로 이어졌다. 그것은 『비즈니스위크』에서도 커버로 소개되었듯이, '미국 아이콘의 몰락'이라는 테마였다.

기업의 전통. 기업의 전통을 표현하기 위해 테마가 선택될 수 있다. 한 기업의 전통은 그 기업이 유지하고자 하는 과거의 긍정적인 부분이다. 메르세데스 벤츠는 최근 북미 지역에서 '차세대 E-클래스'를 출시하면서 테마를 가진 전통을 표현하는 접근을 시도했다. 이 기업은 새로운 고급 승용차를 벤츠가 지닌 전통과 연결하기 위해 두 쪽으로 구성된 광고에서 왼편에는 벤츠의 역사 깊은 모델 6대를, 오른편에는 신형 E-클래스를 보여주었다. 그 자체로서 이 기업의 전통인 '고급성'과의 계속적인 연상을 강화하기 위해 이 6가지 자동차들은 여러 시대의 유명 배우(빙 크로스비, 율 브리너, 마를레네 디트리히, 게리 쿠퍼, 에롤 플린, 클라크 게이블)들의 흑백 사진과 함께 등장한다.

웨스팅하우스(Westinghouse)의 자회사인 놀(Knoll)은 사무용 가구 회사로, 의자, 책상에서부터 각종 직물 제품과 벽 커버까지 공급한다. 1938년에 이 회사는 한스 놀(Hans Knoll)과 플로렌스 놀(Florence Knoll)이 현대 기술을 사용해 사람과 기업이 보다 효율적으로 업무를 수행할 수 있도록 한다는 아이디어로 설립했다. 오늘날 놀의 제품들은 미니멀한 바우하우스 운동과 모더니즘의 전통이 반영되어 있다. (바우하우스 운동은 1920년대 독일에서 나타났는데, 단순하고 기능적이면서 내구성 있는 대중 가구를 최신 기술로 제작한다는 원칙을 가지고 있다.) 놀은 아직도 '형태는 기능을 따른다(Form follows function)'는 바우하우스의 전통을 따른다.

시간을 초월한 사무용 가구에 대한 놀의 고집과 전통은 바우하우스 풍의 로고와 유명 디자인 회사 셔메이프 앤 가이스마(Chermayeff & Geismar Inc.)가 디자인한 미니멀한 단색 화법의 브로셔, 그리고 놀을 대표하는 기업 테마 '전 세계에 정보화된 업무 공간을 제공합니다(Delivering intelligent workspaces worldwide)'에서 드러난다. 놀의 테마는 '최선을 다해 일하고 즐길 수 있는 환경에 대한 사람들의 다양한 욕구를 만족시키는 공간'을 약속한다. 다시 말해, 바우하우스 운동의 전통을 따르는 이 첨단의 사무 공간은 '회사와 직원들에 맞추어지고, 업무 과정을 지원하며, 기술을 통합하고 오래 가도록 디자인 된다.'[4]

기업 또는 브랜드의 개성. 브랜드 개성은 다음과 같이 정의되어 왔다. "특정 브랜드와 연관된 인간적 특성의 집합. 특히, 브랜드는 인구통계학(연령, 성, 사회 계층, 인종), 생활양식(활동, 취미, 의견) 또는 인간 성격의 특징(외향성, 쾌할함, 의존성)으로 기술될 수 있다."[5] 이와 유사하게 고객들은 특정한 인간적 특성을 기업과 연관시킬 수 있다.

브랜드 개성에 관한 최근 연구에 따르면 브랜드에 '진실한, 흥미로운, 능력 있는, 세련된, 거친'이라는 다섯 가지 개성의 기본 요소가 있다고 한다. 예를 들면 캠벨(Campbell), 홀마크(Hallmark), 코닥은 '진실함'에서, 포르셰와 앱솔루트, 베네통은 '흥미'에서, 아메리칸 익스프레스, CNN, IBM은 '능력'에서, 렉서스와 메르세데스, 레블론은 '세련됨'에서, 리바이스와 말보로, 나이키는 '거침'에서 높은 점수를 얻었다.

그런가 하면 AT&T는 마케팅 커뮤니케이션 전반에 걸쳐 단일한 포지셔닝을 확립했다. AT&T는 모든 고객에게 AT&T를 가장 친절한 서비스와 유용한 기술을 제공하는 회사, 즉 가장 신뢰할 만한 회사라는 인식을 주려고 한다. 이를 위해 대중을 대상으로 하는 모든 커뮤니케이션의 어조와 태도를 결정하는 AT&T 개성의 속성들이 정의되었다. AT&T는 회사와 회사의 서비스가 믿을만 하고 도덕적이며 고도의 기술을 갖춘 것으로 보여지기를 희망했다. 또한 가치를 제공하고 고객을 배려하고 고객에 반응하는 회사, 그리고 경쟁적이고 현대적이며 역동적이고 혁신적인 회사로 비춰지기를 바랐다. 다시 말해, AT&T는 앞서 언급된 다섯 가지 개성의 요소들 가운데 두 가지 차원, 즉 '능력'과 '진실함'을 반영하는 것으로 자사를 포지셔닝하고 있다.

AT&T의 하위 사업부들은 각자 특정한 속성들을 강조하는 것이 허용되었다. 그러나 모든 커뮤니케이션은 전체적인 회사의 포지셔닝 틀 안에서 이루어져야 한다. 테마들은 다양한 미학적 요소들로 연결된다. 지구 모양의 이 회사 심벌은 삼차원 구형으로 위에서 아래로 빛이 비치는 모습이다. AT&T의 기업 테마 문구인 '올바른 선택(The right choice)'이나 '당신의 진정한 목소리(Your true voice)'는 고객들에게 AT&T의 품질(능력)과 신뢰성(진실함)을 확신시켜주는 것이다. '손을 뻗어 누군가와 접촉하세요(Reach out and touch someone)'라는 슬로건은 회사 이미지의 정서적이고 개인적인 측면을 강화한다. 이런 테마 문구나 슬로건은 AT&T 아이덴티티의 핵심 테마를 표현하므로 이의 사용을 관리하는 엄격한 가이드라인이 규정되어 있다. 테마 문구는 인쇄나 TV 광고에 로고와 함께 등장한다. 슬로건은 반드시 TV 광고에서 로고와 테마 문구가 나오기 전에 음성적으로나 시각적으로 등장한다. 테마 문구나 'AT&T'는 소비자가 광고에서 가장 마지막으로 듣는 정보가 된다.[6]

가치. 가치란 기업이 최종 목표(최종적 가치)와 행동 양식(수단적 가치)과 관련해 수행해야 하는 것에 관한 비교적 확고한 믿음이다.[7] 기업의 가치는 일정한 기업 문화에서 생겨난다. 예를 들어 메릴 린치(Merrill Lynch)는 고객 우선, 개인에 대한 존경, 팀워크, 책임감 있는 시민의식, 진실성이라는 원칙을 견지한다. 메릴 린치는 이러한 원칙들이 전 세계 35개국에서 행동 방향을 정해준다고 말한다.

회사의 가치는 궁극적으로 고객에게 편익을 제공하도록 고안된 것이므로 고객들이 느끼는 가치의 성격을 살펴보는 것이 유용할 것이다. 그러한 특성에는 효율성, 즐거움, 우수성, 아름다움, 지위, 책임감, 존경(esteem), 영성(spirituality)이 있는데, 이 여덟 가지 특성은 일반적인 상징을 통해 테마로 전환될 수 있다. 자동차 업계의 광고를 살펴보면 각각의 범주에 맞는 광고 유형을 볼 수 있다. 예를 들어 소형 세단들은 대개의 경우 '효율성'이라는 테마를 사용해 비용과 연료 효율성, 편리함 등에 초점을 맞춘다. 폭스바겐은 비틀(Beetle), 그리고 후에는 '운전의 즐거움'이라는 캠페인에서 '즐거움과 재미'를 강조한 테마를 사용했다. 렉서스는 '끊임없는 완벽의 추구'라는 캠페인에서 '우수성'을 테마로 사용했다. 또 재규어는 주 테마로 '아름다움'을 사용했으며, 롤스로이스, 링컨, 캐딜락, 벤츠는 차를 성공의 상징으로 마케팅하면서 '지위'라는 테마를 사용했다. 이 외에도 강조하는 테마들은 다양하다. 볼보는 안전을 강조하는 광고에서 '윤리와 책임감'을 테마로 사용하고 있고, 도요타와 포드는 좋은 평판을 기반으로 '존경'이라는 테마를 사용한다. 닛산의 고급차 브랜드 인피니티는 '영성'을 테마로 사용한다.

요약하면 한 회사의 내부적·외부적 환경 요소들, 즉 사명, 비전, 목표, 전략, 핵심 능력, 전통, 기업과 브랜드의 개성, 가치 등은 효과적인 테마의 원천이 될 수 있다. 경영자들은 위에 열거한 기업이나 브랜드 아이덴티티의 여러 측면 가운데 취사선택해 고객에게 맞는 테마를 개발할 수 있는 능력을 갖추어야 한다.

고 객

적절한 테마를 창조하기 위해서는 고객의 인구통계학적 특성(연령, 성별, 주거지, 인종, 국적)뿐만 아니라 심리적 특성(태도, 가치, 개성, 생활 양식)을 충분히 고려해야 한다. 예를 들면 고객의 연령은 특정한 테마를 선호하거나 배제하는 데 사용될 수 있는 중요한 변수가 된다. 아이덴티티 캠페인은 표적 집단이 십대인가 아니면 성인이나 노년층인가에 따라서 다른 이미지를 필요로 할 것이다. 조 카멜(Joe Camel)은 아이들에게, 말보로 맨(Marlboro Man)은 성인에게 호소력을 가질 것이다. 같은 원리가 성, 인종, 국적과 같은 다른 범주에도 적용된다. 또한 각 범주의 요소들이 각각의 독특한 상징을 지니고 하위 문화를 형성하게 된다.

기업 내의 의사 결정 서열이나 기업의 유형 자체도 기업간 거래의 테마 마케팅에서의 적절한 인구통계학적 특징들 가운데 하나가 될 것이다. 많은 브랜드 제품들은 특정 지위의 사람들이 자신의 성취와 전문성을 표현하도록 해준다. 또한 같은 원리가 여러 유형의 비즈니스에 적용된다(예를 들어 '창의적인' 비즈니스, '기술 중심의' 비즈니스).

고객에 대한 충분한 고려의 부족은 역효과를 가져올 수 있다. 베네통의 고객들과 프랜차이즈 매장들은 정치적으로 또 미학적으로 논쟁의 대상이 된 이 회사의 광고 테마 때문에 혼란을 겪었다. 이 광고에는 에이즈 환자, 갓 태어난 아기, '유나이티드 컬러 오브 베네통(United Colors of Benetton)'을 표현하는 여러 가지 색깔의 콘돔 등이 등장한다. 고객들은 이런 불편하고 충격적인 이미지들이 옷과 무슨 상관이 있는지 이해하지 못했다. 독일에서는 베네통의 프랜차이즈 업자들이 판매에 부정적인 영향을 끼쳤다며 베네통을 고소하는 사태까지 벌어졌다. 한편 베네통에서는 『컬러즈(Colors)』라는 잡지를 만들기 시작했는데, 이 잡지는 정치 성향의 사진 에세이에 많은 부분을 할애한다. 어쨌든 CEO인 루치아노 베네통(Luciano Benetton)이 1996년 11월 콜럼비아 경영대학원에서 설명했던 바와 같이, 베네통의 충격적인 광고 캠페인은 여러 나라에서 동시에 사용되는 일관된 마케팅 전략의 일부였고 나아가 잡지에도 실릴 것이었다.

경쟁사

유사한 상징이나 비슷한 문구, 혹은 메시지를 사용하는 비교 광고를 통해 테마는 경쟁사와 대응되는 적극적인 포지셔닝을 가능하게 한다. 이런 현상은 콜라 전쟁과 AT&T와 MCI 간에 벌어진 것과 같은 통신 업계의 가격 전쟁뿐만 아니라 항공사, 렌터카, 두통약 등 다양한 산업에서 일어난다.

한 회사의 제품을 효과적으로 포지셔닝하기 위해서는 해당 제품의 경쟁자들이 사용하는 테마를 평가하는 일이 필수적이다. 특히 경쟁사들이 선점한 테마를 파악하고 분석하는 것이 가장 핵심적인 업무이다. 여러 연구에 따르면 선도적인 회사들은 소비자의 마음을 선점함으로써 엄청난 우위를 누리며 보다 높은 시장 점유율을 누린다고 한다. 이런 경우 공정 거래법을 위반하지 않는 범위 내에서만 경쟁사들의 모방이 가능하다. 원형적 테마는 그 범주와 밀접하게 연결된 이름이나 심벌에 구현될 수 있다. 예를 들어 메릴 린치(Merrill Lynch)의 황소는 '불 마켓(bull market)'이 우량한 시장을 의미하고, '황소 같

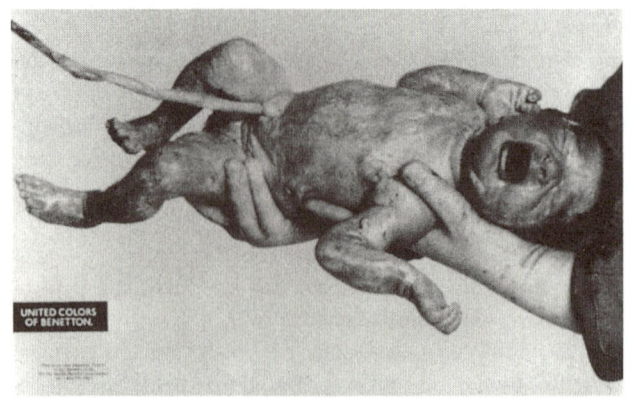

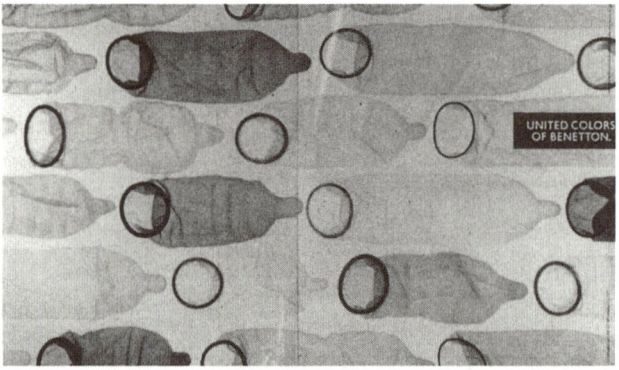

그림 5.3 베네통 광고: 탄생, 콘돔, 천사/악마

다(bullish)'는 표현이 공격적인 투자 자세를 의미하는 이유로 금융 업계에서 가장 좋은 심벌 중의 하나이다. 다시 말하면 해당 산업에서 가장 우수한 심벌을 선점함으로써 다른 경쟁사들이 사용할 수 있는 시각적 심벌을 제한했던 것이다. 드레이퓌스(Dreyfus)라는 회사만이 유사한 심벌을 사용했는데, '당신의 왕국을 지배하세요(Rule your Kingdom)'라는 캠페인에서 사용된 사자가 그것이다.

2단계 : 풍부한 테마 내용의 발견

이제까지는 기업이 테마 속에서 표현하고자 하는 아이디어의 원천으로서 기업의 내부적·외부적 환경을 살펴보았다. 이제는 두 번째 질문으로 넘어가야 할 때이다. 테마는 어디에서 나올 수 있는가? 우리를 둘러싼 문화는 테마를 끌어낼 수 있는 풍부한 자료들을 포함하고 있다.

고객들을 일종의 인류학적 시스템의 한 부분으로 파악하는 소비자 조사를 수행하는 사람들은 새로운 아이디어가 개인에게까지 전달되는 절차를 설명한다. 이들은 아이디어들이 문화로부터 제품/회사로, 결국에는 개인에게 이동한다고 본다. 디자이너, 생산자, 광고 담당자, 그리고 소비자들은 개인적으로든 집단의 형태로든 사회적 세계에 존재하는 여러 장소들 사이에 문화적 의미를 옮기는 사람들이다. 가장 전형적인 시나리오는 하나의 문화적 의미는 특정 문화적 상황으로부터 나와 소비자에게 밀착된다는 것이다. 이후 그 의미는 대상 그 자체에서 개개인의 소비자에게 옮겨갈 수 있는 것이다.[8]

일반적으로 테마의 원천은 다음의 다섯 가지 문화적 영역으로 나누어 설명할 수 있다.

- 물리적 세계
- 철학적/심리학적 개념
- 종교, 정치, 역사
- 예술
- 패션과 대중 문화

물리적 세계는 풍부한 이미지 레퍼토리의 시발점이 된다. 여기에는 우리가 주변에서 볼 수 있는 모든 것, 즉 동물과 인간으로부터 인간이 만든 건물이나 길과 같은 대상이 포함된다. 예를 들어 크로스(Cross) 펜 회사의 '라피스 라줄리(lapis lazuli)' 테마는 크로스펜 제품 라인에 들어 있는 라피스 라줄리라는 짙은 청색 원석의 역사와 물리적 특성에 기반을 둔 것이다. 광고에서는 "한때 왕을 위해서만 쓰였던 라피스가 이제는 당신에게 품격을 가져다줍니다."라고 말하고, "중세 시대에 '청색의 금(Blue Gold)'이라고 알려졌던 순수 라피스는 세계의 오지에서 소량만 채굴됩니다."라고 표현했다. 이 광고는 이 보석을 통해 희귀성, 아름다움, 이국적인 느낌, 그리고 역사적 중요성이라는 아우라를 창조했다.

철학은 시간과 공간, 논리, 존재, 도덕성과 같은 일반적인 개념을 제공한다. 시간과 공간은 페퍼리지 팜 쿠키 캠페인에서와 같이 테마의 원천이 될 수 있다. 할머니의 부엌이나 옛날 유럽 도시들이 가진 지나간 시간의 이미지들을 통해서이다. 1990년대 초반 스위스 항공(Swiss air)은 '시간은 모든 것(Time is everything)'이라는 테마를 창조했다. 스위스 항공은 '시간과 움직임(Time and Motion)'이라는 광고 캠페인과 미술 전시를 통해 아방가르드적이고 고도로 추상적인 사진과 예술 작품들을 보여주었는데, 이들은 시간의 경과, 현재와 미래, 시간의 귀중함, 자원으로서의 시간 등을 암시하는 것들이었다. 이것은 또한 항공사의 미래적 이미지와 함께 현대적 서비스를 전달하도록 마련된 것이기도 했다.

종교와 정치, 역사는 신화, 가치, 관습, 힘에 대한 생각과 현재의 상황을 판단할 수 있는 준거점으로서의 역사적 예들을 제공한다. 헤브루 내셔널(Hebrew National) 육가공 회사는 회사의 높은 수준의 검사 기준을 나타내는 테마를 광고에서 표현하면서, 종교적이면서 역사적인 요소를 도입했다. 이 광고에서는 엉클 샘(Uncle Sam)이 하늘을 우러러보며 정결한 핫도그를 위한 원료를 승인해줄 것인지를 묻는 모습을 보여준다. 필립 모리스와 미국 광고 협회(American Advertising Association)는 광고에서 '선택할 권리(right-to-choose)'라는 개념을 사용했다.

예술은 시각적·청각적 데이터베이스를 제공한다. 이런 시각적·청각적 자료들은 새로운 인물들이나 스타일을 만들어내기 위한 것일 수도 있고, 또는 기존의 역사적 인물이나 스타일을 재창출하기 위한 것일 수도 있다.

언어는 우리가 문화적 데이터베이스의 정보에 접근할 때 사용하는 중재자 내지 소프트웨어라고 볼 수도 있고, 종종 그 자체가 테마를 제안하기도 한다. 예를 들어 언어적·시각적 퍼즐이 하나의 테마를 표현할 수 있으며, 실질적으로 퍼즐 자체가 테마가 되는 수준에 이른다. 예를 들어 몇 년 전 벨기에의 사베나 항공(Sabena Airlines)은 행선지를 내용으로 하는 광고에서 양배추(Brussels sprouts)와 커다란 사과(big apple)를 실은 사진을 보여줌으로써 크리에이티브 광고상을 수상했다. 나이넥스 옐로우 페이지(NYNEX Yellow Pages)는 재치 있는 시각적 익살을 가지고 전체 캠페인을 만들어냈다. 3장에서도 다루었듯이 1980년대 IBM 미디어 그룹은 폴 랜드(Paul Rand)가 디자인한 잘 알려진 IBM 로고 디자인으로 시각적 익살을 선보였다. 여기에는 눈(眼: '아이'로 발음)과 꿀벌('비'라고 발음), 그리고 알파벳 M('엠'이라고 발음)의 추상적 그림이 등장한다. 이 모든 예들은 아이디어를 생성하는 데 관여하는 다수의 영역들을 보여준다. 언어는 이 모두를 통합해서, 우리 지각의 서로 다른 단계에 현명하게 호소할 수 있는 독특한 이미지의 원천이 된다.

3단계 : 미학을 통해 테마를 표현하는 방식

테마를 창조할 때 가장 마지막 과제는 기업이나 브랜드 아이덴티티를 담은 테마를 어떻게 잘 표현하는가를 결정하는 것이다. 테마는 다음의 다양한 방법으로 표현될 수 있다.(표 5.3)

- 기업명이나 브랜드명
- 심벌
- 내러티브
- 슬로건이나 노래
- 컨셉
- 상기 요소들의 조합

테마 표현의 각 유형은 대중의 특정한 반응을 유도하며, 다양한 목

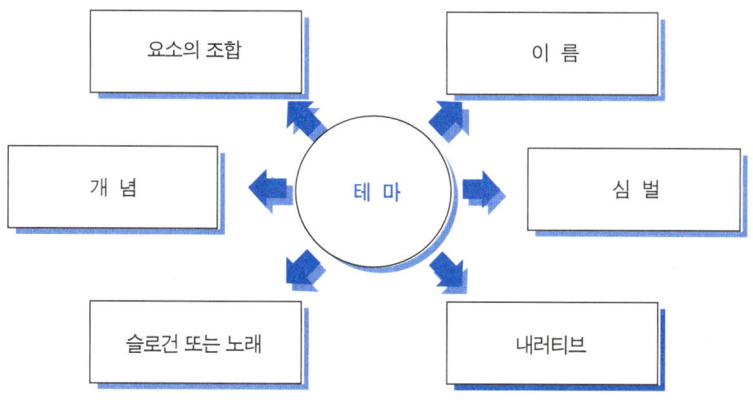

표 5.3 **테마의 표현**

표를 성취하기 위해 사용될 수 있다. 회사명이나 브랜드명은 식별 라벨을 창조할 수 있고 심벌은 아이콘으로 전환될 수 있으며, 슬로건과 노래는 모토로서 기억될 수 있고, 내러티브는 이야기처럼 구전될 수 있다. 그리고 이런 요소들을 함께 사용함으로써 복합적인 개념을 표현할 수 있다.

이름으로서의 테마

마케팅 연구자들은 광범위한 제품, 산업, 언어에 걸쳐 여러 가지 이름들을 검토함으로써 우수한 회사명이나 브랜드명의 주요 특징들을 규명해냈다. 이 연구에 따르면 좋은 이름은 짧고 기억이 잘 되어야 하며 제품(회사) 및 혜택에 관해 어느 정도 설명해야 한다. 또한 발음하고 쓰기에도 쉬워야 하며, 이상적으로는 전 세계적으로 사용할 수 있어야 한다. 실제 대부분의 회사명이나 브랜드명이 이런 특성을 보유하고 있지 못하지만 이런 특성들이 동시에 고려되어야 한다.

위에 언급된 규칙들을 거의 모두 위배하고도 성공적인 이름도 몇몇 있다. 하겐다즈(Hagen-Dazs)는 짧지도 기억하기 쉽지도 않다. 게다가 이 이름에는 제품군인 아이스크림도, 그 아이스크림이 얼마나 부드러운지에 관해서도 전혀 나타나 있지 않다. 또 몇 번 보고 나서도 받아 쓰기 어려운 철자이다. 그럼에도 이 브랜드는 상당한 성공을 거두었다. 그러나 이런 성공은 과연 이름의 결과(혹은 이름에도 불구하고 이룬 결과)일까? 하겐다즈의 성공은 이 새롭고 낯선 이름이 주의를 끌면서, 왠지 북유럽 국가와 연결되는 듯한 독특한 테마의 출발점으로 작용했기 때문인 듯하다. 뉴욕 브롱크스의 회사에서 시작해 필즈버리(Pillsbury)에게 인수된 이 회사는 북유럽의 추운 빙하 지역을 연상시키면서 유럽의 아이스크림이라는 약속과 환상을 판매한다. 이 브랜드 이름은 새롭다는 것 때문에 호기심과 흥미를 자아낸다. 처음에는 기억하기 어려울 수 있으나, 그 새로움이 눈에 띄게 되어 기억하기 쉬워진다. 또 이 이름은 제품 범주와는 상관없어 보이지만 차가운 북구 지역과의 강력한 연상을 구축하고 있다.

이름이 가진 가장 중요한 기능 가운데 하나는 라벨로서의 설명적인 기능이다. 설명적 이름이라는 것은 그 제품이 어떤 기능을 하며 어떤 용도를 지닌 제품인가를 말한다. 예를 들어 듀퐁(DuPont)의 '스테인마스터(Stainmaster)'는 얼룩(stain)을 제거하며, 에이본(Avon)의 '스킨 소 소프트(Skin-So-Soft)'는 피부를 부드럽게 만들어주는 것이다. 또한 'Budget', 'EconoLodge', 'Deluxe'와 같은 이름들은 그 자체로 상품의 가격 수준을 나타내주기도 한다.

그러나 이름은 용도를 설명하기만 하는 것이 아니라 암시하기도 한다. '암시적인(suggestive)' 이름은 연상을 불러일으키며 이미지를 촉발시킨다. 단순한 제품 범주의 일반적 명칭도 창의적으로 사용된다면 또 다른 테마의 시작이 될 수 있다. 입생로랑의 지주회사인 사노피(Sanofi)가 1990년대 초에 프랑스에 샹파뉴(Champagne) 향수 브랜드를 출시했을 때 이 이름이 사용된 것은 향수 냄새가 샴페인 같았기 때문이 아니라 샴페인에서 연상되는 이미지와 생활양식, 지위 및 미학 때문이었다. 다시 말해 이 이름은 하나의 테마로서 사용된 것이다. 유력한 프랑스 CIVC(와인 및 샴페인 협회)가 사노피를 상대로 소송을 제기하리라는 것은 쉽게 예상되는 일이었다. CIVC의 회장인 앙드레 앙데르(Andre Enders)는 "이 때문에 우리는 우리의 유산과 가치를 잃었고, 우리가 지난 3백 년간 대중의 마음속에 쌓아올린 인식은 약화되고 품격이 떨어지게 되었다."라고 말했다. CIVC는 결국 소송에서 승소했으나 패배한 꼴이 되었다. 이 향수의 매출은 예측된 것보다 40%나 높았으며, 1993년 사노피가 소송의 결과로 향수를 회수하고 상표명을 지우라는 명령을 받았을 때, 이 명령에 해당하는 재고량은 거의 남아 있지 않았다. 또한 향수의 테마적 가치는 이미 소비자의 마음을 장악한 상태였다.

아큐라(Acura)가 미국 시장에서 다른 고급 수입차들에 입지를 빼앗기고 있다는 사실을 깨달았을 때, 이 회사는 차의 이름을 바꿔 레전드(Legend)라는 이름을 언뜻 보기에는 아무것도 말해주지 않는 문자와 숫자의 조합으로 대체시켰다. 즉 새로이 등장한 2.5TL, 3.2TL, 3.5RL 등의 이름은 그다지 설명적이지는 않았으나, 경쟁사 브랜드의 유사한 명명 시스템을 연상시키면서 고급 수입차라는 암시를 담고 있었다.

다른 대표적인 암시적인 이름에는 아머 올(Armor-All), 홀마크(Hallmark), 스프린트(Sprint), 도브(Dove), 스낵웰즈(SnackWell's) 등이 있다. 테마를 만들어내는 암시적인 이름의 예는 향수 업계에 특히 많다. 크리스찬 디오르의 브랜드명인 쁘아종(Poison)은 위험과 인간 본성의 어두운 측면에 대한 매력과 연결되면서 마술적 테마를 만들어냈다. 이 향수는 어두운 색조를 사용해 테마를 미학적 요소와 혼합하고 있다. 캘빈 클라인의 브랜드 옵세션(Obsession)은 열정과 통제 불가능한 욕망이라는 테마를 연상시킨다. 이 향수는 눈에 띄는 흑백 사진의 이미지를 사용한다. 랄프 로렌의 브랜드 사파리(Safari)는 테마로는 아프리카에서의 사냥과 그 밖의 탐험을 연상시키며, 테마와 스타일을 결합시키는 녹색 — 갈색 계열의 파스텔 색조를 사용한다. 이런 경우들에서 테마는 인쇄 광고를 통해 강화되지만, 그 출발점은 이름이며 테마 창조의 중심점이 된다.

심벌로서의 테마

심벌을 통해 테마를 표현하는 작업은 브랜드명의 평가를 향상시킬 수도 감소시킬 수도 있다. 1991년 인터브랜드 셰크터(Interbrand Schechter)는 900명의 소비자를 대상으로 조사를 실시해 22개의 잘 알려진 로고들을 평가하도록 했다. 한 그룹에게는 시각적 심벌만이 주어졌다. 또 한 그룹에게는 기업이나 브랜드명만이 주어졌다. 세 번째 그룹에게는 완전한 로고, 즉 시각적 심벌이 수반된 회사명이나 브랜드명이 주어졌다. 브랜드명과 시각적 심벌이 함께 주어졌을 때 평가가 현저하게 낮았던 브랜드는 랜드 오레이크스(Land O' Lakes)였다. 이 브랜드명은 브랜드명 단독으로 보였을 때 응답자의 59%가 긍정적으로 평가했으나, 인디언 여인의 심벌과 함께 보였을 때의 긍정적인 평가는 52%에 불과했다. 반대로 KFC는 이름만 보인 경우 41%만 긍정적으로 평가했는데, 안경 쓴 할아버지의 심벌이 보인 경우 48%가 긍정적으로 평가했다.[9]

잘 알려진 심벌들이 사람들의 주의를 끄는 것은 사실이나 그 제품을 경쟁사 제품과 차별화하지는 못한다. 이런 제품들에는 모나리자 액체 비누대, 뭉크의 『절규』를 토대로 한 공기주입식 인형, 베토벤의 5번 교향곡이 나오는 전화기 등이 있다. 이들 가운데 어느 것도 제품 — 심벌 간의 조화가 적절하거나 기억에 남는 것이 없다. 마이크로소프트의 설립자이자 CEO인 빌 게이츠가 세계 최대의 역사적 자료들이 수록된 컬렉션인 베트맨 어치브(Bettmann Archive)를 구입한 적이 있었다. 빌 게이츠는 이 자료를 디지털화해서 사용하기에 더욱 유용한 문화적 아이콘으로 만들 계획을 세웠다. 그러나 주의해야 할 것은 이와 같이 잘 알려진 문화적 심벌을 자사나 자사 제품과의 강력한 연결을 분명하게 구축하지 않은 상태에서 사용하려는 유혹을 뿌리쳐야 한다는 점이다.

성공적인 심벌은 모방을 유도한다. 담배 업계만 해도 러시아, 중국, 인도네시아, 그리고 기타 국가의 회사들이 카우보이나 미국 대통령, 성조기나 성조기의 요소들, 자유의 여신상 등을 담배 판매에 마구 사용하고 있다. 프랑스의 캐주얼 의류 업체인 라코스테(Lacoste)의 유명한 초록색 악어는 홍콩의 크로커다일 의류 회사(Crocodile Garments)가 모방했는데, 이 회사는 반대 방향을 바라보는 비슷한 악어를 만들어 사용했다. 결국 라코스테는 상표 보호 차원에서 크로커다일 의류회사를 인수하기에 이르렀다.

심벌은 고객뿐만 아니라 직원들에게도 중요하며, 심벌과의 동일시에서 긍정적이거나 부정적인 평가를 가져오기도 한다. 싱가포르 항공의 싱가포르 걸(Singapore Girl)은 가장 성공적이면서도 논쟁의 대상이 되는 상업적 심벌 가운데 하나이다. 실제로 대부분의 광고에서 작게 표기되는 항공사명과 함께 이 싱가포르 걸 심벌은 두드러지게 표현되었다. 수년간 광고 캠페인에 등장한 모든 싱가포르 걸은 실제로 자사 승무원이었다. 1992년부터 1994년 사이에는 실제 승무원을 본떠서 만든 밀랍 인형이 제작되어 런던의 유명한 밀랍인형 박물관인 마담 투소(Madame Tussaud) 박물관에 최초의 상업적 심벌로서 전시되었다. 당시 이 기업 심벌은 '뻔뻔스러울 만큼 성차별주의적이지만 엄청나게 성공적인 마케팅 도구'로 평가되었다.[10]

내러티브로서의 테마

세계적으로 알려진 건축가들인 마이클 그레이브즈(Michael Graves), 로버트 스턴(Robert Stern), 프랭크 게리(Frank Gehry), 앙트완 프레독(Antoine Predock) 등이 디자인해 전 세계의 다양한 장소에 건축되어 있는 월트 디즈니 테마 파크의 건축물들은 시각적 내러티브로서 디즈니 캐릭터들의 이야기를 들려주고 있다. 디즈니 캐릭터들은 제품과 서비스의 세계화에 커다란 역할을 하며 강력한 심벌로서 기능하고 있다.

마찬가지로 뉴욕의 식당 겸 재즈 클럽인 이리듐(Iridium)은 시각적인 측면에서 재즈의 구조를 표현하기 위해 파격적인 판타지 디자인을 시도하기도 했다. 이와 유사하게 테마가 있는 음악 콘텐츠(음악학자들이 '프로그램 음악(program music)'이라고 부르는)가 내러티브로 사용될 수도 있다. 4장에서 보았듯이 배경 음악(고전음악이든 재즈든 블루스든 락이든 간에)은 보통 특정한 내용이나 의미에 바탕을 두지 않고 일반적인 차원에 기초해 선택된다. 기업들은 종종 시애틀의 뮤작(Muzak)과 같은 일반 소매점용 배경 음악 공급자들과 접촉하기도 하지만, 별도로 곡목을 정하는 경우는 많지 않다. 그러나 몇몇 기업들은 자사 아이덴티티를 정의하거나 강화하기 위해 구체적인 음악 내용을 지정하기 시작했다. 스타벅스가 이런 회사들 가운데 하나이다. 스타벅스는 자사 매장에서 음악을 신중히 선택해 사용하며, 매장에서 사용된 음악을 테이프나 CD 형태로 판매해 고객들이 집까지 매장의 분위기를 이어갈 수 있도록 한다. 포터리 반(Pottery Barn)의 '멋진 크리스마스' CD도 매장에서 판매되는데, 이 CD에는 듀크 엘링턴 오케스트라가 연주한 '징글벨'과 엘라 피츠제럴드가 부른 'Santa Claus Got Stuck in My Chimney'가 수록되어 있어 노래로 포터리 반 가정용 가구의 스타일과 잘 맞는 크리스마스 분위기를 집안에 창조할 수 있다.

슬로건이나 노래로서의 테마

유니레버(Unilver)의 브랜드명인 '버터가 아니라니 믿을 수 없다(I Can't Believe It's Not Butter)'는 버터 같은 맛이 나는 마가린 제품을 대했을 때 소비자가 경험할 수 있는 놀라움을 이야기한다. '콜라가 아닌(uncola)' 세븐 업은 단순히 콜라가 아니라는 사실로만 차별화한 것이 아니라, '콜라가 아닌'의 의미가 가지는 테마를 만들어냈다. 이는 '색깔로부터 자유로운', '신나는', '투명한', '순수한' 음료를 의미하는 것이다. '여러분은 살아서 할 일이 많고 펩시는 여러분에게 드릴 것이 많다(You've got a lot to live and Pepsi's got a lot to give)'라는 옛 펩시의 문구는 삶의 자극과 도전의 경험과 성취, 그리고 이를 위한 펩시의 역할을 연결한다.

'다이얼을 사용하고 있다니 기쁘지 않나요?(Aren't you glad you use Dial?)'라는 노래를 기억하는가? 우리 모두가 다이얼(Dial)이 가진 깔끔함과 항취 기능을 가치 있다고 여긴다면 이런 기억은 계속될 것이다. 하인즈(Heinz)는 칼리 사이먼(Carly Simon)의 노래 '예감

(Anticipation)'의 한 구절을 빌려 와 몇 년간 지속되는 테마를 창조해 냈다. 느리고 걸쭉해 잘 흐르지 않는 케첩의 이미지는 지금까지 남아 있다. 이 모든 사례들은 매우 기억에 남는 테마들로, 거의 대부분 기본적인 아이덴티티 요소들인 언어적 유희, 캐치 슬로건, 노래 가락에 구현되어 있었기 때문이다.

홈디포(Home Depot)나 개별 대리점을 통해 유통되는 랄프 로렌 페인트(Ralph Lauren Paint)는 풍부한 내러티브로 가득하다. 이 제품 가운데 Duchesse Satin(공작부인 새틴)이라는 색은 다음과 같이 설명되어 있다. "풍부하고 정교함. 새틴 이브닝 가운의 우아한 광택이 페인트에 녹아 있다. 특별하게 만들어진 페인트가 금색과 은색에 은은한 상아색과 야회복과 같은 귀한 색상으로 빛난다. 양초로 불을 밝힌 식당의 고급스러운 분위기에 완벽하게 어울린다."

컨셉으로서의 테마

제너럴 모터스의 자회사인 새턴(Saturn Corporation)은 컨셉으로 테마를 표현하는 좋은 예를 보여준다. '새턴'이라는 이름은 구소련과의 우주 경쟁 시대에 미국인들을 달로 데려다주었던 새턴 로켓의 이름을 반영한 것이다. 회사는 이것을 일본 자동차 제조업체들과 겨루어 이기기 위한 테마로 사용했다.

새턴이 지향하는 것은 '다른 차, 다른 종류의 자동차 회사'였다. 이런 전반적 컨셉에는 품질 혁신, 환경 의식, 솔직함과 정직성과 같은 여러 가지 하위 컨셉이 포함되었다. 새턴은 환경 의식을 미학적으로 표현하기 위해 시설 조경을 두드러지지 않고 주변 환경과 자연스럽게 조화될 수 있도록 했다. 솔직함과 정직성을 표현하기 위해서는 색상 표현에서 보다 직접적인 단어('라스베리' 대신 '빨강')를 사용하고, 모델명을 단순화시켰다(새턴 SL1, 새턴 SL2). 이런 테마들을 따라 아이덴티티는 완전히 미국적이고 현대적이며, 단순하고 직접적인 것이었다. 새턴 로고와 라벨은 새턴 시그너처와 우드마크(Woodmark)로 알려져 있다. 이 아이덴티티는 엄격한 가이드라인으로 관리된다. 이 가이드라인에 따르면 시그너처와 우드마크가 나타날 수 있는 방식은 지극히 제한적이다.

일본의 INAX는 일본 아이덴티티 회사인 PAOS의 도움으로 도자기 타일 및 욕실 설비 제작업체에서 욕실 디자인 회사로, 더 나아가 일본 여가생활 부문의 주도적인 업체로서 극적인 아이덴티티 변화를 이룩했다. 이런 변화의 중심이 된 것은 전통적인 일본식 욕실 공간을 감각적 경험 공간으로 재창조했기 때문이었다. '아름다운 생활을 위한 환경의 창출'이라는 테마는 새로운 마케팅 프로그램과 새로운 비즈니스로의 진출, 신제품 개발 방향에 포함되어 있었다. 예를 들어, 온도 조절과 스프레이 장치가 있는 변기, 예열이 가능한 변기, 화장실에서 고전음악을 들을 수 있도록(변비에는 바흐와 멘델스존을, 설사에는 바그너를) 스테레오 유닛이 부착되어 있는 변기 등이 있다.[11]

테마가 이름이나 심벌, 내러티브, 슬로건이나 노래, 컨셉, 또는 이런 요소들의 조합 어느 것으로 표현되든 그 주제는 폐쇄적이지 않다. 다음은 시간에 따른 테마의 전략적 사용과 관련한 결정들이다.

어떤 테마 표현을 사용해야 하는가

어떤 상황에서 어떤 목적으로 기업이 브랜드명, 심벌, 내러티브, 슬로건이나 노래, 컨셉을 아이덴티티 표현의 일부로 사용해야 하는

빅토리아 시크릿과 로맨스 테마

1980년대와 1990년대 초반에 이르기까지 빅토리아 시크릿(Victoria's Secret)은 로맨틱하고 귀족적인 영국식 생활양식이라는 테마를 이용해 란제리 시장에서 성공을 거두었다. 이 테마는 기업 아이덴티티의 모든 요소를 통해 전달된다. 빅토리아 시크릿은 오하이오에서 출발한 완전한 미국 벤처 기업이지만, 고전적이고 완벽한 영국식 테마를 이용해 여성들이 화려한 속옷을 갖는 것은 품격 있는 일이지 부끄러운 일이 아니라고 설득한다. 속옷 모양이나 스타일만으로 섹시해 보일 수 있지만, 빅토리아 시크릿은 영국식 테마를 사용해 섹시함을 로맨스와 결합시킨다. 이 회사는 이를 통해 여성들이 기피할 수 있는 프레데릭스 오브 할리우드(Frederick's of Hollywood)나 라 펄라(La Perla)와 같은 야하고 에로틱한 속옷 계열과 차별화된다.

빅토리아 시크릿 카탈로그는 영국식 산문체로 쓰여 있고, 영국식 철자법을 사용한다(colour나 favourite와 같이). 고객이 주문하는 무료 전화 목소리는 영국 상류층의 억양을 가지고 있다. 이 카탈로그는 회사가 실제로는 그다지 세련되지 못한 오하이오에 있음에도 불구하고 런던에 있는 것 같은 인상을 준다. 카탈로그에서는 말(馬)과 화려하게 장식된 귀족적 느낌의 인테리어를 갖춘 여유 있는 영국의 전원생활 풍경이 섹시한(그렇지만 지나치지 않은) 로맨스의 완벽한 배경을 이루는 듯하다. 카탈로그는 읽는 고객이 자신이 편안하고 매력적이며 로맨틱한 영국식 삶을 살고 있다고 상상하도록 만든다. 빅토리아 시크릿의 미학은 로맨틱한 영국적 테마를 사용해, 로맨틱한 욕구 충족을 위한 총체적인 환경을 만들어주는 제품으로까지 확장된다. 이런 제품에는 런던 심포니 오케스트라가 연주한 '가장 로맨틱한 음악'을 담고 있는 CD와 애송 연가(戀歌) 시집, 그리고 향수나 목욕용품 등 향이 있는 바디 제품들이 포함된다.

가? 이 질문에 답하기 위해서는 각 테마 표현 유형의 기능과 가치, 발생 가능한 문제와 단점을 고려해야 할 것이다. 표 5.4는 각 테마 표현 방식의 장단점을 보여준다.

테마 선택의 전략적 이슈들

적절한 테마와 이 테마를 전달하기 위한 적절한 방식을 찾기에 앞서 관리자가 테마를 검토할 때 접근해야 할 네 가지 심층적인 전략적 이슈들이 있다.

- 하나의 테마를 사용할 것인가? 다수의 테마를 사용할 것인가?
- 변형된 테마를 사용할 것인가? 통일된 테마를 사용할 것인가?
- 일관된 테마를 창조하기 위해 언어적·시각적 요소들이 어떻게 맞물리게 할 것인가?
- 언제 테마를 수정하거나 포기할 것인가?

단일 테마인가? 다수의 테마인가?

가장 핵심적인 전략적 문제는 한 기업이 기업이나 제품을 위해 만들어내고자 하는 테마의 수이다. 기업은 기업의 중심적 포지셔닝을 요약하는 하나의 강력한 테마를 택할 수도 있고, 기업의 다양한 측면을 동시에 표현할 수 있도록 복수의 테마를 만들 수도 있다. 단일 테마와 복수 테마 사이의 전략적 선택은 대개 제품 라인의 폭과 그 기업이 관계자(고객 혹은 최종 소비자)에게 얼마나 일관되게 보이고 싶어하는가에 따라 달라진다.

제록스의 제품 라인은 최소한 맥그로 힐(McGraw-Hill Company)의 제품 라인만큼 광범위하다. 그러나 제록스는 단일한 테마를 사용했고, 맥그로 힐은 복수의 테마라는 접근법을 사용했다.

복사기를 발명한 제록스는 거의 25년 동안 복사기 시장을 지배해 왔고, 제록스라는 이름은 복사기와 동의어로 사용되어 왔다. 1970년대에 이 회사는 사업 다각화를 시도했다. 최초로 (마우스와 아이콘 기반의 소프트웨어를 가진) 개인용 컴퓨터, 레이저 프린터, 컴퓨터 네트

	장점	단점
이 름	• 준거(anchor)를 제공한다 • 기억하기 쉽다	• 바꾸기 어렵다 • 세계적으로 사용하기 어렵다
심 벌	• 주의를 끈다 • 다른 문화권으로 이동이 용이하다	• 구식이 될 수 있다 • 모호할 수 있다
내러티브	• 라이프스타일을 표현한다 • 관심과 참여를 유도한다	• 이해하고 처리하는 데 시간이 걸린다 • 쉽게 모방될 수 있다
슬로건이나 노래	• 몇년이 지나도 기억하기 쉽다 • 높은 관심과 참여를 유도한다 • 마음을 끈다	• 슬로건은 번역이 어렵다 • 사람마다 끌리는 음악이 다르다
컨 셉	• 종종 혁신적이다 • 거대하고 포괄적이다	• 추상적이다 • 전달하기 어렵다 • 법적으로 보호받기 어렵다
요소들의 조합	• 복잡한 테마를 창출한다 • 다양한 준거점과 단서를 제공한다	• 지나치게 보일 수 있다 • 부조화가 있을 수 있다

표 5.4 테마 표현의 장점과 단점

워킹을 고안했으며, 보험과 금융 서비스 분야까지 진출했다. 그러나 1990년에 와서 제록스는 금융 서비스 사업을 포기하고, 문서 처리라는 자사의 핵심 사업에 집중하기로 결정했다. 회사는 이런 내부 결정을 명확하게 증명하는 작업의 일환으로 다큐테크 제작 출판기(DocuTech Production Publisher)를 출시했다. 이것은 혁신적인 신형 다기능 제품으로 기존에는 오프셋 인쇄기에서 처리하던 문서들을 디지털 기술을 이용해 스캔, 복사, 인쇄, 제본을 모두 함께 처리하는 제품이었다.

그러나 제록스는 다양한 제품의 폭을 반영하는 통합적 테마를 만들어낼 필요가 있었다. 1994년 제록스는 랜도 어소시에이츠와 시겔 앤 게일(Siegel & Gale)에 의뢰해 과거의 기업 색인 파랑을 보다 힘이 넘치는 빨강으로 대체했고 이전의 광고 문구인 '문서 회사(The Document Company)'를 회사의 기업 시그너처(corporate signature)에 부각시킴으로써 자신을 문서 회사로 재정립했다.(그림 5.4) 또한 점점 더 디지털화되는 미래에 대한 회사의 비전을 표현하기 위해 새로운 마케팅 심벌인 '디지털 X'을 선보이면서 커뮤니케이션 캠페인을 시작했다.(그림 5.5) 디지털 X는 실제로 회사의 수입 구조를 표현한 것이기도 하다. X 마크의 4분의 3은 온전한 모습을 하고 있는데, 이는 전통적인 광렌즈 및 인쇄 제품과 관련 있다. X의 오른쪽 상단 부분은 디지털 기술을 연상시키는 조그만 정사각형의 픽셀들로 이루어져 있으며, 이는 회사 매출의 25%에 해당하는 디지털 제품을 대변한다.

오늘날 제록스는 새로운 기업 시그너처를 광범위하게 사용한다. 문구류와 제품 안내서부터 차량과 건물 간판에 이르기까지 모든 회사의 제작물에 등장하며, 특히 제품 증명서와 포장, 프리젠테이션용 시각물 등 판촉물에서 디지털 X가 크게 강조된다.

Logotype Reproduction Sheet

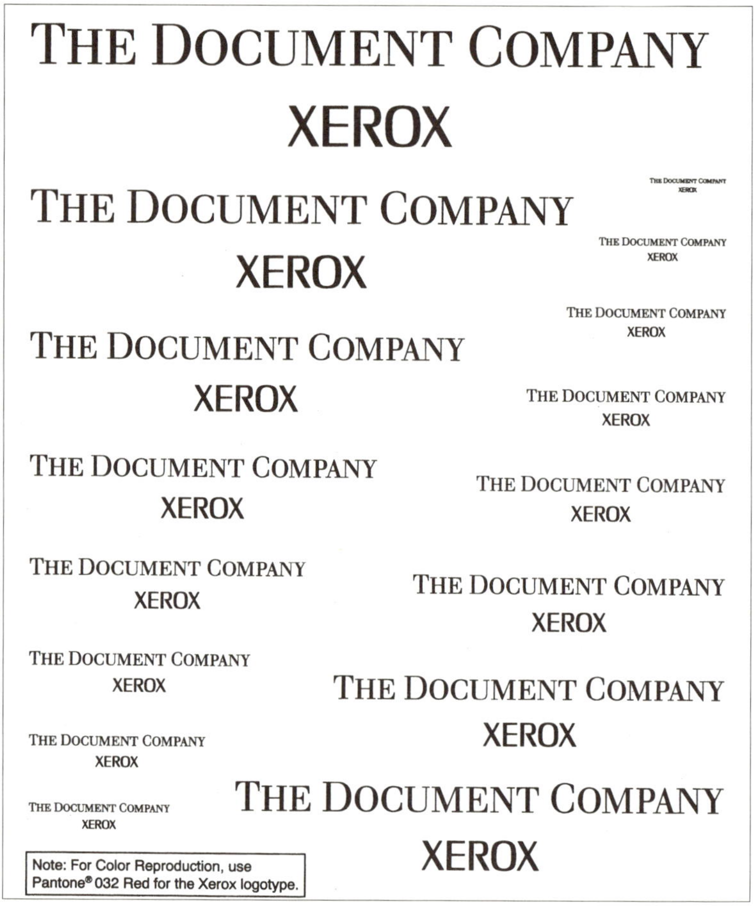

THE DOCUMENT COMPANY
XEROX

THE DOCUMENT COMPANY
XEROX

THE DOCUMENT COMPANY
XEROX

THE DOCUMENT COMPANY
XEROX

THE DOCUMENT COMPANY
XEROX

THE DOCUMENT COMPANY
XEROX

THE DOCUMENT COMPANY
XEROX

THE DOCUMENT COMPANY
XEROX

THE DOCUMENT COMPANY
XEROX

THE DOCUMENT COMPANY
XEROX

THE DOCUMENT COMPANY
XEROX

THE DOCUMENT COMPANY
XEROX

THE DOCUMENT COMPANY
XEROX

THE DOCUMENT COMPANY
XEROX

THE DOCUMENT COMPANY
XEROX

Note: For Color Reproduction, use Pantone® 032 Red for the Xerox logotype.

그림 5.4 제록스 슬로건

제록스와 마찬가지로 맥그로 힐도 글로벌 정보 회사로 성장하여 기업, 금융, 교육, 소비자 시장에 진출했다. 그러나 표적 시장 대부분은 맥그로 힐의 제품과 서비스 전체를 제대로 알지 못했다. 교육 시장에서는 이 회사를 교재 출판사로, 기업 시장에서는 『비즈니스 위

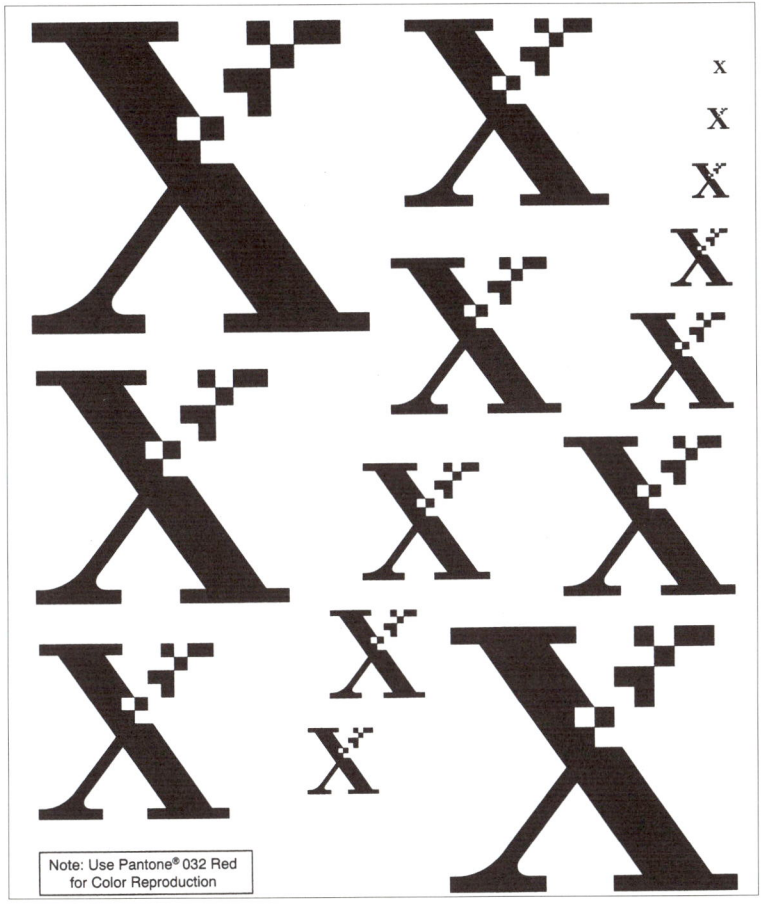

그림 5.5 제록스 로고

크』의 발행사로 알고 있었고, 금융 시장에서는 스탠다드 앤 푸어스 (Standard & Poors)와 관련 있는 회사로 알고 있었다.

리핀코트 앤 마걸리즈가 담당한 새로운 아이덴티티의 핵심 목표는 맥그로 힐의 이미지를 확장하고 성공적인 브랜드를 보유한 회사라는 사실을 알리는 것이었다. 회사 이름을 '맥그로 힐(McGraw-Hill)'에서 '맥그로 힐사(McGraw-Hill Companies)'로 변경했고, 이와 함께 다음 세 가지 테마가 결합된 시각적 아이덴티티 시스템을 구축했다. '브랜드가 풍부한(brand-rich)'이라는 테마는 이 회사가 다수의 브랜드를 보유하고 있다는 사실을 전달하고, '원칙을 가지고 있는(principled)' 이라는 테마는 지적 분야에서 주도권을 가진 회사의 전통을 암시하는 것이다. '기술적으로 정교하고 역동적이며 글로벌한'이라는 테마는 제품과 서비스가 세계적인 기준과 요구 사항들을 충족시킨다는 점을 알리고 있다.

테마의 변형 또는 통일

테마의 변형은 브랜드 수준이나 기업 수준에서 논의될 수 있다. 코카콜라는 목표 시장별로 서로 다른 테마를 사용한다. 1990년대 초반 코카콜라는 주요 세 개 시장(태평양, 중남미, 유럽)을 대상으로 하는 환타 브랜드 마케팅에서 다수의 테마 전략을 적용했다.

이 전략의 목표는 '세 개의 지역 거점에 각기 다른 마케팅 프로그램을 적용함으로써 깊게 뿌리박힌 지역적 아이덴티티를 충분히 활용하는 것'이었다. 각 표적 시장에서 독특한 환타 이미지가 만들어졌다. 태평양 지역에서는 만화 캐릭터가 등장해 티셔츠에 새겨진 TV 화면을 통해 말을 하고, 중남미에서는 매력적인 미소와 특이한 웃음을 가진 환타 맨이 등장했다. 유럽에서는 엘레판타(Elefanta)을 사용했는데, 이것은 환타를 아주 좋아하는 기계 코끼리였다. 세 시장의 표적 집단 연령은 동일했지만 표적 집단에 어필하기 위해 사용된 테마 캐릭터는 아동과 십대들의 첨단 기술, 전통적 만화, 뮤직비디오 캐릭터에 대한 지역적 선호도에 따라 달랐다.

이 전략은 세 시장 모두에서 하락하던 환타의 판매 실적을 반전시켰다. 1992년 환타의 시장 점유율은 태평양 지역에서 9%, 남미 지역에서 11% 감소했고, 유럽에서는 현상을 유지했다. 그러나 1993년과 1994년에 와서는 시장 점유율이 태평양 지역에서 7% 상승했고 중남미에서는 현상을 유지했으며, 유럽에서는 8% 감소에서 4% 증가로 바뀌었다.

반면에 코카콜라의 다른 브랜드들은 대부분 전 세계적으로 일관된 이미지로 포지셔닝되고 있다. 예를 들어 스프라이트는 '당신의 갈증을 채우세요(Obey your Thirst)'라는 테마를 중심으로 세계적으로 깨끗하고 톡 쏘는 신선함으로 포지셔닝했고, 코카콜라는 '차이를 맛보세요(taste the difference)'로, 다이어트 코크(Diet Coke, 칼로리에 크게 민감하지 않은 지역에서는 '코카콜라 라이트'로 불림)는 '이전에는 느낄 수 없었던 청량감(You have never been refreshed like this before)'으로 포지셔닝했다. 그리고 세계적으로 이 세 브랜드 모두 해변, 스포츠, 또는 사람들이 청량감을 원하는 기타 장면들의 이미지를 사용했다. 더욱 중요한 것은 코카콜라는 코카콜라 브랜드를 아주 강력하고도 다차원적인 문화적 심벌로 생각한다는 점이다.

그러므로 코카콜라 브랜드는 통일된 테마를 보유하고 있다고 볼 수 있다. 즉 하나의 테마가 모든 시장에서 회사의 모든 커뮤니케이션을 지배한다. 이와는 대조적으로 환타는 테마의 변형을 시도해 왔다. 그렇다면 환타는 왜 다른 코카콜라 브랜드처럼 단일 테마를 구축하지 않는 것인가? 이 질문을 다른 방향에서 생각해보자. 왜 우리는 테마의 변형을 시도하지 않고 단일 테마를 구축하려고 하는가? 이에 대한 대답은 의지보다는 실현 가능성에 있다. 즉, 그 문제는 '우리가 과연 글로벌 테마를 만들어낼 수 있는가?'라는 질문으로 귀결된다.

글로벌 테마는 전 세계적으로 강력한 연상의 힘을 제공한다. 이미지들이 쉽게 전달될 수 있고, 지역적으로 맞춤화된 테마를 창출하는 것보다 비용도 훨씬 적게 든다. 그리고 글로벌 테마는 강력한 아이콘이 될 수 있다. 반면에 테마의 변형은 다양한 문화의 세부 표적 집단까지 접근하기 쉽다는 장점이 있다. 메시지가 각 문화에 맞게 조정됨으로써 더 높은 참여와 흥미, 효과를 창출하는 것이다.

그러므로 선택이 필요하다. 비용을 절약하면서 단일한 테마를 사용할 수도 있고, 지역 시장에서 보다 높은 참여도를 끌어내기 위해 테마의 변형을 꾀할 수도 있다. 테마의 세분화(변형)에는 비용이 소요된다. 얻게 될 이익이 명확하지 않을 때 최적의 선택은 단일 테마를 유지하는 것이다. 테마 변형으로 얻게 될 이익이 명확하지 않을 때란 언제인가? 하나의 브랜드가 높은 인지도와 선호도 수준을 형성해 여러 시장에 걸쳐 그 존재만으로 선도적인 지위를 얻는 상태로, 이때는 단일 테마의 사용이 권장되는 것이다.

코카콜라는 그런 통일된 테마 위에서 움직일 수 있는 능력을 갖추고 있다. 반면 경쟁사들은 각각의 시장에서 개별적으로 코카콜라에 맞서 경쟁하기 위해서는 테마의 변형을 활용할 필요가 있을 것이다.

언어적, 시각적 정보의 통합

하나의 테마를 사용할 것인지 복수의 테마를 사용할 것인지를 결정하고 나면, 그 다음은 테마를 어떻게 표현할 것인가에 눈을 돌려야 한다. 테마는 종종 언어적 형태와 시각적 형태로 모두 나타날 수 있으므로 언어적·시각적 정보의 일관성이 매우 중요하다.

인쇄 광고는 몇 가지 요소로 이루어져 있으며, 이는 레이아웃 상에서 다음과 같이 나누어질 수 있다. 즉 (a) 사진, 스케치, 그래픽 일러

∷ 기업, 브랜드, 심벌

심벌	의미	기업/브랜드
별	천상의 존재, 개화. 지혜	텍사코(Texaco), 컨버스(Converse)
원	통일, 완전함, 완성, 조화	GE, AT&T
삼각형	열망	델타 항공, 알카텔(Alcatel)
닻	모험, 안정성	리바이스 다카스(Levis Dockers)
하프	아일랜드, 켈트적 유산	기네스(Guiness)
사자	리더십, 힘, 귀족성	MGM
십자가	고난의 경감, 자선	블루 크로스(Blue Cross)
암소	기름짐, 풍요로움, 단순성	보든(Borden) 아이스크림 엘머즈 글루(Elmer's Glue)
다이아몬드	명확, 완전함, 희귀성	스프린트(Sprint)

※ 출처: 클레어 깁슨(Claire Gibson), 『기호와 심벌: 의미와 기원에 관한 삽화적 가이드(Sign and Symbols: An Illustrated Guide to Their Meaning and origins)』

스트 형태의 시각 정보, (b) 헤드라인, (c) 카피 내용에 담겨 있는 광범위한 언어적 정보, (d) 브랜드명으로 된 로고와 시각적 심벌, (e) 슬로건이다.

소비자 연구에서 언어적·시각적 프로세스에 관한 문헌은 언어적·시각적 요소의 통합과 관련한 결정들에 많은 도움을 준다. 언어적·시각적 정보처리에 관한 연구에서 나온 몇 가지 제안은 그 요소들에 대한 기억과 태도, 이를 사용한 광고에 관한 다음과 같은 사실을 알려준다.

1. 기억 가능성의 측면에서 언어적·시각적 요소들 간의 일관성이 매우

중요하다. 이는 로고와 광고 디자인에도 적용된다. 다른 정보와 마찬가지로 브랜드명과 이에 관련해 제시되는 정보는 광고가 언어적 메시지로 영상을 그 브랜드와 연결 짓는 '일정한 틀을 가진 영상(framed picture)'들을 지니고 있다면, 광고 속에서 더 잘 기억된다.[12]

2. 브랜드명을 암시하거나 그로부터 만들어진 슬로건은 슬로건과 브랜드명을 보다 잘 기억나도록 만든다.[13] 예를 들어, '여자들을 애태우는(tantalize) 그들은 탄탈루스(TANTALUS)를 입는다' 또는 '다이나믹(dynamic)한 남자를 위한 다이나모(DYNAMO)' 등.

3. 로고에서의 쌍방향 이미지는 기억 속에 확실하게 자리 잡게 한다.[14] 예를 들어, 로켓을 탄 배달원의 모습을 그린 만화를 보여주는 로켓(ROCKET) 배달 서비스.

4. 방해 요소들의 측면에서 너무 지나친 일관성은 지루하고 동기를 부여하지 못하거나 창조성이 결여된 인상을 준다. 암시나 적당한 비일관성은 소비자의 노력을 이끌어내어 보다 효과적일 때가 많다.[15]

테마의 수정 혹은 포기

하나의 테마를 수정하거나 포기해야 할 몇 가지 이유가 존재한다. 그것은 문화, 회사, 고객, 경쟁사의 변화 때문에 필요해진다.

문화. 테마는 문화적 이미지에 그 원천을 두고 있으므로 자연히 지루하고 진부해질 수 있다. 예를 들어 이는 브랜드가 성 역할과 관계된 테마를 선택한 경우에 발생할 수 있다. 잉글리시 리더(English Leather) 사가 1967년부터 사용해 온 슬로건, '나의 남자들은 모두 영국 가죽의 옷을 입거나 아예 입지 않는다(All my men wear English leather or they wear nothing at all).'는 1980년대 초반에 이르러서는 고리타분한 것이 되었다(문장 자체가 고전적인 마릴린 먼로의 말에 빗대어 만든 것처럼 보인다. 그녀는 잘 때 무엇을 입느냐는 질문에 샤넬 No. 5만을 입는다고 대답했다). 1980년대 후반 속옷 회사인 헤인즈 호저리(Hanes Hosiery)는 슬로건을 변경했다. 헤인즈 브랜드가 지닌 이미지는 '신사들은 헤인즈를 좋아한다(Gentlemen prefer Hanes)'는 이유로 여성들은 헤인즈를 사야 한다는 슬로건과 함께 12년간 구축되어 왔다. 사치 앤 사치(Saatchi & Saatchi)는 이런 성차별적이고 낡은 이미지를 '숙녀는 헤인즈를 좋아한다(Lady prefers Hanes)'로 바꿨다. 그리고 다음 해에 헤인즈의 매출, 인지도, 브랜드 경험은 두 자리 수의 증가를 보였다.

회사. 변화의 압력은 회사 내부의 변화 때문에 일어날 수 있다. 예를 들어 회사의 사명이나 비전, 목표, 전략이 변하면 이에 맞추어 기존 테마도 변화의 압력을 받는다. 또한 회사가 기존의 핵심 사업이나 기존 테마가 적용되는 비즈니스를 넘어 다각화할 수도 있다. 1980년대 중반 제너럴 일렉트릭(General Electric)은 전 세계적으로 가장 큰 규모로 다각화된 다국적 회사였다. 가전제품과 전구부터 금융 서비스와 항공에 이르는 사업을 벌이고 있었다. 당시 랜도 어소시에이츠의 조사에 따르면 잭 웰치(Jack Welch)가 최고 경영자로 취임한 이후 이루어진 사업 다각화나 역동성의 수준이 전혀 이름이나 로고에 반영되어 있지 않고 있었다. 랜도는 회사명을 줄여 GE로 만들고, 계열 회사의 이름도 짧게 줄일 것을 제안했다(예를 들어 제너럴 일렉트릭 대형 가전 사업부(General Electric Major Appliance Business Group)를 GE Appliance로 변경하는 것이다.). 랜도는 최종적으로 세 가지 로고 디자인을 제시했다. 또한 여러 사업을 구분하는 데 사용할 수 있도록 다섯 가지 식별(identification) 단계를 발전시켰다. 새로운 아이덴티티는 이전에 사용되던 '전기/기술에 의한 더 나은 삶'이라는 테마를 축소시키는 한편, 이전 아이덴티티의 주요 자산을 유지하는 더욱 현대적인 아이덴티티로 변화되었다.

고객. 고객의 인구통계 및 생활양식은 지속적으로 변화한다. 식습관의 변화로 켄터키 프라이드 치킨(Kentucky Fried Chicken)은 KFC로, 버거킹(Burger King)은 BK로, 슈가 팝스(Sugar Pops)는 콘팝스(Corn Pops)로 이름을 바꿔야 했다. 그러나 테마는 바뀌더라도 다른 시각적 미학 요소들은 그대로 남아 회사의 스타일을 유지할 수 있다. 이미 1장에서도 다루었지만 바나나리퍼블릭(Banana Republic)은 의류 스타일에서의 변화로 '사파리와 열대우림'의 테마를 포기해야 했다. 이 바나나리퍼블릭의 제품 라인과 포장, 쇼핑백, 광고, 매장 환경은 이제 현대적인 고급 캐주얼 의류 소매점이라는 인상만을 가지고 있다. 그러나 익숙한 이름과 사파리 분위기의 색상은 여전히 남아 미학적 스타일을 유지했다.

경쟁사. 1990년대 초반 전 세계적으로 하얏트(Hyatt) 호텔 체인은 심한 경쟁에 직면하게 되었다. 한편으로는 포 시즌즈(Four Seasons)의 확장과 포 시즌즈와 리전트(Regent) 체인의 연합으로 인해 특급 호텔 영역에서 커다란 위협을 받게 되었다. 고급 시설, 비즈니스 센터, 객실의 팩스 설비 등에서 하얏트가 가졌던 경쟁 우위는 더 이상 독특한 것이 아니었다. 다른 한편으로는 매리어트(Mariott) 호텔이 자동 체크인과 체크아웃, 우수한 단골 투숙 프로그램과 같은 새로운 서비스를 도입해 비즈니스 여행객 시장에 침투하면서 하얏트보다 더 큰 가치를 제공하는 호텔로 인식되었다.

이에 대한 하얏트의 대응은 어떠했는가? 광고에서 하얏트 체인은 "하얏트의 손길을 느껴보세요."에서 "하얏트의 손길을 가진 사람들을 찾아보세요."로 테마를 바꾸었다. 이 변화는 사소한 것으로 보이지만, '뛰어난 서비스'라는 광범위한 테마 내에서 초점의 중요한 변화를 의미했다. 광고는 다음과 같이 말한다. "가상 사무실의 시대에 우리는 실제 사람을 쓰는 것을 자랑으로 삼고 있습니다." 이 새로운 테마는 효율적인 비즈니스 호텔 운영에 살아 숨쉬는 인간의 손길을 가미하는 것을 목표로 했다. "하얏트에서는 고객의 편의를 위해 비즈니스 장비를 제공합니다. 출장 시 필요한 모든 도구들을 말입니다. 사용법 이상의 것을 알고 있는 친절한 직원들은 당연히 기본입니다." 변화된 테마는 비즈니스 여행객들에게 편리와 효율성 외에도 인간적인 따뜻함을 약속함으로써 비즈니스 여행객을 보다 많이 확보하려는 목적을 가지고 있다.

요 약

테마는 기업과 브랜드의 아이덴티티를 만들고 유지하는 데 있어 가장 강력한 도구이다. 연상과 의미를 불러일으키는 능력을 통해 테마는 독특한 방식으로 소비자들의 기억에 각인된다. 그러나 적절한 테마를 갖추고 아이덴티티 요소에 최상의 방식으로 구현하는 것은 어려운 숙제이다. 그리고 테마의 수정 또는 포기는 더욱 큰 노력이 필요한 과정이다. 성공적인 테마의 창출과 실행을 관리하는 일은 고객의 마음속에 잊을 수 없는 인상을 창조하는 작업에서 가장 중요한 부분이다.

06 전반적인 고객 인상
Overall Customer Impressions

포 시즌즈 호텔 : 절제된 우아함[1]

16개 국가에서 37개 호텔을 운영하고 있는 포 시즌즈 + 리전트 호텔 앤 리조트(Four Seasons + Regent Hotels and Resorts) 체인은 특급 호텔 시장에서 시대에 구애받지 않는 절제된 우아함이라는 아이덴티티를 창조하고 유지해 왔다.

포 시즌즈의 호텔들은 각 지역의 문화와 지리적 특성에 맞는 다양한 면모에도 불구하고, 상당히 일관된 고객 반응을 얻어 왔다. 사실 포 시즌즈 체인의 목표 가운데 하나가 각 지역에서 가장 훌륭한 호텔이 되는 것이었기에, 이 목표를 달성하기 위해서는 각 호텔이 위치한 지역의 특성에 민감할 필요가 있었다. 그러나 연구에 의하면 호텔의 위치와 관계없이 특급 호텔에 대한 고급 비즈니스 여행객들의 기대는 크게 다르지 않다고 한다. 따라서 최고 수준의 호텔이 되기 위해서 포 시즌즈는 또한 호텔 투숙객들을 위해 믿음직스럽고 일관된 경험을 창출해야 했다.

포 시즌즈의 역사

1961년 토론토의 포 시즌즈 모터 호텔로 설립된 이 체인은 시카고의 리츠칼튼 호텔을 인수하면서 미국 시장에 진출했다. 확장은 워싱턴 D.C.와 샌프란시스코, 뉴욕, 시애틀, 댈러스, 로스엔젤레스까지 이어졌다. 나아가 북미 외 지역, 특히 1992년 리젠트 인터내셔널(Regent International)과의 합병으로 아시아 지역까지 진출했다. 이 합병은 매우 중요한 의미가 있었다. 포 시즌즈가 북미 지역에서 성공적이었다면, 리젠트는 아시아 태평양 지역에서 강력한 입지를 굳히고 있었기 때문이다.

이 합병으로, 포 시즌즈나 리젠트 중 어느 한 곳의 고객이라면 체인의 다른 호텔에서도 동일하게 높은 수준의 서비스를 제공받을 것이라는 사실을 확신할 수 있게 되었다. 1996년 이스탄불과 베를린에는 호텔이, 하와이 코나 해변에는 리조트가 추가로 개장했다. 1997년에는 인도네시아 발리와 칼즈배드의 아비아라에 리조트가 개장되고, 1998년에는 라스베이거스에 호텔이 개장되었다. 이 체인의 과제는 각 지역에 위치한 모든 호텔에서 특급 호텔로서 최상의 수준을 유지하는 것이었다. 몇몇 호텔에서는 포 시즌즈나 리젠트라는 이름을 사용하지 않는 경우도 있다. 뉴욕의 품격 있는 피에르 호텔이나 시카고의 리츠칼튼 호텔은 포 시즌즈 + 리젠트 체인에 인수된 후에도 이름을 계속 유지했다. 그리고 포 시즌즈 + 리젠트는 각각의 호텔에 지역적 특색에 맞는 마케팅 전략을 개발했다. 즉 객실 및 식음료를 각 지역의 특색에 맞추어 개발했으며, 지역 맞춤 케이터링 메뉴를 개발하는 등 호텔이 지역 중심지라는 아이덴티티를 갖도록 했다.

1993년 포 시즌즈는 뉴욕에 자신의 대표 호텔을 지었다. 미국에서 지어진 호텔 가운데 가장 비싼 이 52층 호텔은 유명한 건축가 I. M. 페이(I. M. Pei)가 설계한 것으로, 건축 비용만 3억 6천만 달러가 소요되었다. 이 금액은 객실 하나 당 백만 달러에 해당하는 것이었다. 이 호텔은 페이가 북미 지역에서 유일하게 디자인한 호텔이다. 프랑스에서 수입한 벌꿀 색상의 석회암으로 지어졌는데, 페이가 그 유명한 파리 루브르 박물관에 사용했던 자재이다. 이 건물의 외관은 웅장하면서도 절제된 현대적인 스타일을 갖추고 있다. 다른 고층 건물로 가득한 뉴욕 57번가에서 주의를 끌려는 듯 화려하게 치장하려고 애쓰지 않은 모습이다.

디자인 팀의 관심은 투숙객에게 있었다. 이들의 목적은 고급 호텔에 묵는 독특한 경험에 근거한 미학을 창조하는 것이었다. 페이는 "건축 면에 있어서 포 시즌즈 호텔의 디자인은 호텔에 가는 것이 특별한 외출이었던 시절의 위엄 있는 전통을 이어가도록 만들어졌다."라고 말한다. 그는 또 "개인을 위한 서비스와 기품 있는 이벤트를 중심으로 디자인된 인테리어와 함께 고급 호텔에서의 경험을 누리는 것에 초점이 맞춰져 있다."라고 말했다. 호텔 입구는 간소한 미니멀적인 디자인으로 만들어졌으며, 극적인 조명과 거울을 이용해 공간이 끝없이 이어지는 듯한 착각을 일으킨다. 호텔 내부의 조용하면서도 활력 있는 느낌은 사원에 있는 듯한 느낌을 준다.

뉴욕 포 시즌즈 호텔에 대한 고객의 인상

한 고객이 뉴욕의 포 시즌즈 호텔이 가져다준 경험을 글로 남겼다.

『애스베리 파크 프레스(Asbury Park Press)』에 기고한 바바라 스텀(Barbara Sturm)은 자신이 주말 동안 투숙한 경험을 이야기했다. 그녀는 고급스럽지만 절제되어 있고, 도시적이지만 평화로운 호텔에서의 경험을 강조했다. 그녀가 경험한 수많은 고급스러운 부분과 호텔에서 받은 인상은 주목할 만하다. "지상에서부터 일곱 개의 벽단(壁段)이 수직으로 죽 뻗어 올라가 있는 크림색의 건물은 682피트 높이로 솟아 있으며, 그 날렵한 외관으로 첫눈에는 맨해튼에서 가장 높은 호텔이라는 사실을 깨닫지 못한다. 페이는 이 도시에 매우 아름다운 하나의 예술 작품을 선사한 것이다."라고 그녀는 말한다. 일단 호텔 내부로 들어서면 그녀가 느낀 미학적 경험은 많은 부분이 호텔이 가진 특성에 해당한다는 것을 알 수 있다. "고속 엘리베이터를 타고 올

그림 6.1 포 시즌즈 광고

라가, 방음과 금연 시설이 완벽한 객실로 들어가게 되었다. 벨 보이가 문을 열어주었을 때 나는 놀라움을 금할 수 없었다. 눈앞에는 10피트 높이의 천정과 맨해튼 북부 전체를 액자에 넣은 듯한 그림 같은 창문이 펼쳐져 있었다."라고 그녀는 말했다. 그녀의 경험은 편안하면서도 감각적인 것이었다. "침대는 프레트(Frette) 시트와 거위 털을 채운 베개, 그리고 깃털 이불로 꾸며져 있었다. 침대 서비스와 함께 바닥 깔개와 슬리퍼가 도착했다." 스텀은 '보송보송한 타월과 널찍한 욕조'에도 찬사를 아끼지 않았다. 그녀는 식당으로 가기 위해 객실 문을 나서면서 "과일 바구니에 담긴 붉은 체리를 꺼내 먹지 않을 수 없었다."라고 회상했다.

다음날 아침, 계속해서 스텀은 호텔 뷰티 센터를 방문한다. "세 시

그림 6.2 포 시즌즈 광고

간 동안 이루어진 'Executive Recharger'라는 서비스는 내 기분을 한껏 올려주었다. 이 서비스에는 한 시간의 마사지와 유럽식 얼굴 세안, 아로마테라피, 손톱 손질과 발톱 손질 등이 포함되어 있었다."라고 그녀는 말한다. 번잡한 도시 한복판에서 경험한 완전한 휴식은 그녀에게는 놀라운 것이었다. "호텔에서 지낸 주말에서 가장 좋았던 경험은 아무런 스케줄도 가지지 않았다는 점이다. 우리는 마음껏 빈둥거리고 휴식하고 회복하는 자유를 누렸다." 피트니스 센터 공간은 넓고 번잡하지 않았으며 각각의 기계에 헤드폰과 개별 TV가 부착되어 있었다. 스텀은 메이 웨스트(Mae West)의 말을 인용하며 글을 맺었다. "좋은 것이 지나치게 많은 것도 멋진 일이다."[2]

인테리어 디자인의 미학

이 호텔 디자이너의 계획에서 편안함은 가장 중요한 개념이었다. 이 호텔은 뉴욕에서 가장 큰 규모의 객실을 보유하면서도 그 요금은 경쟁 호텔의 요금과 비슷하게 유지함으로써 경쟁 호텔들과 차별화시켰다. 각 객실에는 응접 공간, 별도의 드레싱룸, 거실과 침실 공간, 침대 옆 스위치로 모두 작동되는 케이블 텔레비전, 라디오, 무료 비디오, 윈도우 블라인드, 스피커와 컴퓨터 모뎀이 두 라인의 전화선과 함께 갖춰져 있다. 전부 대리석으로 된 욕실 공간은 단 1분이면 욕조가 물로 채워지며, 욕실에 텔레비전과 라디오, 전화가 별도로 설치되어 있다. 차다, 시엠바다 앤 파트너(Chada, Siembada & Partners)의 돈 시엠바다(Don Siembada)와 제이 레프(Jay Leff)가 담당한 인테리어 장식에는 안락함과 미학적 즐거움에 대한 고려가 묻어난다. 호텔 건물의 모더니즘 스타일이 각 객실, 붙박이 캐비닛, 맞춤 디자인된 영국식 플라타너스 가구에 적용된 캐러멜 혹은 구리 계열의 색 체계와 함께 내부 장식에서도 드러난다. 그림들 역시 큐비즘과 추상주의 작품이 주를 이루며 모던한 느낌을 풍긴다.

고급스런 경험의 일부로서의 음식

호텔 주소를 딴 'Fifty-Seven Fifty-Seven'이라는 이 호텔 레스토랑 역시 장식과 음식 면에서 호텔의 테마를 그대로 유지하도록 계획되었다. 멋지고 우아한 장식과 공간은 호텔 내의 다른 공간과 마찬가지로 넓직하며, 편안하면서도 도시적인 분위기를 풍긴다. 레스토랑은 도시의 살아 있는 한 부분이면서 또한 도시로부터의 고급스러운 휴식처로 기능한다. 「뉴욕 타임스」의 레스토랑 평론가인 루스 리이클(Ruth Reichl)은 이 식당에서의 경험을 높이 평가하면서, '뉴욕에서 가장 웅장한 식당 가운데 하나', '기억할 만한 공공의 공간', '우아한 도피처'라고 평가했다. 정성스럽고 세련된 식당의 메뉴는 현대 미국식이며, 약간의 지역성과 지중해적 맛이 강조된다. "오늘날 레스토랑 'Fifty-Seven Fifty-Seven'은 훌륭한 사치와 같이 느껴진다. 이 식당은 단지 여러 호텔 레스토랑 가운데 하나가 아니라 옛 전통의 새로운 기준을 정립하는 식당이다."라고 리이클은 정리했다.[3] 이 식당에서 제공하는 룸서비스는 신속하다. 예를 들어 '계란은 10분 내로 서빙된다'와 같은 엄격한 기준을 따른다.

포 시즌즈 + 리전트의 웹사이트

포 시즌즈 + 리전트의 웹사이트는 회사가 포 시즌즈 + 리전트 체인에 속한 개별 호텔의 이미지를 손상시키지 않고도 단일한 미학적 요소를 제공하는 방법 중 하나이다. 이 웹사이트는 고급 비즈니스 및 레저 여행을 원하는 부유한 비즈니스 여행객들이나 여행 전문가들의 욕구에 잘 맞추어져 있다. 연구에 따르면 이 호텔 체인 고객의 40%가 인터넷을 통한 예약 경험이 있다고 한다. 이 웹사이트 홈페이지는 아랫부분과 윗부분이 희미하게 처리된 정교한 예술적 감각의 꽃 사진으로 시작한다. 사이트 방문자들은 '지역으로 찾기(Find by Location)', '호텔 시설로 선택하기(Chosse by Amenities)', '패키지 선택하기(Select Package)', '연락 방법(How to Reach Us)'으로 이름붙여진 네 개의 카테고리 중에서 갈 곳을 선택할 수 있다. 그리고 각 호텔의 개별 사이트에는 호텔 고유의 리전트 혹은 포 시즌즈(몇몇 경우에는 뉴욕의 피에르 호텔처럼 고유 이름의) 로고가 등장하며, 그 아래에 '포 시즌즈 리전트 계열 호텔'이라는 문구가 쓰여 있다. 또한 각 호텔 사이트는 그 호텔을 대표하는 멋진 사진으로 시작하며, 홈페이지와 마찬가지로 사진의 맨 위와 맨 아래 부분이 희미하게 사라지도록 처리되어 있다. 사이트 방문자들은 이미 그곳에 가 있는 듯한 느낌을 받는다.

각 호텔 사진 밑에는 그 호텔의 경험을 설명하는 문구들이 쓰여 있다. 비벌리 힐즈 포 시즌즈 호텔의 사진 밑에는 "로데오 거리에서 단지 몇 블록 떨어져 있습니다. 치열한 협상의 하루가 끝나고 이제는 비벌리 힐즈의 석양을 감상하세요."라는 문구가 나온다. 밀라노 포 시즌즈 사진에는 "라 스칼라와 두오모를 구경하세요. 아주 가깝습니다. 유명한 패션가와 단 몇 걸음 떨어져 있습니다."라는 문구가 등장한다. 포 시즌즈의 이름을 내세우지 않고 있는 시카고 리츠 칼튼 호텔 웹사이트에는 '포 시즌즈의 이름을 가질 만한 단 하나의 리츠 칼튼 호텔'이라는 문구가 유일하게 이 호텔을 체인과 연결시켜 주고 있다. 웹사이트에 들어오는 방문자들은 각각의 호텔을 살펴보고 특징을 감상하며 객실, 로비, 피트니스 시설 등을 둘러볼 수 있다.

각 호텔 사이트는 각 지역의 장점과 호텔 경험을 설명하는 외에도 잠재 고객들의 감각에 호소할 수 있는 글들을 싣고 있다. '수영장의 차가운 타월과 증기 스프레이', '감각적인 빌라 숙박시설에 자신을 잃을 정도록 푹 빠져보세요', '조용한 안뜰과 목가적인 정원', '벽난로 옆에서 마사지를 받으며 만족을 느끼세요' 등이 그 예이다. 사용되는 표현은 다양하지만 그 의미는 같다. 안락, 고급, 만족, 최고의 서비스, 감각적인 경험을 중시하면서도 고급스러운 최상급의 절제된 품위를 일관적으로 나타낸다.

전반적인 인상의 중요성

현대적이며 절제된 우아함을 갖춘 휴식처라는 포 시즌즈 호텔의 전반적인 인상은 각 스타일 특성 및 아이덴티티 요소들에서 스타일과 테마를 포괄적이고 체계적으로 관리함으로써 만들어진 것이다. 이런 요소들이 모두 합쳐져 특급 호텔이라는 일관된 전반적 인상과 이미지를 만들어냈다.

고객이 받는 전반적인 인상은 궁극적으로 아이덴티티 관리의 성공 여부라고도 볼 수 있다. 따라서 이것은 모든 아이덴티티 관리의 주된 관심사가 되어야 한다. 스타일과 테마에 구현된 기업의 표현 방식이 고객이 받는 인상을 적절하게 만들어내지 못한다면 아이덴티티 관리에 들어간 기업의 자원은 낭비된 것이다.

고객이 받는 전반적인 인상을 관리하기 위해서는 인상의 형성 과정을 이해해야 한다. 그러나 디자이너, 아이덴티티 컨설턴트, 그리고 관리자들은 주로 기업과 브랜드 표현 방식에 초점을 맞추고, 고객이 받는 인상에는 신경을 쓰지 않는 경향이 있다. 이들은 고위 경영진과의 면접을 통해 아이덴티티의 적합성을 진단하고, 이 정보를 기반으로 기업 로고와 이름을 결정한다. 포장 컨설턴트와 광고 대행사들도 브랜드 관리자들과의 면접을 기초로 해, 고객은 전혀 고려하지 않은 채 포장 디자인이나 광고 슬로건을 변경하는 것이 보통이다. 이런 경향은 "디자인은 아주 멋진데 일반 대중이 알아주지 않으니 안타깝다."라고 말하는 디자이너들의 태도에서 쉽게 알 수 있다. 이런 태도는 아이덴티티 관리 측면에서 볼 때 매우 생산적이지 못한 것이다. 이 태도는 제품이나 서비스가 고객에 대한 적극적인 배려 없이 디자인되었다는 실패의 기억을 떠올리게 할 뿐이다.

표현과 인상 간 차이의 최소화

고객이 받는 전반적인 인상을 충분히 고려하지 않으면 기업이나 브랜드의 표현(expression)에 대한 고객의 잘못된 해석을 낳을 수 있다. 즉 표현은 꼼꼼한 고객들에게 말이 안 되게 보이거나, 일관되지 못하거나 호감을 주지 못할 수도 있다. 혼란이 발생하거나("무슨 메시지를 전달하려고 하는 거야?") 부정적인 인상이 형성될 수도("별로 안 좋은데") 있다.

일본 백화점인 다까시마야(Takashimaya)는 뉴욕 5번가에 화려하게 플래그십 매장을 내면서 고객들이 받는 인상을 고려하지 않아, 스타일과 '예술적' 테마 면에서 고객들에게 혼란을 주었다. 이 다까시마야 백화점 1층은 일반적인 잡화나 향수가 아니라 고급스러운 꽃집과 화랑으로 이루어져 있었다. 이것은 일본에 있는 다까시마야 백화점의 접근 방법과는 완전히 다른 것이었다. 의류 판매점은 어디에도 보이지 않았고, 고객들은 혼란을 느꼈다. 다까시마야 뉴욕점의 접근 방식은 오직 소수의 사람들만이 이해가 가능했다. 이후 다까시마야는 점차 점포의 레이아웃과 디스플레이를 보다 전통적인 고급 백화점 형태로 변경했다.

고객들의 해석 차이가 발생하는 것을 막기 위해서는 회사가 적극적으로 나서서 커뮤니케이션을 해야 한다. 예를 들어 다까시마야는 왜 1층에 꽃집과 화랑을 두었는지를 설명하는 광고 캠페인과 브로슈어를 이용하는 등의 노력으로 고객들에게 이 이례적인 소매 방식을 이해시킬 필요가 있었다. 즉, 다까시마야의 주요 상품인 의류, 가구, 도자기 디자인에 나타나는 색과 형태에 대한 영감이 자연과 예술에서 오는 것이라는 등의 설명이 필요했던 것이다.

전반적 인상 : 과정과 내용

전반적 인상은 해석이라는 정신적 과정(mental process)을 통해 기업이나 브랜드 미학의 정신적 표현(representation)으로부터 형성된다. 이 장에서는 먼저 고객이 기업이나 브랜드의 아이덴티티 요소에 구현된 형태, 스타일, 테마에 노출되었을 때, 고객의 인상이 형성되는 과정에 대해 논의한다. 그 다음으로 기업이나 브랜드의 미학을 판단하는 몇 가지 주요 차원들을 살펴보면서 그것들의 정신적 표현의 내용에 대해 논의한다.

예상치 못한 고객 인상의 주의 관찰

기업들은 때때로 비정상적이거나 사실과는 전혀 다르게 형성된 고객들의 인상에 대처해야 할 때가 있다. 예를 들어 대중문화에서 빠른 속도로 회자되는 루머와 같은 비정상적 요인들로부터 고객 인상이 형성될 수도 있는 것이다. 10년 이상 프록터 앤 갬블(Procter & Gamble)은 악마주의와 관련 있다는 악의적 소문에 시달려야 했다. 회사의 CEO가 자신이 다니는 악마주의 교회에 회사 이익의 많은 부분을 기부하고 있고, 숫양의 뿔 심벌이 곧 P&G의 모든 제품에 등장할 것이라는 내용이었다. P&G에 구현되어 있는 상징적 표현은 이런 주장을 뒷받침해주는 듯하기도 했다. 그러나 1995년 P&G는 마침내 루머의 근원지를 찾아냈고, 유통 판매 회사인 암웨이(Amway)의 유통업자들을 무고한 루머를 퍼뜨린 혐의로 고소했다. 고객이 받는 이런 비정상적 인상과 관련한 문제는 계속적인 주의 관찰과 강력한 관리를 필요로 한다.

조금 덜 극단적이기는 하지만 팀버랜드(Timberland)의 예가 있다. 팀버랜드는 1993년 언론의 거센 비난에 직면했다. 팀버랜드 부츠와 야외용 아웃웨어가 회사가 목표로 하는 전원이나 야외 활동 고객이 아닌, 도심의 청소년들에게 받아들여지기 시작하자 회사는 팀버랜드를 도심의 힙합 패션으로부터 분리시키려 했다. 이 때문에 회사는 흑인 문화가 지배적인 도심 젊은이들에게 부정적으로 대응했다는 이유로 인종차별적이라는 비난을 받았다. 팀버랜드는 단지 기업과 브랜드 이미지를 일관적이고 안정적으로 유지하려고 노력했을 뿐이라고 주장했다. 팀버랜드의 광고는 명시적으로 반도시적인 미학을 표현하는 일을 계속했다. 그러나 팀버랜드는 새로운 상황을 좀 더 일찍 파악하고, 회사 고유의 아이덴티티의 일관성을 유지하면서도 보다 덜 분열적인 메시지로 대응했어야 했다.

과정 : 고객은 전반적인 인상에 어떻게 도달하는가

고객은 기업이나 브랜드의 미학적 결과물들을 수동적으로 받아들이는 존재가 아니다. 그들은 매일 경험하는 다수의 아이덴티티 요소들의 정보를 처리한다. 그들은 주요 요소들, 스타일, 테마를 편집하고 해석해 기업이나 브랜드의 전반적인 인상을 형성해낸다. 이러한 과정들의 일부는 의식적으로 일어나기도 하나, 대부분은 무의식적으로 일어난다. 의식적으로 일어나는 과정은 고객이 특정 기업이나 제품에 높은 흥미나 관심을 가지고 있을 때, 또는 특정 캠페인에 궁금증을 느끼고 그것을 해결하려고 할 때 일어난다('베네통이 광고에 에이즈 환자, 다양한 색의 콘돔, 갓난아기를 등장시킴으로써 전달하고자 하는 것은 무엇일까?').

전반적인 고객 인상은 소비자가 정보를 처리할 때 사용하는 다음의 세 가지 유형의 정보처리 과정, 즉 1) 통합, 2) 추론, 3) 태도에 기반한 것이다.[4]

1. 통 합

정보 통합은 개인 지각에 대한 포괄적인 연구의 영역이다. 가장 핵심적인 관심사는 사람은 어떻게 여러 정보를 일관된 인상으로 통합하는가 하는 것이다. 이에 관한 연구 결과, 다음의 두 가지 효과를 발견했다. 그것은 '중심성 효과(centrality effect)'와 '일차성 효과(primacy effect)'이다.

중심성 효과. 다음의 특성에 따라 어떤 사람에 대한 인상을 형성하도록 해보라. '지적인 — 실력 있는 — 근면한 — 따뜻한 — 확고한

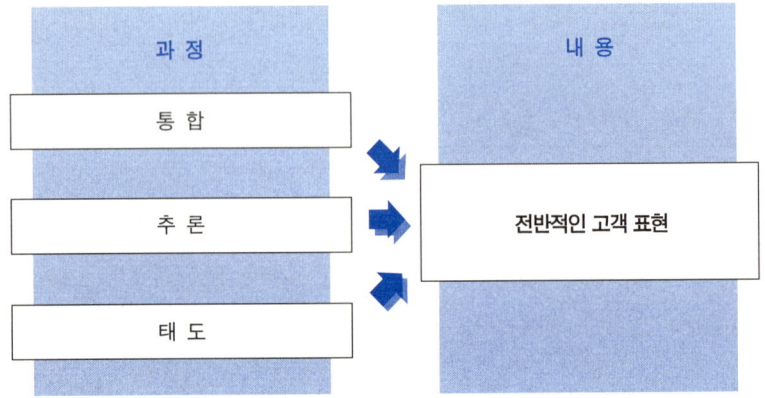

표 6.1 전반적인 인상의 본질

— 실제적인 — 조심성 있는' 등의 특징이 주어지면 상당수 응답자는 무엇인가 굉장히 이로운 것을 성취하려는 강한 욕구를 가진 과학자를 상상했다. 그러나 '따뜻한'을 '냉정한'으로 바꾸자 인상은 완전히 바뀌어버렸다. 이 인물은 이제 잘난 척하고 거만하며 계산적인 것으로 비추어지는 것이다. 한편 '무뚝뚝한'과 '예의 바른'과 같은 특징은 '따뜻한'이나 '냉정한' 만큼의 영향력은 가지지 않은 것으로 밝혀졌다. '따뜻한'과 '냉정한'은 우리가 사람을 판단하는 전체에 영향을 끼치는 중심적 특징인 것이다.[5]

기업이나 브랜드에 대한 지각에도 같은 원칙이 적용된다. 특정한 아이덴티티 요소들은 고객 인상을 결정하는 데 중심적인 위치를 차지한다. 다음의 색을 아이덴티티 요소로 가진 은행을 상상해보라. 회색과 파스텔 분홍색의 빌딩, 짙은 청색 제복, 밝은 회색 카운터, 하늘색의 은행 카드. 이들 가운데 파스텔 톤의 분홍색 빌딩이 두드러진다. (사실 이러한 색 체계를 갖는 은행이 일본에 실제 존재한다.) 만약 파스텔 색조를 건물 대신 차량의 색조로 골랐다면 그 효과는 그다지 크지 않을 것이다. 결국 은행에 있어서는 건물이 중심적인 아이덴티티 요소인 것이다. 그러므로 어떤 기업이든 그 중심적 아이덴티티 요소들을 규명해내는 것이 중요하다. 이 요소들은 고객이 받는 인상을 크게 좌우할 수 있기 때문이다.

일차성 효과. 첫인상은 이후의 인상보다 더 강력하기 마련이다. 첫인상은 한 회사든 개인이든 간에 오랫동안 계속 남게 된다는 특성이 있다. 영국 항공은 서비스와 미학적 측면에서 획기적인 발전이 있었음에도, 수년간 기존의 형편없는 이미지에서 벗어나지 못했다. 영국 항공이 이런 이미지를 벗을 수 있었던 것은 랜도가 항공사의 대외적 면모를 완전히 바꾸면서 성공적인 시각적 캠페인을 수행한 덕분이었다. 이 캠페인은 사치 앤 사치(Saatchi & Saatchi)가 기획한 광고 캠페인과 결합되어 수행되었는데, 이 광고 캠페인은 '전 세계가 선호하는 항공사(World's Favourite Airline)'라는 도전적인 테마를 가지고 있었다. 현재 영국 항공은 지속적으로 세계 수위에 드는 항공사로 평가받고 있으며, 정기적으로 아이덴티티와 이미지를 개선하고 있다.

일차성 효과 때문에, 관리자들은 새로운 캠페인을 시작하고자 할 때 아이덴티티 변화가 가져오는 결과에 주의를 기울일 필요가 있다. 바람직한 접근법 가운데 하나는 새로운 아이덴티티를 중심적 아이덴티티 요소에 적용시켜서 다른 아이덴티티 요소에 후광 효과를 발휘하도록 하는 것이다.

2. 추 론

추론은 소비자가 자신들이 지각하는 아이덴티티 요소들에 근거해 결론을 도출해내는 것이다. 다시 말해 추론은 소비자들이 자신의 경험과 지식을 바탕으로 부족한 정보를 채워가면서 스스로 이해할 수 있도록 조정하는 과정이다.

소비자 연구자들은 주로 광고의 맥락에서 추론을 연구해 왔다. 소비자들은 광고를 보면서 동시에 광고가 주는 정보를 넘어 제품에 대한 지지 의견이나 반대 의견을 형성하고, 광고에 나온 유명인이나 광고 모델 등 광고 내용의 원천에 대한 인상을 형성한다. 이와 마찬가지로 소비자들은 대중에게 노출되는 기업의 면모를 볼 때, 그 기업의 색('빨강은 생기 있어.'), 형태('이 각은 긴장을 암시하는군.'), 스타일, 심벌, 테마('이 기업은 전통에 가치를 두는 군.')에 대해 추론 과정을 거치게 된다. 광고에서와 마찬가지로 이런 추론들 중 일부는 기업이나 브랜드가 의도한 표현과 일치할 것이고, 일부는 그렇지 않을 것이다.

3. 태 도

태도는 고객이 받는 인상을 평가하는 데 효과적이다. 태도에는 긍정, 중립, 부정이 있고, 강도에서도 중립적인 것, 약간 긍정적인 것, 매우 긍정적인 것 등으로 다양하다.[6] 어떤 회사가 민감한 주제를 다루게 되면 이에 대한 평가는 긍정적이든 부정적이든 간에 더욱 강력한 것이 될 것이다. 아이덴티티에 대한 의견은 종종 갈리기도 한다. 톰 피터스가 "디자인은 단지 사랑과 증오에 관한 것이지, 좋고 싫은 것에 관한 것이 아니다."라고 말했듯이,[7] 미적지근한 반응은 어떤 이미지를 만들어내고 고객들의 주의를 끌거나 제품을 판매하는 데는 효과가 없다.

직접적 경험은 강하고 안정적인 태도를 만들어낸다. 소비자들은 자신의 취향과 어떻게 느끼는가에 대해 확신하게 된다. 간접적인 경험은 보다 모호하고 덜 강력한 태도를 형성한다. 제품 속성/편익 광고나 이미지 광고와 달리 기업의 아이덴티티에 대한 태도는 대개 직접적인 노출에서 온다. 그러므로 회사가 아이덴티티의 성공을 확신하지 못한다면 고객과 아이덴티티 요소 간의 직접적 접촉은 피해야 할 것이다. 예를 들어 아이덴티티 요소 가운데서도 신문 기사나 아이덴티티를 설명하는 광고 캠페인처럼 간접적인 노출이 가능한 것들을 먼저 사용해 고객의 태도를 긍정적으로 유도해야 할 것이다.

내용 : 전반적인 인상의 차원

유진 자가트(Eugene Zagat)와 니나 자가트(Nina Zagat)는 매년 '자가트 서베이(Zagat Survey)'라는 가이드북을 펴내고 있다. 이 책은 애틀랜타, 보스턴, 시카고, 댈러스/포트워스, 하와이, LA, 미니애폴리스, 뉴올리언즈, 뉴욕, 필라델피아, 워싱턴 등 미국 각 지역에 있는 식당의 등급을 매긴다. 현재 '자가트 서베이'는 몬트리올이나 런던 같은 해외의 도시들까지도 다루고 있다. '자가트 서베이'는 식당의 등급을 매기는 데 민주적인 방식을 적용한다. 수천 명의 사람들이 참여해 매일 약 5천끼 정도의 외식을 하고, 자가트 팀은 이를 합산해 음식, 서비스, 가격, 분위기의 네 가지 항목을 0부터 30까지의 척도로 평균을 낸다. 이와 함께 각 레스토랑의 느낌도 싣는다.

책자에 실린 몇 문장을 살펴보자. '생생하고 젊은 도심의 모임', '창고 같은 딕시 술집', '나무 위에서의 간편한 식사', '호화로운 호텔 식사', '멋지고 펑키한 저녁식사', '나무로 된 따뜻한 방', '향수(노스탤지어)에 의해 하나가 된', '경쾌한 유럽풍의 장식', '소란스럽

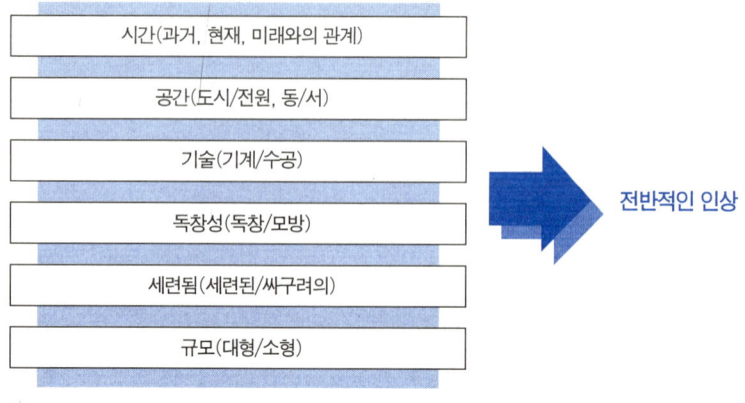

표 6.2 전반적인 인상의 차원

고 히피적인', '어두운 아랍 바자풍 장식', '멋지고 우아한' 등의 표현들이다.

식당에 가 있는 동안은 물론이고 방문 전이나 후에도 광고나 식당 평가 등에 의해, 그리고 가게 홍보물을 통해 고객들은 동일한 스타일과 테마를 가진 서로 다른 종류의 아이덴티티 요소들에 노출되며, 이 요소들은 전반적이고 정돈된 표현으로 통합된다. 우리가 이미 논의했던 고객의 인상 형성 과정을 토대로 예상할 수 있는 것처럼, 이런 전반적인 인상들은 복잡하고 평가적인 것이다.

그러므로 종종 방문자들은 서로 전혀 다른 인상을 형성하며, 자가트의 설명도 이를 반영한다. 어떤 사람들에게 '매력적인 도시의 저택'이 다른 사람에게는 '답답한 우아함'일 수 있다. 마찬가지로 어떤 사람에게 '향수로 가득한' 곳이 다른 사람들에게는 '시대에 너무 뒤떨어진' 식당으로 보일 수 있다.

몇몇 주요한 지각적 차원에 관한 특정한 묘사들은 반복적으로 나타난다. 포 시즌즈 호텔 체인이나 자가트 가이드에 실린 식당에 대한 묘사들은 놀랍게도 유사하다. 예를 들면 국제적 호텔에 관한 조사 프로젝트의 일환으로, 필자는 주요 인상 차원을 구분하기 위해 미국과 아시아 고객들이 몇몇 호텔 체인에 대해 가지는 인상에 관한 정성적, 정량적 자료를 수집했던 적이 있다. 호텔과 식당뿐만 아니라 자동차, 전자제품, 소매 공간, 공공 장소, 도시 전체 등 우리가 접하는 어떠한 미학적 대상이 갖는 아이덴티티 요소의 전반적인 표현에는 주요 지각적 차원이 있다. 이러한 주요 지각적 차원에는 시간과 시간적 움직임, 공간, 기술, 독창성, 세련됨, 규모와 관련된 인상이 있다.

시간 표현

현재를 기준점으로 할 때 시간 차원은 과거, 현재, 또는 미래를 의미하며, 이는 '전통적', '현대적', '미래적' 표현(representation)으로 이어진다.

전통적. 고객들은 과거와 강하게 연결되는 요소나 스타일, 테마를 사용하면 그것이 전통적(traditional)이라고 판단한다. 각 개인과 문화는 시간 지향, 즉 과거와 현재, 미래를 평가하는 정도에 있어 서로 다른 모습을 보인다. 소비자가 전통을 보존할 만한 가치가 있는 것으로 여긴다면 전통적 미학에 대한 태도는 긍정적일 것이다. 이때 이 소비자가 받는 인상은 '보수적인(conservative)'으로 표현될 수 있다. 소비자가 과거에 대해 부정적 입장이라면 전통적인 미학을 '구식'이나 '시대에 뒤진', 심지어 '반동적인'이라고 말할 것이다.

미학 관리의 입장에서 개별 스타일 요소를 사용해 전통적 미학을 전달하기는 어려울 것이다. 예를 들어 색상은 과거와는 명확하게 연

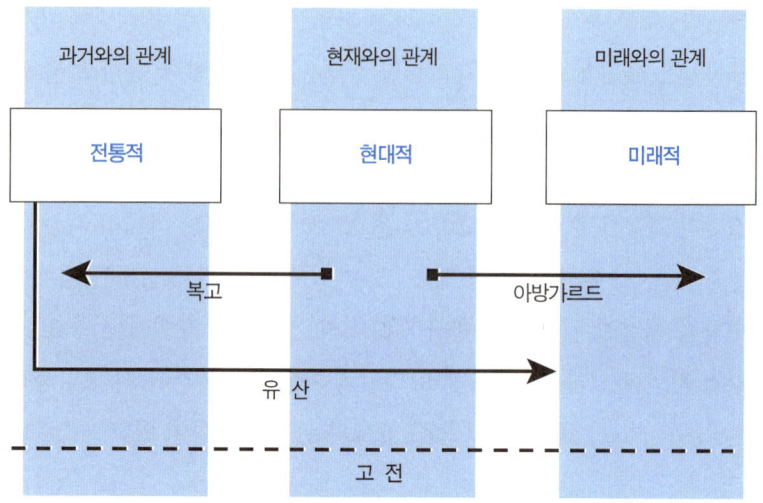

표 6.3 시간과 관련된 인상

관되어 있지 않다. 그러나 흑백 사진이나 소프트 렌즈를 사용한 촬영 방식으로 전반적으로 '전통적인' 정서를 표현하는 것은 가능할 것이다. 모양과 재질 또한 과거를 연상시킬 수 있다. 로마 벽돌 기둥이라든가 건물에서의 수직 혹은 수평적 배치, 녹슨 듯한 녹색 지붕은 모두 과거를 회상하게 해준다.

독일에서 가장 전통 있는 꼬냑 브랜드인 아스바흐 우랄트(Asbach Uralt)는 전통적인 문양과 서체, 전통을 연상시키는 이름을 사용한다. 우랄트(uralt)는 '고대의(ancient)'라는 의미이다. 스위스 시계 제조회사인 파텍 필립(Patek Philippe)도 전통적인 미학을 사용한다. 이 회사는 세이코나 스와치와는 달리 아직도 가문 이름을 회사명으로 사용한다. 모든 시계가 수공으로 만들어지며, 이 사실 또한 과거의 심벌이 된다. 또 금제 시계는 흑갈색 밴드로 장식된다. 전통적 미학은 1996년의 '자신의 전통을 시작하세요(Begin your own tradition)'라는 광고 캠페인에서도 확연히 드러난다. 이 캠페인은 시간의 흐름을 보여주는 흑백 사진과 모티브들을 보여준다. 이 광고 사진은 피아노를 연습하는 어린아이를 감싸 안은 아버지의 뒷모습을 담고 있다. 이 광고는 옛날식 이탤릭체를 사용하고 있고, 광고 카피는 다음과 같은 문구로 끝난다. "그것은 사람들이 당신이 파텍 필립을 실제로 소유하지 않고 있다고 느끼는 이유일지도 모릅니다. 그저 다음 세대를 위해 보관하고 있는 것뿐이지요."

전통적인 인상을 추구하는 미학은 많은 제품에 적합하다. '전통적'이라는 것은 품질, 고객 충성도, 안전을 의미한다. 그러나 전통적인 접근에는 위험이 따른다. 구식이고 시대에 뒤진 것으로 보일 수 있다. 그러므로 사용하는 전통적 외관과 심벌이 계속 매력을 유지하고 있는지, 고전의 감수성 가치에 접근하는지 확인할 필요가 있다.

전통적인 남성의류 브랜드인 브룩스 브라더스(Brooks Brothers)는 1980년대 후반 이미 돌이킬 수 없는 지점에 이른 것으로 보였다. 노년층을 제외한 대부분의 소비자들에게 이 브랜드는 더 이상 전통적 가치를 제공하지도, 고전적 가치를 제공하지도 못했다. 단지 시대에 뒤진 가망 없는 브랜드처럼 보일 뿐이었다. 그러나 영국 백화점 그룹인 막스 앤 스펜서(Marks and Spencer)가 미국 시장으로의 확장 일환으로 이 회사를 인수했을 때, 브룩스 브라더스의 브랜드 아이덴티티는 미학적 접근을 통해 성공적으로 되살아났다. 현재 이 브랜드는 브랜드의 핵심 이미지인 '원숙한 신사(mature gentleman)'를 버튼 다운 옥스포드 셔츠, 캐주얼 혹은 정장 남성의류, 새로 디자인한 매장, 칵테일이나 시가 제본 책자 같은 소품들로 구현해낸다.

현대적. 현대적(contemporary)이라는 전반적 인상은 현재의 스타일과 테마를 사용함으로써 창조된다. 문화적 경향의 날카로운 관찰자이자 아이덴티티 컨설턴트인 피터 레빈(Peter Levine)에 따르면, 1990년대 후반의 경향에는 디지털 세계의 상징적 표현(픽셀, 정보의 흐름, 접속 등), 글로벌리즘, 새로운 정직성, 영성, 순수함 등이 있다. CK ONE 향수는 1994년 유니레버의 자회사인 캘빈 클라인 코스메틱스(Calvin Kelin Cosmetics)에서 출시한 것으로, 현대의 문화적 경향을 예리하게 관찰한 결과이다. 이 획기적인 남녀 공용 향수는 이스케이프(Escape), 이터니티(Eternity), 옵세션(Obsession) 등 당시의 캘빈 클라인 향수 제품들의 매출을 빼앗지 않고도 기록적인 매출을 올렸다. 이 제품은 깨끗하고 장식 없는 미니멀한 병에 담겨서 나왔고, 젊은층에 호소하기 위해 레코드 매장의 특별 판매대나 백화점 등에서 판매되었다. 이런 전략은 이 향수가 현대적인 향수라는 호소력 있는 인상을 주었다.

미래적. 미래적인(futuristic) 전반적 표현은 미래에 초점을 두며, 아방가르드적인 디자인이나 신소재의 사용, 새로운 서체, 새로운 인쇄 기법, 기존 요소의 독특하고 이례적인 조합 등 여러 가지 방법으로 창조된다. 미래적 인상은 혁신적이고 아방가르드적이다. 또는 공상과학 같은 느낌을 주기도 한다. 이탈리아의 타이어 업체인 피렐리(Pirelli)는 광고에서 리처드 아베든(Richard Avedon)의 사진을 사용해 미래적인 접근을 시도했다.

시간적 움직임의 표현

복고적. 전반적인 표현의 목적은 종종 한 시대를 재창조해내는 것이다. 즉, 특정 시기의 전반적인 표현을 현재에 창조해내는 것이다. 표현에 있어 '복고적(retro)' 접근은 향수적인 인상을 추구한다. 향수는 과거에 대한 감상적 열망, 즉 과거의 어떤 시기나 감정을 복구하려는 희망을 의미한다. 그것을 성취하는 강력한 방법은 음악이나 내러티브, 심벌 혹은 다른 테마적 요소들을 이용하는 것이다.

복고적 경향은 그 시작부터가 힘든 과정이다. 대개 이런 경향은 (예를 들어 영화의 성공 같은) 계획되지 않은 방식으로 시작되며, 주로 입소문에 의존한다. 문화에서 복고적 경향의 출현은 예측하기 어렵고, 단기간에 끝나는 일도 많다. 복고적 경향은 미래로 가는 여정에서 한걸음 뒤로 물러서는 것이다. 이 경향은 패션 제품에는 맞을 수 있으나, 신속하게 변화하는 아이덴티티 요소(즉, 로고보다는 광고)에서는 피할 필요가 있다. 그러나 이 경향은 소비자들에게 브랜드가 지녔던 복고적 미학과 과거의 문화적 리더십을 상기시킴으로써 고전하는 브랜드에 활력을 불어넣을 수도 있다.

미국 도시들에 있는 몇몇 레스토랑이 이런 접근법을 사용했다. 50년대 식당 분위기를 살려 그 당시의 오래된 사진, 침침한 조명, 번쩍번쩍한 무도회장을 연상시키는 공간 디자인 등을 활용한다. 몇몇 패션과 향수 제품들은 특정 시기를 떠올리게 하며, 그 시대를 흥미롭게 재창조한다(예를 들어, 앤디 워홀에 의해 표현된 샤넬 No.5 향수병 광고). 흥미롭게도 색상 자체는 시대와 무관하지만 특정한 색상 조합은 특정 시대를 연상시킨다(60년대의 주요 '팝' 색상들이나 70년대 히피 문화의 갈색과 녹색과 같은 자연주의 색상).

1995년에는 운동화 시장에서 복고적 경향이 두드러졌다. 성공적인 복고풍의 예로는 1970년대 디자인된 원스타(One Star)라는 컨버스(Converse) 스니커즈와 특유의 세 개의 옆줄 디자인이 들어간

1960년대 아디다스 스니커즈, 그리고 1990년대에 새로이 등장했으나 1970년대 뉴욕 닉스 팀의 스타 플레이어 월트 클라이드 프레지어(Walt 'Clyde' Frazier)의 이름을 따서 '클라이드'라 불리게 된 퓨마(Puma)의 농구화가 있다. 복고풍의 경향은 과거에 성공적이었으나 시간이 흐르면서 이류로 밀려난 회사들(1960년대와 1970년대에 선도 브랜드였으나 1990년대에 이르러 미국 시장에서 5% 이하의 시장 점유율을 보이는 아디다스, 컨버스, 퓨마 같은)에게 이익이 될 수 있다.[8]

아방가르드. '복고'와 반대되는 시간적 움직임은 아방가르드(avant-garde)이다. 아방가르드적 인상은 구식 타파적인 최첨단 디자인과 아이덴티티 접근으로부터 나온다. 프랑스 인테리어 디자이너 필립 스타크(Philippe Starck)는 유럽, 아시아, 미국의 호텔과 레스토랑 디자인에 아방가르드적 접근을 시도한 것으로 유명하다. 예를 들어 그는 뉴욕의 로열튼 앤 파라마운트(Royalton and Paramount) 호텔, 도쿄의 매닌 호텔(Hotel Manin), 그리고 파리에 있는 카페 코스트(Cafe Coste)의 인테리어를 디자인했다. 그의 최근작에는 세계에서 가장 전통 있는 호텔 가운데 하나인 홍콩 페닌슐라 호텔(Peninsula Hotel) 최고층에 위치한 대형 레스토랑과 바가 있다. 그는 레스토링과 바를 디자인하면서 대형 바 뒤쪽에 폭포수가 흘러내리는 것처럼 보이도록 빛을 투사했고 드라마틱한 조명을 설치했다. 또 모두 크롬과 유리 재질로 미니멀한 느낌의 화장실을 만들어 남녀 모두 이 특별한 장소에서 홍콩 항과 구룡반도의 멋진 광경을 볼 수 있게 했다.

적용 사례 : 디젤

디젤(Diesel)은 유럽에서 가장 인기 있는 청바지 브랜드이다. 디젤의 전 세계 매출은 1985년의 9백만 달러에서 10년 후 3억 5천만 달러로 증가했다. 이 회사 목표는 1995년 1천 5백만 달러인 미국 매출을 1999년까지 1억 달러로 끌어올리는 것이었다.[9] 디젤은 아방가르드와 '복고'의 혼합적인 접근 방식을 사용하며, 이는 디젤의 전반적인 아이덴티티에 명확하게 드러난다.

기이하고 풍자적인 '성공적인 생활방식' 광고 캠페인은 스웨덴 광고 회사인 파라디셋(Paradiset)의 작품으로, 1991년 시작된 이후 국제적으로 활용되었다. 1997년 광고 캠페인은 역사적으로 중요했던 순간들을 뒤돌아본다. 마이애미에서 촬영된 이 광고는 기존의 자료에 새로운 이미지를 입히는 최신 컴퓨터 기술을 이용해 실제 있었던 역사적 상황을 위트 있게 전환한다.(그림 6.3) 베를린, 런던, 파리, 뉴욕, 워싱턴, 시카고, 샌프란시스코에 있는 디젤 매장은 '기이하고 복고적인 악센트가 있는 미래적인' 분위기를 창조한다. 1960년대와 1970년대로부터 튀어나온 듯한 밝은 색 가구, 모조 원목으로 만든 패널, 우주 시대를 연상시키는 금속, 오래된 가구들이 이런 분위기를 형성한다. 판매하는 의류 자체도 아방가르드와 '복고'가 결합된 제품이다. 1997년 가을/겨울 남성의류 컬렉션에는 '고딕적 영감의', '펑크', '모터' 테마가 포함되었다. 여성 컬렉션에는 트위드, 나일론, 앙고라 울, 면, 새틴, 벨벳 같은 이 시대의 고전적인 다양한 소재와 함께, '슈퍼 소프트 스트레치 울트라스웨이드', '스트라이프 개버딘', '테크노 비닐'과 같은 신소재로 제작되었다.

그림 6.3 디젤 브랜드 청바지 광고

유산. 유산적 인상은 기업이나 브랜드에 미래로 투영되는 역사나 과거의 느낌이 부여되었을 때 창출된다. 이런 역사적 접근법이 설득력을 지니기 위해서는 소비자가 회사의 역사에 대해 충분히 알고 있어야 한다. 1996년, 연료 주입기와 마이크로프로세서부터 할로겐 램프에 이르기까지 7백여 개의 제품을 생산하는 지멘스(Siemens)는 유산을 강조하는 광고를 내보냈다. 두 페이지에 걸쳐 게재된 이 광고는 회사의 역사와 미래를 강조한다.

포르투갈의 소나에(Sonae)는 회사의 새로운 로고와 기업 아이덴티티를 론칭하기 위해 흥미로운 유산 접근법을 사용했다. 소나에는 1959년에 창립되었으며 장식용 라미네이트판 시장을 개척했다. 이 회사는 곧 목재 제품의 사업 영역을 확장하고, 1980년대에는 슈퍼마켓, 부동산, 정보 기술, 여가, 여행 분야로 사업을 확장했다. 1980년대의 연평균 성장률은 38%였다. 1990년대 초반에 회사는 성장과 에너지를 상징하는 새로운 로고를 선정했다. 이 로고는 새로운 사업의 육성과 발전을 나타내며, '가장 작은 씨앗으로부터 가장 거대한 나무로'라는 슬로건이 함께 따라다닌다. 이렇게 소나에는 목재 제품에서 사업을 시작했음을 적절히 언급하면서, 이러한 상징적 표현을 사용해 회사가 미래로 나아가게 한다.[10]

고전. 고전적 인상은 어떤 것이 지속되고 시간을 초월해 영원한 가치를 갖는 것을 의미한다. 어떤 아이덴티티가 고전적인가의 판단은 시간에 따라 달라진다. 달리 말해 고전적 인상은 어떤 한 시점에서 창출되는 것이다. 회사는 그 자신의 미학적 부분들을 그때그때 향상시킬 때에만 오랜 시간이 흐르고 난 후 비로소 고전적 인상을 획득할 수 있다. 시계 브랜드인 리버소(Reserso)가 "우리는 1925년 이래로 아방가르드적이다(Avant-garde since 1925)."라고 외치듯이, 기업이 스스로가 고전적이라고 주장할 때는 더욱 그러하다.

많은 제품 범주에서 다수의 '고전적'인 브랜드들이 존재한다. 샤넬 No.5, 조니 워커, 포르쉐 카레라, 리츠 칼튼, 기타 많은 브랜드가 이런 고전적인 브랜드이다. 브랜드는 오랜 시간에 걸쳐 일관된 스타일과 테마를 유지해야 고전적이 될 수 있다. 고전적인 브랜드와 이

그림 6.4 버드와이저 광고

브랜드의 미학적 표현은 해당 경쟁 시장에서 다른 상황이 전개된다고 해도 변경해서는 안 된다. 고전적 브랜드를 담당하는 마케터는 경쟁에 직면했을 때도 브랜드의 핵심을 고수해야 한다.

'맥주의 왕'인 버드와이저는 120년이 넘은 브랜드이다. 버드와이저의 전통적인 메시지에는 자부심과 자신감이 묻어난다. "이 버드는 당신을 위한 것입니다.", "당신의 버드가 되어 자랑스럽습니다.", "당신이 버드와이저를 말하면 이미 다 말한 것입니다." 등의 말이 서민 계층의 이미지와 함께 등장한다. 이는 수십 년 동안 효과를 거두었다. 그러나 1994년 11월 저명한 마케팅 교수인 필립 코틀러(Philip Kotler)는 "버드와이저가 시장 점유율 하락을 막기 위해서는 보다 새롭고 강력한 이미지를 필요로 한다."고 말했다. 반면 리핀코트 앤 마걸리즈의 클라이브 샤젯(Clive Chajet) 회장은 이에 반대하며, "나라면 그렇게 성급하게 행동하지 않겠다."라고 말했다. 결과적으로 샤젯의 말이 옳았다. 코틀러는 약간의 수정만으로도 미래로 그 가치를 확장할 수 있는 버드와이저의 고전적 가치를 고려하지 못했던 것이다. 버드와이저의 광고는 달빛이 비치는 하늘 아래 연못에 있는 개구리나, 그림 6.4에서 볼 수 있듯이 필드에서 풋볼을 하고 있는 고전적인 클라이즈

데일 종의 말을 등장시킨다. 이런 비주얼들은 항상 그렇듯이 서민적이고, 메시지는 자부심과 자신감을 지니고 있다.

공간 표현

시간과 마찬가지로 전반적인 공간 표현(representation)은 기업이나 브랜드가 어디에 있기를 원하는지 보여준다. 공간 표현은 다양한 형태로 나타나게 된다.

도시/전원. 공간 표현의 일반적인 하나의 측면은 도시/전원의 이분법이다. '도시/전원'은 미학적 세분화의 강력한 변수이다. 도시 혹은 전원 미학에 대한 선호도는 생활양식과 연결되어 있다. 도시 주민들과 전원 거주민들은 그다지 잘 섞이지 않는다. 도시 주민들은 주말에 집안에 머무르는 반면, 전원 거주민들은 도시로 몰려간다. 전원 거주민들은 주말에 신선한 공기를 맡으러 잘 꾸며 놓은 전원 레저 시설을 찾은 도시 주민들을 우습게 보곤 한다.

도시/전원 아이덴티티는 비교적 쉽게 만들어진다. 슈퍼마켓의 진열대 위의 전원적 인상은 암소나 목초, 자연, 산, 프랑스 사실주의 회화의 시골풍 옷차림과 같은 전형적인 이미지를 통해 형성된다. 도시적 인상은 다수의 사람들, 자동차, 소란함, 마천루, 검정색 의상들에 의해 창출된다.

또 아이덴티티의 일부로 암시되는 특정 도시의 인상이 존재한다. DKNY는 뉴욕의 인상을 활용한다. 벤 앤 제리스(Ben & Jerry's) 아이스크림은 시각적 아이콘으로 얼룩 암소를 상징화하는 등 버몬트의 서민 커뮤니티 이미지를 사용한다. 중국산 영약으로 유명한 브랜드 베이징 젤리(Beijing Jelly)는 중국 약재의 연상을 활용하고 있으며,

'파리(Paris)' 향수는 광고용 로고에서 그 도시의 우아함을 암시한다.

동/서. 1장에서 다루었던 캐세이 퍼시픽 광고 캠페인은 '동과 서'의 인상을 추구한다. 동서양의 섬세한 통합은 홍콩, 도쿄, 런던, 뉴욕, LA 등 전 세계에 위치한 많은 레스토랑에서도 찾아볼 수 있는 경향이다. 홍콩의 TOT('Talk of Town'의 약자) 레스토랑은 젓가락과 포크가 어우러지는 미학을 가장 섬세한 부분까지 완성시켰다.

이 경향은 스위스 태생의 요리사이며 홍콩의 페닌슐라(Peninsula) 호텔에서 근무한 경력이 있으며, 현재는 뉴욕 레피나스(Lespinasse) 레스토랑에 있는 그레이 쿤즈(Gray Kunz)로부터 시작되었다. 그는 전통적인 프랑스 양념과 동양의 향을 결합시킨 '동서양이 만나는 요리'의 대가이다. 그가 만든 메뉴 중에는 '누에콩을 곁들인 살짝 튀긴 농어'나 '에스프레소 아시아산 생강 수플레' 디저트가 있다. 그러나 식당 분위기는 음식 컨셉과는 잘 맞지 않는다. 루이 15세 스타일의 살롱처럼 꾸며진 룸은 전적으로 프랑스식이다. 이름이 상징하는 것 또한 완전히 프랑스식인데, 예를 들어 1760년대 파리에서 지식층을 위한 살롱을 운영했고, 귀베르 백작과 가슴 아픈 연애를 했던 마드모아젤 쥘리 잔느 엘레노어 드 레피나스의 이름을 따서 식당 이름을 지었다. 그 결과 이 식당에서 고객들이 받는 인상은 『자가트』의 소개를 빌리자면 '화려하고, 보수적이며, 호사스러운' 것이다.[11]

공간의 다른 측면. 형태, 스타일, 테마는 공간과 관련한 그밖의 다양한 전반적인 인상을 창조하는 데 활용될 수 있다. 예를 들면, 자기 집 같은 아이덴티티 대 사무적인 아이덴티티, 실내 느낌의 아이덴티티 대 실외 느낌의 아이덴티티. 유럽의 지하철은 실내에 있는 듯한 인상을 주는 반면 미국의 지하철은 바다, 벽 등의 재질 때문에 실외에 있는 듯한 느낌을 준다. 몇몇 매장 아이덴티티는 자기 집 같은 느낌을 주고, 반면 다른 매장은 사무적인 느낌을 준다.

특정 장소의 인상도 예를 들어 스페인, 이탈리아, 멕시코 같은 나라나 뉴잉글랜드, 캘리포니아 같은 지역의 전반적인 인상을 창조하기 위해 관리될 수 있다. 크리넥스 티슈 '표현(expression)'은 다양한 아이덴티티 요소들 위에 특정 장소와 연관된 비주얼을 사용한다. 그들의 티슈 박스는 스타일과 테마를 사용해 다양한 장소와 관련된 전반적인 인상을 창조한다. 크리넥스 인쇄 광고는 그 인상들에 이름을 붙이는데, 미국 인디언 스타일과 붉은 사막, 황소 이미지의 비주얼이 있는 인상에는 'South WoWstern' 같은 이름을 붙이고, 동양적 스타일, 아치형의 지붕과 전통 의상을 입은 태국인 모습의 비주얼이 있는 인상에는 'Thai-riffic'이라는 이름을 붙인다.

기술 표현

흔히 접하는 또 다른 전반적인 표현(representation)은 기업 미학이 기술의 사용을 반영하는 정도와 관계가 있다. 아이덴티티 요소들은 첨단 기술로 만들어진 것처럼 보일 수도 있고 손으로 직접 만든 것처럼 보일 수도 있다. 즉 하이테크적으로 보일 수도 있고 자연적으로 보일 수도 있으며, 인공적인 느낌을 줄 수도 있고 자연적인 느낌을 줄 수도 있다. 또 합성된 소리처럼 들릴 수도 있고 전통 악기로 연주한 것처럼 들릴 수도 있다.

이런 인상과 관련한 태도는 기술과 회사 형태, 제품 범주에 대한 개인의 태도에 달려 있다. 예를 들어 환경 문제에 민감한 사람은 자연적인 모습을 선호할 것이다. 이런 소비자들에게 어필하고자 에스티 로더(Estee Lauder)는 오리진스(Origins) 브랜드를 만들어냈고, 이 브랜드는 에스티 로더의 브랜드 아이덴티티나 네임과는 무관하게 관리된다. 바디샵(Body Shop)과 마찬가지로, 오리진스 브랜드의 매장 인테리어와 제품 디자인은 고객에게 자연을 연상시킨다.

독창성의 표현

아이덴티티의 인상은 또한 그 아이덴티티가 독창적으로 보이는지 아니면 모방적으로 보이는지에 기초한다. 독창성은 주의를 집중시키며 혼란을 단번에 제거한다. 독창성은 종종 두드러져 보이기 위해 산업의 기준을 깨는 것을 의미한다. 이런 과정을 뉴욕을 중심으로 활동하는 웰스 리치 그린 BDDP Inc.(Wells Rich Green BDDP Inc.)는 '창조적 파괴(disruption)'라고 부른다.

만약 어떤 아이덴티티가 다른 아이덴티티의 핵심 요소나 심벌을 빌려왔다면 모방적이라고 간주된다. 또한 실행은 다르더라도 스타일과 테마에서 동일한 인상을 이끌어냈다면 이도 역시 모방적이라고 평가된다. 일반적으로 모방적인 인상은 고객들이 독창성에 가치를 두기 때문에 부정적으로 생각된다.[12] 그러나 회사가 자신만의 스타일을 가져다 쓴다면 그 인상은 모방적이지 않을 수 있다. 고객들은 암시를 알아차리고 그것을 평가할 것이다. 그러나 극단적인 모방적 아이덴티티는 법적 문제를 발생시킨다.

세련됨의 표현

대부분 미학 계획이 어떠한가에 따라서 어떤 미학적 접근은 '세련되지 못하다'거나 '싸구려 같다'라고 불리고, 어떤 접근은 '세련되다', '정교하다', '고급스럽다'라고 판단된다. 바치(Baci) 초콜릿은 세련된 인상을 창조하기 위해 비주얼과 함께 설명하는 방식을 사용했다.(그림 6.5) 앞서 우리는 이미 포 시즌즈가 세련된 인상으로 관리되어 왔음을 보았다. 이와 대조적으로 워싱턴의 워터게이트 같은 호텔들은 스타일과 테마에서 '값싼' 호텔로 보인다. 법률 회사들은 세련됨과 힘을 조합시킨 인상을 창조한다. 현관, 로비, 사무실 등 공간적 미학 요소들은 미국 대기업의 회의실을 연상시킨다. 각 법률 회사가 지닌 문화에 따라

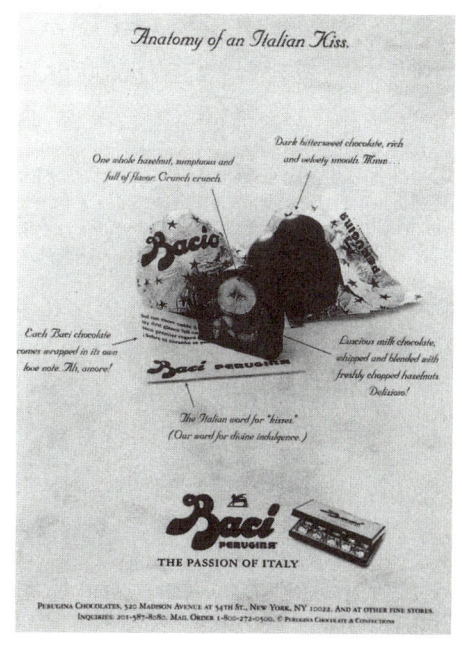

그림 6.5 **바치 광고**

다양한 스타일이 표현될 수 있으나, 얻고자 하는 일관적인 인상은 강력한 세련됨이다.

종종 한 국가 전체가 세련됨과 세련되지 않음의 미학적 이미지로 연상되는 경우가 있다. 프랑스와 이탈리아, 일본은 다양한 미학적 영역에서 세련됨을 연상시킨다. 이와는 대조적으로, 러시아와 중국은 영광스러운 과거로부터의 물려받은 풍부한 문화, 훌륭한 건축물과 예술 작품들을 지니고 있음에도, 20세기 동안 기업과 브랜드 미학 영역 전체를 소홀히 다루어 왔다.

소련과 마오쩌둥 치하의 중국에서는 아름답고 미학적인 것은 모두 부르주아적이고 반혁명적인 것으로 치부되었다. 이러한 이데올로기는 1960년대 후반과 1970년대 중국의 문화혁명 기간에 가장 정점에

이르렀는데, 당시 예술 작품, 개인적 소장품 등 미학적인 어떤 것이든 홍위병에 의해 파괴되었다. 중국 정부가 최근 새롭게 '유명 브랜드' 캠페인을 통해 이 문제에 대처하려 하고 있지만, 중국에서의 미학과 아이덴티티 관리는 아직도 매우 낮은 수준에 머물러 있다. 러시아와 중국 모두 미학 관리에 있어 근본적인 변화를 도모하지 않는다면 세계 시장에서 경쟁하는 데 심각한 문제를 안게 될 것이다.

규모의 표현

흔히 접하는 또 다른 표현(representation)은 지각된 기업의 규모에 관한 것이다(웅장함 대 소형). 웅장함의 전반적인 인상은 이름에서 시작된다. 하얏트의 고급 브랜드 호텔 명칭은 '그랜드 하얏트(Grand Hyatt)'이다. 음반, 영화, 서적, 멀티미디어 상품을 판매하는 리처드 브랜슨의 유명한 버진의 복합 소매점 명칭은 '버진 메가스토어(Virgin Megastore)'이다. 노먼 포스터(Norman Foster)가 디자인한 일본 마천루의 명칭은 '밀레니엄 타워'이다. 이름에서 풍기는 웅장함은 거대한 꽃 장식과 조각을 배치한 그랜드 하얏트의 입구와 로비에서, 버뱅크, 코스타 메자, 로스앤젤레스, 사크라멘토, 샌프란시스코, 뉴욕에 위치한 버진 메가스토어의 거대한 네온 사인에서, 그리고 시카고의 시어스 타워(Sears Tower)보다도 335미터나 더 높은 750미터를 자랑하는 밀레니엄 타워에서의 스타일과 테마에서도 계속된다.

그랜드 하얏트의 이런 전반적인 인상은 광고 캠페인을 통해 더욱 강화되었다. 홍콩의 그랜드 하얏트 광고에서는 "그랜드 하얏트의 로비로 들어가는 것은 다른 세계로 들어가는 것과 같습니다. 대리석 계단을 따라 올라가면 그런 느낌은 더욱 고조됩니다."라고 말한다. 버

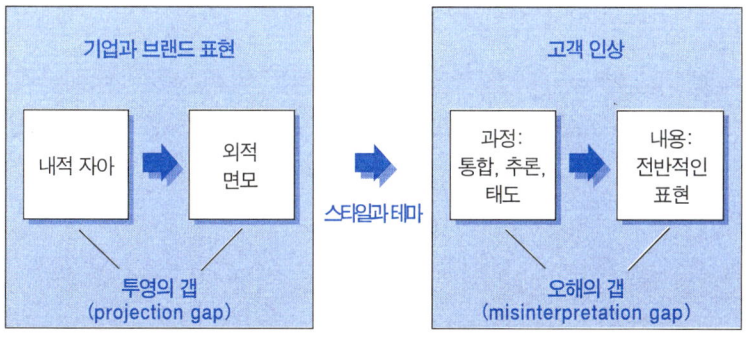

표 6.4 CE/CI 개념틀 요약

진 메가스토어의 TV 광고에서는 버진의 로고가 그리스의 아크로폴리스와 파리 에펠탑 위로 겹쳐져 나온다. 버진 소매 그룹의 마케팅 담당 부사장인 크리스토스 가르키노스(Christos Garkinos)는 말한다. "우리는 고객들이 이리저리 즐겁게 돌아다니며 뭐든지 고를 수 있는 훌륭한 환경을 제공합니다. 이것은 한 장소에서 대중 문화를 모두 경험하는 방법입니다. 그리고 우리 회사는 분명 개성을 가지고 있는데, 그 상당 부분은 리처드 브랜슨 회장의 성향에서 기인하는 것입니다. 바로 외향적이고 최신 유행을 추구하며 불경스러운 것입니다."[13]

요 약

전반적인 인상은 어떤 기업이나 브랜드 아이덴티티의 전반적인 표현을 창조하는 고객 과정으로부터 만들어진다. 기업과 브랜드 표현은 인상으로 전환될 때만 의미있는 것이다. 해석 과정은 결국 하나의 표현이 광범위하게 서로 다른 인상들을 창출할 수 있음을 의미한다. 그래서 기업과 브랜드의 인상은 연구와 관찰을 필요로 한다. 기업이나 브랜드의 표현과 그 결과로 나타나는 인상은 관리자들이 미학을 통해 표현을 창조하는 데 필요한 방향을 제시해 준다.

 새로운 인상을 창조하기 위해서는 기업과 브랜드 이미지는 물론 현재의 트렌드도 우선적으로 평가되어야 한다. 미학 전략은 바람직한 인상을 창조하는가 아닌가에 의해 판단되어야 한다. 다음 장에서는 인상을 평가하고 창조하고 관찰하기 위한 연구에 관해 논의한다.

3부 미학의 평가와 보호

07 미학 관리를 위한 평가와 연구 방법
Assessment and Research Tools for Aesthetics Management

기업과 브랜드 로고의 조사와 평가

이 책에서는 고객이 기업과 그 제품들을 인식하는 데 긍정적인 영향을 주는 것으로 보이는 미학적 요소, 스타일과 테마에 관한 수많은 예들을 제시했다. 여기에 제시한 예들의 대부분은 설명적이었다. 그렇다면 개념적이고 분석적이며 직관적인 미학 이해의 수준을 뛰어넘는 방법은 없는 것일까? 어떤 유형의 미학이 효과를 거두고 어떤 것이 그렇지 못한지 보다 정교한 자료를 제공하는 조사 방법론은 없는 것인가?

워싱턴 주립 대학교의 파멜라 W. 헨더슨(Pamela W. Henderson)과 조셉 A. 코트(Joseph A. Cote) 교수, 브랜드 아이덴티티 회사인 인터브랜드 셰크터(Interbrand Schechter)의 회장이자 CEO인 앨빈 셰크터(Alvin Schechter)는 소비자의 지각에 로고가 미치는 영향을 연구했다. 헨더슨과 코트 교수는 (다중 회귀를 통한) 상관관계 분석을 이용해 이 문제에 접근해 일반적인 로고의 특성을 연구하고자 했다. 앨빈 셰크터는 경험적 접근을 통해 이미지 가치 차원에서 로고의 이름과 시각적 요소의 영향을 연구했다. 두 가지 접근 모두 연구 가치가 충분히 있으며, 이 장에서 다룰 로고 외의 아이덴티티 요소들을 연구하는 데 논의될 방법들과 함께 유용하게 사용될 수 있을 것이다.

헨더슨과 코트의 연구

헨더슨과 코트의 연구에서[1], 세 명의 전문가는 첫째 이 연구의 대상으로 외국 회사 및 제품 브랜드의 로고 총 195개를 선정했다. 외국 브랜드의 로고를 선정한 이유는 로고의 친숙성, 평판, 기존의 반복적 노출로 생기는 복합적 효과를 제거하기 위한 것이었다. 즉, 예를 들어 AT&T의 로고 자체를 선호해서가 아니라 그 서비스에 만족해서 AT&T의 로고를 긍정적으로 평가하는 사람도 있을 수 있는 것이다.

다음으로 대규모의 소비자 그룹이 각각의 로고를 복잡성, 유기성, 활동성, 원형성, 수평성, 입체성, 대칭성, 응집성, 대표성, 영속성, 의미성, 지각된 친숙성의 12가지 디자인 특성으로 평가하도록 요청받았다. 이 평가는 어떤 로고가 지각되었는가와 더불어 주요한 지각 차원을 결정하기 위해 사용되었다. 연구자들은 이를 위한 첫 단계로 각 디자인 특성 간의 상관관계(통계적 관계)를 컴퓨터로 분석했다. 서로 상관관계가 높은 디자인 특성들은 동일한 특성을 측정하는 것이 분명해 보인다. 이 절차는 요인 분석(factor analysis)이라 불리는 또 다른 절차와 연결되어, 해당 로고의 디자인 특성 기저에 깔린 주요 지각적 차원을 규명할 수 있도록 해주었다. 이렇게 해서 도출된 주요 지각적 차원은 (1) 정교함, (2) 자연스러움, (3) 연상, (4) 대칭이다.

'정교함'과 '자연스러움'은 스타일을 다룬 4장에서 '복잡성'과 '대표성'이라고 부른 것과 거의 동일하다. '연상'은 응답자가 로고를 이해하는 정도에 관한 것이고 '대칭'은 로고의 하위 요소가 대칭적인 정도에 해당하는 것이다. 그러므로 디자이너가 새로운 로고를 창조하고자 할 때, 이런 주요 로고의 차원들을 고려해야 한다. 즉 정교하거나 단순한 로고를 원하는지, 추상적이거나 자연스러운 로고를 원하는지, 대칭적인 혹은 비대칭적인 로고를 원하는지, 그리고 소비자들이 로고를 이해하도록 만드는 방법을 고려한다.

사람들이 로고를 어떻게 인식하는지를 알게 되면 다음 질문이 제기된다. 사람들이 어떤 로고를 좋아하는가이다. 헨더슨과 코트는 그들의 연구에서 다섯 가지 정서적인 평가인 싫어함/좋아함, 나쁨/좋음, 저품질/고품질, 흥미롭지 않음/흥미로움, 두드러지지 않음/두드러짐의 상반된 기준을 이용해 로고에 대한 소비자들의 점수를 측정했다. 그런 다음 어떤 디자인 특성이 소비자들의 로고의 선호 여부를 가장 잘 예측하는지를 결정하기 위해 다중 회귀 분석을 실시했다. 그 결과는 다음과 같다.

1. 소비자들은 단순한 로고보다는 상대적으로 정교한 로고를 선호한다.
2. 소비자들은 분명한 연상을 불러일으키는 로고를 좋아한다.
3. 소비자들은 추상적인 로고보다 자연스러운 로고를 좋아한다
4. 소비자들은 대칭적인 로고를 좋아한다.

헨더슨과 코트가 사용한 분석 방법을 통해 어떤 회사라도 새로운 로고는 물론이고 기존 로고까지 쉽게 평가해볼 수 있다. 또 이 방법을 사용하면 그래픽 디자인, 문구류, 포장, 매장 인테리어 등 어떤 아

이덴티티 요소라도 엄정하게 시험해볼 수 있다. 이때 필요한 것은 아이덴티티 요소, 적절한 측정 척도, 알맞은 응답자 표본이다. 이러한 요소들이 갖추어지고 나면 조사는 다음과 같은 단계로 진행된다.

1. 여러 디자인 특성들에 관해 주어진 아이덴티티 요소들의 점수를 평가하도록 요청한다.
2. 주요 차원들을 규명해내기 위해 이런 특성들 간의 상관관계 혹은 요인 분석을 실시한다.
3. 아이덴티티 요소들의 태도 점수를 도출한다.
4. 회귀 분석을 이용해 어떤 차원들이 아이덴티티 요소들에 대한 태도를 결정짓는지 규명해낸다.

셰크터의 연구

앨빈 셰크터는 이미지에 대한 로고의 기여도에 관심을 가졌다.[2] 이미지에 대한 로고의 기여도란 기업이나 브랜드가 얼마나 믿을 만한지, 얼마나 높은 품질을 제공하는지, 오늘날의 생활양식에 걸맞는지, 소비자가 과연 사용하고자 하는 제품인지 등을 소비자들이 그 로고에서 어느 정도까지 예측할 수 있는지를 말한다. 이미지에 대한 로고의 기여도를 측정하기 위해 전국적으로 1,800명의 소비자들을 무작위로 다음의 세 그룹으로 나눠 실험을 진행했다.

1. 기본적인 '회사명 혹은 브랜드명': 참가자들에게 회사명이나 브랜드명이 적힌 여러 개의 인덱스 카드가 제시된다.
2. '아이콘': 참가자들에게 로고의 시각적 부분만 컬러로 보여주고 회사명이나 브랜드명은 함께 제시하지 않는다.

3. '로고 전체': 회사명 혹은 브랜드명과 로고가 함께 제시된다.

(체계적인 개인차를 통제하기 위해 무작위로 그룹을 배정하는 것이 필수적이다.)

세크터는 '로고 전체'와 '회사명 혹은 브랜드명' 간의 점수 차이가 로고 디자인의 이미지 기여도를 결정한다고 판단했다. 45%의 로고들에서 이 두 그룹 간의 점수 차이는 영(0)에 가까웠다. 즉 아이콘이 회사 혹은 브랜드명의 이미지 가치를 향상시키지도 약화시키지도 않았다는 의미이다. 그러나 나머지 로고에서는 시각적 요소들이 확실히 이미지 효과를 나타냈다. 가장 이미지 기여도가 높은 여섯 개의 회사 혹은 브랜드는 다음과 같다. 모토롤라, 뷰익, US 웨스트, 머큐리, 캐딜락, 나이키이다. 가장 기여도가 낮은 브랜드(마이너스 점수로, 회사 혹은 브랜드명으로 사용될 때가 로고 전체로 사용될 때보다 더 나은 경우)는 콘티넨탈 보험, 미놀타, 인피니티, 랜드 오 레이크(Land O' Lakes), 후지, 텍사스 인스트루먼트였다.

이 연구는 또한 로고 범주 간의 흥미로운 차이점들을 드러냈다. 일반적으로 시각적 아이콘의 그림이나 글자 심벌이 캐릭터나 추상적 그림이나 워드마크보다 이미지 공헌도가 더욱 높았다는 점이다.

세크터의 실험 절차를 사용하면 기존 로고나 새로운 로고의 하위 구성요소들의 이미지 가치도 알아낼 수 있다. 또한 어떤 아이덴티티 요소든(포장의 상표명, 문장, 디자인, 광고의 상표명, 문구, 헤드라인, 디자인 등) 다수의 하위 구성요소들을 검토하는 데 사용될 수 있다.

그러나 세크터의 연구는 두 가지 중대한 방법론적 문제를 가지고 있다. 첫째로, 이미지 영향을 측정하기 위해 차이 값을 계산하는 것은 그룹 간 비교에서 의심의 여지가 있다(예를 들어 주제 간 비교). 두 번째로, 경험 그룹 간의 차이와 로고 범주 간의 차이에서 통계적 중요성이 검증되지 않았다는 점이다. 그러므로 다음과 같이 수정된 절차를 거칠 것을 제안한다.

1. 주어진 아이덴티티 요소의 적절한 하위 구성요소들을 결정한다.
2. 이 하위 구성요소들을 대표하는 경험적 조건에 응답자들을 무작위로 할당한다.
3. 각자에게 주어진 하위 구성요소들을 평가하도록 한다.
4. 분산분석(ANOVA)을 통해 경험 그룹들 간의 평균 차이를 분석한다.

하위 구성요소의 가치와 특정 하위 구성요소들이 상호작용해 더 좋거나 더 나쁜 결합을 창출하는 방법에 관한 더 상세한 분석은 종종 신상품 개발에 사용되는 '결합 분석(conjoint analysis)'이라는 절차를 통해 평가될 수 있다. 이 분석은 실험적인 디자인 절차도 활용한다.

미학적 관리에서 조사의 역할

미학을 통해 아이덴티티를 평가하는 유용한 두 가지 방법들을 살펴보았다. 이 장에서 우리는 아이덴티티을 분석하고 그 성공을 예측하는 데 사용될 수 있는 주요 방법들을 다룬다. 그러나 이런 논의 전에 디자인과 아이덴티티에 활용되는 조사의 역할과 효과와 관한 논쟁을 소개한다.

대부분의 비즈니스 관련 의사 결정과는 달리, 아이덴티티와 이미지 관리는 강력한 예술적 요소들을 갖는다. 아이덴티티와 이미지 계획의 최종 산출물, 즉 (로고, 브로슈어, 빌딩과 사무실, 광고 또는 웹사이트 형태로) 소비자들이 보거나 듣거나 만지는 제작물들은 그래픽 디자이너, 건축가, 인테리어 디자이너, 광고 대행사의 카피라이터, 아트 디렉터, 기타 미학 관련 전문가들의 창의성의 결과이다.

이런 미학 전문가들은 창의성에 더해서 기술, 훈련, 경험이 디자인 과정의 핵심 부분임을 관리자들에게 설명할 필요가 있다. 그러나 관리적 의사 결정의 다른 영역에서와 같이, 실제로는 디자인은 더욱 너무 직관에 의존해 수행되는 경우가 많다. 일화적 사례가 직관적 판단을 정당화할 거의 유일한 증거가 되곤 한다.

미학적 관리에서 일화적 증거의 위험

어떤 디자이너에게 로고 디자인에 밝은 색이 아니라 어두운 색을 쓴 이유를 물었을 때, 그 디자이너는 어두운 색이 현재 처한 상황의 맥락에서 그 회사 전략과 일관되는 보다 강력한 이미지를 나타내기 때문이라고 대답할지 모른다. 이번에는 다시 '왜' 이 어두운 색이 그런 효과를 낸다고 생각하느냐고 묻는다면, 보통은 디자이너의 다른 작업이나 수많은 경험 때문이라는 대답이 나올 것이다. 이런 개인적 경험을 일화적 증거(anecdotal evidence)라 부를 수 있다. 디자이너는 무엇을 그려야 할지에 관한 경험과 기억이 다양하다.

이런 종류의 가설적인 논의는 일화적 증거의 혜택과 결점을 동시에 나타낸다. 이런 증거는 직관을 날카롭게 한다. 또 직관을 지원하며 형성하기도 한다. 그러나 다음의 세 가지 이유로 잘못된 결정을 내리게 할 수도 있다.

1. 제한적이므로 종종 상황에 맞지 않는다. 일화적 증거는 광범위하거나 대표성을 가지지 못한다. 일화적 증거는 특정 포지션을 지원하기 위해 의도적으로 도출되는 경우들도 종종 포함한다. 이런 경우들은 세상의 전반적인 상황을 대표할 수도 있지만, 그렇지 못할 수도 있다.
2. 일화적 증거는 자체 지원적이므로, 신뢰성에 의구심을 갖게 된다. 일화적 증거는 종종 선택적으로 회상되어, 상황에 긍정적인 일화가 그렇지 않은 일화보다 더 많이 근거로 사용되는 경향이 있다. 이런 이유로 분석과 결정에서 잠재적인 편견을 초래한다.
3. 일화적 증거는 다분히 주관적이다. 일화적 증거는 하나의 표본에 대한 직관과 의견을 대표한다. 합의의 정도는 고려되지 않은 채 활용된다.

결과적으로, 일화적 증거에 강하게 의존하는 의사 결정은 왜곡과 오류를 범할 수 있다. 조사 연구가들은 몇 년 동안 수많은 왜곡과 오류를 발견했으며, 이는 주로 적절치 못한 샘플링과 일화적 증거를 과도하게 신뢰한 데 기인한다. 여기에 두 가지 예가 있다.

- 기본적인 비율과 확률을 무시하는 경우. '성공 사례'에 근거해, 결정권자들(예를 들어 디자이너들)은 성공이 계속될 확률이 매우 낮음에도 과거에 성공을 이끌어냈던 요소에 의존하게 된다. 이들은 기억 속에 각인되어 있는 성공 사례에 적절치 못한 인상을 받곤 한다.
- 불충분한 조정. 디자이너들은 자신이 선호하는 디자인 방안에 점점 더 집중하는 경우가 있다. 이 방안은 충분한 조사에 근거해 계속적으로 재고되어야 함에도, 디자이너들은 같은 아이디어로 작업을 진행하며 경미한 수정만으로 실행한다. 그들은 부적당하게 최초의 디자인 아이디어에 의해 주어진 '자의적 기준(arbitrary anchor)'을 따른다.

그러므로, 일화적 증거는 직관적 감각의 날을 세우고 그 방향을 제시하는 데 주요한 방법이 될 수 있으나, 보다 대표성을 띠는 객관적인 조사를 통해 뒷받침되어야 한다.

조사에 대한 회의적인 견해들

불행히도 많은 디자인 회사와 아이덴티티 회사들은 조사에 대해 회의적이다. "디자인과 디자인에 대한 반응은 측정될 수 없다."라고 생각하는 것이다. 이들은 창조적인 생각만이 훌륭한 결과를 만들어 낼 수 있고 말한다. 소비자 의견은 그 어떤 것이든 기껏해야 중도적인 방안만을 만들어내어 디자이너들에게 혼란을 줄 뿐이라는 것이다. 그러므로 소비자 조사는 쓸모 없는 비용 낭비이며, 최악의 경우 디자인 작업을 망칠 수 있다고 그들은 말한다. 예를 들어 디자인 권위자이며 셰르마이예프 앤 가이스마(Chermayeff & Geismar Associates)의 창립자인 이반 셰르마이예프(Ivan Chermayeff)도 이런 견해를 표명한다. 그는 소비자들이 디자인에 대한 반응을 예측하지 못하며, 통상적으로 디자이너들을 이끌 수 없다고 말한다.[3]

다른 사람들도 이런 견해에 동의한다. 품질 연구의 권위자인 W. 에드워즈 데밍(W. Edwards Deming)[4]도 혁신은 소비자들로부터 나오지 않는다고 말한다. 실제로 많은 획기적인 디자인이나 아이덴티티는 무미건조한 조사 작업이 아니라, 창의적이고 깨어 있는 마인드로부터 개발되었다. 그러나 디자인 개발을 책임진 사람들의 근시안적인 생각 때문에 실패한 많은 디자인들이 있다. 이들은 회의적 태도 또는 무지로 인해 간단한 조사나 평가 기법조차 사용하지 못한다.

대부분의 디자인 회사들은 적절한 조사를 수행하는 데 필요한 방법을 잘 모르고 있다. 랜도와 같은 디자인 회사는 조사를 강조해 왔으며, 아이덴티티 회사 가운데 가장 큰 조사 부서를 갖추고 계속 이런 정책을 유지하고 있다. 반면에 다른 많은 아이덴티티 회사들은 사내 조사 부서를 가지고 있지 않다. 이들 회사들은 경영층에게 제안된 디자인 방안을 뒷받침할 근거 자료가 필요함을 알고 있기 때문에, 포커스 그룹 인터뷰나 모든 질문에 적용 가능한 전형적인 답변들로 일관하는 경향이 있다. 그러나 포커스 그룹 인터뷰는 다양한 조사 방법 가운데 하나일 뿐이며 심각한 한계를 가지고 있으므로, 신중하게 사용되어야 한다.

적절한 조사 절차의 부재로 생겨난 틈새 시장을 디자인과 아이덴티티에 전문성을 가진 소수의 조사 회사가 채우고 있다. 샌프란시스코에 있는 체스킨 + 매스튼(Cheskin + Masten)은 온전히 아이덴티티와 디자인 이슈에만 초점을 맞춘 우수한 조사, 전략 및 기획 전문 회사 가운데 하나이다. 대부분의 디자인 회사들이 회사 이름에 '전략적 기획'이나 '전략적 커뮤니케이션 컨설팅'이라는 용어를 사용하지만 실제로 디자인 개발을 위한 조사나 전략적 기획에 초점을 두는 회사는 거의 없다. 회사들이 이런 약점을 보완하려고 노력하고는 있지만, 마케팅 조사 분야를 잘 이해하지 못하는 한계를 가지고 있다.

아이덴티티 기획을 위한 조사

조사와 디자인은 함께 진행되어야 한다. 기업 아이덴티티를 표현하고 소비자 인식 속에 올바른 인상을 만드는 미학을 창조하기 위해

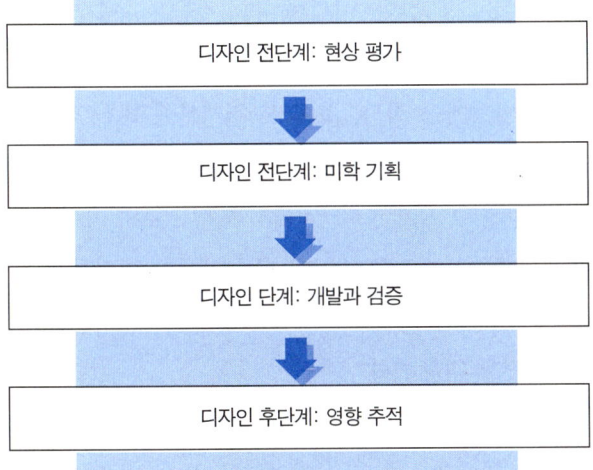

표 7.1 아이덴티티 조사의 단계

서는 과정 전반에서 조사가 필요하다. 현상의 진단에서, 그리고 디자인 개발 과정과 디자인 사후 절차에서 스타일과 테마를 통한 미학 전략을 기획하는 일에서 조사가 필요한 것이다.(표 7.1) 조사는 한 단계 또는 두 단계에서 실행되는데, 하나는 정성적(qualitative) 조사를 사용한 디자인 사후 체크 형식이며, 다른 하나는 디자인 사전 (혹은 디자인 작업 중간의) 포지셔닝 단계이다. 여기서는 디자인 작업 절차에서 거쳐야 할 조사 단계에 관해 보다 포괄적으로 설명해보겠다.

1. 디자인 전단계: 현상 평가

전형적으로 아이덴티티 관리 과정은 현재의 기업 표현과 고객 인상에 대한 평가로부터 시작한다. 이 맥락에서 관리자들은 보통 경쟁사들과 비교해 자사의 미학이나 아이덴티티의 현재 상태를 평가하기를 원한다. 이런 평가는 현재의 미학적 관점에서 '우리가 누구인지'

를 발견하는 것을 의미한다. 이런 종류의 질문은 수수께끼 같고 진부하게 들릴 수 있지만, 사실 아주 중요하고 체계적인 접근의 기본이 되는 것이다. 여기에는 회사, 소비자, 경쟁사에 대한 직접적인 분석과 소비자의 취향과 선호에 영향을 주는 광범위한 문화 요소들에 대한 검토가 포함된다. 또한 이 단계에서는 앞으로의 아이덴티티 프로젝트의 범위와 목적, 초점을 두어야 할 문제들을 결정하게 된다.

2. 디자인 전단계: 미학 기획

평가 작업이 끝나면 미학(예를 들어 새로운 스타일이나 테마)을 통한 포지셔닝 전략 개발을 위한 조사가 이루어진다. 회사 전체의 포지셔닝은 한 회사의 제품이나 서비스를 포지셔닝하는 것보다 더 어려운 작업이다. 그러므로 이와 관련한 조사 작업에는 효과적인 결과를 얻기 위해 풍부한 자원의 투자와 통합 작업이 반드시 필요하다.

3. 디자인 단계: 디자인의 개발과 검증

새로운 미학 포지셔닝의 실행 단계는 디자인 개발을 포함하며, 이는 다양한 디자인 회사들에 의해 수행된다. 이 단계는 다단계의 크리에이티브 과정으로, 이를 통해 새로운 디자인과 아이덴티티가 탄생한다. 디자인 개발 단계에서 조사는 광고 대행사가 광고안을 매체를 통해 내보내기 전에 하는 카피 테스트와 같이, 로고, 그래픽 디자인, 포장, 공간 디자인 등 개발된 디자인의 사전 테스트를 위해 필요하다.

4. 디자인 후단계: 기업 미학의 영향 추적

사후 디자인 조사는 수행된 디자인 프로젝트의 성공도를 평가하는 작업이다. 성공 혹은 실패 여부가 두 번째 단계인 '디자인 전단계'에서 수립된 본래의 프로젝트 목적에 비추어 평가되어야 한다. 성공적인 아이덴티티나 이미지라 할지라도 시간이 흐르면서 그에 맞게 조정되어야 한다. 기업 미학은 사회적 취향이 변화함에 따라 업그레이드나 업데이트될 필요가 있으며, 그렇지 않을 때에는 점차 영향력을 상실하게 된다. 그러므로 미학적 요구에 대한 고객의 인상은 시간을 두고 관찰될 필요가 있다. 광고 대행사들이 브랜드 인지도, 브랜드 이해와 이미지를 추적하는 것과 마찬가지로 어떻게 색상과 형태를 지각하고 광범위하게 이해하는지 스타일과 테마에 관해 조사해보는 것이 매우 중요하다.

효과적인 조사를 위한 기본적인 방법

디자인 기획 단계에서 적절한 조사 방법은 무엇인가? 디자인 회사, 디자인을 전문으로 하는 조사 회사, 전략적 아이덴티티 컨설팅 회사가 사용하는 대부분의 조사 기술은 사회과학에서 쓰이는 일반적인 조사 기법들이며 대부분 언어적 특성을 갖고 있다. 일반 조사 이론이나 마케팅 조사 이론에 등장하는 조사 기법들을 살펴보면 알 수 있다. 그러나 이런 기법들은 디자인 관리 절차에 적용될 때 아이덴티티와 이미지 계획이 의도하는 목적에 부합하도록 조정되어야 한다.

먼저 아이덴티티 관리에서 중요한 일반적 조사 기법의 세 가지 유형인 (1) 2차 조사, (2) 1차적 정성 조사, (3) 1차적 정량 조사(표 7.2)를 먼저 설명하도록 하겠다. 각 유형을 간단히 설명하고 아이덴티티 기획 과정의 네 단계(현상 평가, 미학 기획, 디자인 테스트, 디자인 후의 추적)의 맥락에서 특별한 조사 방법들을 살펴보기로 하겠다.

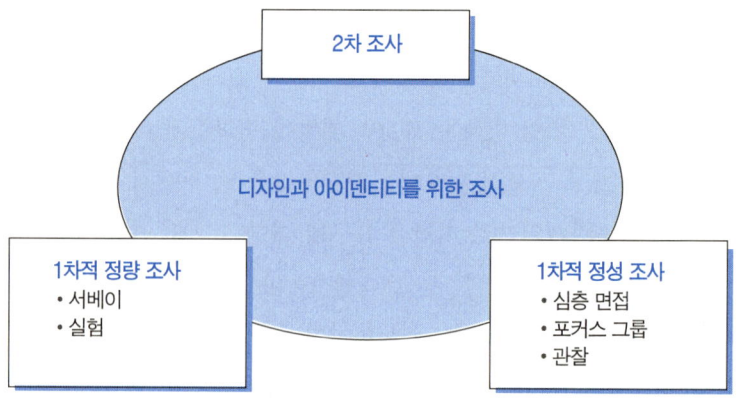

표 7.2 조사 방법

2차 조사

2차 조사(Secondary Research)는 이미 발표된 자료를 수집해 검토하는 것이 필요하다. 신문 기사, 투표 결과, 업계 잡지 기사, 학술 논문, 비즈니스 언론 기사, 홍보 자료, 뉴스 기사, TV나 라디오 쇼의 원고 등 모든 것이 2차 자료를 구성한다. 이런 자료들은 도서관에 항상 준비되어 있다. 관리자들은 비용을 들여 2차 자료 제공업체나 홍보 대행사를 거칠 필요 없이 자체적으로 2차 조사를 실행할 수 있다. 광대한 도서관 자료 없이도 기업들은 렉시스/넥시스(LEXIS/NEXIS)와 다이얼로그(DIALOG)의 주요 유료 서비스를 이용해 필요한 다량의 정보를 수집할 수도 있다. 이 서비스들은 위에 나온 모든 유형의 2차 조사 자료들을 풍부하게 보유한 데이터베이스 서비스이다. 유용하지만 다루기 힘든 또 다른 자료원으로는 인터넷을 꼽을 수 있다.

1차적 정성 조사

'1차적' 조사란 발표되지 않은 새로운 데이터를 수집함으로써 수행되는 조사를 의미한다. '정성적' 조사란 계량화 과정 없이 정보를 얻어내는 것을 의미한다. 정성적 자료는 새로운 아이디어나 디자인 컨셉, 모형을 개발하고 평가하는 데 유용하다. 정성적 자료는 매우 중요한 정보가 본질적으로 계량화할 수 없거나, 숫자적 분석보다는 개념적 분석으로 분석되는 것이 더 나을 때 사용된다. 예를 들어 정서적 반응을 설명하는 것은 계량화를 통해서는 매우 어려운 작업이다. 대신 정성적 조사의 하나인 심층 토론이 보다 유용한 정보를 이끌어낼 수 있다.

디자인 조사보다 창조적 통찰이 더 필요한 조사는 없다. 기업 표현을 연구할 때 조사 대상은 회사 임직원이고, 고객 인상을 연구할 때의 조사 대상은 최종 소비자(가끔은 법인 고객)이다.

일반적으로 많이 사용되는 정성적 조사 방법에는 (1) 심층 면접, (2) 포커스 그룹, (3) 특정 행동 관찰 등이 있다.

심층 면접. 심층 면접은 면접 진행자와 대상자의 일대일 대화로 이루어진다. 면접은 약 45분에서 한 시간 가량 소요된다. 면접 진행자는 지침서에 따라 진행하지만, 정해진 질문만 하는 것이 아니라 융통성 있게 심층적인 질문을 할 수도 있다.

포커스 그룹. 포커스 그룹은 보통 한 번에 약 8명에서 10명의 참여자들을 대상으로 한 시간에서 두 시간 길이로 진행된다. 회의실 같은 장소에서 '진행자(moderator)'가 필요한 질문들이 포함된 가이드에 따라 토론을 이끈다.[5]

특정 행동의 관찰. 관찰 연구는 어떤 장소에서든 다양한 상황 속에서 이루어질 수 있다. 전형적으로, 자료는 관찰 과정과 관찰된 참가자 행동의 해석이 기록 과정을 거쳐 수집된다.

심층 면접과 포커스 그룹 토의 방법은 참가자들과의 상호작용으로 이루어지며, 특정 행동 관찰은 상호작용을 거칠 수도 그렇지 않을 수도 있다. 참가자들과의 상호작용 종류는 다양하다. 예를 들어 선호와 비선호를 참가자들에게 직접 질문하는 것이 편하다고 느껴질 수 있으나, 참가자들이 질문에 의미 있는 대답을 할 수 없다고 판단되는 상황(예를 들어 연상 과제나 상호 연결 과제, 그리기 과제 등)에서는 간접적인 기법의 사용이 필요하다.[6]

심층 면접과 포커스 그룹 방법은 아이덴티티 관리 과정의 초기 단계에 사용하는 것이 바람직하다. 아이덴티티 관리의 본래 목적을 생각할 때, 이 기법들은 회사 내부 담당자들과의 면접과 협의를 거쳐 도출해낸 회사 개성이나 가치들을 평가하는 데 이상적인 방법이다. 관리자들은 자신의 회사에 관한 풍부한 정보와 식견을 가지고 있다. 이런 정보들은 질문지나 포커스 그룹 같은 주관식 질문 기법으로 도출될 수 있다. 이런 기법들은 소비자가 받는 일반적 인상을 측정할 때에도 유용하게 사용된다. 예를 들어 일반적으로 한 회사의 '외관'이 '한물 간' 것인지 아니면 여전히 '현대적' 인지를 알아낸다든가 회사가 환경적인 '감각'을 가지고 있다고 느껴지는지를 알아내고자 할 때, 소비자 대상의 포커스 그룹이 유용한 정보를 줄 것이다. 이런 일반적인 인상들은 특정한 시각 요소들을 점수화하는 등의 정량적 조사 방법을 통해 검증될 수 있다.

행동 관찰 기법은 아이덴티티 요소들이 소비자들의 행동에 영향을 미친다고 판단될 때 가장 적절한 방법이다. 대표적인 예로 공간 디자인이 있다. 행동 관찰은 어떤 현상을 이해하기 위해 자기 보고적 데이터가 적절치 못하다고 판단될 때 중요하다. 자기 보고서는 다음 경우에 종종 신뢰할 수 없다. (1) 우리가 사람들의 기억에 의존할 때, (2) 사람들이 의미 있게 반응하는 데 필요한 어떤 것에 충분한 주의를 기울이지 않을 때, (3) 우리가 민감한 정보를 원할 때. 게다가 일반적으로 태도나 의도에 관한 자기 보고서는 완전하게 행동과 상호 관계적이지 않기 때문에, 많은 경우 행동 그 자체를 측정하는 것이 현명한 방법이 될 수 있다. 그러므로 행동 관찰은 소매점 구매 행동 패턴에서 구매 시점 디스플레이 효과나, 주유소 체인점의 셀프 서비스 매대의 디자인이 어떻게 소비자들에게 영향을 미치는지, 혹은 다양한 조명 디자인이 구매 행동 패턴에 미치는 영향이나 포장이 매력적인지를 결정할 때 특히 유용하다.

1차적 정량 조사

'정량적 조사'란 자료를 정량적으로 분석하는 것을 의미한다. 여기에서 참가자들과의 상호작용은 직접 질문에서부터 특정 행동을 관찰하는 것까지 매우 다양하다. 직접 질문법은 즉시적인 정량적 판단(예를 들어 선호/비선호에 대한 5점 척도)이나 구두 응답("방금 보여드린 포장에 들어 있을 제품을 설명해보십시오.")을 이끌어낼 수 있는데, 이 데이터들은 정량적 분석을 위해 코드화된다. 어떤 종류의 정보가 취득되든, 분석을 위해 정량적 데이터로 전환되는 것이다.

정량적 조사는 신뢰성 측면에서 충분한 확신을 얻기 위해 전통적으로 대규모의 표본을 필요로 한다. 정성적 조사와 마찬가지로 응답자들은 소비자, 임직원, 경쟁사, 주주, 기타 관련 대상이 될 수 있다.

표준적인 정량적 조사는 정성적 조사와 마찬가지로 특정 장소에서 행동을 관찰하거나, 전화, 우편, 컴퓨터, 혹은 야외 공간에서의 서베이와 실험이 있다.

서베이. 서베이는 유용한 정보를 대규모로 수집할 때 사용된다. 데이터는 정량적이거나 정성적일 수 있다. 즉, 숫자적인 응답이든 다른 유형의 응답(예를 들어 구두로 표현하는 정보)이든 수집 대상이 될 수 있다는 것이다. 그러나 이것의 분석은 모두 정량적으로 이루어진다. 데이터는 일반적으로 질문지 형식으로 수집되는데 전화로 이루어지는 경우가 가장 많고, 거리 조사나 일대일 면접, 우편 등을 통해서도 얻을 수 있다. 시각적 자료 제시가 필요할 때는 컴퓨터 그래픽과 컴퓨터 질문지가 활용될 수 있다.[7]

실험. 실험 방법을 사용할 때는 통제된 조건 하에서 아이덴티티 변수들을 조작해 일상적 상황에서 변수들이 어떻게 응답에 영향을 미치는지 연구한다. 예를 들어 소니 브랜드에 새로운 색상을 적용시킬 때 이것이 소니 제품에 긍정적인 태도와 행동을 형성할 것인지를 살펴봄으로써 이 색상이 소니에 맞는지 테스트하고자 한다면, 새로운 색을 적용시킨 소니 로고를 보여주고 선호와 비선호에 대한 질문을 하거나 표정 변화를 관찰할 수 있을 것이다. 이 실험 결과로 인과관계(색상이 원인이고 결과가 나타난 반응이라는)를 도출하기 위해서는 반응의 원인이 색상이라는 사실에 확신이 있어야 한다. 색상이 반응 원인이 될 수도 있겠지만, 색상과는 별도로 로고 형태가 그런 반응을 이끌어낼 수도 있기 때문이다. 응답자에게 반응의 이유를 물어 대답을 얻을 수 있으나, 이것은 자기 보고적 응답이 될 것이므로 신뢰성을 갖기 어렵다. 색상 때문에 야기되는 반응을 알아내는 방법은 색상 효과를 분리시키는 것이다. 쉬운 방법 가운데 하나는 통제 그룹을 구성해 기존의 흑색 로고와 함께 유사한 로고를 보여주는 것이다. 새로운 색상의 로고를 보여준 그룹과 흑색 로고를 보여준 그룹 간의 서로 다른 반응은 기존의 흑색 대비 새로운 색상의 효과를 설명한다. 모든 실험은 어떤 효과가 우리가 테스트하고자 하는 것에 의해 실제로 유발된다는 사실을 분명히 하기 위해 '통제 그룹'에 근거를 둔다.

이런 종류의 기법들을 염두에 두면서 이제는 기업의 미학 전략에 대한 포괄적인 평가에 대해 논의하고자 한다.

현상 평가

3장에서 기업과 브랜드 표현을 논의했듯이 기업 아이덴티티 진단(audit)은 아이덴티티의 현재 상태를 이해하기 위해 어떤 종류의 정보가 필요한지에 대한 완전한 이해를 요구한다. 보통 (1) 산업 전반, (2) 경쟁사, (3) 고객, (4) 문화적 경향에 관한 정보들이 필요하다.

산업 분석

어떤 프로젝트든 산업 전반의 디자인 분석으로부터 시작하는 것이 매우 중요하다. 이윤, 비용 구조, 신제품 개발은 여러 산업에서 매우 다양하며 미학과 디자인에서도 마찬가지다.

이 분석은 특정 산업이 미학과 디자인과 관련해 어떻게 활동해 나가는지 자세한 정보를 얻기 위한 조사 단계이다. 어떤 로고가 사용되고 있는가? 어떤 색상이 사용되고 있는가? 어떤 제품 구성이 사용되고 있는가? 업계 평균적으로 얼마나 자주 디자인이 바뀌는가? 이 업계에서 주목할 만하거나 독특한 미학적 요소가 존재하는가? 만약 존재한다면 어떤 스타일과 테마가 지배적인가? 어떤 전반적 인상이 사용되는가? 회사가 서로 다른 산업에 해당하는 제품을 공급할 때, 서로 다른 산업에서의 다양한 미학적 접근 분석이 필요하다.

산업 분석은 차별화의 기회를 알려줄 수도 있다. 한국의 전자 회사인 LG의 새로운 로고는 지루하고 권태로운 타 회사 로고에 비해 흥미로운 대안으로서 눈에 띈다. 임원이 등장해 셰익스피어의 시를 읊는 스위스의 UBS 은행 광고는 스타일과 테마에서 다른 은행들과는 확연히 달라보인다. 비슷한 예로, 일본 아이덴티티 회사인 PAOS는 세 개의 은행을 합병한 트라이뱅크(TriBank)를 설득해 디즈니의 새(鳥) 캐릭터와 그림을 사용하도록 했다. 일본 은행 업계가 가진 보수적인 이미지에서 탈피해 친절한 소매 은행으로서의 이미지를 쌓으려는 것이었다. 이와 같이 산업 분석은 완전히 새로운 접근의 기반을 제공한다.

경쟁사 분석

경쟁사 분석은 자사의 직접적인 경쟁사가 아이덴티티와 디자인에 어떤 접근을 하는지, 그 넓이와 깊이를 들여다볼 수 있도록 한다. 또한 이 분석은 경쟁사의 향후 아이덴티티 접근에 대한 통찰력을 갖게 하며, 경쟁사와 다르게 시각적 측면에서 자사를 어떻게 포지션할지 설명하는 역할을 한다. 우리는 2장에서 루슨트 테크놀로지스가 어떻게 경쟁사 분석에 기초해 혁신적인 회사명과 로고를 선택했는지 살펴보았다.

이 분석에는 대개 신문 기사, 무역회지, 연간 보고서 등 2차 자료가 사용된다. 그 외에도 경쟁사에 관한 정보는 회사의 브로슈어, 브랜드 역사에 대한 간략한 설명 자료, 세월에 따른 변천사를 찍은 사진 등에서 얻을 수 있다. 시대 흐름에 따른 변천은 오래된 인쇄나 TV 광고에서도 찾아볼 수 있다. 경쟁사 분석에서 가장 중요한 자료는 잠재 고객들의 눈에 경쟁사가 어떻게 인식되는가 하는 것이다. 경쟁사의 아이덴티티에 대한 잠재 고객의 인식을 분석하는 방법은 자사 미학에 대한 자사 고객의 인식을 분석하는 방법과 동일한 것인데, 이 분석을 고객 분석이라고 한다.

고객 분석

고객이 받는 인상은 한 기업이나 제품, 혹은 서비스에 대해 고객들이 가지는 믿음을 말하는 것이다. 한 회사의 미학에서 고객이 받는 인상을 분석하는 것은 아이덴티티 관리에서 가장 핵심적인 것이다. 이것은 현상을 평가하는 첫 번째 단계에서 조사의 가장 중요한 과제이다.

고객 인상은 회사 이미지에 대한 폭넓은 테스트에서부터 특정 미학 요소를 분리시켜 이런 요소들에 대한 고객 인식을 테스트하는 것까지 다양한 수준에서 평가될 수 있다. 일차적인 속성(색상, 형태, 질감 등)이 분리될 수 있는 경우에는 특히 그런 시도가 유용할 것이다.

정량적 고객 분석

정량적 고객 분석은 일반적으로 인지도(awareness), 태도와 신념(attiudes and beliefs), 구매 행동(usage and behavior)이라는 세 가지 유형의 변수 또는 개념에 대해 수행된다.

인지도. 고객 인지도는 회상(보조를 받았든 받지 않았든)과 재인 테스트를 통해 측정된다. 고객이 어떤 로고나 포장, 건물 인테리어를 바로 회상할 수 있는가? 그렇지 않다면 고객이 사진이나 그래픽 디스플레이를 보았을 때 이를 재인할 수 있는가? GE에서는 인지도 자료를 이용해 로고의 재디자인 작업에 관한 결정을 내렸다. 회상과 재인 테스트의 실험적 조사 결과, GE라는 이름이 로고에 없을 때에도 고객들은 로고의 타원형 모양과 기타 다른 요소들을 GE에 속한 요소로 바로 인식하는 것으로 나타났다. 그 결과 GE는 기존 로고가 가지고 있는 엄청난 가치를 인식하고 완전히 다른 디자인을 하려던 계획을 철회했다.

태도. 두 번째 변수는 시각적 정보에 기초한 회사 혹은 제품에 대한 태도(신념과 추론)에 관한 것이다. 한 회사가 특정 산업에서 한 색상을 연상시킨다면 이 색상은 소비자들에게 어떤 의미를 가지는가? 자동차를 생각해보자. 자동차 색상으로 '빨강', '검정', '파랑' 등의 색은 무엇을 암시하는가? 예를 들어 신념에 관한 조사는 동일한 모양의 서로 다른 색상의 포장을 보여주는 등의 상호 비교적(실험적) 상황에서 가장 잘 이루어진다.

행동의 측정. 행동의 측정은 소비자들에게 특정 기업이나 제품의 시각적 자료(예를 들어 공간적 디자인)가 제시된 상태에서 어떻게 행동적으로 반응할 것인가를 묻는 방법으로 측정될 수 있다. 아니면 소비자들의 행동이 (비디오나 사진의 민족지학적 연구 등으로) 직접적으로 관찰된 다음 심층 면접 같은 정성적 방법으로 분석될 수도 있다.

정량적 정보(인지, 신념 및 추론, 의도와 행동)는 자사와 최소 한 개의 주요 경쟁사에 관해 수집되어야 한다. 경쟁사는 매출이나 시장 점유율의 차원이 아니라 '미학적 경쟁'의 차원에서 정의되어야 한다. '현상' 단계에서의 조사 목적은 현재 상황의 판단만이 아니라 계획을 세우기 위한 것도 있다. 그러므로 매출이나 시장 점유율이 특정한 미학적 접근의 결과에 따른 것이 아닌 한, 강력한 '미학적 경쟁자'에 대한 벤치마킹은 매출이나 시장 점유율이 높은 경쟁자를 벤치마킹하는 것보다 미래 계획을 세우는 데 더욱 유용하다.

정성적 고객 분석

한 기업이나 브랜드의 미학과 아이덴티티는 소비자에게 어떤 의미를 가지는가? 기업이나 브랜드의 미학은 어떻게 소비자들의 생활에 부합되는가? 이런 질문들은 화장품, 조깅화, 만년필, 휴대전화 등의 다양한 소비재 브랜드를 이해하는 것에서 아주 중요하다. 이런 모든 제품들은 실용적 가치를 갖는 제품일 뿐만 아니라 사용자의 생활양식에 맞거나 맞지 않는 이미지 제품들이다.

신디케이티드 데이터로 제공되는 정량적 정보에 대한 대량 설문 조사는 소비자의 생활양식과 습관에 대한 일반적인 바로미터로서만 유용하다. 클라리타스(Claritas)와 여타 조사회사는 물론 시몬즈(Simmons)와 MRI도 이런 종류의 데이터를 제공한다. 이 방법의 단점은 디자인 선호도에 직접적으로 초점을 맞추지 않으며, 조사 회사들은 이 데이터에 어떤 종류의 심층적 설명도 덧붙이지 않는다는 점이다.

보다 더 유용한 도구는 정성적 민족지학 연구이다. 체스킨 앤 매스튼(Cheskin & Masten)은 잠재적 목표 고객들에게 가정에서 다양한 일상 활동을 하면서 자신들의 사진을 찍도록 한다. 이런 사진들은 범주화되고 내용 분석(content analysis)을 통해 분석된다. 이 분석은 다시 심층 면접과 해당 그룹의 전문가 인터뷰를 통해 보강된다. 이런 데이터들은 소비자들의 생활양식을 이해하는 데 도움이 되고, 미학 디자인을 위한 시사점을 제공한다.

그러나 이 연구 또한 문제점을 지닌다. 즉 기업이나 브랜드, 그리고 그들의 미학이 어떻게 소비자들의 생활양식에 부합되는가 같은 질문에 답을 제공하기 어렵다는 점이다. 그렇지만 체스킨 앤 매스튼의 접근을 확장시켜 기업과 브랜드 미학을 보다 깊이 있게 탐구할 수 있다. 광고 조사에서 영 앤 루비컴(Young & Rubicam)은 브랜드 개성을 평가하기 위해 소비자들에게 다음과 같은 질문을 했다. "이 브랜드가 동물이라면 어떤 동물에 해당하겠는가?" 더 나아가 한 기업이나 브랜드 미학은 소비자들에게 브랜드에 적합한 사람, 장소, 풍경, 도시 전경, 활동 등의 사진을 찍도록 함으로써 보다 깊게 탐구될 수 있을 것이다. 이런 사진들은 평가되고 색상, 모양, 스타일, 테마로 코드화되어 해당 기업이나 브랜드에서 연상되는 색상, 모양, 스타일과 테마, 그리고 전반적인 인상을 결정할 수 있는 것이다.

정성적-정량적 접근

정성적 접근법과 정량적 접근법의 혼합 형태는 디자인에서 스타일과 테마를 평가하는 데 자주 쓰이는 방법이다. 예를 들어 하얏트 같은 고급 호텔 체인이 전 세계에서 자사 이미지를 평가하고자 한다면 하얏트의 회사명과 하얏트 로고에서 사람들이 지각하는 스타일과 테마가 무엇인지, 하얏트 호텔 로비와 객실에서 사람들이 어떤 스타일과 테마를 지각하는지 알아야 할 것이다. 그리고 각각의 고유한 아이덴티티 요소들(객실, 로비 등)에 대한 고객들의 반응을 살펴보는 개별적인 연구가 이루어져야 한다. 사진 작업을 통해 시각적 테스트가 이루어질 수도 있다. 이런 요소들 간의 일관성과 함께 다양한 장소에서의 스타일과 테마를 테스트하는 것이다. 조사는 부분적으로 정성적이면서 또한 정량적으로 이루어진다. 조사를 위해 독립된 표본 응답자들이 서로 다른 종류의 자극에 노출된다. 자극들 간의 일관성을 테스트하기 위해서는 하나의 그룹이 모든 자극들을 비교하는 방법을 사용하게 된다.

트렌드 분석

트렌드 분석은 미시적 · 거시적 변화의 예측에 초점을 둔 조사이다. 미학 관리에서 문화적 환경은 특히 중요하다. 뉴욕의 첨단 전략 디자인 및 커뮤니케이션 회사인 월래스 처치 어소시에이츠(Wallace Church Assoicates)는 유명한 예언가 페이스 팝콘(Faith Popcorn)과 일했던 사람이 직원 가운데 있다는 사실을 자랑으로 여기고 있을 정도이다. 이런 연구는 분명 유용하다. 이것은 사회적 행동이나 가치, 경쟁적인 힘, 소비자 생활양식, 지각, 가치 혹은 미학적 취향의 모든 것에서 다른 사람보다 먼저 정확하게 예측할 수 있는 이들을 보여주는 것이다. 순수한 트렌드 분석은 일차적인 정성적 연구뿐만 아니라 이차적 자료에도 의존하며, 특히 일차적인 정성적 연구 방법 중에서도 행동 관찰이나 면접의 형태가 자주 행해진다.

트렌드 분석은 경쟁 우위를 찾아내는 것이 중요하나, 가끔 매우 주관적이기도 하다. 복장의 간소화와 편안함에 대한 미국의 현재 트렌드를 예로 들어보자. 이 트렌드는 '캐주얼 프라이데이(Casual Friday)'라는 제도로 이어져 기업들에 영향을 주고 있다. 이러한 트렌드가 지속된다면 확실히 사무실 가구의 디자인과 모양(이완된 느낌을 주는 색상에서 모양과 재질에 이르기까지)에 영향을 미칠 것이며, 의상 소품의 미학적 트렌드(펜, 개인 일정 계획용 물품, 휴대전화 등)에도 영향을 미칠 것이다. 그러나 이런 트렌드는 지속될 것인가? 아니면 오히려 반동적으로 보다 형식적인 기업적 스타일로 돌아갈 것인가? 어떤 종류의 자료가 장기적 개발을 예측할 수 있도록 도와줄 것인가?

트렌드 예측은 장기적인 시각에서 접근하는 것이 매우 중요하다. 단기적인 시각(예를 들어 3년에서 5년 사이)을 갖는다면 유행을 트렌드로 착각할 수 있다. 장기적인 시각을 갖게 되면 장기적인 사회적·문화적 중요성의 관점에서 현재의 과정을 분석할 수 있다. 이런 장기적 분석 관점으로 살피면 우리는 '캐주얼 프라이데이' 제도가 계속될 것이라고 예측할 수 있다. 그 이유는 (1) 20세기로 들어서면서 의상에서의 형식주의가 감소했고, (2) 비형식적 사회 행동 형태가 사무실에서 점점 더 기꺼이 용인되고 있으며, (3) 개인의 개성을 표현하는 욕구가 증가하고 있다는 명백한 증거들을 발견할 수 있기 때문이다.

향후의 방향 설정

현상의 평가가 끝나면 회사는 미학 전략의 수립을 통해 이후에 어떤 방향을 취할지 결정하게 된다. 미학 전략에서 중요한 요소는 바로 미학적 표현을 통해 기업을 포지셔닝하는 것이다. 그러므로 기업들은 어떤 방향으로 가야할지를 결정함에 있어서 '디자인 사전' 단계로서 심도 있는 소비자 조사를 수행해야 한다.

관리자들은 소비자들이 어떻게 회사의 미학적 포지셔닝을 바라보고 있는지를 이해해야 한다. 정성적 조사는 여기서 의미를 이끌어내는 데 유용하다. 포커스 그룹이나 심층 면접은 사람들이 그 포지션에 직접적으로 반응할 수 있는 수단을 제공한다. 포지셔닝 창출에 있어 미학 선택의 지침을 얻기 위해 창의적인 기법들이 이용되기도 한다. 예를 들어 그룹 참가자들에게 콜라주 기법으로 포지셔닝 진술의 아이디어를 가장 잘 묘사하는 시각적 표현물을 만들도록 요청하는 것이다. 이런 방법을 통해 디자이너들은 유용한 시각적 자료를 확보할 수 있다. 이런 조사는 음악, 재질, 형태 등 다른 미학적 요소들을 창조하는 것까지 확장될 수 있다.

이런 종류의 디자인 사전 조사는 잘 수행되고 있지 않지만, 엄청난 통찰을 제공할 수 있다. 예를 들어 디자인 속성들은 어떤 인상들을 주는지 알아보기 위해 정성적으로 테스트될 수 있다. 색상이나 형태에 사람들이 어떤 연상을 가지는가는 포지셔닝과 디자인 기획에 도움을 준다. 어떻게 사람들이 시각적 테마에 반응하는가는 실험적 디자인으로 테스트될 수 있다.

디자인 사전 조사 결과는 개별적 조사 작업과 결합될 수 있다. 예를 들어 민족지학적 연구에서 펩시콜라는 빨강만큼 파란색까지도 연상시키는 것으로 밝혀졌다. 이런 자산 평가 결과를 가지고 사람들에게 파란색이 어떤 의미를 갖는지를 밝혀내고 펩시를 미학적으로 포지셔닝하는 방법을 결정하는 것이다. 펩시는 또한 업계 리더인 코카콜라(빨간색과의 연상이 강한)와 자신을 차별화하는 방법을 알기 위해 기업 표현 방식을 평가하였다. 이 조사 결과에 따라 펩시는 제품을 완전한 파란색 캔으로 변경해 마케팅을 시작했다.[8]

특정한 속성 외에도 스타일과 테마도 테스트될 수 있다. 디자이너, 컨설턴트와 협조해 각 아이덴티티 요소의 관리자들은 자신과 경쟁자의 회사나 제품, 서비스의 스타일과 테마를 파악하거나 소비자 조사와 관리적 판단을 통해 평가한다. 가이드라인은 (1) 포지셔닝의 표현, (2) 경쟁사들과의 차별성, (3) 소비자 요구에 대한 민감도와 호소력에 기초해 창출되거나 서로 비교될 수 있다.

    기획자들은 이런 조사 결과를 토대로 디자인 과정에서 디자이너들에게 방향을 제시할 디자인 개요를 만들 수 있다. 디자인 개요란 광고 대행사의 크리에이티브 전략과 비슷하다. 이 문서는 포지셔닝과 마케팅의 세계에서 예술과 창의성의 세계로의 전환을 도와주는 도구이다. 디자인 개요는 너무 세세하게 열거하는 것과 너무 대략적으로 언급하는 것 사이에서 균형을 유지해야 한다. 예를 들어 한 제품이 '고품질이고 보다 현대적'이어야 한다고 규정하는 디자인 개요는 지나치게 모호하다. 초점을 맞춰야 하는 많은 구체적인 속성들을 덧붙이면 디자이너들이 보다 효과적으로 일하고, 경영진과의 의사소통도 용이하게 하는 데 필요한 방향을 얻을 수 있다.

디자인의 개발

    디자이너들은 디자인 개요를 바탕으로 포장이나 로고, 공간 또는 요소들의 특정 조합 같은 많은 디자인 안들을 만들어볼 수 있다. '디자인 단계'에서의 조사는 이 과정에 도움이 된다.

현재의 디자인 vs 제안된 디자인

    일단 여러 개의 디자안 안이 개발되었다면 디자인에 대한 반응의 정량적 테스트를 해볼 수 있다. 예를 들어 포장 디자인은 포장을 보여주고 그에 대한 여러 가지 질문을 하는 과정으로, 상당히 직접적이라고 볼 수 있다. 비용이 충분하다면 모나딕 시험(Monadic Test)을 해보는 것도 좋다. 사람들은 실생활에서 비교 테스트에서 하는 것과 같은 병렬 비교를 하지는 않기 때문이다. 지각과 구매 의향을 포함한 커뮤니케이션 가치도 수집될 수 있다. 이것은 실험적 디자인이므로 서로 다른 디자인과 다양한 수준의 구매 의도를 연결시켜, 어떤 디자인이 높은 구매 의도를 일으키는지 알아볼 수 있다. 소비자의 반응을 수집하는 방법은 반응을 기록하는 손에 쥐는 장치인, '다이얼(dial)' 기법을 포함시킴으로써 강화될 수 있다. 반응은 전체 포장이나 디자인, 또는 특정 속성에 관한 것일 수 있다.

사진이나 시뮬레이션을 이용하는 것도 가능하다. 인디아나 대학의 레이 버크(Ray Burke) 교수는 가상 쇼핑 시뮬레이션을 개발했는데, 이 역시 포장 디자인의 힘을 측정하는 데 도움을 준다. 많은 회사들은 눈동자 움직임 추적(eye tracking) 기법을 사용하기도 한다. 퍼셉션 리서치(Perception Research) 사는 시각 추적 시뮬레이션을 전문으로 하는데, 이 방법은 매대에서의 첫 인상이 구매 결정에서 중요한 역할을 한다는 것에 기초한다.

실생활 경험

로고, 공간 등 전체 환경적 복합물들을 포함하는 복합적인 디자인은 실물 모형 없이는 테스트하기 힘들다. 개별적인 각 요소들이나 일부 조합을 테스트할 수는 있으나, 총체적인 감각적 경험 없이는 조사 결과를 신뢰하기 어렵다.

개별적인 속성들뿐만 아니라 '전체적인' 반응(아이덴티티 요소들 간의 일관성)을 테스트하는 흥미로운 기법으로 '블록 쌓기(building block)'가 있다. 이것은 수백 명의 응답자를 포함하는 대규모 조사로, 응답자들은 가장 기본적인 요소에서부터 크리에이티브 전략에 이르기까지 일련의 대안들을 단계적으로 접하게 된다. 이런 종류의 단계적 조사는 대규모 조사에 해당되지만, 감각적 자극의 맥락에서 디자인을 테스트하는 데 적합하다.

모니터링과 추적 관찰

모니터링과 추적 관찰 조사는 단기와 장기의 두 종류가 있다. 단기 조사는 아이덴티티의 창조나 변화가 성공적인지를 평가하는 것인데, 광고 효과 조사처럼 보통 새로운 아이덴티티의 실행 직후에 시작해 몇 개월간 지속된다. 장기 조사는 하나의 아이덴티티를 시간에 따라 지속적으로 조사하는 것인데, 기업 미학을 소비자 취향의 변화에 맞춰 조정하기(업그레이드와 업데이트) 위한 것이다.

정확하게 무엇을 추적 관찰해야 하는가? 앞서 현상 평가 단계에서 언급한 주요 정량적 변수들을 추적 관찰하게 되는데, 이 변수들에는 새로운 아이덴티티나 최근 변화에 대한 인지도, 신뢰와 추론, 의도와 행동 등이 있다. 또한 매출 효과와 함께 홍보 효과도 평가해보는 것이 유용하다. 아이덴티티의 홍보 가치(매체에 나오는 양 기준으로)는 아이덴티티의 변화를 알리는 데 드는 광고 비용을 절감시키고 소비자들이 아이덴티티에 관심을 갖게 만들 수 있다는 점에서 중요하다.

요 약

우리는 아이덴티티 기획에 대한 체계적인 조사 접근을 강조해 왔다. 그러나 이것은 디자이너나 아이덴티티 전문가들의 창의성과 독창성 혹은 통찰력이 담긴 직관의 가치를 축소하려는 것이 아니다. 그 정반대이다. 조사는 창조적 과정에 귀중한 정보를 제공한다. 심리학자들은 창조적 과정을 문제의 분석, 문제에 대한 몰두, 혁신적인 아이디어 창출, 종합의 네 단계로 나눈다.

특히 처음 두 단계(분석과 몰두)에서는 디자이너들이 어떤 각도에서 문제를 바라보든 조사는 이들에게 가치 있는 정보를 제공한다. 조사는 혁신적인 아이디어의 창출에는 크게 유용하다고 볼 수 없으나 마지막 '종합' 단계에서는 그 혁신적 아이디어의 효과를 테스트하는 역할을 한다.

또한 조사는 커뮤니케이션과 조율의 도구로서 가치가 있다. 조사는 전문가들(관리자, 컨설턴트, 디자이너)이 디자인 솔루션을 궁극적으로 제시하거나 깨뜨리는 존재이자 미학의 성공 여부를 궁극적으로 판단하는 존재인 고객과 커뮤니케이션할 수 있게 한다.

08 미학과 아이덴티티의 보호
Protecting Aesthetics and Identity

타코 카바나 vs 투 페소스 : 두 레스토랑의 아이덴티티 싸움[1]

1978년 펠릭스와 마이크 스털링 형제는 샌안토니오 지방에 타코 카바나(Taco Cabana)라는 이름의 레스토랑을 연다. 이는 이후 텍사스 일대에 등장할 일련의 패스트푸드 레스토랑의 시초가 된다. 메뉴는 물론 기업 아이덴티티를 뜻하는 법률 용어인 '상품외장(trade dress)'도 모두 멕시코를 테마로 하고 있었다. 타코 카바나는 자사의 아이덴티티를 다음과 같이 설명했다. "공예품과 화려한 색상, 그림, 벽화 등으로 장식된 문밖 테라스와 실내 다이닝 공간은 축제적인 식사 분위기를 갖추고 있습니다. 테라스는 실내 및 실외 공간으로 이루어져 있으며, 실내 공간은 위로 들어올리는 차고 문에 의해 실외 공간과 분리될 수 있습니다. 층층으로 이루어진 건물 외부는 강렬한 페

8장 미학과 아이덴티티의 보호 287

그림 8.1 타코 카바나(위), 투 페소스(아래)

인트와 네온 줄무늬를 사용해 축제적이고 선명한 색상 배합을 보여줍니다. 이 테마는 밝은 차양과 우산들에서도 계속 이어집니다."

 1985년까지 타코 카바나는 이와 동일한 아이덴티티를 사용해 모두 다섯 곳에 멕시코 패스트푸드 레스토랑을 추가로 개점한다. 한편 그 해 마르노 맥더모트(Marno McDermott)와 짐 블래커터(Jim Blacketer)는 휴스턴 지역에 타코 카바나와 비슷한 아이덴티티를 사용해 투 페소스(Two Pesos)라는 레스토랑을 연다. 푸드러커(Fuddruckers) 레스토랑 체인점을 개발한 사람의 말에 따르면, "타코 카바나와 투 페소스는 동일한 모습을 하고 있었다. 겉모습도 똑같았고 안에 들어가도 똑같았다. 제품마저 똑같았다." 투 페소스는 텍사스 안밖으로 급격하게 확장해나갔지만 샌안토니오 지역만은 피해갔다. 1989년이 되면 29개의 레스토랑이 문을 연다.

투 페소스, 고소당하다

1986년 타코 카바나는 휴스턴과 오스틴 등 새로운 시장으로 진출한다. 여기에는 투 페소스가 활동하던 댈러스와 엘파소 지역도 포함되어 있었다. 두 사업체가 공유하는 아이덴티티의 원 사용자로서 타코 카바나는 투 페소스를 상품외장 침해로 고소한다. 사건은 재판에 회부되었고 배심원들은 타코 카바나가 본래적으로 고유한 상품외장을 지녔으며 이 상품외장은 비기능적이고, 즉 그 성질상 미학적인 것으로서 제품의 기능과 무관하고 투 페소스의 아이덴티티는 일반 소비자들에게 그 레스토랑의 제품 및 서비스의 출처와 연상 작용에 혼동을 일으킬 소지가 있다고 보았다. 그리하여 투 페소스는 자신이 '차용한' 미학 및 아이덴티티를 합법적으로 유지할 수 없게 되었다.

항소 및 대법원의 판결

당연히 투 페소스는 항소를 제기했다. 그들은 아이덴티티의 보호가 신제품과 서비스의 성공적인 정착에 있어 매우 중요하다는 사실을 인정했다. 그러나 아이덴티티가 소위 '이차적 의미', 즉 소비자들에게 그 아이덴티티를 특정 출처와 연결시키는 연상 작용을 일으키지 못하는 것으로 판명된다면 보호할 필요가 없다고 주장했다.

그러나 항소법원과 미 대법원은 원심을 고수했다. 대법원은 상표와 마찬가지로 기업 아이덴티티는 그것이 '이차적 의미'의 지위를 획득했을 때 뿐만 아니라 이차적 의미를 획득하지 못했지만 '본래적으로 고유한' 경우에도 보호받을 수 있다고 선고했다. 대법원은 상표 못지않게 상품외장을 보호하는 데에도 목적이 있는 연방 상표법의 기본 정책에 따랐다. 투 페소스는 자신의 불법적인 아이덴티티를 전적으로 바꾸도록 명령받았다.

이 판결은 상품외장 보호가 사업 소유주와 소비자 모두의 이해관계와 관련되어 있다는 점을 확립시켰다. 사업 소유주는 자신의 사업이 만들어내는 영업권(goodwill)과 평판의 혜택을 누릴 수 있어야 하고 소비자는 경쟁 관계에 있는 생산자들을 구별할 수 있어야 한다. 상원이 랜햄 법(Lanham Act)을 통과시키며 문제의 요지를 요약한 바 있듯, 대중은 특정 상표를 지닌 상품을 선택한 경우 '그들이 원하고 요구한 제품을 얻게 될 것'이라는 점을 알아야 하고 상표의 소유주는 제품을 대중에게 알리는 데 쏟은 에너지와 시간, 돈으로부터 이득을 취하려는 '해적질과 속임수'로부터 보호받아야 한다. 법원은 이런 말과 함께 랜햄 법의 주창자인 텍사스의 국회의원 프리츠 랜햄(Fritz G. Lanham)의 다음과 같은 말을 적극적으로 인용했다. "이 법안의 목적은 국내의 정당한 기업과 소비자들을 보호하기 위함이다."[2]

정당한 경쟁 제한

타코 카바나 사건에서 대법원은 상품외장이 본래적인 가치를 지니고 있고 보호받아야 한다는 것을 명확히 했다. 그러나 대법원은 또한 그 사건에서 기업 아이덴티티 보호에 일정한 제한이 있음을 분명히 했다. 특히 대법원은 특정 종류의 제품 및 서비스에 있어 사용 가능한 아이덴티티의 범위 문제를 고려했다. 사용 가능한 아이덴티티의 범위가 한정되어 있을 경우, 문제는 공정 경쟁의 보호이다. 이전에는 사용 가능한 아이덴티티의 수가 한정되어 있다는 가정 하에 종종 상품외장에 대한 법적 보호가 거부되었다. 타코 카바나 판결도 공정 경쟁 보호라는 명목 아래 아이덴티티의 보호가 불공정한 독점을 초래할 수 있는 상황에서는 아이덴티티를 보호할 수 없다는 점을 확실히 했다. 본 사건의 보충 의견이 진술하듯이, "만약 어떤 디자인이 경쟁자들도 사용할 수 있는 한정된 수의 똑같이 효율적인 선택사항들 중 하나이고 그 디자인에 상표 보호를 부여함으로써 자유 경쟁이 부당하게 침해될 경우 그 디자인은 법적으로 기능적인 것으로 간주되고 따라서 보호받을 수 없게 된다." 이렇게 하여 한정된 수의 상품외장만이 존재하는 경우에도 경쟁이 보장될 수 있었다. 만약 이 경우에 보호를 인정했다면 경쟁은 심각하게 위축되었을 것이다.

아이덴티티에 관한 법률적 이슈

타코 카바나 사건이 보여주듯, 기업 아이덴티티 개념은 중요한 법률적 차원을 지닌다. 아이덴티티 구축 및 보호와 관련된 법률적 이슈들을 살펴보는 일은 관리자들이 디자인 팀과 함께 일하는 데 있어 중요한 자산이 되어줄 것이다. 갭(Gap)이 사용하는 스테인레스 스틸의 외양을 빌려와도 되는가? '플러스'나 '울트라'와 같은 설명어를 별다른 고민 없이 사용해도 되는가? 다른 제품의 형태나 색상을 모방하거나 변형해 쓰는 것에 관심을 가져야 하는가? 우리의 제품이든 아니면 경쟁자의 제품이든 'me-too' 류의 제품들에 대해 언제 관심을 가져야 하는지 어떻게 알 수 있는가? 경쟁자가 우리의 아이덴티티를 모방하는 것처럼 보일 때 어떻게, 언제부터 대응해야 하는가?

관리자들은 법적 관심사를 성가신 일로 치부하는 경향이 있다. 그러나 브랜드를 개발할 때 가령 회의 도중 우연히 외양이나 트렌드를 순진하게 차용한 듯한 이야기가 나와도 이는 경계의 대상이 되어야 한다. 법률적 환경에 대한 민감성은 관리자들이 법률적 함정에 대해 너무 민감하지도 너무 둔하지도 않은 안테나를 발달시키게 한다. 회사 내에 법률 자문을 두고 있는 큰 회사의 경우 본 장은 관리자들이 디자인이나 아이덴티티 개발 시 법률부서와 협력하는 데 도움을 줄 것이다. 회사 내에 법률 자문이 없는 작은 회사의 경우 본 장은 관리자들이 언제 법률 자문이 필요한지 감을 잡을 수 있도록 도움을 줄 것이다. 특정 소송사건에서는 무엇보다 법률 자문이나 변호사의 안내를 따라야 하겠지만, 관리자는 법률상 기업과 브랜드 아이덴티티 요소들을 보호하는 데 필요한 사항들에 관해 기본 지식을 갖출 필요가 있다. 해외에서의 보호와 관련된 경우에도 우리가 설명할 다음의 정보와 개념들은 매우 중요하다. 왜냐하면 이 분야에 있어 대부분의 국가들이 동일한 개념들에 기초하고 있기 때문이다.

합법적인 경쟁 장벽으로서의 아이덴티티

브랜드 및 기업 아이덴티티는 회사를 경쟁으로부터 차단하는 장벽을 쌓는 데 도움을 준다. 기업이나 브랜드는 아이덴티티의 특정 부분에 대해 법적으로 인정된 독점권을 소유함으로써 이런 장벽을 만들 수 있다. 경영자들은 그들과 경쟁자가 법적으로 의지할 수 있는 이런

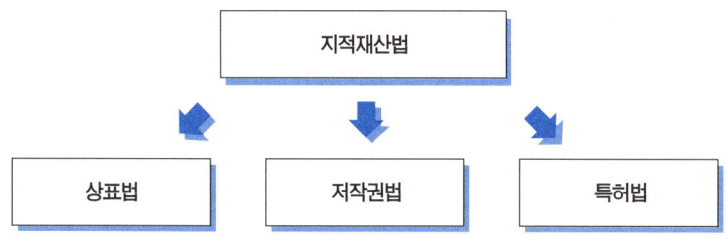

표 8.1 아이덴티티 관련 법

경쟁 장벽의 범위와 한계에 대해 알아둘 필요가 있다. 이런 잠재적 독점권은 지적재산법이라 불리는 영역에 속한다. 이 영역에는 상표법, 저작권법, 특허법 등이 포함된다.(그림 8.1) 타코 카바나 사건에서 소개한 바 있는 상표외장이란 까다로운 개념을 살펴보기 전에 먼저 가장 기본적인 법적 보호의 대상이 되는 브랜드명과 로고를 살펴보는 것부터 시작하도록 한다.

혼동으로부터의 브랜드 보호

브랜드의 기본 목적은 제품을 식별해주는 것이다. 브랜드는 사용자에게 제품이 특정 출처로부터 나왔다는 것을 알려준다. 출처를 확인하게 해주는 이름이나 표시들은 상표로서 보호받을 수 있고 독점적인 지위를 누린다. 이런 독점적 지위는 시간상의 제약은 받지 않지만, 종종 그 범위에 있어서는 특정 제품군으로 제한된다.

잠재적 혼동의 제거

미국의 연방상표법은 랜햄 법(Lanham Act)에 구체화되어 있다. 이 법안의 주요 조항인 43(a)조항은 현 연방상표법의 주 원천이 되는 조항으로서 그 전문을 살펴볼 필요가 있다.

> 어떠한 상품이나 서비스, 또는 그 용기(容器)와 관련해 다음에 해당하는 어떠한 단어나 용어, 이름, 심벌, 장치 혹은 이들의 결합을 상업적으로 사용하거나, 잘못된 출처 표시, 허위 또는 오해를 불러일으키는 사실 설명이나 표현을 한 자는 자신이 그런 행동으로 피해를 입었거나 입을 소지가 있다고 생각하는 사람에 의해 민사 소송을 당할 수 있다.
>
> (A) 자신을 다른 사람과 연관 짓거나 자신의 제품, 서비스 혹은 상업적 활동의 기원, 후원, 승인에 있어 혼동이나 오해를 일으키거나 속일 가능성이 있는 경우.
> (B) 상업적 광고 혹은 판촉에 있어 자신, 혹은 제3자의 제품, 서비스, 상업적 활동의 성질, 성격, 특성 혹은 지리적 기원을 잘못 나타내는 경우.[3]

이 법안이 말하는 바는 기본적으로 다음과 같다. '을' 사는 '갑' 사가 이미 사용하고 있는 특정 아이덴티티 요소(색상, 이름, 심벌 등)의 사용이 시장에서 '갑' 사와 '을' 사의 관계에 관해 혼동을 초래할 가능성이 있거나 '갑' 사나 '을' 사의 제품 및 서비스를 잘못 나타낼 경우 이를 사용할 수 없다. 상표법이 제공하는 보호는 제품이 판매되는 한 실질적인 효력을 지닌다. 그것은 사실상 영원한 독점이다.

이 법안 중 첫 번째 조항은 기본적인 아이덴티티 보호와 관련된다.

두 번째 조항은 주로 허위 광고 주장에서 발생하는 아이덴티티 공격을 방어하는 것과 관련된다. 예를 들어 첫 번째 조항에 따르면, 새로운 카메라를 '코닥(Kodak)'이라 부르는 것은 기존의 코닥 브랜드와 혼동을 초래할 수 있으므로 십중팔구 금지된 마케팅 전략이 될 것이다. 두 번째 조항에 따르면 기존의 코닥 아이덴티티 중 식별 가능한 어떠한 사항이라도 잘못 묘사하는 것은 부실표시(misrepresentation)에 해당하는 것으로서 금지된 마케팅 전략이 된다.

극단적으로 파생적인 아이덴티티: 도용과 혼동. 의도적으로 파생적인 스타일은 어느 정도 공정한 경쟁 방법으로 간주될 수 있다. 그러나 이는 고객을 혼동시키는 브랜드 도용(appropriation)이 될 수도 있다. 스타벅스가 캐나다 시장에서 경쟁사를 상대로 자신의 '외양'을 모방했다고 고소한 사건을 기억하는가?

회사가 다른 회사의 이름을 모방하거나 이용한 것처럼 보이는 사례는 수없이 있어 왔다. 발렌티노 과자는 발렌티노 패션 아이덴티티의 일부를 포착하려 한 듯 보이고 실버 토우(Silver Toe) 양말은 아마도 골드 토우(Gold Toe) 양말을 염두에 두고 있었을 것이다. 아이덴티티 도용이라 추정되는 이 사례들의 많은 경우가 상표 소유주들에 의해 법정까지 소환되었다(던힐 스카치 위스키 vs 던힐 파이프 및 담배 제품, 블루 크로스 헬스 클리닉 vs 블루 크로스 의료보험, 트럼프 팰리스 카지노 vs 시저 팰리스 카지노, AAA 보험 vs AAA 자동차 서비스, 비자 호텔 판촉 서비스 vs 비자 은행카드 회사 등).

이런 종류의 모방은 이름뿐 아니라 로고, 기업 색상, 특허 형태, 그리고 다른 아이덴티티 요소에 있어서도 발생한다.

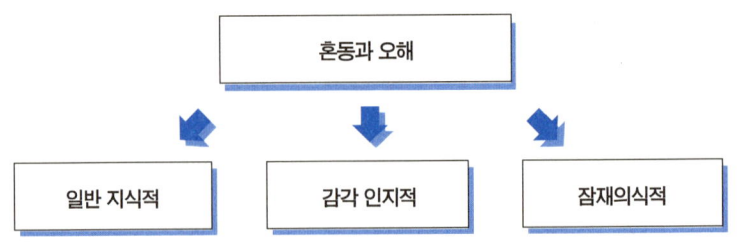

표 8.2 혼동의 유형

공정 모방. 그러나 어떤 모방은 허용된다. 마케터들은 소비자들에게 오리지널 아이덴티티와의 유사성을 암시하기 위해 파생적 아이덴티티를 사용할 수 있다(그러나 이런 암시와 함께 'me-too'류의 제품 및 서비스라는 암시도 발생한다). 파생적 아이덴티티의 해법은 열심히 모방하거나 비슷해지되 절대 '혼동'을 일으키지 않는 것이다. 울타리 가까이로 다가오되 넘어가지는 않는 이런 경우에 문제는 "혼동의 존재 여부를 가리는 법적 기준은 무엇인가?"이다.

혼동이란 무엇인가

브랜드가 소비자에게 일으킬 수 있는 혼동에는 세 가지 종류가 있다. (1) 일반 — 지식적 혼동(general-knowledge confusion), (2) 감각 — 인지적 혼동(sensory-perception confusion), (3) 잠재의식적 혼동(subliminal confusion)이 그것이다.(그림 8.2) 여기에서는 일반 — 지식적 혼동과 감각 — 인지적 혼동을 다룬다. 잠재의식적 혼동은 이 장의 후반부에서 다루도록 한다.

일반 — 지식적 혼동(GK)이란 상표의 의미에 관한 혼동을 말한다. 새 회사가 기존 회사의 후원을 받는 듯한 인상을 주거나, 또는 회사들이 서로 제휴하고 있거나 왠지 관련되어 있는 듯한 인상을 주는것이다. 한편 감각―인지적 혼동(SP)은 인지적 실수에 해당한다. 가령 '파나오소닉(panaosonic)'이란 브랜드는 수많은 뉴욕 시 전자제품 매장에서 판매된 적이 있다. 언뜻 보거나 충분한 주의를 기울이지 않은 경우 소비자는 자신이 유명한 파나소닉 브랜드를 구매한다고 생각하면서 이 브랜드를 구매하는 것이 충분히 가능했다. 이런 실수가 감각―인지적 혼동에 해당한다. 이중 어떤 유형의 혼동 유발도 법으로 금지되어 있다.

혼동의 가능성

회사들은 자신의 브랜드와 아이덴티티, 이미지를 열심히 보호하려고 한다. 1986년 한 베이글 가게는 '맥베이글(McBagel)'이라는 이름을 사용하려다가 맥도날드에게 고소당했다. 1980년에는 '텍손(Texon)'이라는 이름을 내걸고 운영되던 자동차 부품 및 주유소가 엑손에게 고소된 바 있다. 한편 1980년 도미노 설탕 제조업자는 도미노 피자를 고소했다. 이런 사례는 수없이 많다. 이 새 브랜드명들은 랜햄 법에 위배되는 것일까?

혼동의 뜻을 정의하는 일과 혼동이 언제 발생하는지 확정하는 일은 전혀 다른 일이다. 혼동이 일어날 소지가 높다고 결정하는 데에는 다양한 요소가 관여한다. 그것은 매우 힘든 결정일 수 있다. 예를 들어 코비(Coby)라는 브랜드의 헤드폰이 지난 몇 년 새 부상하여 소니(Sony) 브랜드와 경쟁을 벌이고 있다. 두 이름은 모두 4글자로 이루어져 있고 음성학적으로도 꽤 유사하다. 미국 전역에 퍼져 있는 연방 법원들은 이런 소송사건들을 결정하기 위하여 비슷한 일련의 요소들에 집중해 왔다. 법원이 혼동이나 실수의 가능성이 있다고 판결할 가능성을 예측하는 데 있어 관리자들에게 안내가 될 만한 것은 무엇일까? 관리자들은 다음의 일곱 가지 주요 이슈들을 눈여겨 볼 수 있다.

1. 두 이름이나 상표, 다른 아이덴티티 요소 간의 유사성 정도
2. 제품군의 유사성 정도
3. 광고 매체 및 유통 경로의 유사성 정도
4. 구매자들의 주의 및 교양 정도
5. 실제 구매자들이 일으키는 혼동의 증거
6. 이름, 상표, 혹은 다른 아이덴티티 요소의 힘
7. 신참자의 의도

상표, 제품군, 광고 매체 및 유통 경로에서의 유사성이 크고 회사가 제공하는 제품 또는 서비스를 평가하는 데 있어 소비자들이 주의를 기울일 가능성이 적을수록 혼동이 일어날 가능성은 커진다. 실제 소비자가 일으키는 혼동의 증거는 분명 도움이 된다. 그리고 그런 혼동을 입증하는 조사가 이러한 소송 사건들에서 빈번하게 사용된다. 아이덴티티 요소의 힘도 혼동과 동시에 테스트되는 경우가 많은데, 혼동의 테스트는 종종 힘의 이차적 과시를 요구하기 때문이다. 마지막 두 요인, 즉 아이덴티티 요소의 힘과 혼동을 일으키려는 의도는 이 장 전체에 걸쳐 반복적으로 등장할 것이므로 아래에서 자세히 다루고자 한다.

이름의 힘 : 변별성 또는 이차적 의미

법률적 관점에서 볼 때 브랜드 네임에는 4가지 종류가 있다. 각각은 이름이 가진 힘의 차이를 나타낸다.

1. 자의적 네임(arbitrary name)
2. 암시적 네임(suggestive name)
3. 서술적 네임(descriptive name)
4. 일반명(generic name)

자의적 네임. 가장 보호 가능성이 높은 이름, 즉 가장 강력한 상표는 가장 자의적인 것이다. '자의적' 네임으로 여겨지기 위해서는 이름이 제품군과 직접적인 연관 관계가 없어야 한다. 수많은 예 중 코닥 필름, 제록스 복사기, 조지(George) 잡지, 콜게이트 치약 등이 자의적 네임에 속한다. 자의적 네임은 변별성이 매우 높다고 여겨지기 때문에 가장 많은 보호가 주어진다.

암시적 네임. 암시적 네임은 제품의 특성이나 제품에 관해 사람들이 떠올리는 연상 작용을 암시한다. 가령 퍼프스(Puffs) 고급 화장지나 미스터 클린(Mr. Clean) 가정용 세척제, 벨비이타(Velveeta) 치즈 제품 등이 여기에 속한다. 자의적 네임과 암시적 네임은(이들은 관습법상 '본래적으로 고유'한 것으로 여겨진다) 다음의 두 범주보다 더 많은 보호가 주어진다.

서술적 네임. 서술적 네임은 제품군에 대해 설명한다. 소프트숍

(Softsoap)이나 스포츠채널(Sportschannel)과 같은 이름이 서술적 네임에 속한다. 이런 종류의 이름들은 본래적으로 고유한 이름으로 보호받을 수 없다. 가령 마이크로소프트의 윈도우즈(Windows)는 본래적으로 고유한 것이라 여겨지지 않았기 때문에 상표등록 신청이 거절된 바 있다. 마이크로소프트는 그 이름이 상표등록이 되지 않았다 하더라도 이차적 의미를 획득했다는 점, 즉 소비자들이 그 이름을 마이크로소프트의 제품과 유일하게 연관시킨다는 점에서 여전히 보호받을 수 있다고 여긴다. 다른 말로 하면, 그 이름이 후천적 변별성을 획득했다는 것이다. 이차적 의미를 획득한 서술적 용어들은 보호(및 상표등록)될 수 있다. 그러나 마케터들이 일단 서술적 네임 쪽으로 이동하기 시작하면 보호는 점점 확보하기 어려워지고 반복적인 배타적 사용 이후에나 보호받을 수 있게 된다.

일반명. 마지막으로 일반명이란 제품군이 무엇인지 말해주는 이름들이다. '케첩(Catsup)'이라는 이름의 케첩은 일반명에 속한다고 할 수 있다. 일반명은 경쟁 유지를 위해 보호 대상에서 제외된다. 일반 용어에 독점권을 제공한다면 다른 제품 및 서비스가 그 용어를 사용할 수 없게 될 것이다. 그러나 일반명도 이따금씩 이차적 의미를 획득하는 경우가 있다. 필자들 중 한 명(시몬슨)이 작업한 소송사건에서 미국 특허청은 처음에는 스포츠 프로그램을 제공하는 케이블 방송사가 '스포츠채널(Sportschannel)'이라는 이름을 상표등록하고자 했을 때 거절했다. 이유는 '스포츠 채널(Sports channel)'은 방송 서비스의 한 유형을 뜻하는 일반 용어이고 Sportschannel이 그것과 동일하다는 것이었다. 그러나 대다수의 사람들이 스포츠채널이라는 용어를 상호로 여기며 어떤 범주나 일반어로 여기지 않는다는 조사가 증거로 제출되었다. 그 소송사건은 이후 법정 밖에서 해결되었다.

상표 및 다른 아이덴티티 요소들의 힘. '변별적인' 아이콘이란 무엇인가? 또 변별적인 레스토랑 모티브나 변별적인 색상이란 무엇인가? 관리자들은 어떻게 제안된 아이콘에 잠재된 법적 효력을 평가할 수 있는가? 아이콘이나 다른 아이덴티티 요소들을 분류하기란 훨씬 더 어렵다. 따라서 이들의 변별성은 보통 그 분류법이 아니라 아이덴티티의 '고유성(uniqueness)'에 따라 결정된다. 예를 들어 최근 사례를 보면 별 모양의 아이콘을 사용하는 스포츠 의류 메이커인 스타터(Starter)가 운동화 시장에 진출하기 위해 오랫동안 운동화에 흰 별을 사용해 온 컨버스(Converse)를 상대로 소송을 제기한 적이 있다. 이 신참자가 내놓은 주장 중 하나는 컨버스의 별 모양 아이콘이 평범한 기호학적 형태에 불과하기 때문에 '강력한' 아이콘이 아니라는 것이었다. 안타깝게도 그런 주장은 운동화를 비롯한 어떤 특정 범주에서도 평범한 아이콘 하나가 소비자들의 마음에서는 한 회사를 식별해주는 강력한 표지가 될 수 있다는 사실에 위배된다. 그리하여 가솔린과 관련해 별은 텍사코(Texaco)를 의미하게 되고 자동차와 관련될 때는 다지(Dodge)를 의미하게 되는 것이다. 아이덴티티 요소를 창조함에 있어 관리자들은 그 요소들의 고유성과 복합성(complexity)에 집중할 필요가 있다. 그러나 아무리 평범한 아이콘이라 할지라도 특정 제품이나 서비스 범주에서 고유성을 띨 수 있다. 가장 먼저 시장에 도달한 자라면 말이다.

나쁜 의도는 불리하다

새 브랜드가 소비자를 혼동시키려는 의도는 여기에서 각별한 주의가 요구된다. 의도의 문제는 사실 형평성 또는 공정성의 문제이다. 흉내 및 모방의 행동이 의도적이라 여겨지면 법원은 좀 더 쉽게 그런 행동들을 위법으로 판정한다. 일부 법원에서 주장해 왔듯, 어떤 회사가 대중을 속이려는 목적으로 기존 브랜드를 모방하려 할 경우 그런 시도는 쉽게 성공할 것이라 가정할 수 있다. "시장에 뒤늦게 진출한 자가 뚜렷한 이유 없이 기존 업체의 모습을 표절한 것이 밝혀진 경우 더 이상의 설명은 필요 없다. 왜냐하면 그는 자신이 추가하는 어떤 차이도 기존 브랜드와의 연상 작용을 방지하지 않을 것이라 생각할 것이고, 우리는 자신이 성공할 것이라 믿는 그의 예상을 기꺼이 받아들일 것이기 때문이다."[4]

이렇게 하여 입생로랑의 오피엄(Opium) 향수가 옴니(Omni)라는 향수 브랜드의 제조업자를 상대로 고소했을 때 하급 법원과 항소 법원은 충분한 혼동의 가능성을 발견하고 옴니에게 현재의 형태로 향수를 판매하는 것을 중단시켰다. 옴니가 제기한 항소심에서 항소법원은 옴니가 오피엄의 상품외장을 모방했고 상자 윗면에 적힌 슬로건에서 오피엄을 직접적으로 언급한다는 사실에 주목했다. 하급 법원은 상품외장이 혼동을 일으킬 만큼 유사하다고 생각하지는 않았으나 슬로건이 "오피엄을 사랑하신다면 옴니도 사랑하실 겁니다."임을 발견했다. 두 번째 슬로건도 허용될 수 없었다. "입생로랑의 향수 오피엄을 좋아하신다면, 데보라 인터내셔널 뷰티의 향수 옴니도 좋아하실 겁니다." 항소의 마지막 주제였던 세 번째 슬로건은 "입생로랑의 향수 오피엄을 좋아하신다면, 데보라 인터내셔널 뷰티의 향수 옴니도 좋아하실 겁니다. 입생로랑 및 오피엄은 데보라 인터내셔널 뷰티 및 옴니와 어떠한 관련도 없습니다."였다. 항소 법원은 항소를 기각했다. 그들은 입생로랑이 오피엄에 쏟은 엄청난 투자와 고의적 모방에 분석의 초점을 맞추었다.[5] 이 판결은 분명한 중지명령의 메시지를 고의적 모방자들에게 보낸다.

혼동으로부터의 아이덴티티 보호

상표는 출처의 지표로서 보호 대상이 되는 가장 기본적인 아이덴티티 요소이다. 그러나 미학적 스타일과 테마를 갖춘 다른 아이덴티티 요소들도 자연적인 결과물로서 보호받을 수 있다. 상품외장은 급속하게 확장하는 법률 분야이다. 이 용어는 제품이 소비자에게 비춰지는 총체적인 시각적 이미지의 모든 구성 요소들과 함께 이제 제품 자체의 형태 및 외양을 포함하기에 이르렀다.

단순히 이름을 보호하는 것에서 다른 아이덴티티 요소들을 보호하는 것으로 관심이 이동함에 따라 시각적 요소에 집중하게 되는 것은 당연한 현상이다. 그러나 시각적 요소만 보호를 받을 수 있는 것은 아니다. 향, 소리, 질감 — 실제로 우리가 이 책에서 정의한 기업 미학 전체 — 등도 요건만 갖춘다면 상품외장으로서 보호받을 수 있다(심지어 테마도 저작권 영역에서 보호받을 수 있다. 이에 대해서는 이후에 다루도록 하겠다). 아이덴티티의 모든 요소로 범위를 확장할 경우 상품외장의 정의는 다음과 같다.

> 상표의 유형 혹은 기원을 식별해주는 심벌로서의 배타적 권리를 획득할 수 있는 하나 혹은 그 이상의 아이덴티티 요소에 구현된 미학적 요소(색상, 향, 멜로디, 스타일 등) 혹은 미학적 스타일.

상품외장의 보호가 과연 각 요소들이 그런 배타적 권리를 가질 수 있는가에 달려 있는 반면, 상품외장 보호의 핵심에는 기업 미학이라는 이슈가 있다. 제품 및 서비스가 만들어내는 전반적인 인상이 바로 혼동 가능성의 여부를 결정짓는 것이다. 유사한 책표지 디자인을 가리키며 메리엄 웹스터 사전이 랜덤 하우스를 상대로 자신의 사전과 혼동된다는 이유로 고소했을 때, 하급 법원은 혼동의 가능성이 존재한다고 결론내렸다. 그런 추론은 각각의 미학적 요소들을 낱낱이 해부한 결과 많은 것이 비슷하다는 것에 바탕을 두고 있었다. 그러나 항소 법원은 전체적인 스타일로 봤을 때 로고와 색상, 그리고 각각의 상표들이 전달하는 인상은 혼동의 가능성을 제기하지 않는다며 이전 판결을 뒤집었다.

상품외장과 관련된 소송 사건은 매우 다양하다. 오피엄 판결에서처럼 슬로건이 주목을 받을 수도 있고, 포장 디자인이나 병 디자인과 관련된 사건들도 넘쳐난다. 수많은 예들 중 레블론 헤어 제품의 병과 돔 페리뇽 샴페인의 병 모양 및 라벨 디자인, 그리고 리스테린의 병 모양 등은 그들의 미학적 권리를 위해 싸운 경우들이다. 이런 소송 사건들의 결과는 모든 요소의 평가에 따라 각기 달라지지만 아이덴티티에 대한 전반적인 고객 인상이 주요 초점이 된다. 1990년대 초 타이레놀 PM의 제조업체 맥닐(McNeil)은 브리스톨 마이어스 스퀴브(Bristol Myers Squibb)가 만든 Excedrin PM의 겉포장을 두고 소송을 제기했다. PM도 유사했을 뿐 아니라 포장의 겉모습도 비슷했다. 그러나 여기에서도 전반적인 고객 인상이 주요 이슈가 되었고, 두 이름의 확연한 차이가 혼동의 가능성을 차단하는 데 주요하게 작용했다.

단독 요소의 경우에도 보호가 제공되는 경우가 많다. 디자인이 단순히 아이덴티티 요소의 작은 일부분인 경우 전반적 인상은 고려되지 않을 수 있다. 그래서 리바이스의 특정한 주머니 바느질 디자인은 전체로서 청바지 브랜드들 간의 차이가 식별 가능할지라도 모방으로부터 성공적으로 보호받을 수 있었다. 최근 미 연방대법원 판결이 선고하듯, "법원과 특허청은 특정 형태(코카콜라의 병 모양), 특정 소리(NBC의 세 번의 종소리), 그리고 심지어 특정 향(실에서 나는 플루메리아 꽃향기)에 이르기까지 이들을 상표로 사용하는 것을 승인했다." 법원은 더 나아가 특정 색상에도 보호를 제공했다.[6]

미학적 아이덴티티 보호를 위한 특별한 요건

미학의 기능성: 제품 디자인의 보호

상표법 하에서 가장 많은 보호를 받으려면 제품 디자인이 무엇보다도 제품의 아이덴티티를 전달해야 한다. 법률 용어로 말하자면 상품외장이 기능적이지 않다는 점이 확립되어야 한다. 제품 디자인의 유사성에 대해 제기된 소송에서 그 결과가 디자인의 기능성에 의해 판가름 난 경우가 많이 있었다. 몇 가지 경우만 예로 들자면 핸드백 디자인의 경우, Coach vs Ann Taylor, 구두 디자인의 경우, LA Gear vs Thom McAn, 수도꼭지 디자인의 경우 Kohler vs Moen, 블록 장난감 디자인의 경우, Tyco vs Lego, 운동용 자전거 디자인의 경우, Schwinn vs Ross 등이 그 사례들이다.

개별적 사건들은 예상하기 어렵다. 왜냐하면 다양한 연방법원들이 기능성을 위해 적어도 4가지의 테스트를 적용해 왔기 때문이다. 기능적 특성에 대해 널리 인정된 정의란 "그 제품의 용도 및 목적에 필수적이거나 그 제품의 비용 또는 품질에 영향을 미치는 특성"이다.[7]

디자인의 실용적 기능을 순전히 제품 확인 목적의 특성들과 구분하기가 어려운 경우도 있지만, 디자인이 아이덴티티를 전달하려 했다는 점을 보여줄 수 있다면 경쟁자의 유사한 디자인으로부터 보호받을 가능성이 커진다. 1990년 페라리(Ferrari)가 자신의 차량 디자인과 관련해 소송을 제기했을 때 법원은 다른 법원에서 많이 사용된 테스트를 실시한 후 디자인이 "단순히 자의적인 장식이나 주로 제품의 확인과 개성의 목적으로 채택된 외장 형식을 나타내는 경우" 비기능적인 경우에 해당한다고 선고했다.[8] 페라리의 차량 형태는 비기능적인 것으로 밝혀졌고 그 디자인을 상표등록할 수 있었다.

미학적 요소가 기능적일 수 있는가?

미학적 가치가 중요한 기능을 한다는 점을 고려할 때, 제품의 미학은 기능적인 것이고 따라서 아이덴티티의 독창적인 면으로서 보호될 수 없다고 여겨질 수 있다. 최근까지 법원은 아이덴티티의 제품 확인 측면과 미학적으로 즐거움을 주는 측면을 구분해 왔다. 이 중 제품 확인 측면만이 보호받을 수 있는 것으로 간주되었다. 그러나 지난 몇 년 사이 대부분의 법원들은 이런 개념을 거부했다. 새롭게 부상하는 기준은 "디자인이 그 미학적 가치로 인해 기능적일 경우는 단지 그것이 다른 디자인을 통해 복제될 수 없는 실제적으로 중요한 혜택을 제공할 때 뿐"이라는 것이다.[9] 이 기준은 모호하다. 그리고 이 분야는 급속한 변화 가능성을 갖고 있다. 따라서 관리자들은 이런 문제에 대해 법률 전문가와 상의해야 할 것이다.

아이덴티티와 미학적 요소에서의 변별성

색상의 경우. 미학 혹은 아이덴티티가 변별성이나 이차적 의미를

:: 놀랍도록 비슷한 미학적 요소의 사용

와인 업계에서 비슷한 병 라벨 디자인의 사용을 두고 일어난 싸움이 법적 공방으로까지 번졌다. 켄달-잭슨(Kendall-Jackson) 와인 회사는 프리미엄 와인 시장에서 선두적 위치를 차지하고 있었다. 이 회사의 빈트너스 리저브 샤도네이(Vintner's Reserve Chardonnay)는 한 병당 약 10달러에 팔린다. 한편 미국 최대의 와인 회사인 어니스트 앤드 줄리오 갈로(Ernest & Julio Gallo, Inc.)는 자신의 터닝 리프 샤도네이(Turning Leaf Chardonnay)의 마케팅을 위해 켄달-잭슨과 거의 동일한 시각적 아이덴티티를 사용했다. 두 회사 모두 라벨에 커다란 잎이 점점 울긋불긋한 색상으로 변하는 모습을 담고 있고, 나뭇잎이 새겨진 코르크를 가지고 있으며 병 모양도 비슷했다.

켄달-잭슨은 프리미엄 시장 개발을 위해 자신이 벌여왔던 활동으로부터 갈로가 이득을 보려한다며 상품외장 침해 혐의로 그 회사를 고소했다. 또한 켄달-잭슨은 갈로가 자신의 고객들을 우롱하고 제품 아이덴티티에 대해 혼동을 일으키려는 목적으로 부정한 수단을 사용해 자신들 바로 옆의 진열공간을 차지했다고 주장했다. 그리고 매출이 몇 년 동안 급격히 감소하기 시작한 갈로가 현재의 싸구려 와인 이미지에서 벗어나 고급스런 이미지로 옮겨가려 하고 있다고 주장했다. 법원이 결정해야 할 문제는 갈로가 켄달-잭슨을 프리미엄 와인 시장의 주역으로 만든 변별적인 상품외장을 침해하고 있는가이다.

※ 출처: 『비즈니스 위크』, 1996년 4월 15일자, 『Corporate Legal Times』, 1996년 12월호

지니고 있어야 한다는 요구사항은 단순한 미학적 요소가 그런 경지까지 오를 수 있고 또 보호될 수 있는가에 대한 중요한 문제를 제기한다. 이 이슈는 다양한 미학적 요소들에 적용 가능하지만 주로 색상 보호의 경우에 주요하게 등장한다.

캠벨 수프 컴퍼니(Campbell Soup Company)가 자신의 빨강 및 하양 색상 배합을 상표등록하고자 했을 때 유한한 색상 수와 소위 '색

채고갈이론(color depletion rule)', 즉 개별 색상을 공공 영역(public domain)에서 제거하면 경쟁을 약화시킨다는 이론을 근거로 신청이 기각된 바 있다. 그러나 이 분야의 소송 사건에서 판결은 양쪽으로 나누어져 있다. 일단 1985년 오웬스 코닝 파이버글라스(Owens Corning Fiberglas)가 자신의 절연 제품에 사용한 분홍색은 상표로 인정받았다. 연방법원은 색상만으로도 상표 보호를 받을 수 있다고 선언했다. 그러나 1990년 다른 연방 순회재판에서 이퀄 뉴트라스위트(Equal NutraSweet)가 자신의 이퀄 브랜드에 사용할 청색 포장을 보호하고자 제출한 신청은 기각되었다. 뉴트라스위트의 이퀄 브랜드는 경쟁 상대인 스위탠 로우(Sweet'n Low)로부터 자신을 구별하기 위해 많은 부분을 색상에 의존해 왔다. 그 브랜드는 구매 시 자신을 차별화시키는 방법으로 외장재의 포장색이 주는 힌트를 활용한다. 이퀄의 광고 캠페인은 '파란색'과 '분홍색'을 구분해 가며 색상을 가장 눈에 띄는 제품 요소이자 무엇이 좋고 무엇이 올바르며 무엇이 선호할 만한 것인지를 나타내는 힌트로 만들려 노력해 왔다. 뉴트라스위트 컴퍼니는 이 소중한 자산을 보호하려 했으나 헛수고였다.[10]

그러나 대법원이 이 논쟁을 해결했다. 1995년 대법원은 색상만으로도 보호를 받을 수 있다고 선고함으로써 마침내 이 문제를 해결했다. 단 그 색상은 변별적이거나 이차적 의미를 획득하고 있어야 한다. 그러나 이차적 의미를 획득했다는 것을 입증하기 위한 요구사항은 매우 까다롭다.[11]

변별성 테스트. 브랜드 네임이 이름의 변별성 정도에 따라 보호의 수준도 달라지는 네 가지 유형으로 나뉠 수 있는 반면, 다른 미학적 요소들의 경우는 문제가 그렇게 간단하지 않다. 일반적으로 이 다른 미학적 요소나 그 집합의 경우에는 두 가지의 변별성 테스트를 적용해 왔다. (a) 셰브론(Chevron) 테스트는 상품외장이 비기능적일 뿐 아니라 '자의적'일 것을 요구한다. (b) 시브룩(Seabrook) 테스트는 상품외장이 '흔히 쓰이는 기본 형태나 디자인'인지, 특정 분야에서 독특하고 특이한 것인지, 아니면 특정 제품군에서 널리 받아들여지고 잘 알려진 장식 형태를 단지 세련되게 다듬은 것인지(대중들이 볼 때 상품의 외장이나 장식으로 여겨지는지)의 결정에 달려 있다. 핵심은 디자인의 고유성이다. 고유성을 결정하는 데 있어서는 아이덴티티 요소들을 분해하는 것이 아니라 전체로서 바라보는 것, 즉 '전반적인 고객 인상'이 선호되는 접근법이다.

이미지 보호

연상적 혼동 혹은 도용

'도용(misappropriation)'이란 기존 제품의 일부 측면을 새로운 제품의 이미지를 제고시키는 데 사용하는 것을 가리키는 용어이다. 이런 행동은 무형재산권에 대한 절도 행위로 간주된다. 여기에 놓인 개념은 회사의 투자를 보호할 도덕적 의무가 존재한다는 것이다. 1980년 『플레이멘(Playmen)』이란 잡지는 수상할 정도로 비슷한 이름 때문에 플레이보이로부터 고소당했다. 연방법원은 "그 이름이 다른 특별한 의미 없이 플레이보이라는 이름과 그것이 나타내는 모든 것을 연상시킴으로써 얻게 될 특별한 관심에서 이득을 보는 것"은 혼동으로 간주된다고 선고했다.[12] 플레이멘은 사업을 정지당했다.

도용은 새 제품이 기존 제품과 직접적인 경쟁 관계에 놓여 있지 않은 경우에도 금지된다. 1993년 또 다른 연방 재판에서 미라클그로 (MiraclGro) 비료회사가 'Miracle Gro'라는 이름을 사용하는 또 다른 회사와 마주쳤을 때, 이 신생회사가 전혀 경쟁관계를 이루지 않는 헤어 관리 제품에 그 이름을 사용하고 있다는 사실은 문제가 되지 않았다. 혼동의 가능성을 보여주기 위해 사용되던 전통적인 요인들 중 여기에 관련된 것은 아무것도 없었다. 법원은 SP나 GK 혼동 개념이 아니라 '잠재의식적 혼동(subliminal confusion)' 또는 '연상적 혼동(associational confusion)'이라 불리던 것에 초점을 맞추었다. 법원은 "설사 소비자가 피고의 제품(헤어 관리 제품)이 왠지 원고의 제품(미라클그로 비료)과 연관된다고 의식적으로 여기지 않는다 하더라도, 원고가 미라클그로(MiracleGro) 상표와 관련해 쌓아 놓은 긍정적인 이미지와 영업권 덕분에 소비자가 피고의 제품에 이끌릴 수 있다. 상표법은 이런 종류의 미묘하고 연상적인 혼동을 보호하도록 고안되었다. 설사 그것이 피고 제품에 대한 소비자의 추가 조사를 통해 사라질 수 있다 하더라도 말이다."라고 선고했다.[13]

'잠재의식적 혼동'이란 개념은 토이즈 아 어스(Toys R Us)를 모방한 것처럼 보이는 키즈 아 어스(Kids R Us)의 경우에도 사용되었다. 키즈 아 어스는 토이즈 아 어스의 이름을 희석시키는 것으로 드러났다. 비록 일부 법원은 '실제적인' 혼동이 없는 상태에서 이런 종류의 주장을 받아들이는 것을 주저해 왔지만, 마케터들은 그런 잠재의식적 혼동이 실제로 랜햄 법에 위배된 것으로 판명되어 왔다는 사실을 알고 있어야 한다. 그것은 아이덴티티의 만연과 모방에 대항해 사용할 수 있는 또 하나의 무기이다. 아마도 이 사건들에서 가장 중요한 것은 원 브랜드의 이름이나 외양을 반복함으로써 이익을 얻었다는 침해자 측의 의도, 혹은 자백일 것이다.

설사 연방법원이 상표 및 사업을 보호함에 있어 '잠재의식적 혼동'의 주장을 인정해주지 않는다 하더라도 그와 동일한 이슈에 대해 주법원에서 해결책을 가지고 있을지도 모른다. 랜햄 법은 자신이 주법 상의 다른 조처들보다 선행하지 않는다고 명시해 놓고 있다. 따라서 연방 상표법에서 기각된 사건이라도 주법에서 '도용'이라는 개념에 근거해 소송 중인 마케터의 상품외장을 보호해줄 수도 있다. 이런 맥락에서의 '도용'은 관습법상 불공정 경쟁의 한 유형으로 특징지어진다. 혼동의 경우와는 대조적으로 상표도용은 주법에서 점점 발전하고 있는 영역으로서 심지어 소비자들을 '혼동'시키지 않는 브랜드 전략까지도 심각하게 제한할 수 있다. 여기에 담긴 전형적인 가정은 설사 혼동이 존재하지 않는 경우라 할지라도 약한 브랜드는 기존의 브랜드 네임을 사용함으로써 이익을 얻을 가능성이 많다는 것이다. 따라서 새 브랜드가 이런 이득을 얻을 것이라는 조건이 비록 모호할지라도 마케터들은 모방을 중단시킬 또 하나의 강력한 도구로서 도용의 개념을 명심해야 할 것이다.

이미지를 유지할 권리

부실표시(misrepresentation)와 희석(dilution)은 회사가 자신의 이미지를 유지할 권리를 보호하는 두 가지 법적 영역이다. 먼저 회사들은 그들에게 해를 끼치는 부실표시로부터 자유로울 권리가 있다. 랜햄 법 43(a) 조항의 두 번째 단락은 이런 유형의 행동을 암시한다. 둘째로 희석법(dilution law)이라 불리는 일군의 법은 두 가지 유형의 희석으로부터 회사를 보호한다. 우리 중 한 명(시몬슨)은 이를 (1) 평가 희석(evaluation dilution) (또는 명예훼손 tarnishment)과 (2) 전형성 희석(typicality dilution) (또는 변별성의 감소)이라 칭한다.[14]

부실표시. 랜햄 법 43조항(a)(두 번째 문단)에 따르면 "상업적 광고 혹은 판촉에 있어 자신이나 다른 사람의 제품, 서비스, 상업적 활동의 성질, 성격, 특성 또는 지리적 기원을 잘못 나타내서는 안 된다." 보통 이 경우는 제품의 주장과 관련된다. 그러나 패러디에서는 회사의 미학적 요소와 아이덴티티가 종종 묘사되고 풍자된다. 폴라 코퍼레이션(Polar Corp.)이 만든 한 텔레비전 광고에 대한 소송 건은 이 근거 아래 제기되는 소송의 유형을 전형적으로 보여준다. 1993년부터 코카콜라는 컴퓨터 그래픽으로 만들어진 북극곰이 코카콜라를 마시며 즐거워하는 광고를 게재했다. 곧 그 이후 폴라 브랜드 셀처(seltzer)의 마케터인 폴라 코퍼레이션은 코카콜라의 곰과 비슷한 모양의 애니메이션 곰이 얼어붙은 툰드라를 건너는 내용의 유머러스한 광고 캠페인을 벌였다. 그 곰은 발아래 있는 얼음을 깨고 낚시를 하다가 코카콜라 캔을 낚자 불만스러운 신음소리를 내고 그 캔을 '북극해를 청결하게 유지합시다.' 라고 쓰인 쓰레기통에 던져 넣는다. 그리고 그 곰이 다시 낚시를 하다가 이번에는 폴라 셀처를 낚자 미소를 지으며 음료수를 마신다는 것이 광고의 내용이다. 법원은 다음과 같이 판결을 내렸다.

> 북극곰이 코카콜라 캔을 '북극해를 청결하게 유지합시다' 라고 쓰인 쓰레기통에 던지게 함으로써 폴라사는 코카콜라가 청결하지 않다는 것을 암시했다. 코카콜라가 청결하지 않다는 증거는 어디에도 없으므로 법원은 폴라 사가 코카콜라의 성질과 품질을 잘못 나타냈다고 판결한다.[15]

희석. 희석은 브랜드의 이미지와 변별성을 보호하고자 하는 법적 영역이다. 이 개념은 "어떤 상표가 대중들에게 일정하고 단일한 만족의 출처를 가리키게 되면, 그 소유주는 자신의 상표를 다른 제품이나 사업 영역으로 최대한의 범위까지 확장할 수 있도록 허용되어야 한다."고 선언한다.[16] 이로부터 브랜드를 위한 두 가지 권리가 파생된다. 브랜드 확장을 위해 영역을 선점 및 보존할 권리, 그리고 소비자의 혼동이 부재할지라도 동일한 브랜드 네임의 도입을 중단시킬 권리가 그것이다. 1996년 말이 되면, 절반 이상의 미국 주에서 이 두 가지 점을 모델로 고안된 소위 '희석화 방지법(antidilution statutes)'을 채택한다. 이 법안들은 일반적으로 원 브랜드를 '희석' 시키거나 '사업의 명예에 해를 입힐 가능성' 이 있는 브랜딩을 금지한다. 예를 들어 조다쉬(Jordache)가 베이직스 101(Basics 101)을 내놓았을 때, 그들은 자신의 제품이 리바이스의 501 마크와 혼동되거나 희석시키는 일은 없다는 점을 선언하기 위해 1993년 리바이스를 상대로 소송을 낸다. 리바이스의 생각은 '01' 로 끝나는 자신의 어미가 변별성을 잃고 3자리 수의 넘버링(리바이스 505, 501, 550 등)도 희석되리라는 것이었다. 법원은 약식 판결을 요구한 양측의 신청을 기각시켰고, 양측이 소송을 계속 진행하던지 아니면 합의하도록 남겨두었다.[17]

최근 미 의회는 미국 전역에서 희석을 금지하는 연방법을 통과시켰다. 그 법안은 일반적으로 보호되는 '변별적' 브랜드만 보호하는 현재의 희석 정책의 한계를 그대로 가지고 있다.[18]

평가 희석. 평가 희석이란 사업의 명성에 해를 입히는 것을 말한다. 이 현상은 패러디 제품이나 광고에서 종종 일어난다. 광고에서 일어나는 평가 희석(혹은 명예훼손) 행위는 보통 랜햄 법 43(a) 조항 두 번째 부분에 근거한 행위를 동반하는 경우가 많다. 라다쉬

(Lardashe) 청바지가 대형 사이즈 여성 청바지 시장에 진출했을 때, 조다쉬(Jordache)의 이름을 희화한 그 이름은 잠재적으로 조다쉬의 명성에 해를 끼칠 가능성을 가지고 있다고 말할 수 있다. 비록 법원은 사람들이 그런 연상 작용을 일으키지 않을 것이라고 말했지만 실제로는 정반대일 수 있다.[19] 다른 업체의 브랜드 이미지를 '더럽힐(tarnish)' 수 있는 어떠한 브랜드 장난도 고소의 대상이 될 수 있다. 그리고 광고에서 패러디는 넘쳐난다.

전형성 희석. 전형성 희석은 주로 '브랜드의 변별성을 흐리는 행위', '대중의 마음에서 상표와 아이덴티티의 점유력을 깎아내리는 행위', 또는 '상표의 독창적인 성질을 감소시키거나 파괴하는 행위'로 브랜드와 관련하여 설명되어 왔다. 새로운 브랜드들의 '암세포적인' 성장은 마치 범죄자처럼 선발 브랜드의 이름(혹은 다른 아이덴티티 요소들)의 변별성을 잠재적으로 파괴하는 것으로 여겨졌다. 여기에서 희석이란 브랜드(또는 다른 아이덴티티 요소 및 그 집합들)의 전형성이 감소하는 것을 뜻한다. 전형성이란 그 요소가 특정 제품군을 떠올리게 하는 힘을 말한다. 예를 들어 1988년 호텔업계에 등장한 새로운 신참이 스스로를 '맥슬리프(McSleep)'라고 부르자, 이 이름이 앞으로 시간이 흐름에 따라 맥도날드의 변별성을 '희석'시킬 것인지에 대한 의문이 제기되었다. 다른 말로 하면 '맥'이라는 음절이 햄버거 가게와의 신속하고 강력한 연상 작용을 잃어버리고 호텔과의 연상 작용을 얻게 될 것인가? 즉, 다른 제품군과의 연결이 원 브랜드(맥도날드)가 창출해낸 변별성을 파괴할 수 있다는 것이다. 심지어 청각적 자극과 관련해서도 희석을 주장할 수 있다. 1990년대 초 도요타 자동차는 신차를 출시하고 그 차의 이름을 렉서스(Lexus)라고 부를 예정이었다. 그러나 변호사 및 회계사에게 널리 알려진 데이터 서비스인 렉시스(Lexis)가 렉서스를 상대로 소송을 제기했다. 그들은 렉시스라는 이름이 희석될 것이고 사람들은 '렉시스'라는 단어를 들으면 그것을 데이터 서비스가 아니라 자동차에 귀속시키게 될 것이며, 이름의 변별성을 잃어버리게 될 것이라고 주장했다. 하지만 그들은 패소했다. 희석이 그럴듯한 주장이 아니었기 때문이 아니라 법원이 '렉서스'라는 소리와 '렉시스'라는 소리를 구분했기 때문이다.

독창성 및 발명의 권리

저작권. 저작권법은 유형적 매체에 구현된 원 아이디어를 보호한다. 개인이나 회사 여부에 상관없이 저작자는 다른 이들이 이 구현물을 자유롭게 모방하거나 다른 식으로 사용하는 것으로부터 보호받는다. 디자인의 저작권은 그 디자인의 창조성이 '독창적'이라 여겨지는 한 계속해서 존재할 수 있다. 여기에서의 논거는 저작자를 보호하고 그들의 원 작업을 보호하기 위해서이다.

그리하여 저작권의 가장 명백한 사용은 내러티브, 멜로디, 라벨 디자인 등에 구현된 테마를 보호하는 것이다. 하나의 테마에 담긴 수많은 아이덴티티 요소들과 그들의 조합은 보호될 수 있다. 여기에는 작곡, 포장 디자인, 명함 디자인, 가방 디자인, 조각, 그림, 사진, 그 밖에 많은 것들이 포함된다. 심지어 아이디어가 매체에 구현되어 있다면 약간의 독창성이 있는 것만으로도 충분하다. 예를 들어 미용제품 라벨에 적힌 사용법도 저작권 보호를 받을 수 있는 것으로 여겨져 왔다. 그러나 일반적으로 짧은 슬로건 및 이름, 그 밖에 이와 비슷한 것들은 보호할 만한 충분한 '독창성'을 구현하지 못한다고 여겨진다. 마지막으로 디자인은 기능적이거나 실용적이지 않아야 한다.

디자인 특허. 아이덴티티와 관련된 최후의 보호 영역은 디자인 특허이다. 미 연방법은 다음과 같이 말한다. "제품을 위해 새롭거나 독창적인 혹은 장식적인 디자인을 발명한 사람이면 누구든지 디자인 특허를 취득할 수 있다."

여기에서의 디자인은 소위 기존 예술과 달라야 한다. 즉 '새롭고' '뻔하지 않아야' 하는 것이다. 디자인이 그런 참신성을 소유한 경우 디자인 특허는 제품의 형상, 즉 제품의 미학적 디자인을 보호해줄 것이다. 디자인 특허는 평범한 관찰자를 속일 만큼 너무나 비슷한 경쟁 디자인들로부터 디자인 소유자를 보호해준다.

보호 과정의 관리

이름 변경에서부터 전면적인 회사 아이덴티티 기획에 이르기까지 모든 범위의 기업 활동을 계획해나감에 있어 관리자들은 어떤 종류의 법적 도전도 사전에 예방하고 어떤 잠재적 침해도 적극적으로 발견해나가는 데 힘써야 한다. 세 가지 영역에서의 관리가 필요하다. 이 중 두 가지는 선제적인 성격을 가지고 있는데 디자이너와의 상호작용과 다른 이들의 침해를 사전에 예방하는 것이 그것이다. 세 번째는 후천적인 반응으로서 침해가 일어나고 있는 듯 보일 경우 대처하는 방법이다.

디자이너들과의 작업

관리자들은 아이덴티티 관리를 위해 다양한 디자이너들과 작업할 수 있다. 몇 가지만 예를 들자면 다양한 종류의 제품 디자이너, 그래픽 디자이너, 인테리어 디자이너, 향기 전문가, 심지어 소프트웨어 디자이너 등이 있다. 이 디자이너들은 당신의 회사를 위해 지적 재산을 창조해낼 것이다. 회사를 보호하기 위해서는 다음의 핵심 이슈들을 고려해볼 필요가 있다.

지적 재산을 소유하라. 당신의 회사는 디자인 및 디자인 특허, 그리고 상표에 대한 저작권을 반드시 소유해야 한다. 서면 계약서를 만들어 디자인 작업에 관계된 모든 프리랜서 계약자 및 직원들에게 그들이 생산하는 지적 재산을 회사가 소유한다는 사실을 명확히 하는 데 사용하도록 하라.

기밀 상태를 유지하라. 기밀 상태를 유지하기 위해 모든 노력을 기울여야 한다. 여기에는 디자이너들이 그들의 작업을 누설하거나 아이덴티티 창조 프로젝트 도중 얻은 다른 정보들을 유출하지 않겠다는 것을 명확히 하는 기밀 유지 계약서를 만드는 것을 포함한다(이것이 별도의 문서일 필요는 없다. 고용 계약서 혹은 프리랜서 계약서의 일부로서 이 계약서에도 당신 회사의 저작권 소유를 확실히 하도록 한다).

독창적인 디자인을 만들어라. 당신의 회사를 위해 만들어진 어떤 디자인도 다른 이의 지적 재산에 대한 침해를 피하는 데 신중하기 위해서는 독창적이어야 한다. 가장 신중해야 할 차원으로 새 디자인은 절대 기존 디자인을 모방하지 말아야 한다. 만약 그런 차용이나 모델링이 일어난다면 디자이너들은 반드시 관리자들이 이 사실을 알아야 하고 새 디자인이 근거한 원 출처의 디자인을 봐야 한다는 사실을 알고 있어야 한다. 디자이너 입장에서는 종종 관리자들이 원하는 스타일이나 테마를 포함한 아이덴티티, 또는 전반적 인상의 예시들을 사용하기 쉽기 때문에 관리자들은 디자이너들의 예시 사용을 주의 깊게 감시할 필요가 있다. 관리자들은 이 비슷비슷한 디자인들을 당신의 회사를 위해 창조된 디자인들과 신중하게 비교(혹은 변호사에게 맡겨 비교하도록)해야 한다. 잠재적 침해의 함정을 피하기 위해 배상 및 책임에 관한 계약과 보험도 고려되어야 한다.

디자이너들의 비경쟁 계약 여부를 확인하라. 디자이너들이 당신과 맺는 계약서에 그들이 당신의 회사를 위해 디자인하지 못하도록 방해하는 어떤 법적 제약도 받고 있지 않다는 사실을 확실히 해두는 것도 중요하다. 만약 디자이너가 이전 고용주를 위해 비경쟁 조항에 서명했다면, 이 사실을 당장 알 필요가 있다.

디자이너들에게 알려라. 관리자들은 같은 팀 멤버로서 디자이너들에게 보호에 관련해 프로젝트의 다양하고 특정한 요구들을 알려야 한다. 우리가 인터뷰한 많은 디자이너들이 전략적 문제들을 알 때 디자인을 더 잘하게 된다고 이야기했다. 예를 들어 1980년대 중반 인텔(Intel)은 8086부터 시작하여 286, 386, 486 등의 86 시리즈 칩을 들고 나왔다. 다음 칩은 586으로 판매될 예정이었다. 그러나 인텔은 숫자로된 지시어가 적절한 법적 보호를 제공하기에는 변별성이 불충분하다는 전략적 문제를 안고 있었다. 다른 회사들은 마치 이것이 그 누구의 지적 재산도 아니라는 듯이 인텔과 동일한 용어를 사용하고 있었다. 다음 번 칩 생산에서 이 문제를 해결하고자 한 인텔은 렉시콘(Lexicon)을 고용해 숫자 5를 반영하면서도 암시적 혹은 자의적 이름으로서 보호받을 수 있는 시리즈 이름을 만들어낼 것을 주문했다.

디자이너들이 만든 이름은 펜티엄(Pentium)이었다. 이것은 컴퓨터 산업에서 가장 인지도가 높을 뿐 아니라 상표로서 완전한 보호를 받는 이름이다. 인텔은 다시 한 번 '아류'처럼 행동하는 경쟁자들을 미리 차단했다. 디자이너들은 전략적으로 강하면서도 쉽게 보호받을 수 있는 이름을 만들기 위해 인텔이 필요로 하는 상표의 종류를 이해해야만 했던 것이다.[20]

침해를 예방하려면?

관리자들은 디자이너와의 관계 외에도 자신들의 투자를 침해로부터 보호하는 데 관심을 기울여야 한다. 지적 재산의 보호를 돕는 가이드라인은 다음과 같다(이 중 마지막 두 가지는 다음 섹션에서 설문조사에 대해 설명할 때 상세하게 논의할 것이다). 당신을 침해로부터 보호하기 위해 다른 이의 자산을 모방하지 않고, 잠재적 침해에 대응하는 방법을 배우며 협회(trade association)에 가입하라.

직원들을 교육시켜라. 제품 전문가 및 마케터, 기타 커뮤니케이션 전문가들을 교육시키는 것은 그들에게 어떻게 강력한 아이덴티티를 만들어내는가와 침해를 찾아내기 위해 무엇을 살펴보아야 하는지를 이해하도록 도와준다. 법률가에게 지적 재산 보호 절차에 관한 직원들의 인식을 높이는 교육 세미나나 워크숍을 실시하도록 하라.

인센티브를 적용하라. 침해를 발견하는 직원을 위한 인센티브제를 도입하라. 많은 소송 사건들이 회사의 누군가가 침해를 일으키는 제품 및 광고를 보거나 앞으로 침해를 일으킬 수도 있는 판매 계획에 대한 이야기를 듣는 것으로부터 시작된다. 당신의 회사는 잠재적 침해를 감시할 수 있는 많은 눈과 귀를 가지고 있다. 이들이 없다면 당신의 지적 재산을 보호하기 위해 삼엄한 경계를 펴는 것이 훨씬 어려워질 것이다.

세상에 널리 알려라. 당신의 제품 상표를 TM으로, 서비스마크를 SM으로, 그리고 상표등록된 제품 및 서비스 마크를 ®로 표시하라. ©라는 저작권 통지는 선택사항이긴 하지만, 광고 문구 및 디자인에 저작권 표시를 해둠으로써 잠재적으로 권리를 침해할 수 있는 자들에게 경고해두는 가장 좋은 방법이다. 계류 중인 디자인 특허의 경우에는 그 사항을 분명히 공지하도록 하고 특허가 난 디자인의 경우에는 특허 번호와 함께 공지하도록 한다. 이런 식으로 대중에게 알리는 것은 무고한 침해를 막고 잠재적인 침해자들에게 경고하며 더 나은 법적 보호를 확보하도록 도와준다. 상표 및 저작권의 등록은 필수사항은 아니지만 당신에게 유리한 특정 가정들과 다양하게 이용할 수 있는 대책의 형태로 추가의 법적 혜택을 제공한다.

신속하게 행동하라. 지적 재산은 초기에 침해를 발견하고 조처를 취할 때 최선의 보호를 받을 수 있다. 제품 또는 서비스 침해를 중단시킬 수 있을 뿐 아니라 침해자가 아이덴티티를 개발하는 데 많은 돈을 쓰기 전에 협상하는 것이 보다 생산적이기 때문이다. 또한 적절한 전문가를 찾아내고 필요한 연구를 수행하는 데 더 많은 시간을 벌 수 있다. 관리자들은 상표가 '포기(abandon)'될 수 있다는 사실을 절대 잊어서는 안 된다. 최근 제록스는 다음과 같은 인쇄 광고 캠페인을 벌였다. "제록스를 제록스로 제록스할 수 없습니다(You can't Xerox a Xerox on a Xerox.)" 다시 말해, 제록스는 자신의 이름이 계속 확실히 보호받도록 하고 싶었던 것이다. 만일 다른 이들이 그 용어를 일반어로 사용하도록 내버려둔다면 제록스는 자신의 소중한 자산을 잃어버릴 수도 있다. 아스피린도 한때는 상표였다는 점을 기억하자. 만일 그 브랜드가 제대로 보호받았다면 그 힘이 어땠을지 상상해보라.

무기고를 비축해두라. 서류들에 대해 일상적인 사전 조사를 실시하라. 실질적으로 모든 종류의 잠재적 상표 침해(혼동, 희석, 전유 등)에 대해, '상표의 힘'에 대한 조사를 기록으로 남겨두는 것이 상상 외로 큰 도움이 될 수 있다. 시몬슨이 주장하듯,[21] 경쟁자가 일단 시장에서 활동하기 시작하면 상표력의 이전과 이후 수준을 비교하기가 힘들어진다. 순수하게 정기적인 목적의 테스트는 경쟁자의 활동에 따른 변화의 강력한 증거가 될 수 있다. 상표력 조사는 또한 사전 금지령을 얻기 위한 소송에서 유용하게 사용될 수도 있다. 즉, 당신의 아이덴티티의 힘을 보여주고 당신이 얻고자 하는 금지령이 없을 경우 해를 입을 수도 있음을 입증하는 소재를 제공한다.

아이덴티티 침해에 대처하는 방법

경쟁자의 잠재적 침해 행위가 일단 관리자의 눈에 띄면 법적 행동이 필요한지를 결정하고 그 가능성에 대비하기 위해 여러 가지 조치를 취할 수 있다.

기록을 유지하고 항상 대비하라

광고, 상표, 스토리, 사진, 뉴스 기사 및 기타 어떤 종류의 정보든지 당신의 지적 재산이나 브랜드에 관한 잠재적 침해를 다루는 직원 한 명을 두도록 하라. 너무 늦어서 당장 수를 쓰지 않으면 곤란해질 것이라는 느낌 때문에 초기에는 패닉 상태가 된다. 신속하게 대응하지 못한다는 두려움에서 비롯되는 이 패닉 상태는 그런 상황에서 어떤 종류의 조처를 어떤 방법으로 취할 것이며 누가 그런 조처를 승인할 것인지를 미리 생각해두면 완화될 수 있다.

지적 재산 전문가를 찾아가는 것은 초기에 취해야 하는 단계이다. 전문가는 만약 논쟁이 법정으로 갈 경우 지금 및 앞으로 그들이 필요로 할 정보에 대한 체크리스트를 가지고 있을 것이다. 전문가는 또한 상표 조사나 문제가 되는 이름 또는 디자인의 다른 사용에 관한 조사 등 다양한 조사를 실시해야 할지도 모른다. 당신의 임무는 그런 정보를 준비하는 것이다. 많은 종류의 상표 또는 상품외장 침해 사건의 경우 당신과 상대방 회사 및 브랜드에 관해 다음의 자료를 가지고 있는 것이 많은 도움이 될 것이다.

1. 목표 시장의 특징
2. 잠재적으로 침해하고 있는 디자인과 침해당하고 있는 디자인에 관한 설명 및 사본
3. 디자인이 어떻게 만들어졌거나 계획되었는지에 관한 보고, 메모, 기타 마케팅 계획 혹은 보고서
4. 과거의 판매량 및 판매액과 앞으로의 예상치
5. 과거의 확장 위치 및 앞으로의 예상 위치
6. 과거의 시장 점유율 및 앞으로의 예상치
7. 론칭 광고 및 판촉 예산안
8. 장래 광고 및 판촉 예산안

9. 광고 매체 및 판촉 방법
10. 어떤 것이든 지금까지 한 번이라도 브랜드나 회사에 관해 실시된 설문 조사 및 그 결과

광고나 홍보 책자를 침해한 경우 위 정보 중 일부는 무관한 것이 된다. 그러나 제품 및 서비스의 경우 사실상 위의 정보 전체가 침해 및 잠재적 손해를 평가하는 데 유용하게 사용될 수 있다.

중지를 요구하라

잠재적 침해자들은 그들의 잠재적 침해 사실에 대해 통보받고 서면으로 침해 중지를 요구받아야 한다. 이 편지는 보통 짧고 단도직입적이며 종종 전문가에 의해 작성된다. 편지는 또한 당신이 감시하고 있음을 기록하는 서류상의 흔적을 제공할 뿐 아니라 잠재적 침해자의 태도에 대해서도 무언가를 시사해주며 당신이 이후 행동을 계획하는 데도 도움을 준다. 그런 편지의 예를 다음 페이지에 실었다.

전문가를 배치하라

침해와 손해를 평가하기 위한 상품외장 소송 전문가는 특정 산업의 실무 전문가에서부터 소비자의 인지적 과정에 관한 학문적 전문가에 이르기까지 다양한 범위를 아우른다. 고문 변호사는 실제로 항상 의뢰인의 동의 하에 전문가를 선택하고 고용한다. 그러나 관리자들이 종종 고문 변호사보다 더 적절한 마케팅 혹은 비즈니스 전문가를 결정할 수 있으므로 반드시 이 과정에 참여해야 한다. 관리자들은 다섯 가지의 특정 전문가 집단을 식별하고 이 범주 중 하나의 전문가가 유용할지 아니면 여러 전문가가 유용할지 결정해야 한다.

∷ 침해 중지 요구 사례

패스트 트랙 코퍼레이션
뉴멕시코 트레이시 메인 스트리트 63번지

패스트 트랙 코퍼레이션 귀하

최근 당사는 귀사가 다색(multicolored)의 전자레인지용 팬과 그릇을 무지개 디자인이 있는 다색의 판지 상자에 포장해 판매하기 시작했다는 사실을 알게 되었습니다. 그리고 귀사가 뉴멕시코 시장에 진출했고 앞으로 3주 후 도시 및 교외에 위치한 소매점을 통해 전국 진출을 계획하고 있다는 사실도 알고 있습니다.

귀사도 분명히 아시겠지만, 우리 레인보우 코퍼레이션은 지난 수년간 주방용품을 판매해 오고 있고 여기에는 '레인보우'라는 유명 상표로 판매되는 다양한 색상의 전자레인지용 팬과 그릇들이 포함되어 있습니다. 또한 당사가 보유하고 있는 세 가지 특허에는 레인보우 디자인이 포함되어 있습니다. 이 제품들은 텔레비전 및 라디오 방송에서 폭넓게 광고되고 있고 당사의 카탈로그를 통해 우편 판매되거나 교외 상가 지역에 위치한 본사의 카탈로그 카운터를 통해 판매되고 있습니다. 그 결과 레인보우 디자인과 레인보우라는 워드마크는 소비자 및 잠재적 소비자들에게 당사 제품의 출처를 알려주는 표지로서 널리 인식되고 있습니다.

귀사가 전자레인지 겸용 프라이팬과 그릇을 담은 판지 상자에 레인보우 디자인을 사용하는 것은 본사의 레인보우 디자인 및 상표권을 침해하는 것입니다. 구매자 및 소비자들은 본사의 제품이 이제 소매점에서 직접 판매되는 것이라고 혼동할 수 있습니다.

이 서신의 팩스 전송일로부터 2일 이내에 귀사가 레인보우 디자인을 사용한 다색 판지 상자에 귀사의 제품을 담아 유통 판매하는 것을 즉시 중지한다고 통보해 오지 않는다면, 당사는 당사의 소중한 상표권을 보호하기 위한 법적 행동을 취하기 위해 이 서신을 법률 전문가에게 보낼 것입니다.

레인보우 코퍼레이션

※ 출처: Robert C. Dorr and Christopher H. Munch, Protecting Trade Dress (New York: John Wiley & Sons, Inc., 1992, 및 1996 개정판), p. 406. John Wiley & Sons, Inc.의 허가 하에 재수록.

1. 업계에서 활동하는 다양한 실무 전문가. 레스토랑 디자인에 관한 소송 사건의 경우 업계에서 디자인이 만들어지는 과정과 레스토랑 디자인의 역사, 그리고 주요 활동업체에 대해 알고 있는 사람을 구할 수 있다면 가장 좋을 것이다. 이 정보들은 모두 이 분야에서 실무를 쌓은 전문가가 가장 잘 제공할 수 있다. 이것은 어느 업계나 마찬가지이다. 그런 실무자들은 업계의 관습 및 실무에 대한 내부자의 의견을 가장 잘 제공할 수 있다.

2. 소비자 행동에 관한 학문적 전문가. 많은 소송 사건들이 일반적 과정(가령 허위 광고나 상표 혼동 등)을 중심으로 일어난다. 소비자 행동을 연구하고 조사하는 학자도 주어진 사건에서 일어날 법한 과정들에 대해 설명하고 논할 수 있는 기회가 주어져야 한다. 주로 마케팅 전공인 경우가 많지만, 이따금씩 심리학 전공의 학자들이 보통 이런 목적으로 사용된다.

3. 특정 전문 분야에서의 학문적 전문가. 브랜드 혼동에 관한 소비자 행동과 같은 주제에 대해 연설할 자격을 갖춘 학자라 할지라도 추가적인 증명력을 위해 활용될 수 있는 특정 전문 분야를 가지고 있다. '신제품 개발'이나 '디자인', '아이덴티티', '브랜딩' 등에 관한 전문가들은 그 분야에서 글을 발표하거나 학술대회에 참석하고 업계에서 잘 알려져 있으며 보통 이 분야 내의 특정 이슈들에 집중하는 사람들이다. 그들은 종종 학문적 글을 탐색하거나 네트워크, 또는 입소문 등을 통해 발견된다.

4. 조사 전문가. 조사 전문가(survey expert)는 반드시 그런 것은

아니지만 학자인 경우가 많다. 학자 중 일부가 이런 종류의 컨설팅으로 전업하고 있는 것은 널리 알려진 사실이 되었다. 조사의 기획 자체를 박사 과정에서 가르치는 마케팅학과나 심리학과는 없기 때문에 트레이닝은 종종 실제 경험을 통해 이루어진다. 조사 기획에 좀 더 역점을 두는 사회학과에서도 통계적 훈련은 마케팅이나 심리학보다 뒤떨어지는 경우가 많다. 이것은 일반적인 고정관념이지만 많은 부분 사실이다. 조사 전문가들은 분석적이어야 하고 법률 및 마케팅적 이슈를 이해하고 있어야 하며 조사를 진행한 경험을 갖춰야 하고 꼼꼼한 사람이어야 한다.

5. 시범 조사 전문가. 변호사는 종종 한 전문가를 선택해 질문지를 만들도록 한 후 그가 모르는 다른 전문가에게 시범 조사를 실시하도록 하여 질문지의 잠재적 단점과 그것을 피해갈 방법을 알아보도록 하는 경우가 많다. 그 후 변호사가 첫 번째 전문가에게 여러 가지 제안을 하고 협의 과정을 거치고 나면 첫 번째 전문가는 주요 조사 작업을 실시할 수 있게 된다. 이런 방법을 통해 주요 조사 전문가는 시범 조사 결과에 전혀 타격을 입지 않을 수 있게 된다.

관리자는 전문가가 객관적인 조사원이 아니라 고용된 총잡이(hired gun)가 될 위험이 존재한다는 사실을 반드시 알고 있어야 한다. 당신의 변호사는 당연히 전문가에게 '승소'에 대한 압력을 행사할 것이다. 당신은 이런 일이 일어나지 않도록 전 과정을 감시해야 한다. 전문가는 변호사가 아니다. 그들은 의뢰인의 입장을 옹호할 의무도 없고 옹호해서도 안 된다. 총잡이가 되는 것은 아무에게도 도움이 되지 않는다. 조사원이 신용을 잃을 뿐 아니라 만약 조사원이 그렇다고 여겨질 경우 의뢰인은 소송에 지게 될 것이다. 우리가 그런 사건을 맡을 경우 우리의 철학은 일부 변호사들에게는 고통스럽겠지만 누군가가 소송에서 이기도록 도우는 것이 아니라 어떤 과정인지 찾아내는 것을 목표로 객관적이고 신중한 접근을 취하는 것이다.

조사

조사는 회사가 아이덴티티 보호를 위해 사용할 수 있는 강력한 도구로서 여기에서 자세히 다뤄볼 필요가 있다. 법원은 어떤 침해 행위가 중단되어야 하는지를 심사함에 있어 소비자 조사에 세심한 주의를 기울여야 한다. 조사는 주로 (a) 혼동의 가능성 (b) 이차적 의미 (c) 일반성(genericness) (d) 희석 (e) 명예훼손을 평가하기 위해 사용된다. 원고측에서 제공할 수도 있고 피고측에서 제공할 수도 있으며 양측 모두에 의해 제공되는 경우도 많다. 조사는 2만 5천 달러에서 10만 달러 또는 그 이상에 이르는 많은 비용이 든다. 그러므로 법에서는 어느 측도 조사를 실시해야 한다고 규정하지 않는다. 조사에 관한 특정 요구사항들은 법원마다 다를 수 있으므로 법률 자문을 받아야 한다. 일반적으로 받아들여지는 기준은 다음과 같다.

조사의 요건. 조사는 그 분야에서 인정하는 과학적 기법에 따라 수행되어야 한다. 소비자 조사를 증거로 제출하려는 측은 다음의 사항을 충분히 보여줄 수 있어야 한다.

1. (통계학적 의미에서) 적절한 인구집단이 식별되고 검사되었음.
2. 1에서 정의한 인구집단에서 대표적 표본이 추출되었음.
3. 질문은 공평하게 작성되었음.
4. 인터뷰 질문자들은 잘 훈련되었고 지금의 공방이나 스폰서, 또는 이 자

료가 어떤 목적에 사용될 것인지에 대해 알지 못함.
5. 자료는 정확하게 분석되고 보고되었음.

조사의 요건으로 모호하지만 꽤 중요한 다음 세 가지 사항이 추가될 수 있다. (a) 질문지는 그 분야에서 일반적으로 인정하는 절차 기준에 맞게 준비되었음, (b) 인터뷰는 그 분야에서 일반적으로 인정하는 절차 기준에 맞게 진행되었음, (c) 본 조사의 기획 및 수행을 맡은 담당자는 업무에 맞는 적절한 자격을 갖추고 있음.

조사원 고용. 이런 조사를 수차례 수행한 결과 우리는 관리자들에게 다음과 같은 가이드라인을 제공하고자 한다. 일반적으로 조사원을 고용하는 사람은 당신의 변호사일 것이다. 변호사들은 종종 그들이 이전에 사용한 적이 있는 조사원들을 선택할 것이다. 뮤추얼 펀드와 마찬가지로, 이 때의 선택은 종종 과거 실적에 근거해 내려지는 경우가 많다. 그러나 이것은 별로 좋은 방법이 아니다. 과거의 성공이 미래의 성공을 보장하지 않기 때문이다. 그 때의 성공은 그 때의 사건, 운, 표본 등에 기인한 것일 수 있다. 조사원의 선택은 오히려 다음의 두 가지 기본 자격요건에 근거해야 한다.

첫째, 조사자는 소비자의 행동뿐 아니라 법률적 기준에 대한 이중의 지식을 보유하고 있어야 한다. 다시 말해 조사자는 당장 눈앞에 보이는 현상 뒤에 놓인 소비자의 행동뿐 아니라 관련된 법적 이슈들에 관한 지식을 바탕으로 연구를 기획할 수 있어야 한다. 조사자가 조사하려는 것은 법적 기준과 그 법적 기준을 소비자 행동에 적용하는 것으로 이루어져 있기 때문이다. 그러므로 만일 법이 '혼동의 가능성'을 규정하고 있다면 조사자는 '혼동'이 법적으로 의미하는 바와 그것이 소비자 행동의 관점에서 의미하는 바가 무엇인지 결정할 필요가 있다. 이런 이중의 이해 없이 조사를 기획하는 것은 변호사와 조사자 간에 의사소통 문제를 유발할 수 있다. 진정한 문제는 법적 기준을 적절한 소비자 행동 측정에 적용시키는 것이다.

둘째로 조사자는 그들의 방법론에 대한 공격을 예상하면서 조사를 기획해야 한다. 이것은 신중한 접근법이 중요하다는 것을 의미한다. '결과를 발견해내려는' 조사자는 자신을 고용한 의뢰인의 편을 들기 마련이다. 이런 전술은 너무나 흔하다. 그러나 이것은 위험할 뿐 아니라 조사 수행의 도덕성에 위배되기도 한다. 하지만 조사자가 법적 공방 및 연구가 어떻게 사용될지에 대한 지식에서 완전히 차단되기란 불가능하다. 여기에는 두 가지 해결 방안이 있다. (a) 관리자와 변호사는 조사자에게 조사가 어느 편을 위한 것인지 말하지 말아야 한다. (b) 조사자는 신중한 입장, 즉 고용인의 반대편에게 호의적인 편을 들어야 한다.

특히 인구집단을 정할 때에는 항상 이슈를 넓게 조사할 것인지(이 경우 광범위한 인구집단을 사용한다), 아니면 좁게 조사할 것인지를 선택해야 한다. 가령 '적색, 백색, 청색'의 농구공에 대한 이차적 의미가 존재하는가를 결정하는 자리에서 법원은 '농구를 하는 개인들'로 정의된 인구집단을 너무 광범위한 것으로 보았다. 그들에 따르면 조사는 농구공을 구매한 적이 있는 사람들에게 초점을 한정지어야 했다. 한편, 애드빌(Advil)이라는 알약의 색상과 혼동을 초래할 가능성을 보여주는 사건에서는 라벨과 관계없이 이부프로펜(ibuprofen)을 사용하는 사람들(즉 애드빌의 잠재적 사용자까지 포함해)이 아니라 애드빌의 사용자만 대상으로 한 조사의 인구집단이 너무 협소한 것으로 여겨졌다. 이와 같은 사례는 수도 없이 많다.

여기에는 뚜렷한 패턴이 등장한다. 즉 신중한 입장을 택하는 것이다. 농구공 사건에서 광범위한 인구집단을 선정한 이유는 그 설문조사가 이차적 의미가 존재하지 않는다는 것을 보여주려는 측에 의해 위탁되었기 때문일 수 있다. 이런 사실은 광범위한 인구집단에서 보여주는 것이 더 쉽다. 그 집단에서 이차적 의미가 발견될 가능성이 더 적기 때문이다. 한편 애드빌 사건에서의 설문조사는 신상품이 소비자 대중에게 혼란을 일으킬 가능성이 많다는 것을 보여주려 한 애드빌 측에 의해 위탁된 것이다. 이런 사실은 협소한 인구집단에서 보여주는 것이 더 쉬운데, 그 인구집단이 애드빌의 색상 배합과 더 친숙할 뿐 아니라 따라서 그 색상에 대한 의존도가 더 높으며 같은 색상 배합을 사용하는 새로운 제품에게 혼동을 느낄 가능성이 더 크기 때문이다. 다시 정리하자면 인구집단을 결정한 후 신중한 입장을 취해야 한다. 광범위한 인구집단과 협소한 인구집단을 모두 조사하는 것도 가능한 방법이지만 비용이 많이 든다.

브랜드, 이미지, 또는 아이덴티티에 적용할 수 있는 조사

혼동의 가능성 조사. 혼동을 조사하는 것은 혼동의 가능성과 관련된 소송 사건에서 흔하게 이루어지는 작업이다. 조사자는 어떤 유형의 혼동을 측정할 것인지 결정해야만 한다. 혼동의 유형에는 출처, 후원, 승인, 제휴 또는 연관 등에 관한 혼동과, 감각—인지적 실수에서 오는 혼동('SP 혼동'), 그리고 마지막으로 '잠재의식적 혼동' 등이 있기 때문이다. 조사의 유형은 조사의 목적에 바탕을 두어야 한다. 첫 번째 유형의 혼동에서는 "누가 이 제품 혹은 서비스를 생산하는가?" 또는 "이 두 제품이 같은 회사의 제품이라고 생각하는가 아니면 다른 회사의 제품이라고 생각하는가?"처럼 개방형 질문이 적절하다.

어느 경우에도 일대일 비교는 피해야 한다. 두 번째 유형의 혼동에서는 소비자들을 자극에 단기간 노출시킨 뒤 그들이 본 것에 대해 질문한 후 다시 노출과 질문을 반복하면 단기간과 장기간의 효과를 알아볼 수 있다. 세 번째 유형에서는 "이것을 볼 때 어떤 생각이 드는가?"와 같은 개방형 연상 질문이 연상 혹은 잠재의식적 혼동의 가능성을 적절하게 테스트할 수 있다. 실험적 기획의 경우에는 조사자의 창조성이 중요한 역할을 한다. 진정한 효과를 결정하기 위해 통제가 필요할 때도 많다. 위의 질문들은 일반적인 예일 뿐이므로 복잡한 실험적 기획에는 적당하지 않을 수도 있다. 원칙은 좋은 실험적 기획이 널리 퍼져야 한다는 것이다. 혼동의 '가능성'의 기준은 (혼동과 오해의 의미 및 척도에 따라) '혼동' 혹은 '오해'의 퍼센트가 극적으로 달라지는 만큼 매우 다양하다. 절대적 기준이란 없다.

이차적 의미 조사. 이차적 의미 조사는 아이덴티티 구성 요소에 구현되어 있는 특정 미학적 요소나 그 집합이 단 하나의 출처를 가지는 것으로 식별되는지의 여부를 결정한다. 여기에서의 개념은 특정 미학적 요소나 그 요소들의 배타적인 사용이 그 요소(들)를 변별적인 것으로 만들었는지를 알아보려는 것이다. 우리는 그 요소가 단 하나의 출처를 가지는 것으로 식별될 수 있는지를 물어볼 수 있다. 또한 누가 그 제품을 만드는지 물어볼 수도 있다. 테스트는 보통 시장의 '유의미한' 혹은 '상당' 부분이 그 요소를 단 하나의 출처를 식별하는 데 사용하는지의 여부를 다룬다. 사용 빈도는 단독적으로 해석될 수 없기 때문에 결과를 비교하기 위한 기준으로서의 대조군이 반드시 필요하다. 그리하여 이 조사는 응답자들에게 문제의 요소를 노출시키고 그 요소들이 단 하나의 출처를 갖는지 아니면 다양한 출처를 갖는지 묻는다. 인구집단을 선정하는 것은 꽤 어려운 일일 수 있다. 왜냐하면 우리가 원하는 것은 '평범한 구매자'이기 때문이다.

평가 희석: 패러디와 명예훼손 조사 그리고 허위 광고 조사. 명예훼손을 보여주는 조사는 반드시 회사의 명성이 손상되었는지를 판가름해야 한다. 관리자는 침해를 저지르는 이름 혹은 광고(또는 다른 커뮤니케이션)가 그것에 노출되는 사람들에게 제품이나 서비스에 대해 잘못된 것을 떠올리게 하는지 또는 제품 혹은 서비스를 잘 연상하지 못하도록 만드는지를 결정하고 싶어한다. 그러나 증거가 경쟁자의 주장을 뒷받침하면 명예훼손 주장은 무너진다.[22]

소비자 행동의 측면에서 조사자는 (a) 연상 작용과 믿음 그리고 (b) 평가 혹은 태도에 초점을 맞추어야 한다. 연상 작용 및 믿음은 개방형 질문을 한 후 답변의 내용을 분석함으로써 판가름된다. 이 말은 모든 답변이 상호 배타적으로 보이는 범주들로 주관적으로 분류된다는 뜻이다. 이 답변들은 코드 번호가 부여되고 이후 코드 번호들은 응답의 빈도 분포를 얻기 위해 합산된다. 평가는 태도에 관해 직접적인 질문을 하고 응답자에게 폐쇄형 등급(보통 5점이나 7점으로 이루어진다.)으로 대답하게 함으로써 쉽게 결정된다. 믿음도 동의 혹은 반대에 관한 '리커트(Likert) 척도' 또는 '의미 분별(semantic-differential) 척도'(보통 5점이나 7점이다.)를 사용함으로써 측정될 수 있다. 각 측정 유형의 결과는 침해자 측의 커뮤니케이션에 노출되지 않은 대조군의 결과와 비교될 수 있다.

특별히 브랜드와 관련된 조사

일반성 조사(브랜드명의 경우만 해당). 일반성 조사(genericism

survey)는 종종 실제 또는 가망 사용자로 이루어진 일반 소비 대중에 초점을 맞춘 것으로서 두 가지 일반 유형, 즉 '테플론 조사(Teflon survey)'와 '서모스 조사(Thermos survey)'로 나뉜다. 각각의 조사는 이름이 '주로' 브랜드명으로 사용되는지 여부를 판가름하고자 하는 것이다. 여기에서 '주로'란 적어도 대다수의 사람들이 그 이름을 그렇게 여기는 것을 의미한다. 테플론 조사는 단어 인식(word recognition)에 집중하는 반면 서모스 조사는 단어 회상(word recall)에 중점을 둔다. 테플론 조사는 (이런 종류의 조사가 도입되었던 테플론의 경우를 따라 지어진 이름이다) 사람들에게 일반명과 브랜드명의 차이를 설명하는 것을 포함한다. 그런 다음 그들에게 몇 가지 이름을 구별하도록 하고 그 안에 문제가 되는 이름도 포함시킨다. 그런 후 빈도를 측정한다. 반면 서모스 접근법은 사람들에게 그들에게 설명되고 있는 제품 또는 서비스의 카테고리를 말해보라고 한다. 이것은 그 카테고리를 위해 사용되는 다양한 용어들의 빈도를 측정케 해준다. 이후 질문은 그런 카테고리의 제조업체나 브랜드 중 그들이 회상할 수 있는 것을 묻는 것이다. 이름이 일반명이 되었는지의 여부를 판단하는 테스트는 이름이 일반명이라는 응답수와 브랜드라는 응답수를 비교해 얻어진다. 이런 비교를 하는 데 있어서 이상적이거나 단일한 방법은 없다.

최근의 기사 및 조사에 따르면 이름이 종종 이중적 성격을 띤다고 한다. 이름의 행동 방식도 달라지는데 어떤 때는 브랜드명처럼 행동하고 어떤 때는 일반적 범주(generic category)처럼 행동한다고 한다. (가령 클리넥스와 제록스가 브랜드명과 일반적 범주 모두를 가리킨다는 점을 생각해보라.) 최근의 경향은 테플론 테스트에 '양쪽 모두'라는 카테고리를 추가함으로써 이런 능력을 다루어 왔다. 서모스 접근법은 이미 이름이 두 가지 방법으로 사용된다는 가능성을 통합하고 있다. 그리고 서모스 접근법과 마찬가지로 테플론 유형 조사에서도 '양쪽 모두'라는 반응을 분석하는 데 있어 정해진 방법은 없다. 마지막으로 서모스 접근법과 비교하여 볼 때 테플론 조사는 일반적으로 브랜드 점수가 더 높고 서모스 조사는 일반명 점수가 더 높다는 연구결과도 나와 있다. 이런 방법론적 차이는 진실의 측정이 어렵거나 아니면 우리가 사실상 두 가지 다른 대상을 측정하고 있고 조사의 초점이 별로 동일하지 않다는 사실을 가리키는 것일지도 모른다.

전형성-희석 조사. 전형성— 희석 조사에서 관리자는 브랜드(혹은 다른 아이덴티티 요소들)의 '변별성'이 어떻게 희석되는지 판가름하고 싶어한다. 이것은 브랜드에 노출된 집단과 노출되지 않은 집단들 사이의 차이, 혹은 노출되기 전과 후의 차이를 측정할 것을 요구한다. 여기에서는 사람들에게 원래의 브랜드에 대한 암시를 주면서 그들이 새 제품군을 떠올리는지를 알아보는 것이다. 다른 말로 하면 만약 선샤인(SUNSHINE)이란 회사가 과자 제품을 팔고 있는데 선샤인이라는 어린이 장난감 브랜드가 자신의 상표를 희석시킨다는 생각이 들 때, 그 회사는 사람들에게 선샤인이라는 이름을 주고 어떤 제품이 떠오르는지 물어봄으로써 실제로 선샤인이란 브랜드의 식별성(identifiability)에 희석이 발생했는지를 조사하고자 할 것이다. 이런 연상 작용적 유형의 손해(희석)는 사실 이전에 논의한 SP 혼동과 동일한 것일 때도 있다. 브랜드 회상력(brand recall)은 (a) 첫 번째 언급된 횟수 (b) 언급된 순서의 빈도수 그리고 (c) 회상하는데 걸린 시간(1,000분의 1초 단위까지 측정됨) 등과 관련해 측정할 수 있다. 브랜드 회상력은 또한 혼동 소송과 관련해 브랜드 강도를 테스트하기 위해 비슷한 방식으로 사용될 수 있다. 누군가 응답자들에게 제품군에 대해 힌트를 주고 그 이름이 얼마나 강력한지 보는 것이다. 가령 "어떤 TV 브랜드를 떠올릴 수 있습니까?"라는 질문을 해볼 수 있다.

상표등록

일반적으로 상표와 상표외장은 상업 행위에 사용되기 시작하면서부터 보호된다. 랜햄 법 43(a) 조항은 등록 상표나 미등록 상표 모두에게 동일하게 적용되므로 브랜드나 디자인을 반드시 등록해야 하는 것은 아니다. 마찬가지로, 희석법과 도용에 관한 관습법도 등록을 요구하지 않는다. 그러나 미 특허청에 '1차적 등록(primary register)'이라는 연방 등록을 하면 일정한 추가 혜택을 얻을 수 있다. 소유권 주장에 대한 적극적인 공지, 서류 신청일로부터 생기는 우선권, 소유권에 대한 명백한 증거, 등록증명서에 등재된 제품 및 서비스의 미학적 요소 또는 그 집합에 대한 독점 사용권, 그리고 (미국 관세청에 등록한 후에는) 침해를 저지르는 상품의 수입 방지 등이 그것이다. 즉, 등록은 누군가를 상대로 법적 행동을 취해야 할 때 도움이 될 수 있다.

아이덴티티의 어떤 부분이든 그것을 등록하기 위해서는 (랜햄 법 2조항에 따라) 43(a) 조항에서 요구되는 동일한 사항, 즉 요소들의 변별성이나 이차적 의미 그리고 비기능성을 충족시켜야 한다. 이미 등록된 거의 무한에 가까운 수와 종류의 이름들 외에 거의 무한에 가까운 수의 디자인들도 등록되어 있다. 이 중에는 센츄리 21의 사이니지(signage), 쥬시 후르트의 포장, 코카콜라의 병모양 등이 있다.

일단 등록되면 그 소유자는 ® 또는 '특허청 등록' 또는 이의 축약을 표시해야 한다. 등록되지 않은 경우에도 사용자들에게 당신이 특정 요소를 아이덴티티 요소로 사용하고 있음을 경각시키기 위해서 제품의 경우 아이덴티티 요소 옆에 ™을, 서비스의 경우 (가령 델타 스카이 마일즈와 스카이 마일즈 카드의 동반 디자인처럼) 아이덴티티 요소 옆에 ᔆᴹ을, 증명서(certification)의 경우에는 ᶜᴹ을 표시해야 한다.

저작권 등록

저작권은 작품(work)이 유형적 표현 매체에 고정된 후부터 생겨난다. 상표의 경우와 마찬가지로 저작권을 반드시 등록해야 하는 것은 아니다. 그러나 저작권청에 등록하면 침해자에 대해 강력한 법적 행동을 취할 수 있게 된다. 보호는 저작자의 생애와 사후 50년까지 지속되고 회사의 경우 발표 후 75년 혹은 창조 후 100년 중 빠른 것까지 지속된다. 저작권 보호는 갱신될 수 있다.

기술적으로는 더 이상 필요하지 않지만 고지(notice)의 문제를 피하기 위해서는 저작권 고지에 반드시 '저작권' 또는 ©를 표시해야 한다. 그런 다음 그 뒤에 날짜와 저작자의 이름을 덧붙여야 한다. 음반의 경우에는 ℗가 ©를 대체한다. 음악의 작곡이 창조적일 경우에도 특정 음반과 관련된 것 외에 별도의 저작권 고지가 있어야 한다.

디자인 특허 신청

특허 신청은 특허청에 한다. 특허 보호는 14년간 유지되며 갱신할 수 없다. 작품은 저작권과 디자인 특허 모두의 대상이 될 수 있다. 다양한 관련 법들의 세세한 적용에 관해서는 법률 전문가에게 문의해야 한다.

요 약

지금까지 브랜드 및 아이덴티티, 이미지의 보호 가능성에 관한 주요 법률 중 상표법을 중심으로 검토하면서 저작권법 및 특허법 관련 사안에 대해서도 언급했다. 우리는 먼저 브랜드 네임의 보호부터 시작하여 다른 미학적 요소, 스타일, 테마 그리고 전반적 인상의 보호 쪽으로 이동했다. 아이덴티티를 보호하기 위한 주요 도구로서 조사에 대해 개괄하고 보호를 얻기 위한 기타 수단들도 알아보았다.

우리가 살펴보았듯이 미학, 아이덴티티, 이미지는 보호받을 수 있다. 마케팅적 고려와 법률적 고려 간의 상충 관계는 더 많은 보호를 받을 수 있는 특정 디자인이나 더 나은 전반적인 인상을 얻을 수 있는 디자인에 나쁜 영향을 미칠 수 있다. 그럼에도 불구하고 마케터들은 더 많은 보호를 제공하는 다양한 유형의 요소들에 초점을 맞춤으로써 그들의 아이덴티티를 위한 상당한 수준의 보호를 확보할 수 있다.

4부 포괄적 아이덴티티 관리

09 *Global Identity Management*
글로벌 아이덴티티 관리

••• 레고 : 놀이의 보편적 개념[1]

　레고(LEGO)는 133개 국가 6만여 소매점에서 판매되고 있는 제품이다. 전 세계적으로 3억 명의 아동과 성인이 레고 블록을 가지고 놀거나 놀아본 경험이 있다. 레고 블록은 1989년 '어린이 장난감과 게임'이라는 주제로 유럽 국가들이 기념 우표를 발행했을 때 거기에 나왔을 만큼 잘 알려져 있다. 1987년에 '룩셈부르크 가족과 시민 모임'은 레고에 '금세기의 장난감(Toy of the Century)'이라는 칭호를 부여했다.

　우리에게 친숙한 레고 제품의 형태는 아동의 연령과 능력, 상상력에 따라 수많은 조합으로 합치고 분리할 수 있는 블록들로 구성된 것이다. 기본 레고 블록은 플라스틱으로 된 편평한 직육면체로 스터드(돌기)와 튜브로 되어 있으며, 밝은 색상들로 이루어져 있다. 같은 색상의 돌기 여덟 개짜리 블록 두 개만으로 24가지 각기 다른 방식으로 조립이 가능하다. 또한 같은 색상의 블록 여섯 개로는 102,981,500가지의 조합이 가능하다. 해외용 제품 라인에는 1,720가지 블록으로 구성된 378개의 레고 세트가 있다. 레고가 판매되는 모든 시장에서 같은 색상과 형태의 같은 제품이 판매되고 있다. 매출은 지속적으로 향상되고 있다.

제품 개발과 생산, 마케팅은 고도로 중앙 집중화되어 있다. 레고의 제품 생산 과정은 주형, 장식, 조립, 그리고 포장으로 항상 같다. 레고는 제품 생산을 위한 다섯 개의 공장을 갖고 있다. 레고의 주형은 총 1,720가지가 있으며, 주형 작업은 다섯 공장 가운데 스위스 두 곳과 독일 한 곳, 즉 세 공장에서만 이루어진다. 주형 작업된 제품들은 자동 기계식 설비로 보내져 색상과 장식 작업을 거치고, 창고에서 전 세계 판매 조직과 대리점에 선적된다. 지역적으로 제작되는 요소는 판매 브로슈어뿐인데, 25가지 언어로 제작되며 지역 조직과 유통업자들이 내용을 보충한다. 레고는 진정한 의미에서 보편적이고 세계적인 장난감으로 범세계적인 이미지를 가지며, 그들이 말하듯 '보편적인 놀이 개념' 이라고 볼 수 있다.

다마고치 : 가상 애완동물[2]

다마고치는 1996년 가을 일본 시장에 소개된 가상 애완동물이다. 다마고치는 '귀여운 알' 이라는 뜻을 가지며('다마고' 는 알을 의미하고, '치' 는 '작은', '귀여운' 의 접미어), 발음은 일상적으로 시계를 뜻하는 일본어 '와치(watchi)' 를 연상시킨다. 다마고치는 포켓 사이즈의 작은 초록색 달걀 모양 열쇠고리로, 작은 LCD 스크린이 있다. 가격은 약 2천 엔이다. 게임 스토리는 다마고치가 가상공간을 수백만 광년 여행한 끝에 작은 알에서 나온다는 것이다. 소유자는 이 디지털 애완동물을 스크린 아래쪽에 있는 작은 버튼을 눌러 먹이고 쓰다듬고, 변을 치우고, 아플 때는 약을 줄 수도 있다. 잘 돌보게 되면 며칠 안에 다양한 모양과 개성을 가진 어른으로 키울 수 있다. 기분이 좋으면 만족한 소리를 내지만, 관심을 받지 못하면 죽어버리기도 한다. 그러면 인터넷에 있는 가상 묘지에 묻을 수도 있다.

다마고치는 일본 반다이(Bandai Co.)에서 판매하고 있다. 이 회사는 일본에서 가장 큰 장난감 제조회사로, 비디오 게임 업체인 세가 엔터프라이즈(Sega Enterprise Ltd.)와 1997년 10월 10억 달러로 합병이 합의되었다. 합병된 회사 세가 반다이(Sega Bandai Ltd.)는 컴퓨터 게임과 그래픽, 영화, 음악, 가상현실(가상 애완동물 산업) 관련 산업에 관여할 것이며 월트 디즈니에 이어 세계 두 번째의 글로벌 엔터테인먼트 리더로서 자리매김할 계획이다.

제품에 대한 시장 조사가 1996년 여름 2백 명의 고등학생들을 대상으로 한 설문조사로 시작되었다. 이 조사 결과를 토대로 제품 색상, 형태, 디자인을 결정했다. 1996년 10월 젊은이들이 쇼핑과 오락을 즐기는 도쿄 시부야에서 테스트 마케팅이 시작되었다. 그리고 다마고치는 1996년 11월 출시되었다. 반다이는 게임 출시 후 두 달여 만에 오십만 개 이상의 매출을 올렸다. 매장에서 매진되자, 거리 행상들은 기존 소비자 가격의 20배가 넘는 가격을 매겨 판매했다. 1997년 1월 일본 TV는 도쿄 긴자 쇼핑 거리에 새로운 물량을 입고했다는 한 가게 앞에 2천 명의 사람들이 이른 아침부터 줄을 선 광경을 보도했다. 그들 가운데 수백 명이 추운 겨울 날씨에 밤을 새워 기다린 상태였다. "우리는 예상보다 훨씬 많은 매출을 올렸습니다. 수요를 따라가기 힘들 정도입니다."라고 반다이의 대변인 토모미 모토수는 말했다.

1997년 봄 일본 고등학생들 사이에서 그 수요는 6백만 개가 넘는 것으로 추정되었다. 일주일에 백만 명 이상이 반다이 웹사이트를 방문했다. 이 업체는 그 성공에 힘입어 '신슈하켄 다마고치'라는 신제품을 2월 초에 출시하기로 결정했다.

심리학자들은 이 포켓 사이즈의 창조물에 의해 충족되는 숨겨진 욕망을 분석했다. 그들은 다마고치는 현대 도시 거주자들이 겪는 정서적인 공허함을 채워준다고 말한다. 다마고치는 원래 십대 시장을 겨냥한 것이었다. 그러나 일본인들이 '샐러리맨'과 '오피스 레이디'라고 일컫는 성인들 사이에서도 인기가 있었다. 어떤 일본 회사는 팀 단위로 이 닭을 키우기도 했다.

1997년 2월, 반다이는 이 가상 애완동물을 다른 아시아 국가와 유럽, 미국에서도 미화 35달러의 소매가로 출시할 것이라고 발표했다. 다마고치는 기타 아시아 국가와 유럽, 미국에서도 열광적인 반응을 얻을 수 있을 것인가? 아니면 독특하게 일본에서만 일어나는 현상인가? 다마고치는 소니 워크맨이나 가라오케와 같은 길을 걸을 수 있을 것인가? 1997년 초, 반다이사의 한 관리자는 회사가 여전히 기존 모델을 해외 시장용으로 개조할 것인지를 그때까지 고심하고 있다고 밝혔다. 이 장난감이 다른 나라에서도 성공하기 위해서는 제품의 세 가지 차원을 독립적으로 살펴보아야 한다. 즉 (1) 컨셉, (2) 제품명, (3) 시각적 요소와 음향이다.

컨셉. 미국인들은 매년 애완동물 사료에 10억 달러 이상을 소비한다. 그러나 미국의 도시 청소년들이 다마고치를 키우면서 즐거움을 느끼리라고 생각하는가? 월스트리트의 증권 거래인이 서류와 다마고치를 지니고 거리를 활보하면서 이것이 울 때마다 먹이를 주는 모습을 상상할 수 있는가? '귀여움'은 문화 경계를 넘어서면서 쉽게 '바보스러움'으로 바뀔 수 있다. 또한 다마고치를 소유한다는 재미 가운데 하나는 다른 사람과 그에 대해 대화하는 것인데, 이런 면이 미국 같은 개인주의 사회에서도 성공 요인으로 기능할 수 있을 것인가? 아니면 일본 같은 집단주의 사회에서만 효과가 있는 것인가?

제품명. 반다이는 출시 당시 이 애완동물을 언론에 '다마고치'라는 이름으로 소개했다. 일본에서는 다마고치가 훌륭한 이름이겠지만 미국이나 다른 나라에서도 과연 트렌드로 자리 잡을 수 있을 것인가? 제품명의 문제는 조금 더 생각해볼 여지가 있다. 이미 언급했듯이 다마고치라는 장난감을 가진다는 것의 장점은 친구들과 다마고치에 관해 이야기를 나눈다는 데 있다. 일본어에서는 이 병아리가 성장함에 따라 나타나는 다양한 모양과 캐릭터를 표현하는 신조어들을 만들기가 쉽다. 예를 들어 이 생물은 '바비치(작은 새끼)'가 되기도 하고 '구치다마치(재미있는 입모양을 한 통통한 병아리)'가 되기도 하며, 나중에는 '오야지(볼품없는 중년)' 등이 될 수도 있다. 조금은 비꼬는 듯한 의미로 들릴 수 있지만, '치('귀여운'의 의미를 가진)'라는 접미사를 붙이는 아이러니를 가지고 있기도 하다. 이런 아이디어는 다른 언어에서 일본어에서와 같이 동일하게 표현될 수는 없다.

시각적 요소와 음향. 마지막으로 제품 색상, 모양, 크기, 음향을 살펴보자. 일본에서 이 장난감은 파스텔 그린 색조로 나온다. 이 색은 일본 사람들에게 매력적이면서도 매우 '귀여움'을 상징하는 색이다. 이 색상이 다른 시장에서도 효과적일 것인가 아니면 조정될 필요가 있는가? 그보다 심각한 문제는 이 장난감의 크기와 모양이다. 일본인들은 좁은 공간에서 생활하고, 대부분의 소비재와 포장이 미국보다 훨씬 작은 크기로 제작된다. 조그만 버튼을 누르고 조그만 장난감으로 즐거워하고 그와 소통한다는 개념은 미국 소비자들에게는 매우 낯선 것일지 모른다.

글로벌 아이덴티티 구축의 주요 관리적 문제

기업들 대부분은 글로벌 기업이나 브랜드 포지셔닝을 추구한다. 그들은 글로벌 세분 시장과 이 세분 시장에 제공하는 혜택을 규정하는 글로벌 포지셔닝 선언에 이런 희망을 표현한다. 다마고치의 글로벌 포지셔닝 선언은 실제가 아닌 가상 애완동물의 주인이 되는 이점에 초점을 맞추고, 다양한 국가의 십대들을 목표 시장으로 규정할 수 있다. 그러나 글로벌 포지셔닝 선언은 종종 일반적이고 추상적이어서 그 실행에서 광범위한 가이드라인만을 제공한다. 대부분의 '글로벌 제품'들은 잘못된 전략적 포지셔닝 선언이 아니라 잘못된 제품명이나 적절치 못한 색상, 광고 테마에 대한 불충분한 고려, 문화에 무신경한 매장 환경 등으로 실패한다. 즉 잘못된 이미지가 아이덴티티 요소인 스타일과 테마를 통해 투영되었기 때문이다.

그러므로 글로벌 아이덴티티 관리에서 주된 문제는 올바른 세분 시장과 시장 포지셔닝의 선택이라는 광범위한 전략적 이슈뿐만 아니라, 국가와 문화를 초월해 기업과 브랜드 아이덴티티 요소들을 표준화할 것인가 아니면 개별 시장에 맞게 아이덴티티 요소를 현지화할 것인가를 포함한다.

아이덴티티의 표준화

표준화 전략에 따라, 기업은 일관된 아이덴티티와 이미지를 전 세계적으로 선보인다. 표준화된 방식으로 미학적 요소, 스타일, 테마를 사용하며, 일관적이고 전반적인 미학 표현을 창조한다. 제조, 생산, 운영의 관점에서 종종 표준화가 권장되기도 한다. 레고는 표준화된 글로벌 이미지가 갖는 규모의 경제성 관점에서 엄청난 이점을 보여준다. 레고 블록에서 영감을 받아, 전통적인 스위스 시계를 단지 시간을 알려주는 이미지에서 패션 액세서리로 변화시킨 스와치(Swatch)는 부품 수를 50%까지 줄여 생산 비용을 줄이고 신뢰성을 높였다. 그 결과 스와치는 전 세계 시장에서 저렴하고 실속 있는 라이프스타일 액세서리를 선보일 수 있었다.

밀라노와 뉴욕에 있는 스와치 디자인 연구소에서는 매년 약 140개의 새로운 시계 '컬렉션'을 만들어낸다. 이 컬렉션은 각각 '활동적인', '패셔너블한', '예술적인', '캐주얼한', '격식적인'이라는 다섯 개 기본 제품 라인으로 구분된다. 1993년 유럽 콘서트 시리즈 컬렉션에서는 시계에 특정 멜로디를 집어넣는 등 특정 시장을 목표로 제작되었다. 특정 컬렉션을 제외한 디자인들은 고객 선호와 가치에 따라 주요 시장에서 동시에 발매된다.

아이덴티티의 현지화

많은 기업들에 있어 국가별로, 그리고 국가 내의 표적 시장별로 현지화가 필요하다. 국가에 따라 특정 미학적 요소, 스타일, 테마와 인상에 대한 지각과 선호도가 다르기 때문이다. 효과적인 현지화 전략을 위해서는 기업이 마케팅하는 대상 문화에 세심하게 주목해야 하며, 이것은 광범위한 전략적 주목뿐만 아니라 세부적인 미학적 부분까지를 의미하는 것이다.

동아시아의 아모이 인더스트리즈(Amoy Industries)는 프랑스 거대 식품 회사인 BSN의 자회사로, 다양한 '현지 음식'을 생산하고 있으며 간장이나 즉석 향신 소스, 천연 조리 재료, 냉동 중국 만두 등의 음식에 대한 현지 아이덴티티를 구축해 왔다. 1993년 홍콩의 랜도 어소시에이츠는 아모이 제품의 지역 브랜드 아이덴티티를 구축하는 작업을 진행했다. 아모이의 아이덴티티 컨셉은 아모이 방패 무늬가 가지고 있는 이미지와 한자, 영어의 대나무 서체 등에 기반을 두었다. 이 요소들은 방패와 굵은 직사각형 형태가 결합된 로고로 통합되었다. 배경색은 동아시아, 특히 중국에서 선호되는 밝은 빨강으로 했다. 포장은 새롭게 디자인된 한문과 영어 서체와 전통적인 서예를 연상시키는 수직의 네모 형태를 사용했고 노랑을 주된 색으로 사용했다. 그리고 이 네모 형태는 연한 소스와 진한 소스를 구별하기 위해 두 가지 다른 색으로 구분되었다. 이런 아이덴티티는 현대적이면서도 현지화된 아이덴티티를 부여했다.

아이덴티티의 표준화와 현지화의 결정

주요 요소, 미학적 스타일, 테마, 전반적 인상과 관련한 기업과 브랜드 네이밍에 있어서의 차이는 분명 글로벌 이미지 관리에 있어 표준화보다 현지화가 더 적절한 접근 방법임을 제시한다. 이런 문화적

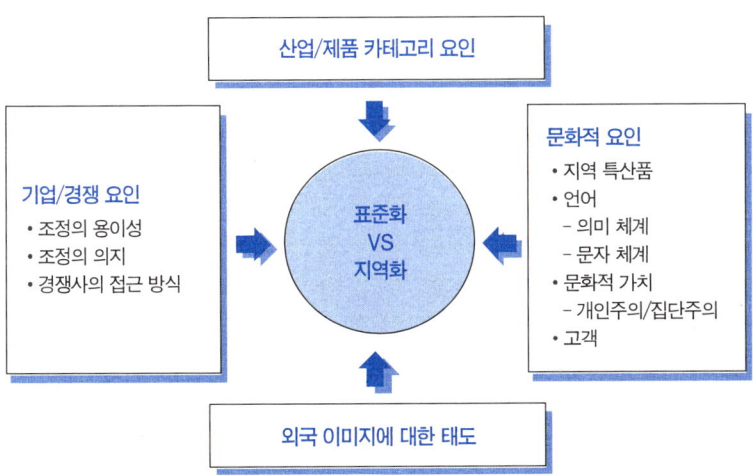

표 9.1 글로벌 이미지 관리에 있어 표준화 VS 지역화

차이의 지뢰밭에 직면하게 되면 관리자들은 보다 비용이 많이 들더라도 현지화 전략을 진행하는 쪽으로 굴복해버리고 싶은 유혹을 느끼게 된다. 그러나 표준화 또한 아이덴티티를 표준화할 것인가 현지화할 것인가의 결정에 영향을 미치는 세 가지 주요 요인에 따라 다양한 선택안이 있을 수 있다. 표 9.1에 나와 있는 것과 같이 이 요소들은 다음과 같다.

- 기업 및 경쟁 요인
- 문화적 요인
- 산업 및 제품 카테고리 요인
- 외국 이미지에 대한 태도

기업 및 경쟁 요인

표준화 또는 현지화 접근의 채택에 영향을 미치는 중요한 변수 가운데 하나는 아이덴티티를 현지 상황에 맞출 수 있는가의 문제이다. 예를 들어 한 국적 항공사가 그 기업이나 브랜드 아이덴티티를 지역 상황에 맞추는 일은 쉽지 않다. 이 산업의 많은 아이덴티티 요소들(항공기, 체크인 카운터, 항공권 등)은 지역화하기가 어렵다. 더욱이 전 세계를 누비는 비즈니스 여행객들이라는 주요 고객층을 생각한다면 예약 사무소나 광고를 현지 상황에 맞추는 것은 현명한 방법이 아니다. 결과적으로 대부분의 항공사들은 이미지 관리에서 가능한 한 표준화를 추구하며, 가격이나 항공편 일정 관리 같은 전술적인 부분에서만 현지 상황에 맞추는 작업을 한다.

기업의 또 다른 문제는 위에 언급한 맞춤화 작업의 의지가 있는가 하는 것이다. 이것은 주로 조직적 요인으로 결정된다. 예를 들어 한 기업이 글로벌 이미지 시스템을 이루고자 한다면, 그런 시스템을 구축하기 위한 조직적인 준비가 되어 있는지가 문제가 된다. 1993년 메리 케이 화장품(Mary Kay Cosmetics)은 10억 달러의 자사 매출 가운데 11%만이 해외 시장에서 발생하는 것에 비해, 경쟁사 에이본(Avon)이 36억 달러의 매출 가운데 55% 이상을 해외 시장에서 올리고 있다는 사실에 자극받았다. 그리고 글로벌 마케팅 계획을 선보였고 글로벌 이미지를 구축하고 커뮤니케이션하는 것을 목표로 삼았다. 이 회사는 계획한 이상적인 글로벌 이미지를 구축하고 난 후에만 현지 법인에게 보다 많은 권한을 주기로 결정했다. 이에 따라 현지화보다는 표준화가 몇 년간 주요 목표가 되었다.

메리 케이 (중국) 화장품은 표준화와 현지화 관점에서 모두 훌륭하게 균형을 이루었다. 메리 케이는 전 세계적으로 동일한 로고와 기업 색상(분홍색)을 사용한다. 제품 라인도 표준화되어 있으나, 중국 시장에서는 중국 여성들을 사로잡기 위해 미백 제품을 제품 라인에 추가했다. 광고에 등장하는 여성(아시아인 혹은 백인) 또한 달라졌다. 즉 미국이나 유럽 모델보다 패셔너블하고 젊은 이미지를 가지고 있다.(그림 9.1)

마지막으로 글로벌 또는 현지화된 이미지의 구축 정도는

MARY KAY는 메리 케이사의 상표로 등록되어 있다.

그림 9.1 메리 케이 중국 광고

경쟁사 활동의 영향을 받는다. 다시 말해 경쟁사가 표준화 접근을 추구하는지 현지화 접근을 추구하는지에 영향을 받는 것이다. 석유 회사들은 전 세계적인 소매 부문에 점점 더 초점을 맞추면서 글로벌 아이덴티티를 구축하는 경향이 있다. 최근 브리티시 페트롤리엄(British Petroleum)과 텍사코(Texaco)는 각각 애디슨 디자인 컴퍼니(Addison Design Company)와 안스파치 그로스먼 포르투갈(Anspach Grossman Portugal)의 도움을 받아 글로벌 아이덴티티를 구축했다. BP를 위한 프로젝트는 이 회사의 전 세계 수백 대의 차량과 3만 2천여 주유소를 위한 새로운 아이덴티티를 제공했다.

문화적 요인[3]

문화적 요인들은 미학적 지각과 선호에 영향을 미친다. 한 시장의 미학에 영향을 끼치는 문화의 네 가지 주요한 측면이 있다. 이런 문화적 요인들은 각각 표준화 작업을 어렵게 만드는 것이다.

- 지역 특산품
- 언어
- 문화적 가치
- 관습

지역 특산품. 세계 각 지역의 서로 다른 기술적, 정치적, 역사적 발전으로 각각의 문화는 이를 대표하는 독특한 특산품을 창조했다. 예를 들어 비단, 자수정, 도자기를 생각하면 중국 문화를 떠올리게 된다. 다이아몬드는 남아프리카 공화국을, 커피는 남미의 몇몇 나라를 연상시킨다. 한 지역의 특산품, 건물, 인테리어, 의복, 무늬 등은 모두 그 지역 사람들의 감각에 깊게 영향을 미친다. 한 지역의 특산품에 관한 지식은 마케팅 담당자가 그 지역 소비자들에게 무엇이 친숙한지를 알 수 있게 한다.

특정 문화의 생산품, 색상, 소재, 형태를 살펴보는 것은 그 지역 사람들의 방식으로 그 세계를 미학적으로 경험하는 데 매우 중요하다. 그러나 자신의 문화에 대한 미학적 인식이나 선호도와 관련한 지역 사람들의 통찰력이나 직관은 면밀한 조사 관찰로도 얻어내기 어려운 점이 있다.

언어. 언어의 두 가지 측면이 국제적인 아이덴티티 관리에서 중요한 고려 대상이 된다. 즉, 의미와 문자(wrting) 체계이다. 언어의 의미는 디자인 전문가가 완전히 파악하고 있어야만 하는 언어의 한 측면이다. 그렇지 못할 때는 언어는 표준화 전략을 실패로 만들고 다시 현지화 전략으로 방향을 전환시킬 수도 있다.

동아시아 마케팅 담당자들은 특히 의미에 세심한 주의를 기울여야 한다. 예를 들어, 중국어는 많은 방언을 가지고 있다. 중국 본토의 많은 지역과 싱가포르, 타이완에서 사용되는 만다린어(Mandarin)와 중국 남부 지역과 홍콩에서 사용되는 광둥어(Cantonese) 등을 포함해 다수의 방언이 있다. 이런 방언들은 시각적 표현뿐만 아니라 발음도 어려움의 대상이 될 수 있다. 예를 들어 만다린어에서 구어의 음절은 네 가지 높낮이에 따라 다른 의미를 가질 수 있다.

또 다른 복잡한 문제는 언어를 표현하는 문자 체계이다. 문자 체계는 기업이나 브랜드명과 로고의 결합 형태로 기업과 브랜드 아이덴티티를 표현하는 가장 주요한 수단이다. 여기서 종종 직면하게 되는 어려움은 서로 다른 문자 체계를 가지고 어떻게 동일한 표현을 이끌어내는가에 있다. 문명의 역사에서 시각적 심벌을 언어 내용으로 표현하는 세 가지 유형의 체계가 개발되어 왔다. 이들은 알파벳 형태(영어), 표음문자 체계(일본어의 가나), 표의문자 체계(중국어)이다.

이런 주요한 문자 체계 간의 차이는 글로벌 아이덴티티를 관리하는 데 있어 중요한 의미를 갖는다. 중국어 문자 체계는 획으로 구성된 표의문자로 되어 있다. 단어의 소리를 표시하기 위해 글자를 사용하는 영어와는 달리 중국어는 각각의 단어마다 서로 다른 표의문자를 가지고 있다. 중국어에는 대략 5만 개의 표의문자가 있으며 이는 한 개인이 완전히 소화해낼 수 있는 양보다 많은 분량이다. 여기에는 뜻이 닿지 않는 단어나 축약어가 없다. 켄터키 프라이드 치킨에서 '프라이드'라는 단어가 부정적인 요소일 때 중국어로는 그 이름을 케이에프씨(KFC)로 바꾸는 것이 불가능하다. 이 경우 문자 자체와 발음되는 이름 자체가 변경되어야 한다.

문자 체계와 발음의 차이는 제품명의 철자나 발음을 외국어로 함으로써 이국적인 이미지를 갖도록 하는 것에 사용될 수 있다. 하겐다즈(Haagen-Dazs)가 가장 좋은 예가 될 것이다.[4] 하겐다즈는 미국산 아이스크림이지만 그 문자를 보면 미국 것이 아니라는 생각을 들게 한다. 홍콩의 패션 브랜드인 골드리온(Goldlion)은 광고에서 불어 식으로 발음함으로써 이미지를 고급스럽게 만드는 데 성공했다.

문화적 가치. 국가와 문화 간 차이는 사회적 규범, 즉 가치라는 견지에서 설명할 수도 있다. 존슨 앤 존슨은 그 좋은 예를 보여준다. 이 회사가 홍콩 시장으로 진출할 때 '주앙 청'이라는 이름이 사용되었는데, 이것은 '봉건시대의 관리나 지주'를 뜻했다. 그러나 이런 전통적인 상위 계급을 연상시키는 이름은 공산주의 중국에서는 부적절한 것으로 보였다. 그래서 중국에서는 '키안 셩(활동적인 삶)'이라는 이름이 채택되었다. 이 이름은 보다 밝고 현대적인 어조로 중국의 현대화 동력과 잘 맞는 이름이었다. 존슨 앤 존슨은 이렇게 동일한 문화권에서 두 가지 이름을 사용하게 되었다.

사회학자인 네덜란드 마스트리히트 대학의 거트 호프스테드(Geert Hofstede)는 이런 문화적 분석 유형의 개척자로 인도, 스웨덴, 노르웨이, 일본, 미국에 이르는 사람들에게서 행동적 차이를 유발하는 다수의 가치 차원을 분석했다.

한 사회의 개인주의 정도는 미학 전략을 설계하는 데 있어 고려해야 할 또 하나의 중요한 가치이다. 미국과 같은 개인주의 사회는 구성원 개개인의 창의성을 강조한다. 그러나 중국이나 일본 같은 집단주의 사회에서 중요한 가치는 사회적 조화이다. 그러므로 넓은 척도로 볼 때 규범을 깨뜨리는 독특하고 창의적인 표현은 집단주의 사회에서보다는 개인주의 사회에서 보다 가치 있는 것으로 인정받는다. 반면에 집단주의 사회에서는 일반적으로 조화와 평화

그림 9.2 AT&T광고, 츠루미 교수의 추천

가 선호되는 표현 대상이 되며, 부조화나 충돌은 피해야 할 것이다.

　더욱이 집단주의 사회에서는 존경받고 명망 있는 인사의 보증이나 추천이 효과적인 커뮤니케이션 테마가 될 수 있다. 미국의 다문화 마케팅 커뮤니케이션 분야의 개척자인 AT&T는 미국에 거주하는 일본인 비즈니스맨을 타깃으로 캠페인에 이 접근을 사용했다. 이 광고는 아시아계 미국인 타깃의 다문화 커뮤니케이션 프로그램 제작을 전문으로하는 광고 대행사이자 다이렉트 메일 대행사인 강 앤 리(Kang & Lee Advertisement)에서 담당했다. 이 광고에는 바루크(Baruch) 대학의 국제 경영학 교수이자 일본계 미국인 사회에서 두각을 나타내는 인물인 요시히로 츠루미(Yoshihiro Tsurumi) 교수가 AT&T를 추천하는 형식을 도입했다.

　한편 전통적 시간 지향성과 현대적 시간 지향성의 차이를 살펴볼

수 있다. 과거 지향적 사회는 미학과 디자인에서 전통을 가치 있게 보는 경향이 있으며, 미래 지향적 사회는 미래적이고 전위적인 디자인에 더 큰 가치를 두는 경향이 있다. 리츠 칼튼(Ritz-Carlton) 호텔은 이런 면에서 아시아에서 잘 적응하고 있는 것으로 보인다. 리츠 칼튼 아시아 태평양 지역 광고는 '이 지역은 전통과 지혜를 존중하면서도 미래를 포용하는 곳입니다. 이곳에서 편안함을 느끼는 것이 뭐 놀라운 일이겠습니까?'라고 말한다.

관습. 가치와 마찬가지로 관습도 세계 곳곳마다 다양하다. 관습은 구매 행동에 영향을 미치므로 아이덴티티 관리자에게는 관심 대상이다. 거버 식품(Gerber Foods)이 아프리카의 몇몇 지역에서 유아용 식품을 판매했을 때, 큰 실패를 경험했다. 그 이유는 무엇이었을까? 거버는 귀여운 '거버 베이비'의 얼굴을 용기 라벨에 부착했는데, 불행하게도 이 지역에서는 라벨에 용기의 내용물 사진을 싣는 것이 관습이었다. 방글라데시에서는 이슬람교도들이 톰 맥캔(Thom McAn)의 로고가 아랍어로 '알라'를 의미한다고 생각해 크게 격노했다.[5] 관습은 마케팅 접근에서 간과되어 왔다. 이와 비슷한 경우로 다이아몬드 재벌 기업인 드비어스(De Beers)는 회사 다이아몬드를 목에 건 표범 이미지를 사용하다가 글로벌 시장에서 엄청난 마케팅 재난에 직면하게 되었다. 표범은 몇몇 문화권에서 죽음의 상징이었던 것이다.[6]

산업과 제품 카테고리 요인

문화 간 차이의 정도는 산업과 제품 범주에 따라서 달라진다. 관리자들은 선택한 목표 시장이나 국가에서 특정 산업과 제품에 존재하는 이런 차이의 정도를 검토할 필요가 있다.

스킨케어 제품(세안과 영양 공급)과 색조 제품(립스틱, 마스카라, 아이새도)은 제품 카테고리 요인을 고려해야 할 필요를 보여준다. 대부분의 화장품 회사들은 전 세계적으로 동일하게 기본 스킨케어 시스템을 판매하지만, 때때로 추가적인 제품들로 이 기본적인 시스템을 보완해 판매하기도 한다(예를 들어 중국이나 프랑스에서 미백 제품을 추가한다). 그러나 색조 화장품 마케팅과 이미지 관리는 고도의 현지화 작업이 필요하다. 남미 여성들은 밝은 색조 화장품을 사용하고 짙게 화장하는 경향이 있다. 이들은 자외선 차단 로션을 사용하지만, 대체로 피부가 보다 하얗게 보이도록 하는 화장은 하지 않는다. 그러나 현재 프랑스에서는 하얗고 보다 창백하게 보이는 것이 이상적인 아름다움이다. 일본에서는 자연스럽게 보이는 것이 언제나 이상적이었다. 미국 여성들은 다른 문화권에 비해 극적인 눈매 연출을 즐겨하는 편이다. 이와 같이 표준화는 색조 화장품군보다 기초 화장품군에서 훨씬 전략적으로 경쟁력이 있는 것이다.

외국 이미지에 대한 태도

국경을 넘는 무역의 증가로 문화권을 초월한 비즈니스가 늘어나면서, 전 세계 소비자들이 외국의 아이덴티티와 이미지에 점점 더 많이 노출되고 있다. 이런 새로운 아이덴티티와 이미지를 받아들이는 정도와 속도는 외국 이미지에 대한 태도에 따라 달라진다.

다른 모든 태도와 마찬가지로, 외국 회사와 그 브랜드에 갖는 태도

	수용도 고	수용도 저
지식 고	표준화	이미지 개선
지식 저	교육	교육 또는 이미지 개선

표 9.2 외국 문화에 대한 지식과 수용도

는 인지적(지식) 요소와 정서적(느낌) 요소가 있다. 지식 요소는 목표 시장의 소비자가 해당 외국 국가, 회사, 브랜드에 대해 가지고 있는 정보와 관련된 것이다. 이 지식이 광범위하다면 소비자들은 이미지의 의미를 더 잘 이해할 것이다. 느낌의 요소는 수용도와 관련된 것이다. 목표 시장의 소비자들이 해당 외국 국가와 회사, 브랜드를 긍정적으로 생각하거나 동경하고 있다면 보다 높은 수용 수준을 보이는 것이다.

표 9.2는 외국 문화에 대한 수용도와 지식 수준에 기초한 네 가지 전략적 대안을 보여준다.

1. 높은 지식과 높은 수용도

높은 지식과 높은 수용도는 문화 간의 차이에도 불구하고 표준화를 가능하게 한다.

실례. 이탈리아의 고급 주방용품 제조업체인 알레시(Alessi)는 전 세계 소비자들이 아방가르드 패션과 디자인의 중심인 이탈리아에 대해 가지고 있는 지식과 수용도를 성공적으로 활용했다. 알레시가 공언한 목표는 '민감하고 문화적으로 호기심 많은 대중들'의 욕구에 부응하는 것이다. 그는 "우리의 목표는 우리의 프로그램을 공유하는 소매점들과 협력해 동시대의 국제 산업 디자인 분야에서 흥미로운 개성을 지닌 디자이너들의 연구 결과를 이런 대중에게 제공하는 것이다."라고 밝히고 있다. 여기에는 디자이너 알도 로씨(Aldo Rossi), 필립 스타크(Philippe Starck), 건축가 프랭크 게리(Frank Gehry)와 로버트 벤투리(Robert Venturi) 등이 포함된다. 제품들은 '안톨로지아 알레시(Antologia Alessi)', '티 앤 커피 피아짜(Tea & Coffee Piazza)', '라 까사 델라 펠리치타(La Casa della Felicita)'와 같이 이탈리아식 이름을 갖게 되며, 이탈리아의 이미지가 강화된다. 브로슈어는 이탈리아어와 영어로 인쇄되며, 이탈리아 조리법도 싣게 된다.

2. 높은 지식과 낮은 수용도

관리자들은 높은 지식만으로는 성공을 확신할 수 없다. 높은 지식과 낮은 수용도는 이미지 개선을 요구한다.

실례. 디즈니가 1992년 5월 프랑스 파리 근교에 '유로 디즈니' 테마파크를 개장했을 때, 어려운 상황에 직면하게 되었다. 이는 지식은 높으나 정서적 거부감이 있는 경우로 규정할 수 있다. 유럽인들은 미국 문화와 디즈니, 디즈니 캐릭터와 테마에 익숙했다. 실제로 많은 디즈니 캐릭터가 유럽적인 상상 속에서 탄생한 것이다. 그러나 미국 문화의 몇몇 측면은 유럽에서 낮은 수용도를 가지고 있었고, 특히 프랑스에서는 더욱 그러했다. 한 프랑스 비평가는 유로 디즈니를 '카드보드와 플라스틱, 촌스러운 색으로 이루어진 끔찍한 곳, 추잉검을 굳혀 만든 구조물, 비만인 미국인들을 위한 만화책들에서 튀어나온 바보 같은 곳'이라고 평했다. 파리 극장의 감독인 아리안 누슈킨(Ariane Mnouchkine)은 유로 디즈니를 '문화적 체르노빌'이라고 폄하했다.

그러나 디즈니의 최고 경영층은 여전히 낙관적이었다. CEO인 마이클 아이스너(Michael Eisner)는 "이것이 우리가 해낸 가장 훌륭한 프로젝트이다."라고 말했다. 유로 디즈니 회장인 로버트 피츠패트릭(Robert Fitzpatrick)은 "유럽의 성향을 바꿀 수 있을 것이라고 생각한다."라고까지 예견했다. 디즈니는 수억 프랑의 수익을 예상했으며, 많은 투자자들도 이를 믿었다. 유로 디즈니의 주가는 개장 직전 최고치인 150프랑으로 치솟았다. 그러나 불행히도 디즈니는 맹목적으로 뛰어들었을 뿐 잠재적인 이미지 문제에는 거의 신경을 쓰지 않았다. 1994년 2월, 유로 디즈니는 거의 파산 직전에다 주식은 겨우 30프랑 정도가 되었을 때야 비로소 기존 접근을 대대적으로 포기하고 변화를 꾀하기에 이르렀다.

3. 낮은 지식과 높은 수용도

낮은 지식과 높은 수용도는 해당 외국 국가, 기업과 브랜드에 대한 교육을 요구한다.

실례. 유로 디즈니와는 반대로 도쿄 디즈니랜드는 개장 이후부터 줄곧 성공을 거두었다. 1,600만 명 이상이 방문했고, 이것은 미국 디즈니 파크의 방문자 수를 넘는 것이었다. 이 결과 디즈니는 일본에

두 번째 테마파크를 개장하고 아시아에 추가적인 테마파크를 세울 계획을 가지게 되었다. 디즈니는 일본에서 지식은 낮았으나 높은 수용성을 가졌다고 볼 수 있다. 일본인들은 미국 문화와 디즈니 캐릭터에 대해 어느 정도 친숙하고 지식을 가지고 있었으나, 유럽인들에 비하면 매우 미미한 수준이었다. 동시에 일본인들은 외국 것이나 미국 것에 개방적이고 또 열광한다. 더욱이 일본인들은 디즈니에 자신들을 기꺼이 노출시키려 했고 미국의 가치를 배우려고 했다. 이것은 그들에게 경험적인 교육 기회를 제공했다. 예를 들어, 그들이 미국 문화에 대한 선입관에 기초해 얻을 수 있으리라고 기대하지 못했던 도쿄 테마파크의 청결함, 단정함, 좋은 서비스, 높은 기술 수준 등에 좋은 인상을 받은 것이다.

4. 낮은 지식과 낮은 수용도

낮은 지식과 낮은 수용도는 기업이 선택한 목표 시장을 재고하거나 교육과 이미지 개선이라는 쉽지 않은 과정을 밟아야 한다.

실례. 덴마크의 스테레오와 TV 제조업체인 뱅 앤 올룹슨(Bang & Olufsen)은 놀라운 미니멀 디자인으로 스테레오 전문가들에게 잘 알려져 있다. 그러나 뱅 앤 올룹슨은 많은 시장에서 '낮은 지식과 낮은 수용도'의 상황에 처했다(1장에서 다룬 앱솔루트 보드카도 미국 시장에 진출할 때 유사한 상황을 겪었다). 이 회사는 잠재 고객이 브랜드와 기업, 덴마크 디자인에 관해 더 많이 알고 받아들이도록 하기 위해 독특한 틈새시장 전략을 썼다. 이 전략은 교육과 이미지 향상의 결합이라고 할 수 있다.

최근의 뱅 앤 올룹슨의 스테레오 기기 브로슈어는 회사의 '바이오

링크(BioLink) 기술'과 그것의 '작동 방식'을 설명해 놓았다. 브로슈어는 부엌, 거실, 침실, 화장실의 '바이오링크' 그림과 그래픽으로 뱅 앤 올룹슨의 시스템이 어떻게 집안 전체를 위한 통합된 사운드 시스템을 제공하는지 설명한다. 그것은 제품이 어떻게 고객들의 '시각적이고 음향적인 요구를 완벽하게 충족'하고 '모든 감각에 어필'하며 '현장에 있는 듯한' 느낌을 창조하는지를 이야기한다. 전 세계 주요 도시의 쇼룸과 매장은 그러한 이미지를 강화하고 대중들에게 회사 제품과 덴마크 디자인에 대해 교육할 수 있는 기회를 제공한다.

글로벌 아이덴티티 관리에서 스타일과 테마

글로벌 아이덴티티에 관한 결정의 복잡함을 설명하기 위해 두 가지 주요 미학적 요소, 즉 스타일과 테마에 관련된 이슈들을 다뤄보고자 한다. 먼저 가장 중요한 테마인 회사와 브랜드명으로 시작해 색상, 형태, 전체적 스타일과 전반적인 인상을 다룰 것이다.

제시되는 사례는 세계 각국의 것이며, 특히 동아시아의 사례를 많이 들도록 했다. '화룡점정'이라는 중국 속담에서 이야기하듯이, 글로벌 아이덴티티 관리에서도 미학적 문제에 세심한 주의를 기울이는 일이 매우 중요하다.

기업명과 브랜드명

국제적 맥락에서 상표명을 결정하는 것은 매우 의외의 결과를 가져올 수 있다. 대개의 경우 이름은 여러 언어에서 서로 다르게 들릴 수 있다. 따라서 번역이 되었을 때 종종 부정적인 연상을 낳기도 한다. 예를 들어, 독일의 보건, 농업 및 화학약품 제조업체인 휄스트(Hoechst)는 미국 소비자들이 이름을 제대로 발음하게 하기 위해 광고 캠페인에 수많은 비용을 썼다. 이 광고는 '그냥 허크스트(Herkst)라고 말하세요'라고 조언한다. 적어도 이 회사는 이 업계에서 자사 브랜드명을 갖게 된 것이다. 제약 산업에서 약 50만개의 제약 등록상표를 침해하지 않는 새로운 이름을 선택하는 것은 쉽지 않은 일이다.

대부분의 미국 기업들은 회사와 브랜드명을 짓는 작업과 관련해 언어적 복잡성은 거의 고려하지 않는다. 이 결과 부적절한 이름으로 야기되는 이미지 실패를 여러 차례 겪게 된다.

- 소비재 상품의 제왕이라고 할 수 있는 P&G는 퍼프스(Puffs)라는 브랜드 티슈가 독일에서는 예상치 못한 부정적인 의미가 있음을 알았을 때 크게 당황했다. 영어로는 '뽀송뽀송한'의 의미가 독일 일상 회화에서 '사창가'를 의미했기 때문이다.
- 시보레(Chevrolet)는 스페인어권 국가에서 '노바(Nova)'라는 자동차 브랜드를 판매하기 위해 기존의 표준화된 이름을 사용했을 때 비슷한 어려움을 겪었다. 노바(No va)라는 뜻은 스페인어로 '가지 않는다'의 의미였던 것이다.
- 쿠어스 맥주(Coors Beer) 역시 스페인어 권에서 어려움을 겪었다. 슬로건이었던 '자유로워지세요(Turn it loose)'가 '설사하다'의 의미를 가진 것으로 해석되었던 것이다.
- 브라니프(Braniff)가 슬로건 "가죽 느낌으로 날아보세요.(Fly in Leather)"로 자사 항공사를 선전했을 때, 스페인어로서는 "벌거벗은 채로 날아보세요."로 들렸던 것이다.
- 퍼듀(Perdue) 역시 "부드러운 치킨을 만들기 위해서는 억센 남자가 필

그림 9.3 다양한 언어의 '코카콜라'

요합니다."라는 슬로건 때문에 스페인에서 문제에 부딪혔다. 스페인어로 "닭을 상냥하게 만들기 위해서는 성적으로 흥분된 남성이 필요합니다."라는 뜻으로 해석되었던 것이다.

유럽 회사들은 (로망스 어나 독일어 계통뿐만 아니라 헝가리어와 같은 비 인도-유럽어족의 언어에 이르기까지) 유럽 대륙에서 사용되는 언어의 수가 많기 때문에 언어의 복잡성에 보다 민감한 편이다. 이들은 성공적인 상표명이 다른 언어에서는 얼마나 쉽게 오해의 여지를 갖는지 알고 있다. 또한 프랑스, 독일, 영국에는 상표명 개발을 전문으로 하는 많은 업체들이 있다. 파리에 있는 브랜드 네이밍 업체인 노먼(Nomen)의 마르셀 보통(Marcel Botton)은 "신제품 론칭에는 점점 더 많은 비용이 들고 있으며, 이 론칭 비용이 높으면 높을수록 올바른 이름을 개발하는 것이 점점 더 중요해진다."라고 말한다.[7]

그림 9.4 중국 코카콜라의 옥외 광고

중국에서의 기업명과 브랜드명.[8] 중국어 구조(이미 앞장에서 다룬 바와 같이)를 살펴볼 때, 중국어로 매력적인 기업명과 브랜드명을 개발하는 일은 무척이나 까다롭다. 중국어로 된 이름은 듣기 좋아야 하고 써 놓았을 때 보기 좋아야 하며, 긍정적인 연상을 가지고 있어야 한다. 이런 세 가지 기준을 충족시키는 서양의 상표명은 많지 않다. 코카콜라는 이런 필요조건을 충족시킨다. 코카콜라의 중국어 이름은 의미 없는 단어의 연속 형태가 아니다(중국어 구조상 그것이 가능하지도 않다). 또한 음료의 제조 성분을 단순히 암시하는 것도 아니다. 코카콜라(만다린어로는 '커-커우-커-러', 광둥어로는 '호-하우-호-로크'로 발음)는 '맛이 좋다'와 '당신을 행복하게 한다'는 뜻을 가지며 코카콜라 브랜드의 중요한 포지셔닝을 함축하고 있다. 음절의 반복을 통해 중국어 이름은 영어 이름과 마찬가지로 리듬감을 갖게 된 것이다. 게다가 그 음조적 특성은 중국어 음조의 자연스러움으로 훌륭하게 나타난다. 또한 한자는 서양인의 시각에서도 멋지게 보인다. 중국어에서도 뛰어난 의미와 형태를 보여주는 다른 브랜드명으로는 '속도를 향한 노력(Striving forward fast)'의 메르세데스 벤츠(Mercedes-Benz), '소리의 파동(wave of sound)'의 보잉(Boeing), 그리고 '소리의 보물(treasure of sound)'의 샤프(Sharp)가 있다.

그러나 대부분의 기업들은 중국어 이름에서 최적의 방안을 사용하지 못하게 되는 경우가 많다. 이는 어쩔 수 없는 경우도 있고, 철저한 조사의 부족으로 발생한 경우도 있다. 예를 들어 몇몇 서구 회사들은 자사의 알파벳 이름과 철자를 그대로 유지하는데, 이 접근은 소비자들이 로마식 알파벳에 익숙한 일본 같은 시장에서는 적절할 수 있으나 중국에서는 그렇지 못하다. 중국은 고속으로 성장하는 시장이지만 아직 적은 수의 사람들만이 로마식 알파벳을 알고 있기 때문이다. 그러나 기존 알파벳 이름이 짧고 간결한 몇몇 기업이나 브랜드(3M, IBM, AT&T, M&M 등)에 있어서는 효과적일 수 있다. 이런 이름 자체가 시각적 심벌이나 로고가 되어 언어적 단위라기보다는 그래픽으로 기억되기 때문이다.

이름을 음역한 대부분의 회사들은 해당 이름이 아시아에서는 어떤 의미인지를 고려하지 않고 소리만을 가지고 번역하는 일이 많다. 어떤 회사들은 다른 언어에서는 그 이름이 음성적으로 어떻게 들릴지를 고려하지 않고 의미로 해석하는 경우도 있다(예를 들어 유나이티드 에어라인, 노스웨스트 에어라인, SAS, 제너럴 일렉트릭, 디지털 이퀴프먼트, 웨스팅하우스 일렉트릭).

서예 기법의 잘못된 사용도 부정적 결과를 초래할 수 있다. 델타 에어라인(Delta Air Lines)은 델타가 운항하는 아시아 도시들을 연결시키는 지도를 마치 하나의 한자처럼 서예로 디자인했다. 광고 자체는 시각적으로 눈에 띄었으나, 아시아 지역 소비자들은 한자를 흉내

낸 글자의 의미를 알아내지 못하자 혼란을 느꼈다. 1장에서 다룬 홍콩의 캐세이 퍼시픽 항공도 회사 아이덴티티 캠페인에서 서예 기법을 사용했으나, 이 경우는 서예와 중국 문화를 찬미하는 것이었고 이를 우습게 보는 듯한 인상을 주지 않았다.

일본에서의 브랜드명. 현대 일본어는 동시에 네 가지 문자 체계를 사용한다. 중국 한자에 기원을 둔 간지, 히라가나와 가타카나라고 불리는 두 가지 음성 체계, 그리고 로마식 알파벳이다. 한 문장 안에 여러 단어를 쓸 때 다른 문자 체계를 사용하기도 하며, 때로는 한 단어에서도 두 가지 체계를 사용하기도 한다. 또 몇몇 단어들은 중국어와 일본어 발음을 모두 가지고 있기도 하다.

기업명은 보통 로마식 알파벳으로 쓰인다(외국인 회사는 때때로 가타카나를 사용하기도 한다). 한편 브랜드명은 네 가지 체계 가운데 어느 것으로도 구성될 수 있지만, 이 체계들은 각기 특정한 연상을 가지고 있으므로 각 체계들 나름대로 특정한 제품 범주에 더 적합하다. 오래된 문자 체계인 간지를 사용하는 브랜드들은 전통적인 이미지를 갖게 된다. 그 결과로 차(茶) 제품 범주에는 어울리지만 첨단 기술 제품에는 어울리지 않는다. 첨단 제품에는 가장 현대적인 문자 체계인 가타카나가 가장 잘 어울린다. 가타카나는 19세기에 일본어에 도입되었고, 특별히 외래어 표기를 위해 개발되었다. 이 체계는 외국 제품이나 외국의 생활양식을 연상시키는 제품에 가장 적절하다. 잘 알려진 소설 『겐지 이야기(Genji Monogatari)』(11세기 한 기생이 씀)에 처음으로 사용된 히라가나는 여성적이라는 암시를 함축하게 되었다. 히라가나는 일반적으로 뷰티 제품, 미용실, 기모노 상점에서 사용되며, 사례로 소개된 다마고치에도 사용되었다. 일본 시장에 진출하는 회사들은 이 같은 다수의 문자 체계와 회사 및 브랜드 이미지에 맞는 문자 체계의 효과를 잘 알고 있어야 한다.

적용 사례 : 동아시아에서의 보쉬

서구 회사가 동아시아 시장들에 연달아 진입할 때 종종 브랜드와 관련한 결정을 임기응변으로 결정하는 경우가 있다. 그 결과 회사는 한 시장에서는 효과적이나 다른 시장에서는 잘 맞지 않는 브랜드명을 선택하기도 한다. 예를 들어 중국 남부 지역 광둥어에서는 이름을 인지시키고 긍정적인 연상을 구축할 수 있어도, 중국 북부 지방으로 확장하면서 이미 구축된 이름이 북부 지방의 만다린어에서는 부정적인 연상을 가지게 되는 경우가 있는 것이다. 고품질의 자동차 부품과 전자 제품을 제조하는 독일 다국적 기업인 로버트 보쉬(Robert Bosch)가 이런 경험을 했다. 이 회사는 1986년부터 광둥어가 사용되는 중국 남부와 홍콩에서 특정 상표명을 사용해 오고 있었고, 이 이름은 1988년 상표로 등록되었다.

당시 보쉬의 주요 사업 부문인 디젤 연료 주입 장치 분야에서 보쉬의 또 다른 이름이 중국에서, 특히 폭스바겐 같은 보쉬의 고객사에게서 널리 사용되고 있었다. 같은 시기 보쉬가 북경에 사무실을 여는 것을 고려하고 있을 때, 이들 이름의 통일이 요구되었다. 대안들이 주의 깊게 검토되었다. 목표는 만다린어와 광둥어 모두에서 보쉬와 비슷하게 발음되고 보쉬의 핵심 사업이나 회사 이미지와 연결되는 긍정적인 의미를 가진 이름을 찾는 것이었다. 부정적인 음성 연상이 없고 법적 침해 문제가 일어나지 않는 다른 회사명과는 구별되는 상

그림 9.5 중국의 "보쉬"

표명(문자 조합 혹은 이것으로 이루어진 단어)이어야 했다.

회사가 고려했던 이름 가운데 하나는 중국 남부 지방에서는 이미 알려져 있었으나 두 번째 글자에 부정적인 의미가 있었다(한자의 변이 '죽음'을 의미했다.). 또 다른 이름은 광둥어로 말했을 때 만다린어만큼 소리가 좋지 않았다. 그리고 또 다른 이름은 만다린어로 '학문적 교육'이라는 의미를 가지고 있었는데, 긍정적인 연상이었지만 공업 회사에는 적절하지 못한 것이었다. 또 다른 이름은 다른 회사들이 이미 등록한 것이었고, 이런 회사 가운데 한 곳은 발전기와 오실로스코프를 판매하는 곳이어서 소비자들에게 혼돈을 줄 수 있었다.

최종적으로 선택된 새로운 이름은(그림 9.5) 광둥어로 원래 홍콩과 중국 남부에서 사용되던 이름보다는 소리가 좋지 않았다. 그러나 광둥어로 소리가 더 나은 이런 이름들은 만다린어로는 보쉬처럼 들리지도 않았고, 복지 단체와 같은 연상을 갖기도 했다. 이 새로운 이름의 의미는 긍정적이었는데, '세계를 얻는'의 의미로 해석되었다.

비슷한 문제들이 회사가 한국이나 일본 시장에 진출할 때 발생한다. 아태 지역에서 활동하는 아시아 기업들 역시 이런 문제로부터 완전히 자유롭지 않다. 마츠시타가 중국 남부 지방을 통해 중국에 진출할 때, 내셔널 브랜드로 '즐거운 소리'를 의미하는 '르 셩'이라는 이름을 사용했으나, 후에 북부에서는 '송시아'라는 이름이 사용되었다.

색 상

관리자들은 또한 캠페인에 사용하려고 고려하는 특정 색상의 문화적 의미와 효과에 대한 연구도 수행해야 한다. 특정 색상들은 전 세계적으로 이미 통일된 의미를 가지고 있고, 색상은 문화를 넘어 유사한 심리적 반응을 일으킬 수 있기 때문이다. 또한 특정 색상들은, 예를 들어 초록색이 아일랜드를 연상시키는 것처럼 보편적으로 특정 문화나 국가를 연상시킨다. 국기 색깔은 세계 시장에서 특정 국가를 연상시키는데, 이것은 긍정적일수도 부정적일 수도 있다. 예를 들어 유나이티드 항공은 미국을 벗어나 보다 글로벌한 이미지를 구축하기 위해 CKS 파트너스와 함께 미국적 아이덴티티인 빨강, 흰색, 파랑의 색 체계를 새로이 파랑과 회색으로 대체했다.

그러나 색상은 또한 문화적 연상을 포함하고 있어 다른 지각이나 평가로 이어질 수 있다. 즉 색상마다 세계의 서로 다른 지역에서 다른 의미와 미학적 호소력을 갖는다. 파스텔 톤은 일본에서 부드러움과 조화를 표현한다. 가상 애완동물인 다마고치에서도 파스텔 톤이 사용되었다. 중국 문화권에서는 붉은색이 수 세기 동안 가장 호소력 있고 복을 가져오는 색상으로 평가받아 왔다. 붉은색은 포장이나 중국 음식점의 차양, 버스나 택시에 자주 등장한다. 반면 청색은 미국에서 가장 자주 사용되는 기업 색상이지만 중국 문화에서는 차가운 색상으로 여겨지고, 악이나 재앙을 의미한다. 황색은 즐거운 색상으로 여겨지고 권위와도 연결된다.

싱가포르에서는 다른 동아시아 지역과 마찬가지로 싱가포르 텔레콤, 싱가포르 테크놀로지스, 워털렘 홀딩스(Wuthelam Holdings) 등의 유수 기업들과 도시재개발국 같은 정부 조직이 로고에 빨간색을 사용한다. 청색은 거의 보편적으로 해양 관련 회사 로고에 사용된다. 주된 비즈니스가 해양과 프로세스 엔지니어링 산업과 관련 있는 재벌 기업인 셈바왕 그룹(Sembawang Group)의 로고도 청색이다. 싱가포르 해군의 로고도 마찬가지로 청색이다. 다른 기업들은 회사명을 표기하는 수준으로만 청색을 사용하고 있고, 로고에는 사용하지 않는다. 예를 들어 싱가포르 항공의 회사명은 청색으로 표기되지만 로고는 갈색에 가까운 노란색이다.

한국에서의 색상 조합

빨강, 노랑, 파랑, 녹색은 한국의 색상 체계로 굳어졌다. 이 네 가지 색은 한국의 의복과 기타 축제용 의상에서 찾아볼 수 있으며, 광고와 거리의 네온 디스플레이에서도 볼 수 있다. 가장 보편적인 색채 조합은 빨강과 노랑을 한 쌍으로 사용하고 파랑이나 초록을 섞는 것이다. 주요 한국 회사들은 이런 색상 조합을 로고나 제품 포장의 일부로 사용해 왔다. 전략적 디자인 컨설팅 회사인 DC&A는 이런 색상 조합을 활용해 엠 넷(m-net)이나 슈퍼마켓 체인인 다마트 등 다수의 성공적인 아이덴티티를 창조한 바 있다. DC&A는 또한 IBM의 소매 아이덴티티의 일부로 전시회를 위한 전시 공간의 색상으로 이 색들을 사용했다.

※ 출처: 번 슈미트(Bernd Schmitt) 조사

형 태

4장에서 논의했던 형태에 따른 연상은 특히 동아시아에서 두드러진다. 각진 모양은 충돌이 연상되어 종종 조화를 가치 있게 생각하는 문화에서는 나쁜 선택이 되곤 한다.

홍콩의 스카이 라인에서는 두 은행의 건물이 확연하게 눈에 띈다. 중국계 미국인 건축가인 I. M. 페이(I. M. Pei)가 설계한 홍콩의 가장 높은 건물 가운데 하나인 중국은행(Bank of China)과 노먼 포스터(Norman Foster)가 설계한 홍콩 상하이 은행 건물이다. 건축 디자인에서 중국은행 건물은 전체적인 삼각형 패턴과 꼭대기에 서 있는 두 개의 날카로운 기둥으로, 각진 모양(angularity) 디자인의 정수를 보여준다. 스타일 면에서 보면 역동적인 힘을 보여주면서도 갈등이 보이기도 한다. 이런 이유들로, 중국 은행은 투쟁과 불운이 연상되어 왔다. 홍콩의 독특한 정치적 상황과 함께 꼭대기에 있는 기둥들은 근처에 위치한 영국 총독 관저를 겨누는 단검으로 비유되기도 한다. 이와 대조적으로 홍콩 상하이 은행의 건물은 다수의 원형을 포함해 다양한 모양을 사용하며, 그다지 눈에 띄지는 않으나 시민들의 자랑이자 만남의 장소로 사용되고 있다. 다시 강조하자면, 미학은 강력하다. 형태는 반드시 채택에 앞서 완전한 테스트를 거쳐야 한다.

물론 디자이너들에게 창조적인 자유가 필요하다. 그러나 형태의 결정은 다른 모든 미학적 결정과 마찬가지로 문화적 분석, 소비자의 반응, 관리적 노력을 통해 결정되어야 할 것이다.

스타일

미학적 스타일에서의 차이는 4장에서 다루었던 미학적 스타일의 주요 차원들 가운데 복잡성과 표현의 차원을 살펴봄으로써 가장 잘

풍 수

고대 중국으로부터 전해내려온 풍수는 아시아에서 기업과 매장을 디자인하는 데 중요한 부분을 담당해 왔고, 미국에서도 점점 더 많이 활용되고 있다. 풍수라는 용어는 글자 그대로 해석하면 '바람과 물'이라는 의미이다. 이는 서구인들이 소위 흙점(geomancy)이라고 부르는 것과 비슷한 개념으로, 주변 자연환경이 주는 혜택과 조화를 이루기 위해 건물, 인간이 만든 구조물, 인테리어 장식품의 위치와 배치를 정하는 것이다. 중국인들은 집이나 건물과 그 안의 사물들의 적절한 배치가 주거인이나 소비자에게 좋은 운을 가져다준다고 믿는다. 좋은 풍수는 우주적 에너지가 구조물을 통해 자유로이 흘러다니도록 해준다고 한다.

풍수에서 물을 가까이 하는 것은 환경을 조화로 이끄는 가장 강력한 방법이라고 생각된다. 최근 뉴욕 퀸즈 플러싱 지역에는 차이나 트러스트 은행 빌딩이 들어서기 전에 풍수를 검토했고, 그 결과 은행 구석에 있는 출입구의 부정적인 효과를 적절히 차단하기 위해 로비에 연못이 추가로 설치되었다. 또한 건물의 핵심 부분은 풍수적으로 보다 더 상서로운 위치로 옮겨졌고, 출입문과 직선으로 놓인 책상들이 치워졌다. 사무실 내 몇몇 책상들은 특정한 방식으로 배치되었고, 등과 거울의 위치도 정해졌다. 고급 의류 제조업체인 타하리(Tahari Ltd.)의 뉴욕 사무실은 풍수를 검토해, 책상을 바꾸고 화분을 배치하고 문이 열리는 방향을 수정하는 등 전체적인 사무실 배치를 바꿔 거의 모든 직원의 근무환경을 바꾸기도 했다

미네소타의 솔트워터 스페셜리스트(Saltwater Specialist)는 고급 수족관 사업을 하고 있으며, 어드밴스 아쿠아리움(Advance Aquarium)이라는 가정과 사무실용 수족관 설계 및 유지 보수 업체를 소유하고 있다. 이 회사의 소유주인 브라이언 브로튼(Brian Broughten)은 세인트 폴의 홀리스틱 보건센터와 같은 업무 장소에 풍수를 따져 수족관을 디자인하고 배치한다. 미국 실내장식가협회(ASID)의 수석 편집장인 조 프라이웰러(Joe Pryweller)는 "풍수는 정말 인기를 얻고 있습니다."라고 말했다. 이런 시류

에 맞추어 『포춘』은 최근 타원형 사무실에 대한 풍수 분석 기사를 싣기도 했다.[9]

풍수의 일반적인 상식은 다음과 같다.
1. 소매점이나 사무실 공간을 선택할 때는 남북 방향보다는 동서 방향의 건물을 찾는다.
2. 입구에 각과 벽을 없애 열린 느낌을 주도록 만들 것. 중국인들은 건물 정문은 사람의 입과 같다고 믿는다.
3. 사무실에서는 방 전체 공간과 들어오는 사람을 최대한 잘 볼 수 있도록 책상들을 배치한다.

※ 출처: Evelyn Lip, Feng Shui for Business(Singapore: Times Books International, 1989); Joan A. Podell, "Bank Design as a Marketing Tool," Bank Marketing, May 1994; "Tropical Fish Retailer Makes a Big Splash," PR Newswire, July 10, 1995.

설명될 수 있다.

스타일 선호도를 살펴보면 미국은 정말로 다문화적인 것으로 보인다. 하지만 특정 스타일에 보다 확실한 선호도를 나타내는 지역들이 있다. 일반적으로 남미에서는 '장식주의/사실주의' 스타일을 선호한다. 이에 따라 브라질의 맥주 및 소프트드링크 업계의 거물급 기업인 브라마(Brahma)의 광고와 포장은 다양한 색상과 복잡함, 그리고 사실주의적 이미지로 가득 차 있다. 유럽 스타일은 좀 더 미니멀하고 추상적인 경향이 있다. 이 경향은 독일과 스칸디나비아 문화권에서 뚜렷하며, 지중해 문화권에서는 보다 사실주의적이다. 중동은 장식주의적이고 추상적인 스타일로, 아프리카는 미니멀한 사실주의로 특징지을 수 있다.

일본을 제외한 동아시아의 문화적 선호도는 미학적 스타일 가운데 '장식주의/사실주의' 경향을 띤다고 볼 수 있다. 동아시아인들은 표현과 장식의 복잡성에 좀 더 가치를 둔다. 그들은 다양한 형태, 모양과 색상을 보여주는 것을 좋아한다. 이런 특징은 중국, 태국, 말레이시아, 인도네시아의 미학에서도 찾을 수 있다. 동아시아인들은 또한 자연주의를 중요하게 생각한다. 중국 문화에는 산, 용, 불사조 등 자연의 심벌이나 표현이 지배적이며, 이들은 포장과 광고에서도 자주 발견된다. 동남아시아에서는 야생동물의 자연세계가 이미지의 대부분을 차지한다.

동남아시아와 중국 전반에 걸쳐 호텔들을 소유한 고급 호텔 그룹인 샹그릴라 호텔 그룹(Shangri-La Hotel Group)은 이런 장식주의/사실주의 심벌을 기업과 브랜드 아이덴티티에서 적극적으로 활용하고 있다. 기업명(샹그릴라는 제임스 힐튼의 유명한 소설 『잃어버린 수평선』에 표현된 티베트의 신비로운 산 이름을 연상시킨다.)으로부터 로비와 객실에서 풍부하게 사용된 사실주의적 이미지, 그리고 산과 경치 좋은 곳 가까이에 자리잡은 호텔 위치에 이르기까지 샹그릴라는 '지구상의 천국(샹그릴라의 의미)'이라는 이미지를 창조하기 위해, 동아시아권이 선호하는 시각적 스타일을 충분히 활용했다.

테마와 전반적인 고객 인상

동아시아 지역에서 성공적인 테마들은 독립성과 개인주의적 가치를 선호하는 서양과는 달리, 조화와 관계에 보다 초점이 맞춰져 있다. 이런 공통의 테마에 대한 지식과 존중은 기업 성공을 위해 매우 중요하다.

적용 사례 : 중국에서의 모토롤라

모토롤라는 '중국에서의 이정표(Milestones in China, 1987-1997)' 라는 10년의 종합 보고서에서 중국 심벌과 슬로건들을 적절히 사용해 회사 성장을 다양한 측면에서 설명했다. '불사조가 태양을 향해 높이 날다' 라는 슬로건과 함께 등장하는 행복과 번성의 심벌인 불사조는 중국의 경제 성장과 현대화를 설명하는 데 사용되었고, '범에게 날개를 달다' 라는 슬로건과 함께 나온 강력한 사명의 심벌인 호랑이는 1995년까지 12억에 이르는 모토롤라의 투자액을 설명하는 데 사용되었다. 용기, 성실, 유연함의 심벌인 자두, 난초, 대나무와 국화가 '중국에서 깊은 뿌리를 내리다' 라는 슬로건과 함께 모토롤라의 전략을 설명했고, '공유된 운명을 향해 항해해 나아가는' 이라는 슬로건과 함께 돛단배가 훌륭한 비즈니스의 심벌로 사용되었다.

6장에서 논의했듯이 테마는 전통적, 현대적, 혹은 미래 지향적인 전반적인 미학 표현을 창조하기 위해 스타일과 함께 사용된다. 아시아에서 소비재의 경우 주로 선호되는 미학 스타일은 전통적인 터치가 가미된 현대적 스타일이다. 우리는 이미 아모이 브랜드의 아이덴티티에서 이런 종류의 전반적인 미학을 만나보았다. 현대적 미학에 대한 아시아의 선호도는 이 지역의 경제적 발전을 근거로 설명할 수 있다. 현대적인 표현은 아방가르드적 모습의 대담한 불확실성이 배제된 변화를 반영한다. 전통적인 터치는 이 장 첫 부분에서 다루었던 동아시아의 전통적인 시간 지향성과 관련이 있다.

자국에 특정적인 테마와 인상은 많은 국가에서 찾아볼 수 있다. 독일에서는 녹색당이 중점적으로 홍보하는 환경주의가 유행이다. 녹색 혹은 환경주의 미학이 요구르트와 샴푸부터 데오도란트와 세제에 이르기까지 매우 다양한 슈퍼마켓 브랜드에 적용되고 있다. 일본에서는 귀여움이 크게 유행하고 있다. 일본 TV 광고의 여자 모델은 십대이거나 이십대 초반이며, 항상 미소 짓고 재미있게 행동하며 종종 아동 복장처럼 입기도 한다. 아이스크림과 다른 제품 진열도 재미있고 귀엽게 보이도록 스타일이 관리된다. 많은 남미 남성 소비자들에게는 마초 같은 이미지가 효과가 크다. 분명하게 이런 특정적인 테마와 이 테마의 미학적 표현은 남성과 여성의 역할 같은 광범위한 문화적 가치를 반영하며, 인간과 주변 환경과의 관계를 알려준다.

요 약

글로벌 아이덴티티 관리는 우리가 살펴보았듯이 위험 요소가 다분한 작업이다. 미학적 지각과 선호도는 문화에 따라 상당히 다양하게 나타난다. 관리자들이 내려야 할 주요 결정, 즉 표준화와 현지화의 결정은 다음의 네 가지 주요 요소들의 영향을 받게 된다. (1) 회사 자체 혹은 경쟁사 때문에 생기는 한계, (2) 목표 시장의 문화의 성격, (3) 산업 간 혹은 제품 범주 간, 문화 간의 차이, (4) 외국 문화 혹은 브랜드에 대한 문화적 태도이다.

어려운 영역이기는 하지만 글로벌 아이덴티티 관리는 충분한 사전 계획을 통해 성공할 수 있다. 이 장에서 어렵거나 신속한 규칙은 제시하지 않았다. 실은 가능하지도 않기 때문이다. 어떤 국제적 기업에게 있어서도 성공은 조사와 연구, 기획과 분석, 직관, 그리고 중국인들이 말하듯이 좋은 운에 달려 있다.

10 *Retail Spaces and Enviroments*
소매 공간과 환경

고디바 :
초콜릿 매장에서의 잊지 못할 경험[1]

고디바 쇼콜라티에(Godiva Chocolatier)는 1967년 캠벨 수프에 합병된 회사로, 1990년대 초반 새로운 사장이 취임했을 때 매출을 올려야만 하는 절대적 상황에 있었다. 제품 자체는 훌륭했으나 매장 이미지는 그렇지 못했다. 검정과 크롬 색 같은 요소를 사용해 장식주의의 정적이고 강하며, 추상적인 스타일을 창조해 전반적으로 우아하고 현대적인 인상을 주었던 이전 디자인은 고급스러운 느낌을 가진 1980년대에 맞춰진 것이었다. 고상함이 조금 약해진 느낌을 갖는 1990년대에는 시대에 맞게 새로운 접근이 필요했다. 소매 공간 이미지와 매장 디자인에 전문성을 지닌 아이덴티티 및 디자인 업체인 가토 고베 앤 어소시에이츠(Cato Gobe &Associates)(현재 데그립 고베)는

그림 10.1 고디바 쇼콜라티에 매장 인테리어

이전 접근 방식의 톤을 완고하고 메마르며, 냉정하고 위협적이라고 표현했다.

새로운 접근은 유연함과 따뜻함, 흥미로움, 감각적 스타일, 환영이라는 인상을 창조하기 위해 혁명적인 변화를 단행했다. 기업 표현의 이러한 디자인 포지셔닝을 하면서, 유연함과 감각성을 갖춘 이 초콜릿 제품을 회사의 지역적 기원인 벨기에와 일치시키기 위해 아르누보 스타일과 유럽적 테마가 함께 사용되었다. 스타일 차원은 이전과 극적인 차이를 보인다. 여전히 장식주의적이고 정적이나, 강하고 추상적인 것보다는 부드럽고 현실주의적인 것으로 바뀌었다. 스타일, 테마, 고객의 전반적인 인상을 창조하기 위해 아이덴티티 요소의 미학은 신중하게 결정되었다. "곡선 형태의 체리목 가구, 전시 케이스와 거울 틀, 연철로 만든 받침대와 금박의 잎새들로 장식된 테이블. 유리 진열대에 놓인 빈티지 아르누보식 장신구들이 톤을 결정합니다."[2]

"매장 이미지를 창조하는 것은 매장을 설계하는 것보다 어려운 일입니다. 이미지 창조는 더 일찍 시작하고 더 오래 계속되며, 매장 그 이상의 고려가 있어야 합니다."라고 데그립 고베의 CEO 마크 고베(Marc Gobe)는 말한다. 고디바 쇼콜라티에의 소매 이미지를 창조하는 것에 관해 고베는 다음과 같이 말한다.

> 고디바 쇼콜라티에는 소비자의 사치스러운 면과 소통하는 이미지를 가지고 있다. 제품은 순간을 즐기고 현재의 생활을 즐기는 가치와 관련 있다. 고디바 쇼콜라티에의 이미지를 검토해달라는 요청을 받았을 때, 매장이 이런 종류의 이미지를 반영하지 않는다는 것을 발견했다. 매장 이미지는 감각과 소통하고 있지 않았고 소비자가 제품에 눈을 돌리도록 만들지 못했으며, 매장은 안으로 들어가 무엇인가를 경험해보고 싶은 마음이 들게 하지 않았다. 하지만 제품 자체는 무척 감각적이었다. 우리는 매장을 다시 디자인할 때 감각의 전달에 초점을 맞추었다. 그래서 19세기 말기의 사치스러운 특성의 한 조류였던 아르데코 스타일을 사용했다.[3]

이런 접근은 단지 단기적인 구매가 아닌 재구매율을 높였고, 새롭게 디자인된 매장에서 매출은 10%에서 30%로 급증했다.

나이키 : 스포츠화에서 미학적 전체주의로?[4]

스니커즈를 파는 회사에서 어떤 종류의 매장 공간을 기대할 수 있는가? 당신이 1980년대나 그 이전에 살고 있다면 그 제조업체는 매장을 내지 않을 것이라고 대답할 것이다. 제조업체가 매장을 냈다면 그것은 아마도 지난 시즌에 매출이 좋지 못했던 제품들의 판매처이거나 불량품을 소진하기 위해 만든 공간일 가능성이 크다. 1990년대 초중반에는 제조업체 주도의 매장 판매가 홍수를 이루었다. 스피도, 리바이스, 리복, 나이키 같은 브랜드들이 이런 조류에 뛰어들었다.

나이키 공장의 아웃렛 매장은 규모가 크고 건물 외부에 나이키 브랜드명과 날아가는 듯한 나이키 심벌이 빨강과 흰색으로 표현되어 있다. 소비자들은 나이키 매장에 들어서자마자 창고 형태의 심플한 쇼핑 장소와 가격을 접할 수 있으리라는 전반적인 인상을 받게 된다. 매장 내에서는 스니커즈 전시대 아래 재고들이 위치한다. 좋아하는 스니커즈를 발견하고 그 아래에서 사이즈를 고른다. 스니커즈는 선반 위에 위치하기도 한다. 보이는 것을 바로 사는 유형의 판매이다. 매장은 밝은 편이지만, 미학은 세부적으로 부족하다. 그것은 전적으로 목적에만 충실한 형태이다. 매장 안에서는 직접적인 스포츠 지향성을 제외하고는 세심하게 광택을 낸 목재나 금속, 혹은 유리 소재도 볼 수 없고 정교하고 미묘한 조명 체계도, 장식적인 스포츠 디스플레이나 명확한 테마도 찾아볼 수 없다.

이런 공장형 아웃렛 접근과는 대조적으로 1991년 소개되기 시작한 나이키 타운을 살펴보자. "우리에게 나이키는 포괄적 브랜드입니다. 모든 사람이 나이키의 일부가 될 수 있는 무언가를 찾을 수 있습니다. 그것은 다른 경쟁사들과는 매우 다른 점입니다."라고 나이키의 연구, 디자인 및 개발 담당 부사장인 고든 톰슨(Gordon Thompson)은 설명한다. 뉴욕의 나이키 타운은 플래그십(flagship) 스토어로, 네 개 층에 6만 6천 평방피트의 매장 공간을 가지고 있으며, 한 층 전체를 온전히 여성용 제화와 의류에 할애하고 있다. 나이키 타운은 정교한 미학 전략의 결과로, 스타일과 테마가 이 거대한 스포츠 테마공원의 전반적 고객 인상을 창조하고 있다.

고객들은 단순한 쇼핑 공간만을 만나게 되는 것이 아니다. 고객들

그림 10.2 뉴욕 시의 나이키 타운

은 스포츠 관련 쌍방향 박물관 또는 정보센터 안으로 들어가는 것과 같다. 확신에 찬 테마가 이런 고객 인상에 강력하게 영향을 준다. 고객들은 커다란 유리 액자에 들어간 사진과 기타 스포츠 관련 용품들과 만나게 된다. 전 세계 스포츠 경기 결과를 바로 알 수 있고, 요청을 하면 칼 루이스나 마이클 조던 같은 스포츠 스타의 정보를 오디오나 비디오로 제공받을 수 있다. 나이키 로고가 새겨진 정보 부스가 박물관 안내기처럼 고객들을 가볼 만한 곳으로 안내하고 직원들이 돌아다니며 고객들의 경험을 도우면서, 확신의 테마를 더욱 강화시킨다. "모든 운동선수와 그들이 쫓는 꿈에 이 뉴욕 나이키 타운을 바칩니다."와 같은 매장 안팎에서 볼 수 있는 메시지들은 테마를 더욱 심화시킨다. 구매 행위는 스포츠 역사의 한 부분이 되어, 고객 자신과 그들의 삶을 전 세계 가장 우수한 운동선수들과 연결시켜준다. 이런 스타일과 테마, 전반적인 고객 인상을 창조하는 미학은 건물 외부로부터 시작된다. 오래된 맨해튼의 공립학교 체육관처럼 생긴 나이키 타운은 입구 위쪽에 P. S. 6453이라고 새겨져 있는데, 이는 나이키의 사무실 전화번호에서 따온 것이다. 입구 위쪽으로 튀어나온 초승달 모양의 가로대에 전부 대문자로 된 커다란 산세리프체 금속성 활자로 'NIKE TOWN'이라고 쓰여 있는데, 이것은 움직임과 확신을 반영한다.

매장에 들어서면 스포츠와 힘, 그리고 움직임을 반영하는 미학을 경험하게 된다. 먼저 스포츠 경기장에 들어가는 것과 같이 회전식 십자문으로 들어가게 되고, 일곱 개의 비디오와 마주하게 된다. 이들 가운데 몇 개는 실제 스포츠 경기를 생중계로 보여준다. 가까운 곳에는 36×22피트 크기의 화면이 있고 몇 분마다 다양한 나이키 홍보화면을 보여줌으로써 나이키 브랜드를 강화한다. 나이키의 아이덴티티는 매장 디스플레이, 문손잡이, 계단 난간에까지 새겨진 나이키 로고와 같은 다른 미학적 장치를 통해서도 공간적 측면과 연결된다.

체육관 테마는 체육관을 연상시키는 스타일로 더욱 강화된다. 탁트인 홀은 (마치 멋진 스포츠클럽에 들어가는 것과 같은) 체육관의 느낌을 주고, 마루 위의 매트, 농구코트 같은 외관, 건물 외부의 벽돌로 된 벽, 나무로 된 관람석, 시계, 보호망 등의 요소들도 마찬가지 느낌을 준다. 잘 쓸고 닦은 알루미늄(하이테크를 표현함), 윤을 낸 나무(깨끗한 체육관 바닥을 나타냄), 각진 장식물(연마된 운동선수의 모습을 나타냄) 등의 아이덴티티 요소들도 스타일을 창조하며, 이들은 모두 최고의 스포츠 회사라는 인상과 함께 전반적으로 하이테크적인 인상을 창조하도록 디자인된 것들이다.

그러나 우리는 나이키 타운을 보면서 나이키가 합리적 미학을 넘어 이른바 '미학적 전체주의'로 나아가는 위험에 처해 있지 않은지 질문해본다.

소매 매장과 환경 공간의 미학

"매장의 재창조: 현명한 소매 판매자들은 어떻게 소비자들의 쇼핑 방식을 바꾸는가?"[5], "구매자들이여 주목하라: 브랜드명 매장들"[6]과 같은 헤드라인을 보면 소매업이 다시 '뜨거운' 이슈가 되었다는 것을 알 수 있다. 전통적으로 소매업자들은 통합성과 효율성을 중시해 왔다. 그러나 소매업은 이전보다 훨씬 더 미학과 관련성이 높아졌다. 랜도 어소시에이츠는 판매 환경 혹은 소매 아이덴티티를 제품 디스플레이의 관점에서 '판매를 목적으로 회사 제품 혹은 서비스가 소비자들에게 소개되고 제안되는 물리적 환경'이라고 정의한다. 이 정의는 회사가 소매 환경을 통해 제품이나 서비스만이 아니라 그 자신에 관한 진술을 하는 것으로 더욱 더 확장되어야 한다.

오늘날 전통적인 소매업자들도 매장 이미지의 중요성을 깨닫기 시작하고, 이런 매장 이미지를 다른 매장 이미지와 연결시키고자 한다. 또한 제조업체들도 소매 분야로의 확장이 그들의 아이덴티티를 강화하는 가능한 대안이라는 것을 알게 되었다. 여기서 매장 인테리어는 브랜드 혹은 전체적인 회사 이미지를 반영해야 한다.

공간 디자인과 공간 이미지는 소매업자나 제조업체의 문제만은 아니다. 이것은 도시 계획자나 건축가들에게도 생각해볼 문제가 되었다. 소매업자들과 마찬가지로, 건축가들과 도시 계획자들은 과거에는 공간 그 자체에만 관심을 가졌고 빌딩이나 도시가 구조적이고 효율적으로 작동하는 것에만 관심을 집중했다. 페이 콥 프리드 앤 파트너(Pei Cobb Freed and Partners)가 설계한 미국의 홀로코스트 박물관은 가장 중요한 메시지를 위해 미학을 이용한 본질적인 예가 될 것이다. 사적이든 공적이든 간에 고객들은 그들의 이미지에 관심을 갖는다. 회사는 직원들의 편의와 즐거움을 위해 사옥 가까이에 지하철이 들어서도록 자금을 대고 디자인을 지원한다. 도시와 국가 역시 전체적으로 명확한 미학적 통찰력을 가지고 그 도시와 국가의 포지셔닝을 정하려고 노력한다. 싱가포르의 포지셔닝은 '인텔리전트 섬 (intelligent island)'이고 애틀랜타는 '남부의 진주'이다. 유럽 도시들은 일반적으로 홀마크 진열대에 나오는 것과 같은 독특한 '유럽적' 느낌을 창조한다.

이 장에서 우리는 처음으로 소매업체들이 그동안 유지해 왔던 소매 유형을 넘어 혹은 소매업 전체를 넘어서서 확장하는 데 있어서의 전략적 이슈와 선택들을 논의한다. 그리고 전반적인 환경적 공간과 함께 현대 소매 아이덴티티의 본질적 성격을 살펴보기로 한다. 또 이 장 마지막에는 소매와 환경에서의 미학 이슈의 관리를 다룬다.

소매업체와 제조업체를 위한 전략적 이슈들

핵심 아이덴티티로부터 확장하는 소매업체들

1. 매장 기반 vs '사이버' 기반. 보다 포괄적인 이미지를 얻고자 하는 소매업체가 가장 먼저 할 일은 계속 물리적인 매장으로 남아 있을 것인가 아니면 물리적인 위치 개념에서 벗어날 것인가를 선택하는 것이다. 사이버 매장으로의 확장은 새로운 고객을 찾고 목표로 삼는 것을 가능하게 한다. 이렇게 되면 특정 지역의 쇼핑 형태와 인구 집단이 변했을 때에도 수요를 유지하고 물리적인 확장의 필요성이 줄기 때문에 장기적인 이익을 창출할 수 있는 것이다. 이 접근을 위해서는 변화를 이끌어갈 대규모 커뮤니케이션 예산을 책정하지 않으

면 안 된다. 예를 들어 서점 체인인 반스 앤 노블(Barnes & Noble)은 여가를 즐길 수 있는 서점 이미지를 물리적인 서점 체인으로서 유지해야 할지 아니면 인터넷에서 마케팅을 함으로써 물리적 소매 공간의 개념에서 독립해야 할지의 문제에 직면했다.

2. 서적에서 커피로, 그 다음은? 회사가 이미지를 확장하는 능력은 인식 가능성, 선호 가능성, 설득력의 차원에서 해당 이미지가 얼마나 강력한가와 밀접한 관련이 있다. 반스 앤 노블은 스타벅스와 협력해 매장 내에서 커피를 판매하도록 했는데, 이것은 자사 상표명이 커피까지 신뢰성을 확장하기에 충분히 강력하지 않다는 단순한 이유 때문이었다. 반면 고급 의류를 다루는 아르마니 부티크였다면, 고급 이미지에 집중하고 있고, 취향의 리더로서 강력한 선호 가능성과 설득력이 있으므로 매장 내에 상호가 없는 커피점을 여는 것이 훨씬 쉬웠을 것이다. 이 커피점은 매장 아이덴티티에 걸맞게 디자인될 것이고, 단기간에 아르마니 부티크의 자연스러운 장식적이고 기능적인 일부로서 받아들여질 것이다.

3. 부티크에서 상가까지. 소비자에게 받아들여지는 소매점의 새로운 아이덴티티는 아이덴티티 요소들에 있어 미학의 집행에 달려 있다. 또한 이것은 어떤 종류의 소매로 확장할 것인가에 대한 경영층의 전략적 비전에도 영향을 받는다. 미학적 측면에서 어떤 유통 경로를 피하고 어떤 유통 경로를 추구할 것인가? 새로운 소매업을 위한 새로운 아이덴티티를 선택했을 때 완전히 다른 유통 경로로 확장하는 것도 좋다. 공장 같은 느낌의 대형 판매점을 사용하는 올드 네이비(Old Navy)와 부티크적인 미학을 추구하는 갭(Gap) 매장을 살펴보

자. 사람들은 이 둘의 관계에 관해 아무런 정보를 듣지 못하며 아이덴티티는 각자 존재한다. 그러나 이 둘 사이의 관계가 알려지면 이 두 브랜드의 미학은 유사한 성격과 형태로 인식된다. 실제로 도나 카란이라는 디자이너는 생산과 디자인을 겸하면서 도나 카란(Donna Karan)이라는 고급 의류 라인과 DKNY라는 캐주얼 의류 라인 브랜드를 가지고 있다. 이런 전략에서의 문제는 보다 고급 브랜드 이미지가 희석되는 가능성이 있다는 점이다. 이것은 강력한 도나 카란 브랜드 혹은 DK 명칭을 캐주얼 웨어에 사용하는 이익보다 훨씬 큰 타격을 줄 수 있다. 캐주얼 라인이 고급 의류 라인을 희석시키고, 다시 고급 의류 라인이 희석된 상태에서 캐주얼 라인의 이미지에 도움을 주지 못하거나 오히려 해를 입히는 악순환이 일어날 수 있다.

소매업으로 진출하는 제조업체

맨해튼 소재의 뉴마크 앤 컴퍼니(Newmark & Company) 부동산 회사의 소매 서비스 부문 대표인 에드워드 프라이드먼(Edward Friedman)은 1994년 다음과 같이 말했다. "소매업에 진화가 일어나고 있다. 각 브랜드가 소매 공간을 통해 자신의 아이덴티티를 구축해가고 있다." 이 경향은 오늘날에도 계속된다. 소매 분야 또는 공간적 디자인에 뛰어드는 제조업체들의 예에는 고디바, 나이키, 할리 데이비슨, 디즈니, 코카콜라와 M&M 등이 있다.

소비자들에게 전통적인 소매를 통해 직접 판매를 하는 제조업체들은 다음의 세 가지 주요 전략적 결정을 고려해볼 필요가 있다.

1. 플래그십 대 여러 지역 확산. 제조업체는 소수의 플래그십(주요 대형 상점) 매장을 핵심 도시에 만들어야 하는가 아니면 다수의 매

> **할리 데이비슨:**
> **모터사이클과 레스토랑은 서로 잘 맞는가?**
>
> 다수의 회사들이 최근 소매업으로 확장을 하고 있다. 할리 데이비슨도 이런 회사 가운데 하나이다. 만약 브랜딩 전문가에게 모터사이클과 레스토랑이 잘 어울리느냐고 묻는다면 그들은 이 둘 사이의 적합성을 평가하기 위한 몇 개의 조건들을 대답해줄 것이다. 여기에는 상호 보완성, 대체 가능성, 특성 간 연관성, 기술 연관성, 이미지 적합성 등이다. 이런 기준들 가운데 어떤 것도 모터사이클 제조업체와 레스토랑이 실제로 완벽하게 걸맞는지 설명해주지 못한다. 그러나 '할리 데이비슨 카페' 같은 테마 카페가 실제로 전 세계에 걸쳐 수백만명의 식사 경험을 바꾸어놓았다. 이것은 위에서 열거한 '적합성'의 기준으로서가 아니라 그들이 창조하는 경험에서 이루어졌다. 할리 데이비슨 카페에서의 경험은 할리 데이비슨 모터사이클 경험을 강화한다. 매장의 미학은 해당 브랜드와의 정서적인 연대를 강화한다.

장을 만들어 많은 지역에 진출해야 하는가? 이 선택은 소매업으로 확장하려는 본래의 목적에 달려 있다. 즉 핵심 브랜드 이미지를 강화하고 촉진하기 위한 것인가 아니면 핵심 비즈니스에 수익성 있는 비즈니스 라인을 추가하는 것인가? 나이키 타운은 주요 도시에만 한정되어 나이키 이미지인 성취와 헌신, 혁신을 알리고 있다. 이와 반대로 스타벅스는 처음부터 확장을 목표로 했고 지금도 수백 개의 점포를 보유하면서 서점과 음반 매장 속으로 확장하고 있다. 그러나 스타벅스는 하겐다즈와 마찬가지로 새로운 외국 시장에 진출할 때는 새로운 도시의 핵심 위치에 플래그십 매장을 개장해 배타적 형태로 출발하는 경향이 있다.

2. 독립인가, 제휴인가. 제조업체들은 백화점의 무수한 정보들 속

에서 자사 제품이 묻혀버리지 않을까 두려워한다. 그래서 어떤 제조업체들은 독립적인 소매점 형태를 선택해 다른 소매업체와 섞이는 것을 피하고자 한다. 그들은 독자적인 부티크를 만들거나 독립적인 소매 공간을 만들게 된다. 제휴의 경우, 제조업체들은 유사한 제품이 있는 장소 가운데 어느 한 곳을 선택하거나 백화점이나 상가 매장을 선택해 그 중 하나가 되려고 한다. 선택은 제휴로 얻거나 잃게 되는 이익 정도에 달려 있다. 제조업체들은 비용을 들여 독자적인 매장을 만들지 않고도 백화점이나 상가 내에서 강력한 아이덴티티를 창조할 수 있는 잠재력을 갖고 있다. 유니레버(Unilever)가 남녀용 'CK ONE' 향수를 혁신적인 소매 방식을 통해 판매한 사례가 있다. 이 향수를 타워 레코드와 같은 음반 판매점에 독립적인 디스플레이를 설치해 판매함으로써 제조회사가 독립적인 소매 매장으로 진출한 것과 비슷한 효과를 거둔 것이다. 이는 CK ONE 브랜드가 캐주얼하고 일상생활에서 사용되며, 신세대 남녀가 함께 쓰는 향수라는 이미지를 강화시켰다. 또한 보다 광범위한 층의 쇼핑객들에게 제품이 노출될 수 있었다.

3. 핵심 아이덴티티의 강화. 마지막 문제는 두 가지 가운데 하나를 선택하는 것이 아니라 이미지를 강화하는 목표를 어떻게 달성하느냐에 관한 문제이다. 어떤 종류의 미학을 사용할 것인가? 전통적인 공장형 아웃렛 형태? 테마 매장 형태? 아니면 복합 형태(앤 테일러)? 그리고 어떤 매장 요소, 즉 이미지와 관련해 어떤 색상, 모양, 소재를 사용할 것인가? 어떤 패션 브랜드가 가진 보수적인 전원풍 이미지라든가 혹은 스포츠 브랜드가 지닌 성취의 이미지를 어떻게 표현할 것인가?

핵심 아이덴티티 확장의 성공 여부는 기존 핵심 프랜차이즈의 아이덴티티가 소비자에게 의미 있는 방법으로 새로운 소매 환경과 어떻게 조화되는가와 직접 연결되어 있다. 예를 들어 할리 데이비슨처럼 사람들은 상식적으로 모터사이클이 레스토랑과는 거의 관련이 없다고 생각했지만, 실제로 이 둘은 레스토랑의 다양한 시각적 요소와 소리로 형성된 독특한 이미지를 공유하는 것이다. 랄프 로렌은 '폴로 랄프 로렌(Polo Ralph Lauren)'과 '폴로 스포츠(Polo Sport)' 두 브랜드의 매장 디자인에서 양쪽 포지셔닝을 모두 성공적으로 해냈다. 폴로 랄프 로렌은 미국의 전원주택이라는 외관, 느낌과 향기를 가진다. 매장은 장식적이고 사실주의적이면서, 무게가 있고 고풍스러우며 천연 소재로 가득하다. 반면 폴로 스포츠 매장은 미니멀하고 장식적이지 않으며, 밝고 깨끗하며 인공적 소재로 가득하다.

현대의 소매점 아이덴티티

미학은 공간의 이미지나 톤을 창조한다. 한두 개의 독특한 소품들을 전시한 작은 창문의 매장 전면 디자인은 고급스럽고 격조 있는 이미지를 나타낸다. 반면 비 3차원적인 간판을 가진 매장은 저가 매장인 경우가 보통이다. 상점 안쪽을 살펴보면, 여러 미학적 요소들이 그 이미지를 암시한다. 일관되지 못한 진열은 조잡하고 초라한 품질을 암시하며, 잘 닦인 마루는 청결함과 고품질의 제품이나 서비스를 암시한다. 유리나 금속 장식처럼 차갑고 보다 정교하게 디자인된 물건들이 장식된 창문은 힘과 품격을 느끼게 하며, 플라스틱으로 된 간판 글씨는 저급한 제품과 서비스를 의미한다. 특정한 미학적 조합은

표 10.1 현대의 소매점 아이덴티티

이런 전반적 이미지나 톤을 창조한다. 공간은 '행복한' vs '슬픈', '유쾌한' vs '심각한', '생생한' vs '무딘', '격식 있는' vs '화려한', '시끄러운' vs '고요한', '값싼' vs '값비싼' 등 상반된 형용사로 기술될 수 있다. 이렇게 짝을 이룬 형용사들이, 다양한 기법들을 통해 이미지나 개성의 인덱스를 찾는 조사에 사용되기도 한다.

소매 환경의 미학과 아이덴티티는 소매 공간의 유형에 따라 매우 다양하다. (1) 백화점, (2) 지역 쇼핑몰 (3) 소형 상가, (4) 슈퍼마켓, (5) 부티크, (6) 슈퍼스토어, (7) 공장형 아웃렛, (8) 레스토랑 등 유형에 따라 적절한 미학적 접근이 다르다.

백화점. 백화점 가운데 가장 뛰어난 미학 활용의 예는 뉴욕에 있는 블루밍데일(Bloomingdale's) 백화점이다. 여기에 들어서면 세련됨과 품격, 강렬함이라는 전반적인 인상을 창조하기 위해 다양한 아이덴티티 요소를 사용한 다감각적 환경과 만나게 된다. 오렌지 빛이 감도는 나무가 강렬함을 느끼게 하고, 바닥 무늬와 유니폼의 흑백 모티브는 매장에 세련된 이미지를 더한다. 그러나 아이덴티티 요소들의 사용은 또한 제품들이 '합리적 가격대'임을 표현한다. '세일'이라는 표시가 눈에 잘 보이게 걸려 있으며, 각종 의류와 셔츠들은 쉽게 손닿는 곳에 쌓여 있다. 테이블과 선반은 메이시(Macy's)나 딜러드(Dillard's), 헥트(Hecht's) 등의 대형 백화점들과 마찬가지로 제품들로 가득 차 있다. 이런 표현 방식을 고급 백화점인 버그도프 굿맨(Bergdof Goodman), 색스 피프스 애비뉴(Saks Fifth Avenue), 노드스트롬(Nordstroms)과 비교해보자. 이들 고급 백화점들은 다른 백화점들과 매우 다른 분위기를 만들어낸다. 이곳 직원들은 보다 격식을 차려 옷을 입는다. 의류들은 소량만 전시되어 있고, 높은 가격이 매겨져 있다. 고가와 저가 제품 간의 가격과 품질 차이가 크지 않으며, 거의 균일하게 고품질의 비싼 제품들이 자리를 채우고 있다. 디스플레이는 고급 목재와 금속을 사용하며, 가구들도 고급스럽고 장식적이며 품격이 있다. 매장은 넓게 트인 공간에 자리잡고 있다. 결과적으로 차분하고 고요하며 우아한 분위기에 개인적인 서비스가 언제든지 가능하고, 보다 품위 있는 쇼핑 경험을 하게 된다.

다시 말하면, 보다 저렴한 백화점으로 가면 갈수록 부속물은 값싼 것이 되고(금속보다는 플라스틱), 디스플레이는 더 엉성해지며, 더 많은 상품이 진열되며, 빈 공간이 줄어든다. 그래서 부티크에서 쇼핑하는 느낌보다는 대중적인 구매의 느낌을 받게 된다. 이런 일련의 가이드라인을 이용해, 일본 소매업체인 다카시마야(Takashimaya)는 고급스런 세련됨과 품격이라는 아이덴티티를 창조했다. 프랑스의 갤러리 라파이예트(Galeries Lafayette) 백화점, 영국의 해로즈(Harrods), 스페인의 엘 코르테 잉글레스(El Corte Ingles), 독일의 호르텐(Horten), 그리고 기타 유럽 백화점들은 메이시나 블루밍데일 백화점과 흡사한 비교적 저렴하면서도 대형의 백화점이 가지는 미학을 추구한다. 일본의 세이부(Seibu), 미츠코시(Mitsukoshi), 다까시마야도 마찬가지이다. 반면 싱가포르와 홍콩에서 영업하는 일본 백화점들은 현지 백화점이나 일본 경쟁 백화점보다는 보다 고급스러움을 지향하도록 포지셔닝하면서 세련된 미학을 사용한다.

백화점은 일관성을 유지해야 할 필요가 없기 때문에 새로운 미학을 창조할 수 있는 여지를 많이 갖고 있다. 백화점은 호텔과는 다르게 백화점들 간에 서로 일관성을 유지할 필요는 없다. 사람들은 각기 다른 이유로 서로 다른 백화점에 들어간다. 이들은 대부분 적당한 상품을 스스로 선택하는 여러 다른 세분 시장에 속한다. 미학적 다양성은 적정한 수준의 자극과 함께 유쾌함을 줄 수 있다. 고객들은 미학적 다양성에서 부조화나 비일관성이 아니라 절충주의나 선택의 기회라는 전반적 인상을 받는다.

지역 쇼핑몰과 메가몰(Megamall). 지역적 쇼핑몰의 등장은 지난 30년 동안 미국의 미학적 조망을 극적으로 변화시켜 왔다. 사회학자들은 지역 쇼핑몰을 유럽 도심의 보행자 상점가와 비슷한 것으로 본다. 이런 모임 장소들은 상업적·사회적 상호 활동, 오락, 아동과 청소년 활동, 휴식 등 사회적 모임의 욕구를 충족시킨다. 1950년대 중반부터 1960년대에 이르는 기간 동안 미국 교외에 많은 지역 쇼핑몰들이 생겨났으며, 이 쇼핑몰들은 이런 사회적 욕구들을 충족시켜주었다. 이는 지역 쇼핑몰의 미학이 이런 다중적인 목적을 충족시킬 수 있도록 디자인되어야 한다는 것을 의미한다. 영화, 다양한 매장, 육아 시설, 식당가 등 다양한 서비스를 제공하는 것은 이런 목적을 달성하는 한 가지 방법이다. 그러나 그 쇼핑몰이 현대적인 상가인지 아니면 단순히 한 곳에 여러 매장을 모아놓은 것인지를 진정으로 구분하는 것은 바로 미학이다.

미니애폴리스(Minneapolis)에 있는 '몰 오브 아메리카(Mall of America)' 같은 유명한 메가몰은 지역 쇼핑몰의 거대한 미학적 확대판으로, 소비자들이 그 안에서 즐길 수 있는 마을과 같은 느낌을 준다. 예를 들어 몰 오브 아메리카는 단조롭고 평범한 물건을 파는 쇼핑몰이라는 개념에서 새로운 오락을 경험하는 곳으로 상가 컨셉을 변화시켰다. 전체적인 미학적 테마는 놀이공원이라는 느낌을 갖도록 계획했다. 이런 미학적 테마는 쇼핑몰 안의 매장들에게도 적용되어, 다양한 아이덴티티 요소들로 강조된 다양한 스타일과 테마를 가진다. 예를 들어 바디샵이나 H2O, 배스 앤 바디 웍스(Bath & Body Works)의 제품이나 디스플레이의 색상으로 이루어진 콜라주는 이 쇼핑몰 매장들이 테마와 스타일에 기울이는 세심한 주의를 잘 보여준다. 또 크랩트리 앤 에블린(Crabtree & Evelyn) 매장의 향기와 포장 디자인, 디스플레이 등은 대다수 지역 쇼핑몰의 미학 전략 가운데 가장 널리 쓰이는 방법이다.

소형 상가(Strip mall). 미학적으로 가장 발달되지 않은 소매 공간이 소형 상가였다. 대부분의 소형 상가들은 여전히 시대에 뒤떨어져 있고, 값싸고 낮은 품질의 제품, 때때로 지저분하며 조잡하기까지 한 제품을 판매하며, 생기 없는 인상을 준다. 아이덴티티 요소들의 색상, 서체, 형태와 소재는 일반적으로 조화를 이루지 않으며, 거의 관리되지도 않는다. 소형 상가의 다양한 아이덴티티 요소들의 미학적 관리가 비교적 용이하다는 것을 생각하면, 아이덴티티 관리로 매출이 오를 수 없다는 말은 더욱 논리적이지 못하다.

슈퍼마켓과 대형 슈퍼마켓. 슈퍼마켓도 아이덴티티의 관리가 중요해졌다. 그 대표적인 예가 남부 여러 주에 있는 퍼블릭스(Publix) 슈퍼마켓이다. 이 슈퍼마켓에서는 디자인이 쇼핑 경험에서 매우 중요한 부분을 차지한다. 본사인 로엡(Loeb Inc.)은 리핀코트 앤 마걸리즈 디자이너들과 함께 간판, 레이아웃, 차량, 광고 그리고 독자 상표 브랜딩을 변경해 대담하고 새로운 식료품 쇼핑 아이덴티티를 창조하고자 했다. 일반적으로 현대적인 슈퍼마켓의 미학은 넓은 통로 공간과 세련되고 더 좋은 조명을 사용하며, 우아하게 디자인된 근사한 식품 코너와 고급 마루 타일, 잘 정리된 진열과 계산대로 이루어진다. 스타일은 미니멀하고 아이덴티티 요소들은 각짐(角)과 흰색, 밝음, 최소한의 장식을 이용한다. 슈퍼마켓의 독자 상표들은 주요 브랜드와 디자인을 갖고 경쟁하는 것을 배워 왔다. 이런 유통업체 상표를 처음으로 개척한 것은 뉴욕의 다고스티노(D'Agostino) 슈퍼마켓으로, 이 슈퍼마켓은 1980년대 후반에 자체 디자인한 '프레지던츠 초이스(President's Choice)' 라인을 시판했다.

고야(Goya)와 같은 특정 지역의 느낌을 갖는 브랜드를 제외하고 슈퍼마켓은 테마를 가지지 않는 경향이 있다. 그러나 이제 테마가 있는 슈퍼마켓이 중요한 미학적 방법이 되는 시대가 왔다. 슈퍼마켓도 미학에 기반을 둔 테마를 활용할 수 있을 것이다. 예를 들어 슈퍼마켓들은 쇼핑 경험을 서남부 지방 코너, 이탈리아식 코너 등 요리 별로 나눌 수 있다. 또는 컨셉 별로 스포츠맨을 위한 코너, 복고풍 코너, 십대를 위한 코너 등으로 나눌 수 있다. 이것은 새로운 컨셉이지만 테마를 미학에 불어넣으면 나올 수 있는 것이다.

다른 소매점들과 마찬가지로 슈퍼마켓들은 테마의 활용을 넘어서 이미지를 변화시키거나 재정비하는 기회로 국제적 확장을 이용한다. 네덜란드의 대형 슈퍼마켓 업체인 아홀드(Ahold)는 미국에 톱스(TOPS)와 빌로(BILO) 슈퍼마켓 브랜드를 보유하고 있다. 톱스 브랜드 슈퍼마켓은 중국 시장에서 기존 슈퍼마켓 체인의 '통조림 식품' 이미지와 차별화하기 위해 '신선한' 슈퍼마켓으로 자신을 포지셔닝했다. 톱스의 이름을 선정하기 위해 포커스그룹 조사와 매장 모니터링이 행해졌고, 최종 선정된 상표명은 이 슈퍼마켓의 두드러진 아이덴티티를 표현하기 위해 '신선한 음식'을 뜻하는 한자를 사용했다.

부티크. 소매업에서 강력한 세분 시장을 점유하고 있는 소매점 유형이다. 세계 어느 도시에서든 고급 부티크 지역을 거닐다 보면 한정성, 고급 상품, 넓은 공간, 고품질, 높은 수준, 개인적인 고객 서비스라는 전반적인 고객 인상을 창조하도록 디자인된 미학을 사용하는 특별한 매장들을 볼 수 있다. 이 매장 이름들은 품질만이 아니라 미학과 취향도 대표한다. 펜디(Fendi), 스튜벤(Steuben), 티파니(Tiffany), 불가리(Bulgari), 크리스챤 디오르(Christian Dior), 구치(Gucci), 까르띠에(Cartier), 루이 뷔통(Louis Vuitton)은 이런 고급 미학의 중심에 있다. 여기에서 미학 전략은 미학적 제품 자체와 만난다. 다시 말해 여기서는 다른 어떤 제품이나 서비스보다 미학 전략이 마케팅 전략과 동일하다는 의미이다. 이것은 제품 자체가 태생적으로 미학적인 패션, 보석, 크리스탈 등이기 때문이다. 부티크의 미학은 보통 독특하고 값비싸며, 고전적인 우아함을 보인다. 시간을 초월하는 우아함의 특성은 신속한 미학적 변화를 어렵게 한다.

포괄적인 아이덴티티 관리가 특징인 부티크가 도처에서 생겨나고 있다. 여기에는 의류 부티크인 탤보츠(Talbots), 앤 테일러(Ann Taylor), 제이 크루(J. Crew), 에디 바우어(Eddie Bauer)와 잡화인 선글래스 헛(Sunglass Hut), 씽즈 리멤버드(Things Remembered), 피어 1 임포츠(Pier 1 Imports), 크레이트 앤 배럴(Crate & Barrel) 등이 있다. 대부분의 경우는 체인이다. 체인의 경우 매장의 미학적 일관성으로 인해 모회사가 그 이름과 미학에 대한 강한 식별성을 유지할 수 있다.

어떻게 부티크들이 아이덴티티와 이미지를 포괄적으로 관리하는가는 포터리 반(Pottery Barn)의 강력한 이미지를 통해 살펴볼 수 있다. 포터리 반은 부엌용품 소매업체인 윌리엄즈 소노마(Williams Sonoma)가 소유한 가정용 가구 소매업체로, 미국 주요 도시에 매장을 보유하고 있다. 매장은 매력적인 밝은 색상 체계로 편안한 우아함의 이미지를 전달한다. 매장 직원들은 흰 셔츠에 카키색 팬츠를 입는다. 배경 음악으로는 재즈가 흘러나오고, 상자와 쇼핑백은 천연 갈색 종이로 만들어져, 제품 대부분이 천연 나무소재임을 나타낸다.

● ● ●
적용 사례 : 앤 테일러

앤 테일러(Ann Taylor)는 세심한 진화적 디자인 접근을 통한 포괄적인 아이덴티티 관리의 좋은 예이다. 디자인 회사인 데그립 고베 앤 어소시에이츠가 수행한 조사에 따르면 여성들이 의류 매장에서 원하는 속성과 가치는 관능성과 모험, 그리고 유머 감각이 조화를 이루는 진실함, 자연스러움, 단순함이었다. 이를 달성하기 위해 새로운 향수인 '데스티네이션(Destination)'의 포장을 비롯하여 수많은 디자인 요소들이 변경되었다.(그림 10.3) 자연에 기반을 둔 형태, 청동과 유리로 된 병 디자인 그리고 목재와 직물 종이로 된 상자는 구매자가 제품에 끌려 만져볼 수 있도록 디자인되었다. 이 변화는 앤 테일러가 하나의 매장에서 브랜드 아이덴티티로 진화하도록 도와주었다. 아이덴티티는 매우 강력해져서 많은 사람들이 앤 테일러를 '믿음이 가는 친구'라고 말한다.

슈퍼스토어 혹은 메가스토어. 월마트, 샘즈(Sam's), 프라이스-코스트코, 홈 디포는 모두 한 가지 공통점을 가지고 있다. 이런 대형 할인점들은 염가 판매를 원하는 사람들이나 대가족, 그리고 다양한 소득층에게 매우 광범위한 제품과 서비스를 제공하는 것이다. 이 매장들이 지닌 미학은 고객에게 외관은 별로 신경쓰지 않은 듯한 투박함, 적극성, 경제성 등의 연상을 불러일으켜야 한다. 이를 위해 강한 느낌의 소재, 넓은 공간, 정리된 통로, 눈에 보이는 재고, 밝은 조명과 큰 간판, 미니멀한 스타일, 비용 절감 및 가족 지향적인 테마 등을 사용해야 한다.[7]

모든 대형 할인점에서 이런 미학을 나타낼 필요는 없다. 반스 앤 노블(Barnes & Noble)은 친구 같고 편안하며, 즐겁고 보기 좋고 현대적이며, 도서관 같으면서도 예술적인 환경이라는 고객 인상을 창조하는 미학으로 '메가스토어'를 성공적으로 만들어낸 좋은 예이다. 반스 앤 노블은 이런 인상을 카펫, 조명 등 여러가지 요소들을 통해

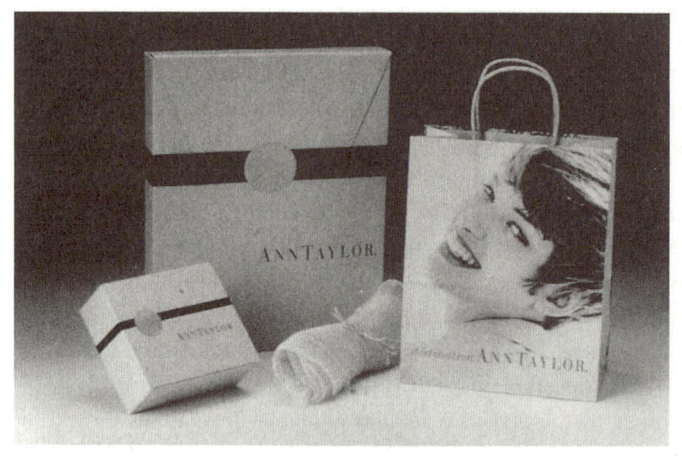

그림 10.3 뉴 앤 테일러의 다양한 아이덴티티 요소들

Architecture photography: Andrew Bordwin

10장 소매 공간과 환경

창조했다. 즉 목재로 된 진열 선반, 빛나는 금속 장식, 녹색과 갈색의 유기색, 나무 선반과 어울리는 고전적인 나무 의자와 커다랗고 단단한 현대적 테이블이 있다. 그리고 호화롭고 편안한 거실 느낌이 나는 안락의자들과 스타벅스 카페 공간의 느낌이 있다. 테마는 편안한 도서관에 들어왔다는 것이며, 스타일은 이 테마를 반영하며 사람들이 계속 머물게 하는 인상을 창조한다. 그리고 사람들이 오래 머물수록 구매율은 높아진다.

반스 앤 노블이 메가스토어 같은 형태로 나타났을 때, 보스턴의 워터스톤즈(Waterstone's) 서점은 이미 메가스토어 환경에서의 미학을 가지고 강력한 아이덴티티를 창조했다. 크림슨 카펫, 샹들리에, 맞춤 제작된 목재 가구, 연철과 오크 테두리는 한 저널에서 말했듯이, '아테네 신전 같은' 인테리어를 창조했다.[8]

공장형 아웃렛. 주로 소형 상가와 지역 쇼핑몰의 혼합적 미학을 사용한다. 이 매장들은 보통 야외에 위치하고 있다. 이 매장의 미학은 종종 시골 마을과 비슷하다. 나무로 된 간판과 벤치, 음식 매대가 전형적으로 공통된 경험을 나타낸다. 공장형 아웃렛에 속해 있는 상점들은 바니즈 뉴욕(Barney's New York)처럼 실제로 '고급 수준'임에도 불구하고 전반적으로 캐주얼한 고객 인상에 맞추어진다. 상점들 간 유사한 간판이나 로고는 소비자에게 고급 매장 같은 느낌을 주고 특정한 소매 환경 미학과 일치시키는 것은 이미지의 일관성을 창조한다. 전형적인 공장형 아웃렛 인상의 출발은 앤 테일러의 '로프트(Loft)'이다. 단풍나무 테두리의 진열대, 조명, 흰색 벽돌 벽은 고급 부티크 이미지와 공장형 아웃렛의 규모와 분위기 간에 독특한 균형을 만들어낸다.

테마 매장. 테마 매장은 소매업의 새로운 시대를 가져왔고 나이키 타운과 같은 매장에서 정점을 이루었다. 테마 매장에서 미학은 주로 하나의 이야기나 모티브를 창조하고 유지하는 데 초점을 맞춘다. 테마 매장은 디즈니, 코카콜라, 워너 브라더스 스튜디오 스토어 등이 대표적이다. 테마 매장은 단일한 상품 전시에 따른 다양성 부족 문제를 극복하기 위해 다감각적인 자극의 강화를 필요로 한다. 이런 매장 대부분은 다양한 아이덴티티를 요소를 사용해 테마를 강조하며 스타일에 있어서도 테마를 고려한다.

레스토랑. 레스토랑 디자인은 다양한 아이덴티티 요소들을 포함하는데, 요소들 각각은 벽, 마루, 테이블보, 냅킨, 접시, 병 등처럼 눈에 매우 잘 띈다. 테마 카페는 레스토랑과 일반적인 테마 매장의 독특한 혼합이다. 그 예로는 플래닛 할리우드, 할리 데이비슨, 하드록 카페 등이 있다.

환경 공간

우리는 매일 대부분 공공적으로 관리되는 다양한 환경 속의 미학과 마주치게 된다. 도시에 있든 교외에 있든 혹은 지방에 있든 이런 다수의 공간들이 모두 우리에게 영향을 준다. 이런 환경에는 교통수단(공항, 버스와 기차역, 버스와 기차의 차체, 도시의 지하철), 여가 공간(공원, 놀이터, 풀, 골프 코스, 해변 등), 문화 공간(야외 콘서트 홀, 오페라 하우스, 박물관, 학교), 정치적 복합 공간(의사당, 정부 건물, 법원) 등이 있다.

이런 공간의 관리는 도시 계획자, 산업 디자이너 혹은 건축가의 손에 맡겨지는 경우가 많다. 도시 디자이너들은 기업과 브랜드 아이덴티티의 기획과 유사한 전략적 기획에 관여한다. 도시 아이덴티티는 관광 수입, 회의 유치, 이민 등에서 매우 중요하다. 도시 공간의 아이덴티티 요소들에는 빌딩, 거리 표지판, 가로등 기둥, 휴지통, 환경미화 트럭, 경찰차, 공중전화 부스, 신문 가판대 등이 있다. 대부분의 미국 도시들은 유럽의 도시들만큼 그들의 미학을 통제하고 있지는 않다.

예를 들어 뉴욕 시의 아이덴티티는 비일관성, 스타일의 다양성, 혼란, 청결하지 않음, 오래됨으로 특징지워 진다. 그러나 워싱턴 D. C.는 각지고 세속적인 빌딩들, 균일한 스카이라인과 함께 그것의 표현을 유지하기 위해 엄격히 통제된다. 건축물들이 2천 년의 역사를 가진 로마, 아테네, 예루살렘 같은 도시들을 보면, 전반적인 미학적 차이를 발견할 수 있다. 그 차이는 고전적인 석조 건축물뿐만 아니라 정부가 도시 미학과 방문객들을 위해 전반적인 고전적 인상을 유지해야 하는 구역에 대해 갖는 각별한 관심에 있다. 이처럼 역사가 오래된 도시일수록, 미학적 제한이나 법적 제한이 많아 계획을 세우기 어렵다.

도시와 같은 대규모 환경은 아이덴티티 요소들을 많이 가지고 있다. 여기에서는 6장에서 논의했던 중심성(centrality)의 개념이 도시 계획자들에게 매우 중요해진다. 하나의 요소가 인상을 극적으로 변화시킬 수 있다. 예를 들어 유럽 도시의 거리와 전형적인 미국 도시 거리를 생각해보자. 유럽의 어느 곳이든 도시 거리의 사진을 보게 되면 우리는 그 곳이 유럽의 어느 도시라는 것을 거의 확실히 알 수 있으며, 미국의 거리도 이와 마찬가지이다. 왜 그런가? 이 두 지역의 도시 간의 중요한 차이 가운데 하나는 보행 구역의 상점들이다. 유럽 도시 거리는 보행자들을 위한 크고 작은 상점들이 즐비하지만 미국은 보통 그렇지 않다. 이런 작은 차이들이 커다란 인상을 창조한다. 이와 유사하게, 유럽은 거리를 따라 나무들이 늘어서 있는데, 미국의 거리에는 나무가 거의 없어 미학과 전반적 인상에서 극적인 차이를 가져온다.

소매와 환경 미학의 관리

환경 미학은 사업을 활성화시킨다. 특히 소매 환경에서는 미학적 표현이 매출 실적에 빠르고 직접적으로 영향을 미친다. 소매업체들은 소매 경험을 향상시킬 수 있는 '요령들'을 배우고 있다. 예를 들어 매장의 판촉 활동은 소비자들이 매장에 머무는 시간을 연장하고, 소비자들이 매장에 오래 머물수록 구매는 더 많이 일어난다. 그러나 판촉은 소매점이 매출에 영향을 미칠 수 있는 방법 가운데 일부에 지나지 않는다. 현명한 소매업체는 이런 수단들에 신경 쓰기보다는 소비자를 끌어들이고 장기간 유지하는 미학적 측면에 초점을 맞춘다. FAO 슈바르츠(FAO Schwarz) 장난감 가게가 그 좋은 예로, 소매에서 미학을 추구하는 움직임을 선도하고 있다. 이 가게에 들어서면 배경 음악이 깔리고, 여러 가지 색상들, 광대 복장을 한 직원들, 봉제 인형들, 움직이는 큰 인형들, 새로운 장난감들이 있다. 이런 다감각적 접근은 소비자들이 거부하기 어려운 것이다.

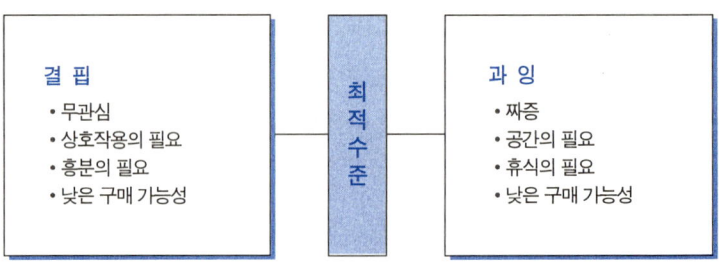

표 10.2 자극의 수준

자극의 최적 수준

얼마나 많은 감각적 표현이 과도한 수준인가? 자극에 대한 소비자 행동 연구에 따르면 사람들은 자극에 대한 개인의 최적 수준이 있다고 한다.[9] 이 최적 수준점 이하가 되면 지루함이 오며, 가끔 슬픔과 무관심이 수반되기도 한다. 최적 수준점을 넘어서면 긴장과 짜증이 발생한다.(표 10.2)

쇼핑몰과 같은 대형 상가에는 다양한 소매 매장이 있어 다양한 범위의 자극 수준이 존재한다. 쇼핑몰 공간 그 자체가 높은 수준의 자극을 제공하는 것이다. 자극의 '적정 수준'은 쇼핑몰을 자주 찾는 목표 시장에 의해 결정된다. 이와 마찬가지로 백화점은 각 매장에 맞는 목표 시장의 인구통계학적이고 심리통계학적 특성에 근거해 자극의 수준을 조정할 수 있을 것이다. 따라서 다양한 매장에서 서로 다른 음악, 다양한 조명, 디스플레이, 색상, 직원 유형을 활용할 수 있다.

환경의 영향에 대한 연구

환경의 영향에 대한 연구는 지난 20년간 매우 활발했다. 환경적 아이덴티티 요소들을 일컫는 학문 용어인 환경학(atmospherics)은 현장에서 직접 관찰될 뿐만 아니라 실험적으로 테스트되고 있다. 비트너(Bitner)는[10] 이 영역의 많은 자료들을 종합적으로 다루어 왔으나 결국 다음과 같이 결론을 맺었다. "서비스 공간을 섬세하고 창조적으로 관리함으로써 회사는 외부 마케팅 목표와 내부 조직 목표의 달성에 공헌할 수 있다." 일반적인 시사점은 다음과 같이 광범위한 것이다. "물리적 환경은 목표로 하는 세분 시장에 호소하고, 기업을 포지셔닝하며, 경쟁자들과 다른 측면을 전달하는 데 있어 차별화 요인이 될 수 있다."

1930년대 마이애미와 아르데코 디자인에서 두각을 나타내던 유명한 건축가인 모리스 래피더스(Morris Lapidus)는 소매 마케팅 연구에 혁신을 가져왔다. 저명한 소매 공간 디자이너로서 무엇이 사람들을 소매 환경으로 끌어들이는지를 발견하기 위해 그는 상점들을 들고 나는 사람들을 대상으로 무엇이 그들을 이끌었는지를 정성적으로 관찰했다. 래피더스는 「워싱턴 포스트」에 기고한 글에서,[11] "한 여성이 69센트짜리 나일론 스타킹을 사려고 한다. 내가 할 일은 그녀를 상점으로 들어가게 하는 방법에 대해 생각하는 것이었다."고 말했다. 이 예에서는 곡선미와 색조 조명이 효과적이었다고 한다.

래피더스는 준 실험적 환경에서의 소비자 행동을 관찰했다. 이런 관찰 기법은 뉴욕의 엔비로셀(Envirosell Inc.) 같은 일련의 회사들에 의해 발전되어 오고 있다. 이 회사들의 작업은 소매 공간에서 해야 할 것과 하지 말아야 할 것을 분석하는 데 초점이 맞춰져 있다. 그 방법론은 공간과 소비자의 비디오와 관찰자를 통한 관찰에 기초하고 있다. 상호작용과 그에 따른 반응들이 관찰되고 정량화되고 도표화되고 분석된다.(표 10.3) 인지적이고 정서적인 반응은 보충적 인터뷰를 통해 얻어진다.

이 책의 저자 중 하나인 시몬슨이 엔비로셀 사의 창립자인 파코 언더힐(Paco Underhill)을 인터뷰했을 때, 그는 복잡하게 보이는 것이 실제로는 종종 단순하다는 것이 핵심이라고 말했다. 여기에서 요령은 관찰할 시간을 갖는 것이다. 예를 들어 한 백화점은 고객들이 짐을 맡기고 찾는 곳에서 짐을 놓는 테이블에 앉기 위해 짐을 바닥에 내려놓는 것을 비디오테이프를 통해 확인한 후, 그곳에 의자를 설치하기로 했다.

디스플레이 레이아웃이나 상품의 배치처럼 기능적인 문제처럼 보이는 것들이 실제로는 감각적 인식의 문제와 관련 있다. 사람들은 들어서면서 무엇을 보고 어떻게 반응하는가? 무엇을 듣고 어떻게 반응하는가? 무엇이 사람들을 더 오래 머물도록 만드는가? 1장에서 다루었던 갭(GAP)은 촉각적 전략을 사용해 고객의 시간과 구매를 극대화했다. 모직물들은 사람들이 살펴보고 만지고 경험할 수 있도록 테이블 위에 놓여졌다. 이런 '페팅(petting: 언더힐의 표현)'은 소비자와 제품 간에 관계를 구축하게 된다. 식료품 업체들도 소매의 감각적 효과의 가치를 터득하고 있다. 여러 식료품 매장에서는 과일과 채소를 입구 근처에 놓아서 향기, 밝은 색상, 신선함과 유기농의 느낌, 그리고 제품을 직접 만질 수 있는 기회를 주고 있다.

사이버 공간

가장 최근의 소매 공간은 사이버 공간이다. 나이키, 리복, 아디다스 같은 웹사이트들을 방문해보면 상품을 구매할 수 있는 소매 환경이 갖춰져 있다. 타워 레코드(Tower Records)는 인터넷 상점을 가지

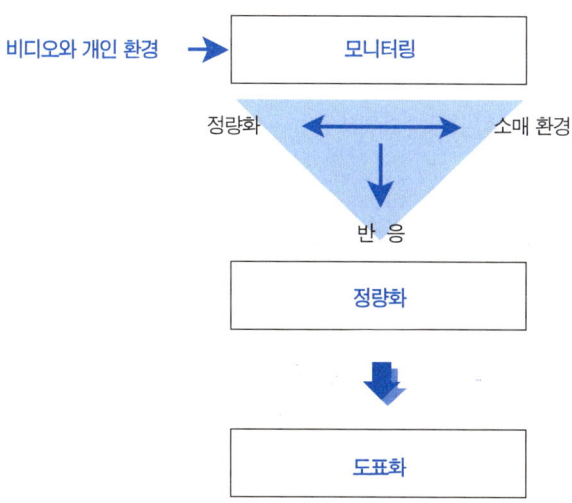

표 10.3 소매 공간의 관찰

고 있으며 인터넷 몰들이 지역 상가의 '마을 광장'을 닮은 웹을 통해 속속 등장하고 있다. 확실히 인터넷과 월드와이드웹은 소매 환경을 변화시키고 있다. 소비자는 상품을 구매하기 위해 상점에 가거나 웹사이트를 방문하게 된 것이다. 웹사이트 내에서의 미학과 웹사이트를 포함한 아이덴티티 요소들의 미학 관리는 11장에서 다룬다.

11 인터넷에서의 기업과 브랜드 아이덴티티
Corporate and Brand Identity on the Internet

폭스바겐 뉴비틀 웹사이트[1]

1994년 유럽 최대의 자동차 회사인 폭스바겐은 전설적 브랜드였던 '비틀(Beetle)'을 되살리겠다고 발표했다. 그 해 제네바와 디트로이트에서 열린 모터쇼에서 뉴비틀(New Beetle)의 시험용 디자인을 선보였다.

폭스바겐은 전 세계 비틀 팬들에게 최종 디자인을 완성하는 일에 적극적으로 참여해줄 것을 요청했다. 폭스바겐은 비틀의 신화를 부활시키기 위해 최신 매체인 인터넷을 활용해 뉴비틀의 아이덴티티와 이미지를 창출하기로 했다.

비틀의 역사

1934년 1월 17일, 페르디난트 포르쉐는 독일 정부에 '국민차' 개념의 디자인 안을 제출했다. 그 당시 독일에서 자동차는 부자들을 위한 사치품이었다. 독일인 가운데 자동차를 소유한 사람이 2%에도 미치지 못했다. 포르쉐는 사용이 편리하고 디자인이 좋은 소형차를 제작해 이런 상황을 바꾸겠다고 약속했다. 첫 모델은 현대적 소형차 구조의 훌륭한 예라고 볼 수 있었다. 철강으로 만든 차체, 다섯 명이 탈 수 있는 공간, 뛰어난 성능은 이 차를 다른 차들과 완벽하게 차별화했다. 차의 모양은 독특했고 쉽게 눈에 띄었다.

1938년 이 모델이 처음 출시되었을 때, 그 독특한 모양으로 즉시 「뉴욕타임스」로부터 '비틀(딱정벌레)'이라는 별명을 얻게 되었다. 그러나 세계 2차 대전이 발발하자 생산은 중단되었다.

전쟁 후 폭스바겐은 이 고품질의 소형차와 함께 유럽에서 가장 최대 규모의 자동차 제조회사가 되었다. 1948년 이 회사는 19,244대를 생산해 독일에서 생산된 자동차의 64.4%를 차지했다. 비틀은 곧 덴마크, 룩셈부르크, 스웨덴, 벨기에, 스위스로 수출되었다. 1949년에는 미국으로 수출되었고, 뉴욕의 독일 산업 전시회에 전시되었다.

미국에서 비틀에 대한 초기의 불신과 저항감은 곧 열광으로 바뀌었다. 이 차는 전통과 계급을 뛰어넘는 차로 받아들여졌고, 디자인 매니아와 개인주의자들이 선택하는 자동차가 되었다. 1960년 여름 50만 번째의 폭스바겐 자동차가 미국에 수출되었으며, 같은 해 뉴저지의 잉글우드 클립스(Englewood Cliffs)에서는 미국 폭스바겐 본사의 공사가 시작되었다. 폭스바겐 광고는 DDB 니드햄(DDB Needham)이 맡았다. 그 후 수년간 이 회사가 제작한 광고는 수많은 상을 수상했다.

1972년에 15,007,034대의 비틀이 미국에서 생산됨으로써 포드의 모델 T의 전설을 넘어 가장 많이 생산된 자동차의 자리를 차지했다.

비틀의 유럽 생산은 1976년에 중단되었지만 멕시코에서는 계속 생산되었다.

뉴비틀

1994년 폭스바겐은 '비틀의 귀환'으로서 프로토타입 차량('컨셉1')을 선보였다. 디자인 팀을 책임졌던 J. C. 메이즈(Mays)가 설명하듯이 핵심은 "과거와 미래의 결합이다. 고객들은 컨셉1(뉴비틀)에 대해 직접 의견을 말할 수 있다. 그들은 그 차에 대해 확신을 갖고 있다. 동시에 그 차는 최첨단 기술을 특징으로 한다." 메이즈는 더 나아가 이 차의 디자인과 이미지 캠페인은 다음의 네 가지 원칙에 근거하고 있다고 설명한다.

> 단순함, 정직성, 신뢰성, 독창성. 이것은 폭스바겐이 중시해 온 전통이다. 우리는 페르디난트 포르쉐가 전설적인 비틀을 디자인했을 때 그랬던 것처럼 엔지니어의 관점에서 출발했다. 무엇이 절대적으로 필요한가? 디자인이나 형태적 요소들 가운데 불필요한 것은 무엇인가? 우리는 개별적인 기하학적 요소들을 선택하고 그것들을 통합해 현대적이고 조화로운 비율을 만들어냈다. 컨셉1은 폭스바겐 자체를 구현한 것이다.

이 프로토타입 차량의 모양은 이전 비틀의 널리 알려진 외양을 상기시키는 것이다. 날카로운 느낌의 선도 없고 속도감을 주는 선도 없다. 마찬가지로 내부도 직선과 둥근 요소들이 어우러져 심플한 스타일을 추구한다. 내부는 포르쉐 스타일의 유리 슬라이딩 루프가 있고, 밝은 회색과 노란색의 섬유와 가죽이 조합된 재질로 장식되어 있어

가볍고 발랄한 인상을 준다. 외장 색상 또한 매우 독창적이고 독특한 진주 빛의 '사이버' 녹색이다. 아주 효율적인 1.9리터 터보 디젤 엔진과 직접 연료분사장치, 110마력의 동력은 단순함과 신뢰성을 표현한다. 이 자동차는 핵심적인 기능에 초점을 맞추고 있다. 이런 모든 특징들은 단순함, 정직성, 신뢰성과 독창성이라는 디자인 철학을 반영한다.

대중과 언론은 매우 호의적인 반응을 보였다. 폭스바겐은 곧 많은 자동차 팬들로부터 예약 주문을 받았으며, 독일 교통부 장관인 마티아스 비스만(Mathiass Wissmann)은 이 컨셉 자동차를 '미래를 위한 고전(classic)'이라고 평했다. 한편 독일 최대 일간지『빌트(Bild)』의 편집장인 크리스티안 바일만(Christiane Weilmann)은 기사에서 이렇게 말했다. "이 새로운 비틀은 정말 대단한 자동차이다. 둥글면서 미학적이고 사랑스럽다."

가상공간에서의 뉴비틀

폭스바겐은 1996년 3월 뉴비틀의 출시를 지원하기 위해 뉴비틀만을 위한 웹사이트를 개설했다(http://www.beetle.de). 자동차와 마찬가지로, 웹사이트도 세련되고 독창적이며 재미있다. 그리고 경험을 제공한다. 사이트는 폭스바겐 뉴비틀의 미학을 가상공간에까지 확장하면서 인터넷 매체를 이미지 관리를 위해 최대한 활용한다.

이 웹사이트는 텍스트와 그래픽, 웹페이지들로 구성되어 있고, 관련 전자우편 주소와 다른 폭스바겐 웹사이트와도 링크가 되어 있다. 사이트의 모든 페이지는 동일한 기본 디자인 요소를 가지고 있다.

웹페이지 디자인의 몇몇 특성들은 주목할 만하다. 매 페이지의 오른쪽에는 공간의 반 정도가 짙은 청색으로 덮여 있다. 이것은 폭스바겐의 회사 색상을 계속 상기시키는 디자인 접근이다. 이 커다란 공간에서 다른 요소라고는 독창적인 플로우차트 유형의 탐색 바(bar) 뿐인데, 마치 차가 들어선 도로와 같은 모양으로 디자인되어 있다. 이 바는 사용자가 웹사이트를 쉽고 편리하게 탐색할 수 있도록 해준다. 홈페이지 왼쪽 가장 윗부분에는 눈길을 끄는 그래픽이 있다. 이 그래픽은 '레트로 테크노(retro-techno)' 느낌을 주며, 스타일과 테마 면에서 비틀의 영감을 받은 것이다. 예를 들어 뉴스 페이지는 오래된 메가폰을, 홍보 페이지는 멋진 뉴스 칼럼을 그래픽으로 표현해 놓았다. 나머지 웹페이지는 각각 정보 텍스트, 그림, 그래픽으로 이루어져 있다. 오른쪽 청색 부분은 단색이고, 그래픽은 작고 색상수를 제한했기 때문에 각 페이지는 매우 신속하게 뜬다. 각 페이지 아랫부분에는 아이콘이 있어서 더 많은 정보를 얻기 위해 누를 수 있다. 이것은 사용자가 정보를 탐색하는 시간을 절약해준다.

단순함과 편리함의 이미지를 창조하는 이 웹사이트의 또 다른 특성은 독립된 페이지가 있어 전체 사이트를 보다 편안하게 탐색할 수 있도록 한다는 점이다. 이 페이지에서는 각 페이지 오른쪽에 있는 탐색 바의 하위 요소들과 각 페이지 하단의 텍스트 링크에 대한 설명을 제공한다.

비틀 웹사이트는 고도로 쌍방향적이며, '사용자 친화적 기업'으로서의 폭스바겐의 아이덴티티를 강화한다. 이 사이트를 방문한 사람은 웹사이트에서 VRMLL(Virtual Reality Modeling Language, 가상현실 모델링 언어) 소프트웨어를 다운로드해 뉴비틀의 내부와 외부를 자세히 살펴볼 수 있다. 방문객들은 또한 자신들의 의견, 아이디어, 선호도를 이메일로 폭스바겐에 제안할 수 있다. 회사에서는 아이디어를 검토해 뉴비틀 개발 작업에 활용한다. 이 사이트를 방문한 사람은

'공식 뉴비틀 팬'으로 등록해 신차 개발에 대한 소식을 이메일로 받을 수 있다.

가장 중요한 것은 사용자들이 새 모델에 적용할 디자인을 스스로 개발하도록 요청받는다는 사실이다. 이 작업에 참여하기 위해 사용자들은 자동차 본을 다운로드 받아 이를 재디자인해 이메일로 제출하면 된다. 폭스바겐은 가장 흥미로운 디자인을 선정해 이 웹사이트의 아트 갤러리에 전시했다. 이들 작품 중의 몇몇 예가 그림 11.1에 나와 있다. 이 예들이 보여주듯이 비틀은 다른 어느 자동차와도 달리 의미로 가득 차 있고 강렬한 정서를 불러일으키는 진정한 문화적 아이콘이다. 그들의 디자인에서 사용자들은 비틀을 모나리자나 헐리우드 같은 다른 문화적 아이콘과 연결시키기도 했다.

비틀의 웹사이트는 독일 폭스바겐 웹사이트(www.volkswagen.de), 미국 폭스바겐 웹사이트(www.volkswagen.com) 등 다른 폭스바겐의 웹사이트 및 폭스바겐 파사트(www.passat.de) 등 폭스바겐의 다른 브랜드 웹사이트와 링크되어 있다. 전략적으로, 새로 출시된 브랜드를 위한 별도의 웹사이트는 출시 이후 몇 개월 내에 폐쇄되며 기업 웹사이트의 일부로 흡수된다.

모든 폭스바겐 웹사이트들은 단순한 그래픽 디자인으로 되어 있다. 그러나 이들은 모두 폭스바겐 미학으로 채워져 있는데, 독창적이고 하이테크적이면서, 매력적이고 인간적이다. 독일어로 된 웹사이트는 흰색 배경에 다채롭고 친절한 느낌의 그래픽을 가진 아주 미니멀한 디자인을 사용한다. 하이테크 느낌의 새 폭스바겐 파사트(VW Passat) 웹사이트는 사용자가 자동차 동영상을 다운받을 수 있게 한다. 1996년에 만들어진 미국 웹사이트는 마치 한편의 영화처럼 시작한다. '삶이라는 길에는 승객이 있고 운전자가 있다'는 문구가 점점

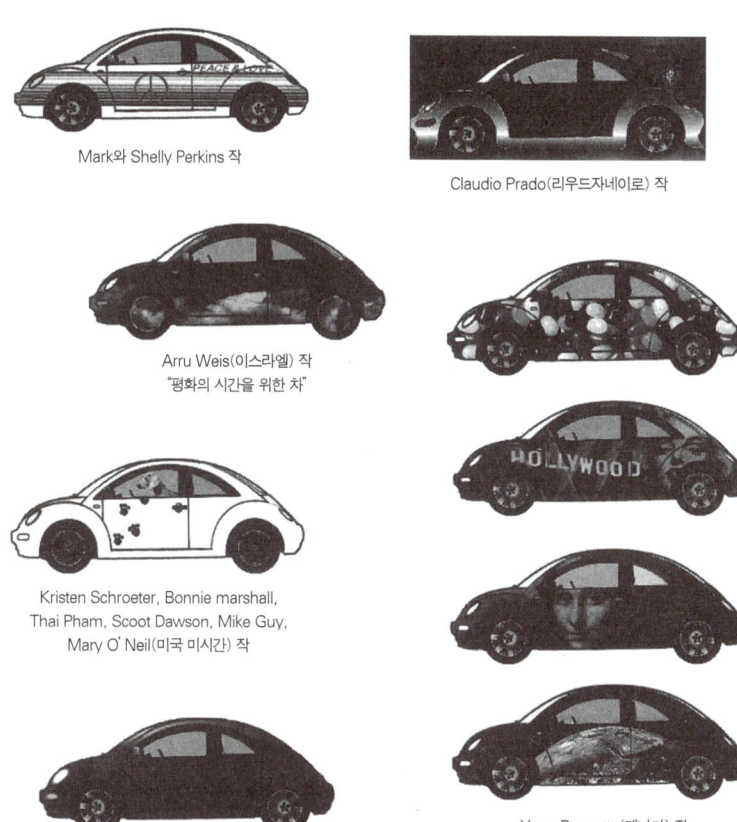

그림 11.1 뉴비틀 사이버아트 갤러리

더 밝아졌다가 사라지고, 이 사이 '운전자 구함'이라는 슬로건이 폭스바겐의 청색 로고와 함께 나타난다. 그리고 이런 글이 나온다. "당신은 폭스바겐 웹사이트에 들어서고 있습니다."

넷스케이프와 야후!

웹 브라우저와 검색 엔진인 이 두 회사는 웹 아이덴티티 접근에서 매우 대조적인 모습을 보여주었다. 넷스케이프는 브라우저 시장에서 최초로 성공을 거두었으며, 매우 뚜렷하게 기업적 면모를 가지고 있었다. 1995년 3월 이 회사는 새로운 넷스케이프 네비게이터 1.1이라는 새 버전을 출시하면서 새 로고를 만들기로 결정했다. 로고는 레터헤드나 명함, 라벨, 포장 등의 전통적인 회사 물품뿐만 아니라 온라인에도 사용할 수 있도록 디자인되었다. 랜도 어소시에이츠는 어두운 지구 모양 위로 굵은 대문자 'N'이 우뚝 서 있는 로고를 디자인했다. 화면에 독특한 분위기를 주기 위해 넷스케이프는 온라인으로 애니메이션 아이디어를 공모했다. 이 공모는 훌륭한 홍보 수단이 되었고, 사용자들에게 회사와 상호작용할 수 있는 기회를 제공했다. 많은 컴퓨터 사용자들에게 잘 알려져 있는 스크린 세이버의 한 변형인 '유성' 애니메이션이 이 공모전에서 우승을 차지했다. 넷스케이프의 자체 디자이너들은 이 애니메이션을 다양한 소프트웨어 플랫폼에서 작동될 수 있도록 개량했고 색상을 16가지로 조정해 로고가 윈도우 환경에서 작동될 수 있게 했다.

수백만 대의 컴퓨터 화면 우측 상단에 나타나는 넷스케이프의 32×32 픽셀 표식은 독특한 아이덴티티의 기본이 되었다. 사용자가 인터넷 프로그램으로 들어가면 브라우저가 작동하고 이 로고가 살아 움직인다. 밤하늘의 유성이 기념비처럼 보이는 'N'을 둘러싼다. 그러나 이 로고는 온라인 상태이든 인쇄물이든 정지 상태로 보았을 때 보다 더 위엄 있고 고전적이며, 기업적인 품위를 풍긴다. 넷스케이프의 경우는 AT&T, MCI, 그리고 다른 포춘 500대 회사들 같은 대기업

들과 사업하는 것이 적절하다.[2]

이와 대조적으로 검색 엔진 야후!의 새로운 펑키 그래픽 아이덴티티는 넷스케이프의 점잖고 기업적인 느낌과는 반대되는 것이다. 야후!는 두 명의 스탠포드 대학원생들이 재미로 자신들이 좋아하는 웹 사이트의 리스트와 디렉토리를 한 곳에 모음으로써 시작되었다. 야후!라는 이름은 한 대학의 캐치프레이즈에서 그 이름을 따왔다. 취미에서 시작한 것이 웹에서 가장 잘 알려진 주소가 된 것이다. 1995년 초 야후!가 자금을 마련하고 법인을 설립하자, 고유의 브랜드 아이덴티티를 구축할 필요성이 생겼고, 이 작업은 로고에서 시작되었다.

야후!와 CKS 파트너즈의 디자이너들이 정한 가장 중요한 우선순위는 성능이었다. 그들은 로딩 시간을 3초 내로 만들겠다는 야심찬 목표를 세웠다. 이것은 그래픽이 없는 기존 사이트와 동일하거나 그보다 빠른 속도였다. 그들은 이 목표를 달성하기 위해 그래픽 용량을 작게 하고 검정, 노랑, 빨강, 무색으로 색상을 제한했다.

그래픽 속도만큼 중요한 것이 스타일이었다. 야후!의 설립자들은 이 사이트가 사용자들과 별로 다르지 않은 평범한 두 남자가 만들어 낸 사이트로 보이기를 원했다. 새로운 디자인이 도입되기 전 두 달 동안 사용자들은 야후!의 미래와 그래픽 사용에 대한 사용자 의견을 묻는 온라인 설문지를 받았다. 6만 5천 명의 응답이 베타 사이트를 구축하는 데 도움을 주었다. 이 베타 사이트의 URL은 다시 2만 4천 명의 사용자들에게 보내졌고 1만 5천의 추가적인 의견을 모을 수 있었다. 사용자들이 그들과 함께한다는 확신을 가지고 새로운 야후!가 출범했다.

야후!는 기업 표현 방식을 변경하면서도 아이덴티티를 유지하는 데 성공했다. 바닥에서부터 차곡차곡 쌓아올라감으로써, 이 사이트

는 회원 모두가 주인으로 참여하는 공동체로서 자신의 특성을 유지
했다.[3]

  이 두 회사 모두 아이덴티티를 구축하는 데 웹의 속성을 최대한 이
용했다. 물론 이 회사들이 웹에 기반을 둔 기업이라는 점을 볼 때 그
리 놀라운 일은 아니다. 그러나 이 두 회사는 모두 나름의 독특한 미
학을 만들어냈고 그러면서도 높은 고객 참여율을 이끌어낼 수 있었
다. 회사 로고 디자인에 참여해달라는 넷스케이프의 요청은 많은 사
람들을 끌어들였지만, 최종 결과물은 회사에 의해 완성되었다. 로고
의 최종 형태는 이 회사의 기업 아이덴티티를 따라 생동감 있지만 엄
숙하다. 야후!는 모든 개발 단계에서 사용자들의 참여를 요청했고,
이는 커뮤니케이션이 자유롭게 흐르는 공동체의 느낌을 만들어냈다.
이 사이트의 최종 형태는 익살스럽고 캐주얼하다. 그리고 독특한 색
상 조합과 과감한 그래픽들로 이루어져 있다.

마케팅 도구로서의 월드와이드웹

  폭스바겐, 넷스케이프와 야후의 예에서 보듯 월드와이드웹과 같은
디지털 매체는 기업과 브랜드 아이덴티티, 이미지 창조에서 중요한
도구가 되었다. 그리고 웹 스타일(시각물의 두드러진 사용, 순차적이지
않은 문서 작성 양식)은 이미 다른 매체에도 영향을 미치고 있다. 도시
의 옥외 광고에서 거대한 시각적 이미지들이 다시 유행하고 있다. 인
쇄 광고 카피는 점점 더 모듈화되고 선형화에서 벗어나고 있다.

  대부분의 산업에서, 웹에서 구현되는 모습은 절대적으로 중요한
경쟁력의 요소가 되었다. 뉴욕의 아이덴티티 회사인 시겔 앤 게일의

회장인 앨런 시겔은 인터넷에서의 존재 구축 작업은 전략적으로 이루어져야 한다고 말한다. 그는 "많은 회사들이 사용자에 초점을 맞추고 새로운 매체로 기업 아이덴티티를 현명하게 확장할 수 있게 하는 현실적인 우선 순위 없이 인터넷이라는 전자적 커뮤니케이션에 뛰어들고 있다."라고 말했다.[4]

웹은 회사가 웹사이트를 통해 24시간 동안 보여지고 공개되는 인터넷 상의 시스템이다. 웹사이트는 인터넷에 연결된 컴퓨터에 존재하는 텍스트, 그래픽, 사운드, 비디오 등 특수한 파일들로 구성된다. 사용자들은 인터넷에 접속해 어떤 웹사이트라도 방문할 수 있다.

기업들은 또한 인터넷의 독특한 특성에 초점을 맞추어야 하고 인터넷이 가진 아이덴티티 창조의 잠재력을 최대한 활용해야 한다. 인터넷은 단지 이전의 전통적인 판촉 내용을 게시하는 새로운 플랫폼 이상의 것이다. 기업 아이덴티티를 웹에서 표현하기 위해, 회사들은 텍스트, 눈에 띄는 비주얼, 그래픽, 오디오, 비디오, 쌍방향 코너, 타 웹사이트 링크 등 모든 가능한 대안을 고려해야 한다. 선택은 거의 한계가 없고 새로운 대안들이 지속적으로 나타난다. 지나치게 많은 것을 하고자 하는 유혹이 생길 수 있으나 회사는 이런 유혹을 물리쳐야만 한다. 엉터리로 디자인된 웹사이트는 기업 아이덴티티에 부정적으로 작용할 뿐이다.

짧은 기간 동안 회사들은 엄청난 자원을 투입해 사람들을 유인하는 세련된 웹사이트를 다음과 같은 목적들을 위해 만들어 왔다.

- PR 관리
- 기업, 제품, 서비스 정보 제공
- 새로운 유통 경로의 규정과 제공

- 기업 혹은 제품 성능 증명
- 고객 서비스
- 직접 판매
- 부가 서비스 제공(뉴스, 주식, 선정적 정보 등)

몇몇 회사들은 웹 상에서 자사의 핵심 아이덴티티를 강화하는 독창적인 사이트들을 선보이고 있다. 예를 들어, 제지회사인 S.D. 워런(S.D. Warren)이 개설한 '워런 아이디어 익스체인지(Warren Idea Exchange)' 사이트는 공급업체와 판매업체의 목록뿐만 아니라 120개가 넘는 디자인과 제작 분야의 만 개 이상의 견본을 제공함으로써 여러 회사에서 일하는 수천 명의 다자이너들을 위한 정보의 보고로서 역할을 하고 있다. 언스트 앤 영(Earnst & Young) 웹사이트 경우는 어니(Ernie)라는 가상 인물을 등장시키는데, 그는 언스트 앤 영의 비즈니스 컨설턴트와 직접 연결되어 있는 언스트 영의 컨설팅 서비스를 대표한다. 이 두 웹사이트는 고객과의 단순하고 명확하며, 가치를 제공하는 커뮤니케이션을 중시하는 시겔 앤 게일 사에 의해 창조되었다.

아이덴티티 요소로서의 월드와이드웹

인터넷은 기업이나 브랜드 아이덴티티 표현을 위한 강력한 도구이다. 『인터넷에서의 마케팅: 월드와이드 웹을 위한 멀티미디어 전략』의 저자인 질 엘즈워스(Jill Ellsworth)와 매튜 엘즈워스(Matthew Ellsworth)는 다음과 같이 말했다. "웹은 모든 회사를 동등한 위치에서 경쟁하게 만든다. 웹페이지를 통해 당신의 회사를 접하게 되는 사람들은 그 페이지를 통해 회사의 이미지를 형성한다."[5]

웹 사용자들이 보게 되는 것은 단지 단어들만이 아니다. 인터넷에서 사용자들은 그래픽 이미지나 사운드, 동영상을 접하게 되고 사이트의 각 부분과 상호작용한다. 정교하고 세련된 웹사이트는 사용자들이 눈, 귀, 상상력을 이용해 풍부하고 다양한 경험을 즐길 수 있게 한다.

기업 웹사이트에서 사용자들은 많은 것을 할 수 있다. 텍스트나 로고를 볼 수도 있고, 사운드나 음악 클립을 듣거나 광고, 제품 시연 혹은 정보 클립을 볼 수도 있다. 사용자들은 또한 설문에 응답하거나 판촉 이벤트에 참여할 수도 있으며 제품을 주문하거나 불편 사항을 제출할 수도 있다.

1995년 11월 기준으로 약 10만 개의 웹사이트가 존재한다. 그 수치는 두 달 반마다 두 배가 증가해 왔다.[6] 사용자들은 전 세계적으로 6천만 명에 이르는 것으로 추정된다. 몇몇 아이덴티티 회사들은 실적 대부분을 웹 아이덴티티 구축에서 올리고 있으며, 주목할 만한 실적들을 거두고 있다. 예를 들어, 데이빗 부어스틴 어소시에이츠(David Boorstin Associates)는 자신들의 웹 아이덴티티 개발 과정을 '아이디네티티(IDNetity)'라는 서비스 마크로 등록했다.

회사의 아이덴티티와 이미지를 표현하는 다른 많은 방법들을 접하게 되는 관리자들은 다음과 같이 물을 것이다. "왜 웹을 사용해야 하는가?" 여태까지 성공적이었던 기존의 전통적인 매체에 의존하지 않고 아이덴티티 관리를 위해 왜 웹사이트로 눈을 돌려야 하는가?

웹의 독특한 성질

선제성

컴퓨터가 현재 사람들이 웹에 접근할 수 있는 유일한 방법이라고 할 때, 마케팅 담당자들은 커뮤니케이션이 눈에 띌 수 있도록 해야 한다. 무엇보다도 TV와 같은 다른 매체를 활용해 사람들을 끌어들일 필요가 있다. 이렇게 생각해보자. 소비자들이 회사의 커뮤니케이션을 접하도록 하기 위해서는 커뮤니케이션 담당자부터 선제적인 태도(proactivity)를 가져야 있다. 다른 웹사이트에서의 자사 웹 광고는 자신의 사이트로 방문객을 끌어들일 수 있는 선제적 방법이다. 이런 광고는 대개 크기가 작으며 화면의 작은 부분에 분리되어 있다. 이는 메시지를 전달해줄 뿐만 아니라 광고를 보는 사람이 그 광고를 클릭하도록 유도해 그 방문객을 곧 자신의 사이트로 불러들일 수 있다.

현재 사이트를 검색하는 방법은 야후! 같은 '검색 엔진'을 통해 가능한데, 이들은 사용자가 입력하는 키워드나 키워드 조합에 맞는 모든 웹사이트를 보여준다. 보통의 웹 사용자는 웹에 접속할 때마다 야후! 사이트를 적어도 한번은 들어간다. 어느 정도는 이런 검색 엔진들의 인기가 마케팅 담당자들이 활동하는 지형을 결정한다. 소비자들은 직접적인 경쟁 관계에 있는 회사뿐만 아니라, 그런 입력 키워드 조건 하에 나타나는 다양한 기업들과도 미학을 포함한 여러 측면을 비교한다. 이제는 한 회사의 웹 전략에 다른 회사들의 웹사이트의 미학적 특성(디자인, 스타일, 테마)이 영향을 미치게 되는 것이다. 커뮤니케이션 담당자들은 웹에 대해서도, 7장의 조사 연구에서 이미 논의한 바와 같은 경쟁 관점에서의 평가가 필요하다. 한 기업이 속한 모든 범주에서의 웹 서치를 수행해 누구와 경쟁하는지 살펴보는 것도 중요하다.

　선제적 특성을 강화하는 것은 소비자들에게 규칙과 이해를 제공함으로써 아이덴티티를 향상시킨다. 예를 들어 키워드를 계속 등장시켜 검색 엔진이 쉽게 회사를 찾을 수 있도록 하는 것이다. 몇몇 회사는 자신의 사이트를 찾기 위해 사람들이 사용할 수 있는 모든 가능한 단어를 알아내는 것에서 뛰어난 수완을 보이기도 한다. 경쟁사의 이름을 사용하는 것도 생각해보라. 당신의 기업이나 브랜드가 웹사이트를 여러 개 가지고 있다면, 가장 이해하기 쉽고 찾기 쉬운 홈페이지를 모든 여타 사이트의 중심에 놓이도록 해야 한다.

쌍방향성

　쌍방향성은 보통 커뮤니케이션 담당자(웹사이트 관리자)와 커뮤니케이션이 전달되는 사람 간의 상호작용을 의미하는 것이다. 예를 들어 사이트에서 유혹적인 질문을 던져 사용자가 클릭하게 하고 그 다음에 더 많은 옵션을 내놓는 경우를 들 수 있다. 웹사이트 관리자는 쌍방향성의 이점을 활용해야 한다. 한 사용자가 회사 웹사이트를 방문해 단지 브로슈어 정도만을 발견할 수 있다면, 웹사이트 관리자는 소비자와 쌍방향적인 관계를 형성할 절호의 기회를 상실한 것이다. 더욱이 이런 경우는 웹상의 다른 경쟁사와 비교해 좋지 못한 결과가 나올 수 있기 때문에 잠재적으로 아이덴티티를 심각하게 훼손할 수 있다.

　초기의 TV는 배경으로 스틸 사진이 있는 라디오에 가까운 것이었다. 이후 TV는 더 큰 쌍방향성을 향해 나아갈 수 있었으며, 아이덴티티 형성에 도움을 주게 되었다. 웹에서의 쌍방향성 또한 현재보다 더 많이 활용되어야 한다. 웹으로 들어가는 개인은 다양한 마을과 연결되어 있는 하나의 새로운 세계로 들어가는 것이다. 어떤 사이트들은 단지 다른 사이트를 모방해 만든 의미 없는 것도 있고, 어떤 사이트들은 채팅 공간과 같은 기능을 제공함으로써 특별한 공간이나 커뮤니티의 느낌을 주는 곳도 있다. 그러나 진정한 쌍방향성에서 필요한 것은 단순한 커뮤니케이션이 아니라 커뮤니케이터가 목표 응답자들과 충분한 상호작용을 하는 것이다. 웹사이트에 들어갈 때, 사람들이 거기에 실제로 있는 듯한 느낌을 갖게 할 필요가 있다.

커뮤니케이션 담당자는 사람들이 새로운 공간에 들어설 때 갖게 되는 기본적인 욕구, 즉 호기심을 발휘하고 자유롭게 이동할 수 있는 탐색의 욕구, 다른 사람과 상호작용할 수 있는 사회성의 욕구. 그리고 사생활 보호와 익명성을 가지는 욕구들을 충족시켜야 한다. 웹 커뮤니케이션 담당자들은 단지 사용자들의 질문에 컴퓨터화된 응답을 하는 것이 아니라, 사용자들에게 자극을 제공하고 흥미를 유발하는 쌍방향적 사이트를 구축함으로써 이런 요구에 부응해야 하고 사이트가 그들을 위해 존재한다는 느낌을 갖게 해야 한다. 웹에서의 관계는 실제 생활에서의 상호작용과 유사해야 한다. 예를 들어 데모나 동영상은 사용자들에게 감각적 경험을 제공하는 데 효과적이다. 이를 마이크로소프트의 웹사이트와 비교해볼 수 있을 것이다. 이 사이트는 백과사전처럼 많은 정보가 수록되어 있기는 하지만 매우 지루한 사이트의 한 예라고 할 수 있다. 사용자가 제품 정보에 대한 문의를 하게 되면, 상품의 데모나 보기에 편한 모형 자료도 없다. 대신 우편으로 배달되는 브로슈어처럼 긴 글만 있을 뿐이다.

이런 현실주의에 바탕을 둔 쌍방향적 접근은 웹을 신선함으로 사람들을 애태웠으나 곧 사라져 버리고 만 매그너복스 오디세이(Magnavox Odyssey) 같은 일시적 유행과 구분시킨다. 이 게임은 쉽

웹 브랜드의 창조: 콘데넷(Condenet)

웹 브랜드가 매우 성공적으로 이루어진 몇몇 회사가 있다. 『글래머(Glamour)』, 『GQ』, 『콘데 내스트 트레블러(Conde Nast Traveler)』, 『본 아페티(Bon Appetit)』 등 고급 잡지를 발행하고 있는 잡지 회사인 콘데 내스트(Conde Nast)는 두 개의 웹 브랜드를 소유하고 있다. 바로 에피큐리어스(Epicurious)와 스운(Swoon)이다. 두 웹 브랜드는 1996년 9월 한 컴퓨터 잡지에 의해 '수익성이 뛰어난 100대 사이트'로 선정되었다. 이 사이트들은 무료이며, 광고 수입으로 유지된다. 이 두 브랜드는 각각 독특한 디자인을 창조했는데, 이것은 이 사이트의 그래픽과 레이아웃을 통해 전달된다. 두 사이트는 콘데 내스트 잡지의 기사들을 게재하기도 하지만 주로 고객들이 참여하는 방식으로 운영된다. 스운은 '데이트하기, 짝짓기, 연결하기'를 주로 하는 사이트이며, 18세에서 34세까지를 타깃 시장으로 삼고 있다. 이 사이트는 무료 개인 서비스를 제공해 파트너를 찾는 사람들이 광고를 올리거나 메일로 다른 사람의 광고에 응답할 수 있도록 한다. '지옥의 룸메이트'라는 포럼은 사용자들이 자신의 생활에서 겪는 힘든 인간관계에 관해 이야기할 수 있는 공간을 제공한다. '누가 누구와 사귀고 있는가?' 같은 퀴즈 코너에서는 유명 인사들의 최신 연애 소식에 대한 사용자의 지식을 테스트한다. 실려 있는 자료의 80%는 이 사이트를 위해 수집된 것이며, 나머지 20% 정도만이 콘데 내스트 잡지에 실린 내용을 기초로 한 것이다.

에피큐리어스 브랜드는 두 개의 사이트로 나누어진다. 하나는 에피큐리어스 트래블(Epicurious Travel)이고 다른 하나는 에피큐리어스 푸드(Epicurious Food)이다. 이 두 개의 사이트는 독특한 레트로 스타일의 에피큐리어스 로고, 복잡하지만 정돈되어 있는 그래픽 레이아웃을 사용하며, 각 주제가 박스 별로 잘 구성되어 있다. 목표 시장은 비교적 나이든 사용자들로 주로 구어메(Gourmet), 본 아페티(Bon Appetit), 콘데 내스트 트래블러(Conde Nast Traveler)의 기사들을 찾는 사람들이다. 에피큐리어스 푸드 사이트는 전 세계 도시별 레스토랑 가이드, 와인 가이드, 에피큐리안 푸드 & 드링크 사전, 4천 개 이상의 재료별 조리법, 미국 전역 농산물 시장의

> 주간 보고서인 '제철 농산물' 섹션으로 이루어져 있다. 에피큐리어스 트래블 사이트는 주제나 목적지별로 검색할 수 있는 여행지 정보를 제공한다. 즉, 주요 항공 노선의 가장 저렴한 운임 목록을 제공하는 '비행 활력소', 사용자들이 서로 문의하거나 여행 경험담을 나누는 '트래블 포럼', '금주의 상품' 그리고 1,200개 도시에 대한 5일 간의 날씨 예보 등이 있다.

게 끝나버리는 빠른 탐험 사이클을 제공했으며, 상호작용할 수 있는 여지를 갖고 있지 못했다. 많은 사람들이 주변에 북적이지 않는다면 사용자들은 게임을 즐기려는 욕구를 잃고 만다. 게임의 최고 수준까지 정복해서라기보다는 이 게임을 하는 것이 외롭고 고립된 것이라고 느끼기 때문이다.

다음과 같은 사이트를 상상해보자. 기술적으로는 그리 먼 이야기는 아니지만, 앞으로 커뮤니케이션 담당자가 반드시 개발해야 할 필요가 있는 사이트이다. 사용자가 TV 수상기나 그 외의 접속이 쉬운 장치를 이용해 자신이 원하는 사이트에 접속한다. 커뮤니케이션 담당자의 이미지가 나타나고 사용자에게 말을 건다. 사용자는 스크린 터치(혹은 음성)로 대답하고, 실제로 상호작용이 일어난다. 사용자와 사이트 내의 다른 사람의 동영상이 동시에 보이고 사용자들 간의 상호작용이 일어난다. 좀 더 발달된 사이트에서는 이미 이런 수준의 상호작용에 접근할 수 있다. 그러나 이보다 더 높은 수준의 상호작용이 곧 가능할 것으로 보인다. 분명히, 발전이 거듭될수록 우리는 전자적 수단을 통해 실제 생활과 같은 스타일을 창조하고 있다. 어떤 형태의 전자적 세계를 창조할 수 있는지의 제한은 아직 존재하지만, 기업들은 현재의 기술을 이용해 소비자들을 위해 가능한 한 실제 생활과 유사한 가상공간을 창조해야 한다.

웹에서의 아이덴티티 창조

이 책에서 계속적으로 반복해 말했듯, 기업이나 브랜드의 아이덴티티를 창조하는 작업은 정보, 인지도, 연상을 제공하는 것 이상이 되어야 한다. 이런 접근 방법에 따라 우리는 다음의 세 가지 기본적 유형의 웹페이지를 비교하고자 한다. 이 세 유형은 1장에서 다루었던 세 가지 단계를 반영한다. 편익 단계, 브랜딩 단계, 감각적 경험/미학의 단계이다.

어떤 웹페이지는 정보와 제품 ─ 편익 단계에, 어떤 웹페이지는 재인과 연상 ─ 브랜딩 단계, 그리도 또 어떤 페이지는 사용자의 경험 ─ 미학적 단계에 초점을 맞춘다. 이 가운데 마지막이 강력한 아이덴티티를 창조하는 데 가장 효과적인 유형이다.

1. 정보와 제품 위주의 웹사이트. 정보 또는 제품 편익 중심의 웹사이트는 기업이나 브랜드를 심각한 톤으로 묘사한다. 여기에는 많은 텍스트나 무미건조한 사진, 또는 제품이나 포장 이미지들이 실려 있다. 자동차 업계의 1996년 푸조 웹사이트가 그 좋은 예이다. 푸조(Peugeot)는 유럽에서 세 번째로 큰 자동차 제조회사이며, 푸조와 시트로엥(Citroen) 자동차를 제작하고 있다. 푸조 홈페이지는 주된 색상이 노랑이며, 회사 프로필, 비전과 전략, 재무와 경제, 연구와 기술, 기사 자료 센터 같은 항목을 나열해 놓았다. 그리고 아이덴티티 형태, 임직원, 연구 데이터, 조직, 푸조 자동차, 시트로엥 자동차, 국제 그룹, 자동차 관련 자회사, 혁신 등 버튼을 클릭하면 해당 웹페이지로 이동하게 된다.

볼보의 웹사이트도 이와 유사한 접근법을 사용했다. 세계지도로 유럽과 미국 두 곳, 그리고 호주의 웹사이트를 보여준다. 여기에는 볼보 그룹, 사실과 수치, 연구, 환경, 보험, 박물관, 스포츠, 기회, 뉴스, 지원과 서비스 등의 아이콘이 있다.

2. 재인 혹은 연상 웹사이트. 재인과 연상을 중심으로 하는 웹사이트는 웹을 다른 판촉 매체와 유사하게 활용해, 브랜드 인지와 연상을 창조하는 데 사용한다. 이런 사이트들에서는 광고나 슬로건을 반복해서 보여주는 것이 특징이다.

(온통 푸른색인) 포드의 웹사이트는 이런 유형의 웹페이지의 한 예이다. 사용자가 들어가면 금세 포드가 글로벌 브랜드로 포지션하고 있다는 것을 알아차리게 된다. 회전하는 지구 모양과 슬로건인 '포드 월드와이드 커넥션', 그리고 아프리카와 안도라(Andorra), 스웨덴에 이르는 다양한 나라로 구성된 툴바가 포드를 글로벌 브랜드로 포지셔닝하는 것이다. 주요 아이콘은 세계 소식, 포드 뉴스 브리핑, 취업 센터, 환경, 주주 관계 등이다.

제너럴 모터스의 웹사이트는 '움직이는 사람들'이라는 제목으로 회사와 제품을 가족과 사람 중심으로 포지셔닝한다. 이 웹사이트에서는 행복한 가족과 애완견들을 보여주며, 카테고리들에는 '가족과 만나세요', '구매 방식을 선택하세요', '새로운 도전자를 만나보세요'와 같은 명령형 어구를 사용한다. 미국 BMW의 웹사이트는 90년대 광고 슬로건에서 따온 기업 브랜드 테마인 '최고의 운전 기계(Ultimate Driving Machine)'를 내세운다. 마지막으로 피아트(Fiat), 도요타, 포르쉐 등의 여러 자동차 제조회사의 웹페이지 디자인은 그림을 많이 싣기는 했지만 '열정(passion)'이라는 주제를 중심으로 정적으로 구성되어 있다.

∷ 웹에서의 아이덴티티 창조의 일반적 원칙

1. **아이콘을 분명하고 일관되게 사용할 것.** 작은 그림이나 그래픽은 클릭하면 다른 사이트로 연결시켜주는 아이콘으로 사용된다. 그러나 너무 많은 아이콘은 혼란을 준다. 그림이나 그래픽 속에 들어 있는 아이콘은 사용자들이 찾기가 쉽지 않다. 사이즈, 색상 체계와 레이아웃은 서로 잘 맞고 일관성이 있어야 한다. 아이콘은 웹에서의 스타일과 테마를 표현하는 주요 요소이다.
2. **웹 문서 작성 스타일을 사용할 것.** 웹 문서 작성은 책이나, 브로슈어, 혹은 기사 작성과는 달라야 한다. 사용자들은 웹 문서들은 종종 비선형적 방식으로 접근한다. 홈페이지에서는 사용자들의 주의를 끌거나 요약 정보를 제공하도록 하고, 하위 페이지들에서 자세한 정보를 제공해야 한다. 홈페이지는 회사의 첫인상을 제공하지만 사용자가 검색 엔진을 사용하게 되면 회사의 첫인상은 메인 페이지의 하위 페이지들 중 하나로 정해지기도 한다. 그러므로 모든 페이지들에서는 주요 정보와 인상을 반복해야 하고 홈페이지와의 링크를 반드시 제공해야 한다. 그렇지 않으면 아이덴티티가 웹사이트 전체로 분산될 것이다.
3. **웹사이트를 다른 커뮤니케이션과 연계시킬 것.** 웹은 아이덴티티를 형성하는 토탈 커뮤니케이션 믹스의 일부이다. 웹은 회사의 아이덴티티와 이미지를 반영하는 동시에 그것에 기여해야 한다. 그러므로 웹사이트는 다른 커뮤니케이션 수단과 잘 연계되어 제작되어야 하고, TV 광고 등 다른 커뮤니케이션의 내용을 암시하거나 명백히 나타낼 수 있어야 한다.
4. **다운로드 시간을 확인할 것.** 웹 페이지가 그림이나 사운드, 동영상 파일을 많이 담고 있을 때는 다운로드 시간을 꼭 확인해야 한다. 다운로드에 너무 많은 시간이 소요된다면 사용자들은 인내심을 잃고 사이트를 떠나버릴 것이다.
5. **웹사이트를 계속 업그레이드할 것.** 웹사이트를 개설하는 것은 단지 시작일 뿐이다. 웹사이트를 계속 업그레이드하면서 유지, 관리하는 것은 쉽지 않은 일이다. 사용자들은 웹사이트가 가치를 지속적으로 제공하게 되면 이 사이트를 '즐겨찾기'로 지정해놓는다.

6. **궁극적으로 글로벌 웹사이트를 구축할 것.** 인터넷의 독특한 속성 가운데 하나는 전 세계로부터 접속이 가능하다는 점이다. 이 사실은 다양한 언어와 미학적 스타일을 사용해 다양한 문화와 보편적인 상징에 접근해야 한다는 의미이다. 이를 통해 글로벌 기업이나 브랜드 아이덴티티를 제공하는 데 보다 가깝게 다가서는 이점을 얻을 수 있다.

3. 사용자 중심/경험적 웹사이트. 이미지 창조에서 고려 대상이 되는 것은 웹페이지 정보의 재인과 연상적 가치만이 아니라, 사용자를 위한 경험적 가치도 포함된다. 사용자들이 다시 방문하기 위해서는 재미를 느끼도록 해야 하고 웹사이트에서 사용자를 끌어당기거나 정보로서 가치가 있는 무엇인가를 찾을 수 있어야 한다. 뉴비틀 웹사이트 같은 경험적 웹사이트는 이런 사용자의 요구를 가장 잘 충족시키는 것으로 평가된다. 이런 유형의 웹사이트는 정보를 제공하고 브랜드 포지셔닝을 제공하기도 하지만, 이에 더해 감각적 경험과 미학을 통한 참여(involvement)를 제공한다. 경험적 웹페이지는 제품이나 로고를 전면에 내세우는 것이 아니라 경험을 창조한다. 경험적 웹페이지는 기본적으로 사용자에게 초점을 맞춘다. 그러나 경험적 웹사이트는 아직은 활발히 구축되고 있지는 않다.

미래는 바로 지금 : 이미지 변화와 가상적 아이덴티티

아이덴티티와 이미지 창조에서 이 모든 것들은 무엇을 의미하는가? 새로운 매체의 폭발적인 성장과 이로써 훨씬 더 다양하고 정교

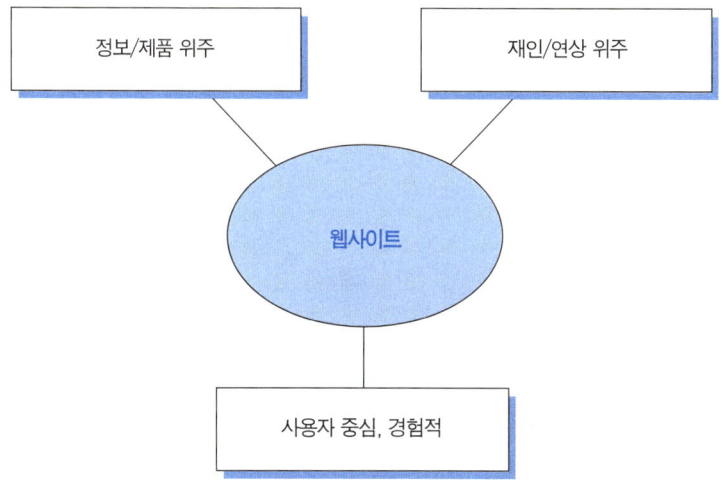

표 11.1 **웹사이트의 유형**

한 커뮤니케이션이 가능해짐에 따라 아이덴티티와 이미지 관리의 영역이 크게 확장되었다.

  결과적으로 소비자들은 점점 더 역동적인 가상 아이덴티티에 접하게 될 것이다. 이에 따라 기업 아이덴티티의 개념 자체가 확장될 것이다. 기업들은 더 이상 아이덴티티를 로고나 그래픽, 포장과 영업 책자, 건물과 사무실로만 표현하고 있지 않다. 기업들은 지속적으로 변화하는 이미지를 창조해 소비자들에게 다양한 경험들을 제공할 것이다. 그리고 소비자들이 기업에 대한 전반적인 인상을 형성하게 되는 준거점은 그 기업의 미학, 즉 다양한 매체를 통한 스타일과 테마의 표현이 될 것이다.

| 참고문헌 |

1장 미학 : 새로운 마케팅 패러다임

1 Appealing to consumer needs is one of the key ideas of marketing. Throughout this century, psychologists and marketers have classified needs into different categories (See Anthony H. Murray, Explorations in Personality, New York: Oxford University Press, 1938; David McClelland, Personality, New York: William Sloane, 1951; George Katona, The Powerful Consumer (New York: McGraw-Hill, 1962). According to Abraham Maslow in Motivation and Personality, 2nd ed. (New York: Harper & Row, 1970), needs are organized in a hierarchy ranging from basic needs (survival and safety) to higher-order needs. Following Maslow, experiential and aesthetic needs are higher-order needs, which individuals seek only when basic needs have been satisfied.

2 This case has been written, in part, based on material provided by Absolut's ad agency TBWA/Chiat Day and the following articles: Andrea Adelson, "Unusual Ads Help a Foreign Vodka to the Top," New York Times, November 28, 1988; Ken Frydman, "Dick Costello of TBWA: The Man Behind the Spirits Industry's Most Dazzling Advertising," Market Watch, March 1990.

3 GAP, Inc. 1994 Annual Report, 1995, 10-(k), Hoover's Company Profile Database 1996; Lisa Schultz, "How Gap's Own Design Shop Keeps Its Imitators Hustling," Wall Street Journal, March 13, 1997, B1, B5; and interview with managers, Fall 1996, by A. Simonson.

4 The Cathay Pacific case is based on materials provided by the company, McCann-Erickson and on Miriam Jordan, "Cathay Hopes New Logo Helps Airline Sport a More Asian Look," Asian Wall Street Journal, Sept 1,1994, p. 5.

5 See, for example, Morris B. Holbrook and Elizabeth C. Hirschman, "The Experiential Aspects of Consumption: Consumer Fantasies, Feelings, and Fun," Journal of Consumer Research 9 (September 1982), pp. 132-140.

6 Philipp Kotler, Marketing Management, 9th ed. (Upper Saddle River, NJ: Prentice-Hall, 1997).

7 Glen Urban and Steven Star, Advanced Marketing Strategy (Engelwood Cliffs, NJ: Prentice-Hall, 1991), p. 141.

8 Larry Keeley, "Getting Your Unfair Share of Attention: Decentralizing the Concept of a Brand," Design Management Journal, Spring 1992, pp. 64 ff.

9 David A. Aaker, Managing Brand Equity (New York: The Free Press, 1991).

10 Important books include: David Aaker, Building Strong Brands (New York: The Free Press, 1996); David Aaker, Managing Brand Equity (New York: The Free Press, 1991); Jean-Noel Kapferer, Strategic Brand Management (New York: The Free Press, 1993); Charles Pettis, TechnoBrands: How to Create and Use "Brand Identity" to Market, Advertise and Sell Technology Products (New York: American Management Association, 1995).

Influential articles include: Edward M. Tauber, "Brand Leverage: Strategy For Growth in a Cost-Control World," Journal of Advertising Research, August/September 1988, p. 26; Birger Wernerfelt, "Umbrella branding as a signal of new product quality: an example of signaling by posting a bond," RAND Journal of Economics, Vol. 19, No. 3 (Autumn 1988), pp. 458-466; David A. Aaker and Kevin Lane Keller, "Consumer Evaluations of Brand Extensions," Journal of Marketing, Vol. 54 (January 1990), pp. 27-41; C. Whan Park, Sandra Milberg, and Robert Lawson, "Evaluation of Brand Extensions: The Role of Product Feature Similarity and Brand Concept Consistency," Journal of Consumer Research, Vol. 18, No. 2 (September 1991), pp. 185-193; Peter H. Farquhar, "Managing Brand Equity," Marketing Research, September 1989, pp. 24-33; Kevin Lane Keller and David A. Aaker, "The Effects of Sequential Introduction of Brand Extensions," Journal of Marketing Research, Vol. XXIX (February 1992), pp. 35-50; David M. Boush and Barbara Locken, "A Process-Tracing Study of Brand Extension Evaluation," Journal of Marketing Research 27 (February 1991), pp. 16-28.

We have also contributed to this literature in the following articles: Bernd H. Schmitt and Clifford Shultz, "Situational Effects on Brand Preferences for Image Products," Psychology and Marketing, Vol. 12, No. 5 (August 1995), pp. 433-446; France Leclerc, Bernd H. Schmitt, Laurette Dube, "Foreign branding and its effect on product perceptions and attitudes," Journal of Marketing Research, Vol. 31 (May 1994), pp. 263-270; Daniel Sheinin and Bernd H. Schmitt, "Extending brands with new product concepts: the role of category attribute congruity, brand affect and brand breadth," Journal of Business Research 31, 1994, pp. 1-10.

11 Aaker, Building Strong Brands, p. 84.

12 John W. Bender and H. Gene Blocker, Contemporary Philosophy of Art: Readings in Analytical Aesthetics (Engelwood Cliffs, NJ: Prentice-Hall, 1993).

13 James J. Gibson, The Perception of the Visual World (New York: Houghton Mifflin, 1950); Kurt Koffka, Principles of Gestalt Psychology (New York: Harcourt Brace, 1935); Rudolf Arnheim, Visual Thinking (Berkeley: University of California Press, 1935); John A. Bargh, "Automatic and conscious processing of social information," in Robert S. Wyer and Thomas K. Srull, Handbook of Social Cognition, Vol. 3 (Hillsdale, NJ: Erlbaum), pp. 1-44,1984.

14 John Anderson, Cognitive Psychology and its Implications (San Francisco: W. H. Freeman and Co.), 1980.

2장 미학을 통한 아이덴티티와 이미지 창조

1 Based on materials provided by Landor Associates and McCann-Erickson, interviews with Landor and McCann-Erickson managers, and the following article: David Barbuza, "Now That It Is a Separate Company, Lucent Is Spending $50 Million to Create an Image," New York Times, June 3, 1996, p. D9.

2 Tony Spaeth, "Corporate Identity: A Watershed Year? New Corporate Logos,:" Across the Board, Vol. 29, No. 1-2 (January 1992), p. 57.

3 "What Are the Best Brands?" Business Week, April 7, 1997, p. 6.

4 Charles J. Fombrun, Reputation: Realizing Value from the Corporate Image (Boston, MA: Harvard Business School Press, 1996); James R. Gregory, Marketing Corporate Image: The Company as Your Number One Product (Lincolnwood, IL: National Textbook Co. [NTC], 1993); Marion G. Sobol, Gail E. Farrelly, and Jessica S. Taper, Shaping the Corporate Image: An Executive Guide for Executive Decision Makers (New York: Quorum Books, 1992).

5 This information is based on brochures supplied by Lippincott & Margulies as well as exhibits included in the show "Mixing Messages. Graphic Design in Contemporary Culture in America," at the Cooper-Hewitt National Design Museum, Smithsonian Institution, Fall 1996-Spring 1997.

6 Information on the history of industrial design in America is based on "Packaging the New: Design and the American Consumer: 1925-1975," Cooper-Hewitt National Design Museum, Smithsonian Institution, February 8-August 14,1994.

7 The section on identity firms is based on material supplied by Landor Associates, Lippincott & Margulies, AGP, the Design Management Institute, and the Corporate Design Foundation.

8 Alan Siegel, "Beyond Design: Developing a Distinctive Voice," Design Management Journal, Fall 1989. The quotation is from a Siegel & Gale promotional brochure entitled "Voice," 1996.

9 Alice Rawsthorn, "A Rough Ride Ahead The U.S. Market, Financial Times," International Design 2 (October 1,1990), p. 20.

10 Dieter Kretschmann, "Consulting in Germany: Where we Stand," Design Management Journal, Spring 1996, pp. 32-37; John M. T. Balmer, "Corporate Identity: The Power and the Paradox," Design Management Journal, Winter 1995, pp. 39-44. The quote is from promotional material by Zintzmeyer & Lux.

11 Motoo Nakanishi, New Decomas: Design Conscious Management Strategy (Tokyo: Sanseido, 1994 [Japanese!]); Motoo Nakanishi, PAOS Design: Corporate Aesthetics, Creative Identities and Management Culture (Tokyo: Kodansha, 1989 [Japanese]).

12 Roz Goldfarb, "On the Art of Consulting," Design Management Journal, Spring 1996, pp. 16-20; quotation from p. 19.

13 Bernd Schmitt, Alex Simonson, and Joshua Marcus, "Managing Corporate Image and Identity," Long Range Planning Vol. 28, (1995) pp. 82-92.

14 Alex Simonson, Bernd Schmitt, and Joshua Marcus. "Processes for Managing Identity and Design Within a Corporation," Design Management Journal, Winter 1995, pp. 60-63.

15 See Bernd H. Schmitt, "Gustav Ichheiser's Early Work: The Forgotten Roots of Person Perception and Attribution Theory," Contemporary Psychology, Vol. 12, No. 3, August 1987; and Gustav Ichheiser, Appearances and Realities: Misunderstandings in Human Relations (San Francisco: Jossey-Bass, Inc., 1970).

16 Egon Brunswik, Perception and the Representative Design of Psychological Experiments (Berkeley: University of California Press, 1956); Fritz Heider, The Psychology of Interpersonal Relations (New York: Wiley, 1958).

3장 기업과 브랜드 표현

1 Alexandra Ourosoff, "Brands. What's Hot. What's Not," Financial World, Vol. 163, No. 16 (August 2, 1994), pp. 40-56; Laurie Mays, "Abstractionist Practically Reinvents the Keyboard," Wall Street Journal, March 6, 1995, p. B1; Charles Pankanier, talk, "Design in IBM," Design Leadership Symposium, June 27-30, 1993 at IBM's Advanced Business Institute in Palisades, NY; Stephen Wildstrom, "IBM's Butterfly is a Beauty," Business Week,

March 20, 1995.

2 Wally Olins and Elinor Selame, The Corporate Identity Audit, Uster-Zurich: Strategic Directions Publishers Ltd.

3 GE Identity Program Case (Boston: Corporate Design Foundation, 1992).

4 Jin Han and Bernd Schmitt, "The relative importance of product-category dynamics and corporate identity in brand extensions: A comparison of Hong Kong and U.S. consumers." Journal of International Marketing, Vol. 5(7), 1997, pp. 77-92.

5 Wolff Olins, The New Guide to Corporate Identity (Cambridge: Cambridge University Press. 1995).

6 What is called brand personality these days is projections, analogies, or metaphors. They are comparisons of the brand with something else whether it is an animal, a person, personal relationship or a ship; see also David Aaker, Building Strong Brands (New York: The Free Press, 1996). It may be most convenient for consumers to use animals, traits or other means to express their perceptions and feelings toward brands but what people give us are their impressions. Therefore, we prefer to use the term character rather than brand personality in the realm of corporate expressions.

7 Based upon material supplied by Sametz Blackstone Associates, and Roger Sametz's article, "Creating a Principles-Based Identity System to Build Brand Equity," Design Management Journal, Summer 1995, pp. 23-35.

8 Jean Bouchenoire, "Consultants in Concert: The Making of Bell's New Corporate Identity," Design Management journal, Spring 1996, pp. 21-26.

9 Birgit Helene Jevnaker, "Designing an Olympic Games in the Face of Chaos: The Case of Lillehammer," Design Management Journal, Summer 1995, pp. 41-49.

10 Bonnie Briggs, "How We Developed Communicating Caterpillar: One Voice," Design Management Journal, Winter 1995, pp. 53-59.

4장 스타일

1 Bill McDowell, "Starbucks is Ground Zero in Today's Coffee Culture: Brand Goes Beyond Cup By Embodying Attitude," Advertising Age, December 9, 1996, p. 1; "Starbucks Earning More Than Double," United Press International, November 14, 1996; Robin Pogrebin, "New Yorkers & Co.; Starbucks Pours it On," New York Times, June 25, 1995, pp. 13-14. Sylvia Wieland Nogaki, "Advertising Starbucks' New Splash," Seattle Times, May 18,1992, p. B1.

2 Linda Dono Reeves, "Coffee Firm's Plans to Go National are Percolating," USA Today, September 8,1992, p. B5.
3 Meyer Shapiro, "Style," in Alfred Louis Kroeber, ed., Anthropology Today (Chicago: University of Chicago Press, 1953).
4 Matthew Erdelyi and John Kleinbard, "Has Ebbinghaus Decayed with Time? The Growth of Recall (Hypermnesia) Over Days," Journal of Experimental Psychology: Human Learning and Memory, Vol. 4 1978, pp. 261-275.
5 "Who Owns That Color?," At Issue: The Journal of Business and Design, Vol. 2, No. 1 (1996).
6 David Burrows, Sound, Speech and Music (Amherst, MA: The University of Massachusetts Press, 1990).
7 Mason Adams is a good example of a well-known voice in advertising. In the U.S., the "Smucker's" voice is his.
8 Diane Ackerman, A Natural History of the Senses (New York: Vintage Books, 1990).
9 Lawrence Ingrassia, "Marketing: Gillette Ties New Toiletries to Hot Razor," Wall Street Journal, September 18, 1992, Section B, p. 7; "The Best a Plan Can Get," The Economist, August 15, 1992, pp. 59-60.
10 Material supplied by Desgrippes Gobe and Associates.
11 Robin Lee Allen, "Dunkin Donuts to Fight 'Stale' Image with Upgrade Plan," Nation's Restaurant News, November 18, 1996, p. 3.
12 Colin McJinn, "Metaphysical Fitness: A Philosophical Celebration of Manhattan's Latest Super Phenomenon Reebok's Way-Pumped-Up Gesamt-sporthalle," New York, May 8, 1995, pp. 50-53.

5장 테마

1 "Top Cookie Brands," and "Top Cookie Brands by Sales," Market Share Reporter, 5th ed., 1995; Ray Lahvic and Dan Malovany, "Total Freshness and Rapid Response," Bakery Production and Managing, Vol. 27, No. 10, p. 170.
2 Rebecca Quick, "Betty Crocker Plans to Mix Ethnic Looks for Her New Face," Wall Street Journal, September 1, 1995, pp. A1 and A9.
3 Paul Schoemaker, "How to Link Strategic Vision to Core Capabilities," Sloan Management Review, Vol. 34 (1), September 22, 1992, p. 67.

4 Material on Knoll provided by the company.

5 The research on brand personality conducted by Jennifer Aaker is summarized in David Aaker, Building Strong Brands (New York: The Free Press, 1996).

6 AT&T publication, "Corporate Identity Program: Overview and Guidelines."

7 Milton Rokeach, The Nature of Human Values (New York: Free Press, 1973).

8 David Glen Mick, "Consumer Research and Semiotics: Exploring the Morphology of Signs, Symbols, and Significance," Journal of Consumer Research, Vol. 13, September 1986, pp. 196-213; Grant McCracken, Culture and Consumption, Bloomington and Indianapolis: Indiana University Press.

9 Alvin H. Schechter, "Measuring the Value of Corporate and Brand Logos," Design Management Journal, Winter 1993, pp. 33-39.

10 Philip Shenon, "The Last Stewardess," New York Times, October 25, 1993, p.C3.

11 "Kobe Gathering Ponders 'Toilet Culture," Japan Times, June 8,1993, p. 1.

12 J.A. Edell and R. Staelin, "The Information Processing of Pictures in Print Advertisements," Journal of Consumer Research 10, 1983, pp. 45-60.

13 Bernd H. Schmitt, Nader T. Tavassoli and Robert Millard, "Memory for Print Ads: Understanding Relations Among Brand Name, Copy and Picture," Journal of Consumer Psychology, Vol. 2, No. 1 (1993), pp. 55-81.

14 K.A. Lutz and R.J. Lutz. "Effects of Interactive Imagery on Learning: Applications to Advertising," Journal of Applied Psychology 62, pp, 493-498.

15 Joan Meyers-Levy and Alice Tybout, "Schema Congruity as a Basis for Product Evaluation," Journal of Consumer Research, Vol. 16 (June 1989) No. 1, pp. 39-53.

6장 전반적인 고객 인상

1 Information about the Four Seasons is drawn from: Barbara Sturm, "Weekend at Manhattan's Four Seasons is a Luxurious High," Asbury Park Press, September 22, 1996, Section F, p. 3; Ruth Reichl, "Restaurants," New York Times, June 21, 1996, Sec. C, p. 22; Sonia Reyes, "Four Seasons Sold. Hong Kong Investors Pay $190M for Hotel," Daily News, August 6, 1996, p. 31; Amy Felman, "Japanese Bank Seeks to Unload Four Seasons: High Occupancy, Rising Room Rates Push Up Price Tags On City's Hotels," Crain's New York Business, June 10, 1996; Witold Rybczynski, "How Suite It Is; A Visit to a Four Seasons Hotel in Palm Beach, Florida," Saturday Night Publishing, Canada, May 1996; Bruce Serlen, "Debut of

Four Seasons Stirring Luxury Market; Newcomer Posing a Challenge to Posh Neighboring Hotels," Crain's New York Business, Executive Travel, p. 33.

2 Barbara Sturm, "Weekend at Manhattan's Four Seasons is a Luxurious High," Asbury Park Press, September 22,1996, p. F3.

3 Ruth Reichl, "Restaurants," New York Times, June 21, 1996, Section C, p. 22.

4 John R. Anderson, Language, Memory, and Thought (Hillsdale, NJ; Erlbaum, 1974).

5 This classic study was performed by Solomon Asch, "Forming Impressions of Personalities," Journal of Social Psychology 41 (1946), pp. 258-290.

6 Richard Bagozzi and Robert Burnkrant, "Attitude Organization and the attitude-behavior relationship," Journal of Personality and Social Psychology, Vol. 37 (1979), pp. 913-929.

7 Tom Peters, "Design Is . . ." Design Management Journal, Winter 1995, pp. 29-33.

8 Geoffrey Smith, "Sneakers that Jump Into the Past," Business Week, March 13, 1995, p. 71.

9 Silvia Sansoni, "Full Steam Ahead for Diesel," Business Week, April 29, 1996, p. 58. The examples have been selected from company material.

10 Information on Sonae was provided by the company.

11 Materials were supplied by the St. Regis Hotel in New York and are based on an article entitled "Gray Kunz and His Fabulous Ideas," Art Culinaire, Vol. 24, 1992.

12 Alex Simonson and Morris B. Holbrook, "Consumer Evaluations of Brand Imitations," unpublished working paper.

13 Mitchell Pacelle, "U.S. Architects in Asia: Only Way to Go Is Up," Wall Street Journal, March 21, 1994, B1; "Towers of Powers," South China Morning Post, March 26, 1994, pp. 1-2; "For the Debut of a Virgin Megastore, Everything is on a Grand Scale," New York Times, April 17, 1996.

7장 미학 관리를 위한 평가와 연구 방법

1 Pamela W. Henderson and Joseph A. Cote, "Designing Positively Evaluated Logos," Working Paper, Marketing Science Institute, Report No. 96-123, 1996.

2 Alvin H. Schechter, "Measuring the Value of Corporate and Brand Logos," Design Management Journal Vol. 4, No. 1 (Winter 1993), pp. 3-39.

3 Interview by Alex Simonson, Bernd Schmitt, and Joshua Marcus, Spring 1994.

4 Discussion by Dr. Deming with Prof. Simonson's class on Product Quality, Columbia University, Fall 1990.

5 See Alfred E. Goldman and Susan Schwartz McDonald, The Group Depth Interview: Principles and Practice (American Marketing Association), 1987.
6 William G. Zikmond, Exploring Marketing Research, 6th ed., (Orlando: Dryden Press, 1997); Melvin Crask, Richard J. Fox, Roy G. Stout, Marketing Research Principles and Applications, Naresh K. Malhotra, Marketing Research: An Applied Orientation, 2d ed, Prentice Hall, 1996; William R. Dillon, Thomas J. Madden, and Neil H. Firtle, eds., 3d ed. (New York: Irwin, 1987), Marketing Research in a Marketing Environment, for a thorough treatment with many practical identity-related applications.
7 Pamela L. Alreck and Robert B. Settle, The Survey Research Handbook, 3d ed. (New York: Irwin 1996); Seymour Sudman and Norman M. Bradburn, Asking Questions: A Practical Guide to Questionnaire Design (San Francisco: Jossey-Bass Publishers, 1982).
8 Brand Strategy, Briefs, October 25,1996, p. 3.

8장 미학과 아이덴티티의 보호

1 Information for this case is drawn from Two Pesos, Inc. v. Taco Cabana, Int'I, Inc., 112 S.Ct. 2753, 2764 (1992) and Taco Cabana, Int'I, Inc. v. Two Pesos, Inc., 932 F.2d 1113 (5th Cir. 1991).
2 Two Pesos, Inc. v. Taco Cabana, Int'I, Inc., 112 S.Ct. 2753, 2764 (1992).
3 15 U.S.C. 1125 (a) (1946).
4 American Chicle Co. v. Topps Chewing Gum, Inc., 208 F.2d 560 (2d Cir. 1953).
5 Charles of the Ritz Group Ltd. v. Quality King Distributors, Inc., 832 F.2d 1317 (2d Cir. 1987).
6 Qualitex Co. v. Jacobson Products Co., Inc., 115 S.Ct. 1300 (1995).
7 Ferrari S.p.A. v. Roberts, 944 F.2d 1235 (6th Cir. 1991) (applying standards from Inwood Laboratories, Inc. v. Ives Laboratories, Inc., 456 U.S. 844 (1982).
8 Ibid. at 1144.
9 Restatement (Third) of Unfair Competition, @17 cmt c. (from Tent Draft No 2 1990).
10 NutraSweet Co. v. Stadt Corp., 917 F.2d 1024 (7th Cir. 1990).
11 Qualitex Co. v. Jacobson Products Co., 115 S.Ct. 1300 (1995).
12 Playboy Enterprises v. Chuckleberry Publ., Inc., 486 F. Supp. 414 (S.D.N.Y. 1980).
13 Sten's Miracle-Gro Products, Inc. v. Shark Products, Inc., 823 F. Supp. 1077 (S.D.N.Y. 1993).
14 Alexander F. Simonson, "How and When Do Trademarks Dilute? A Behavioral Framework to Judge 'Likelihood' of Dilution," The Trademark Reporter, 83 (2), 1993, pp. 149-174.

15 Polar Corp. v. Coca-Cola Co., 871 F. Supp., 1520 (D. Mass 1994).
16 "The Rational Basis of Trademark Protection," Frank I. Schechter, Harvard Law Review, Vol. XI (6) 1927, reprinted in The Trademark Reporter, January-February 1970, 60 TMR 334.
17 Jordache Enterprises v. Levi Strauss & Co., 841 F. Supp. 506 (S.D.N.Y. 1993).
18 Federal Trademark Dilution Act of 1995, 15 U.S.C. 1125 (c)(1).
19 Jordache Enterprises v. Hogg Wyld, Ltd., 828 F.2d 1482 (10th Cir. 1987).
20 Rhonda M. Abrams, "When Life Gives You Lemons, Make Lemonade," Gannett News Service, September 5, 1996; Nancy Millman, "Creativity Is Name of the Game," Chicago Tribune, April 11, 1993, p. 3.
21 Alexander F. Simonson, "How and When Do Trademarks Dilute? A Behavioral Framework to Judge 'Likelihood' of Dilution," The Trademark Reporter, 83 (2), 1993, pp. 149-174.
22 See Jacob J. Jacoby, Amy Handin, and Alex Simonson, "Survey Evidence in Deceptive Advertising Cases Under the Lanham Act: An Historical Review of Comments from the Bench," The Trademark Reporter, Vol. 84 (5) (1994), pp. 541-585.

9장 글로벌 아이덴티티 관리

1 The LEGO case is based on "LEGO Toys Earn National Awards for Quality and Play Value; Duplo Water Park and Fort LEGOREDO Lead the Way," Business Wire, November 22, 1996; Chris Partridge, "Lego Locks into Cyberspace," The Times, November 6, 1996; Stephen Ohlemacher, "Lego Systems Celebrates: New Headquarters a Symbol of Growth," The Hartford Courant, August 22,1995, p. 6; "Lego Builds Internet Among Girls, One Pastel-Colored Block at a Time. . . ," Los Angeles Times, July 13,1995, p. D4.
2 This story is based on interviews by Bernd Schmitt with Tamagotchi owners as well as on the following articles: "Japan's Bandai to Sell Hot 'Virtual Pet' Overseas," Reuter Business Report, February 4, 1997; Masatoshi Sato, "Electronic Peeps Hatch Nationwide Sensation as Young Shoppers Flock to Purchase 'Cute Eggs'," Daily Yomiuri, January 29, 1997, p. 3; Kevin Sullivan, "A Demanding Toy Chicken Takes Over Japan," International Herald Tribune, January 25, 1997, p. 13.
3 Phillip Harris and Robert T. Morran, Managing Cultural Differences (Houston: Gulf Publishing Company, 1987).
4 France Leclerc, Bernd H. Schmitt, and Laurette Dubé "Foreign. Branding and Its Effects on Product Perceptions and Attitudes," Journal of Marketing Research, Vol. 31 (May 1994), pp.

263-270.

5 Harry Berkowitz, "Marketing Gets Lost in Translation: International Ads Subject to Gaffes." The Houston Chronicle, June 21, 1994, p. 1.

6 Suzanne Bidlake, "Growing By Design," Marketing, April 26,1990, p. 46.

7 Cacilie Rohwedder, "Global Products Require Name-Finders," Wall Street Journal, April 11, 1996, p. B8.

8 The section on East Asia draws on the following articles: Bernd H. Schmitt, and Yigang Pan (1994), Managing corporate and brand identities in the Asia-Pacific Region. California Management Review, 36 (4), 32-48; Bernd H. Schmitt, Yigang Pan, and Nader Tavassoli, Language and consumer memory: The impact of linguistic differences between Chinese and English. Journal of Consumer Research, 21 (1994), 419-31; and Yigang Pan, and Bernd H. Schmitt, Language and brand attitudes: The impact of script and sound matching in Chinese and English. Journal of Consumer Psychology (in press, 1997).

9 "Hail to the Chi," Fortune, February 24, 1997, p. 10.

10장 소매 공간과 환경

1 Suzanne Slesin, "So Flows the Chocolate," New York Times, June 16, 1994, p. C3; Marianne Wilson, "New Store Design: Just Do It Now," Chain Store Age Executive, March 1, 1994, p. 66; Campbell Soup Co. 1995 Annual Report and 10(k).

2 Suzanne Slesin, "So Flows the Chocolate," New York Times, June 16, 1994, p. C3.

3 Company materials from Desgrippes Gobe & Associates.

4 Suzy Menkes, "The Nike Experience: Don't Forget to Shop," International Herald Tribune, November 19, 1996; Megan Kummer and Vanessa Correira, "Kidsday / Let's Take A Trip / Nike Town in New York City / Kids in the Kitchen," Newsday, November 19, 1996, p. B44; "Nike-Reebok: Retail Faceoff. Nike Inc. Opens 95,000 Sq. Ft. Store in New York, NY to Compete with Reebok International Ltd," WWD, October 31, 1996; George Mannes, "Nike Jumps in with Megastore," Daily News, November 2, 1996, p. 6.

5 Mary Kuntz, "Reinventing the Store: How Smart Retailers are Changing the Way We Shop," Business Week, November 27, 1995, pp. 84-96.

6 Susan Schherreik, "Attention, Shoppers: Brand-Name Stores," New York Times, August 14, 1994, p. 9-1.

7 See Philip Langdon, "Breaking Out of the Box: Architectural Planning for Big Box Retail

Superstores in New York, N.Y.'s Large Urban Areas," Progressive Architecture Vol. 76, No. 12 (December 1995), p. 45.
8 Marianne Wilson, "The Next British Invasion? Waterstone's Booksellers Ltd. Increases Market Share in the U.S.," Chain Store Age Executive with Shopping Center Age, Vol. 68, No. 12 (December 1992), p. 136.
9 See, e.g., David M. Sanbonmatsu and Frank R. Kardes, "The Effects of Physiological Arousal on Information Processing and Persuasion," Journal of Consumer Research 15 (December 1988), pp. 379-385.
10 Maray Jo Bitner, "Servicescapes: The Impact of Physical Surroundings on Customers and Employees," Journal of Marketing, 56:2 (1992), p. 57.
11 William Booth, "For Architect Morris Lapidus, A Kitschy, Kitschy Coup: The Public Loved His 'Architecture of Joy,' But Critics Scoffed. Now He's Getting the Last Laugh," Washington Post, July 2, 1995.

11장 인터넷에서의 기업과 브랜드 아이덴티티

1 The profile of Volkswagen is drawn from information available on the Volks-wagen Web site.
2 Company and Web site material from Netscape and material from Landor Associates.
3 Company and Web site material from Yahoo!
4 "Digital Voice," Design Management Journal, Winter 1996, pp. 17-23, quotation on p. 20.
5 Jill and Matthew Ellsworth, Marketing on the Internet: Multimedia Strategies for the World Wide Web (New York: John Wiley, 1995), p. 56.
6 Vic Sussman and Kenan Pollack, "Gold Rush in Cyberspace," U.S. News and World Report, November 13, 1995, pp. 73-80.

인피니트 그룹 »
STRATEGIC BRAND AND
CREATIVE IDENTITY STRATEGY

Philosophy

인피니트는 브랜드로 말하고 브랜드로 생활합니다.
브랜드는 감성을 풍성하게 하고 삶의 질을 높이고
기업에게 무한한 가치를 부여하는 힘입니다.

21세기는 한번 반짝이는 아이디어가 아니라 지속가능한 가치창출을 요구하고 있습니다. 기업은 시대와 시장의 요구를 반영한 가치를 창출할 수 있어야 합니다. 그러기 위해서는 기업의 브랜드를 생활 속의 문화로 만드는 지혜가 필요합니다. 인피니트 그룹은 '전략에 근거한 크리에이티브 – 크리에이트브를 통한 전략의 완성'이라는 원칙에 기초해 본사 사옥이나 홍보물에 갇힌 생명력 없는 브랜드가 아니라 고객의 마음에 가치와 의미를 뿌리내리는 브랜드, 지속적인 가치를 창출하는 전략적 아이덴티티를 창조하고 있습니다.

Services

STRATEGIC BRANDING PROCESS:

강력한 브랜드 자산의 구축을 위해서는 일관된 전략 수립과 지속적인 실행이 필수적입니다. 인피니트 브랜등 팀에서는 풍부한 노하우와 전문성을 바탕으로 최고의 브랜드 파워를 구축하는 브랜드 관리 시스템을 제공합니다.

- BRAND STRATEGY CONSULTING
- BRAND EQUITY MANAGEMENT
- BRAND SYSTEM & STRUCTURE CONSTULTING

CREATIVE IDENTITY DESIGN PROCESS:

창조적인 안목과 국제적 감각, 시장의 흐름을 읽고 고객의 마음을 사로잡는 인피니트 디자인 팀의 전문성과 역량은 전 업종, 산업에 걸쳐 대한민국을 대표하는 성공 브랜드가 입증하고 있습니다.

- CORPORATE IDENTITY
- SIGNAGE SYSTEM
- PACKAGE SYSTEM
- BRAND IDENTITY
- RETAIL IDENTITY
- WEB DESIGN CONSULTING

Portfolio

CI, BI, PACKAGE SYSTEM:

BRAND NAME DEVELOPMENT:

BRAND CONSULTING:

두산 테크팩:	브랜드 진단, 브랜드 아키텍쳐 및 아이덴티티 전략, 브랜드 관리 가이드라인
해찬들:	브랜드 진단, 브랜드 아키텍쳐 전략, 브랜드 관리 가이드라인 컨설팅
LG전자 '휘센':	브랜드 진단과 리서치, 브랜드 자산 인덱스, 브랜드 관리 전략 로드맵
웅진코웨이:	브랜드 진단과 리서치, 브랜드 포트폴리오 전략, 브랜드 관리 원칙과 가이드라인

www.infinite.co.kr